红色育人路

——扎根中国大地办大学的理论与实践

《红色育人路》编委会 编

北京理工大学出版社
BEIJING INSTITUTE OF TECHNOLOGY PRESS

版权专有　侵权必究

图书在版编目（CIP）数据

红色育人路：扎根中国大地办大学的理论与实践/《红色育人路》编委会编．—北京：北京理工大学出版社，2022.4

ISBN 978-7-5763-1255-3

Ⅰ．①红… Ⅱ．①红… Ⅲ．①北京理工大学—校园文化—文集 Ⅳ．① G649.281-53

中国版本图书馆 CIP 数据核字 (2022) 第 070145 号

出版发行 / 北京理工大学出版社有限责任公司
社　　址 / 北京市海淀区中关村南大街 5 号
邮　　编 / 100081
电　　话 / (010) 68914775（总编室）
　　　　　(010) 82562903（教材售后服务热线）
　　　　　(010) 68944723（其他图书服务热线）
网　　址 / http://www.bitpress.com.cn
经　　销 / 全国各地新华书店
印　　刷 / 保定市中画美凯印刷有限公司
开　　本 / 787 毫米 ×1092 毫米　1/16
印　　张 / 32.5　　　　　　　　　　　　责任编辑 / 徐艳君
字　　数 / 548 千字　　　　　　　　　　　文案编辑 / 徐艳君
版　　次 / 2022 年 4 月第 1 版　2022 年 4 月第 1 次印刷　责任校对 / 周瑞红
定　　价 / 178.00 元　　　　　　　　　　　责任印刷 / 李志强

图书出现印装质量问题，请拨打售后服务热线，本社负责调换

编 委 会

编委会主任：赵长禄　张　军

编委会副主任：包丽颖　蔺　伟

主　编：蔺　伟　工　征　姜　曼

副主编：季伟峰　刘晓俏　哈　楠　纪惠文　赵安琪

编　委：（按姓氏笔画排列）

王悦璇　刘　宇　刘存福　刘新刚　李　健

李林英　张　峰　张尔葭　张雯娟　张毅翔

和霄雯　单捷飞　娄秀红　郭丽萍

前　言

党的十八大以来，以习近平同志为核心的党中央高度重视教育工作，围绕培养什么人、怎样培养人、为谁培养人这个根本问题，作出一系列重要部署。党的十九届六中全会明确指出，要抓好后继有人这个根本大计，要坚持用习近平新时代中国特色社会主义思想教育人，用党的理想信念凝聚人，用社会主义核心价值观培育人，用中华民族伟大复兴历史使命激励人，培养造就大批堪当时代重任的接班人。

1940年，北京理工大学在延安创校，成为中国共产党创办的第一所理工科大学。八十多年来，学校始终坚持听党话、跟党走，始终坚持为党育人、为国育才，培养了一大批又红又专的领军领导人才。近年来，北京理工大学党委立足"延安根、军工魂"红色基因，抓好学校办学发展是马克思主义中国化在中国高等教育领域的生动实践这一理论关键，充分总结凝练党创办和领导中国特色高等教育的特色做法和典型经验，持续深化"红色育人路"专项研究，认真答好新时代高等教育"培养什么人、怎样培养人、为谁培养人"的根本问题，努力用高质量的党建和思想政治工作引领学校事业高质量发展。2020年，学校获评"全国文明校园"。2021年，学校获评"北京市党的建设和思想政治工作先进普通高等学校"；"坚持走红色育人之路，涵育又红又专一流人才"项目入选第一批北京高校党建和思想政治工作特色项目。

结合建党百年、80周年校庆等重要时间节点，学校党委围绕"扎根中国大地办大学"这一主题，通过邀请校内外领导、专家交流研讨，举办高等教育论坛，出版研究论文集和拍摄电视纪录片等，凝练形成了系列研究成果——中国共产党创办和领导中国特色高等教育"红色育人路"的理念体系与实践模式。通过深化"红色育人路"研究，学校党委总结梳理了延安时期以来党创办和领导中国特色新型高等教育的基本经验，着重立足理工科特点，构建思政教育与人才培养深度融合的育人格局，进一步优化了以红色基因铸魂育人为主线的德学共育体系。

"红色育人路"是由中国共产党开创，在党的领导下形成的，贯穿党领导人民站起来、富起来、强起来的全过程，是以马克思主义为指导、立足中国国情、解答中国问题的探索之路，是为党育人、为国育才、惠及人民大众的红色育人之路。北京理工大学创办、发展和壮大的80多年历史，从一个方面展示了这条"红色育人路"的波澜壮阔和灿烂辉煌，阐释了新时代坚定走好"红色育人路"的北理工方案。

为了传承红色基因、赓续红色血脉，坚定走好"红色育人路"，我们甄选了78篇近年来"红色育人路"相关研究成果结集成书，内容涵盖报告发言、理论文章、媒体报道、文化作品等。本书共分为"红色道路""坚守初心""特立潮头""立德树人"四个篇章，并以附录形式收录了部分"红色育人路"优秀文化作品，旨在为一流大学建设坚持党的领导，牢记为党育人、为国育才使命，落实立德树人根本任务，培养堪当民族复兴重任的时代新人，提供理论支持和实践经验。

本书在编撰过程中得到了各级领导、校内外专家学者、媒体朋友、学校相关单位和全体作者的大力支持与帮助，在此致以诚挚的感谢。出版这样一本成果集萃，是希望与全国高等教育工作者共享经验、共商发展，不足之处，望予斧正。

本书编委会
2022年3月

目 录

第一篇章 红色道路

坚持走好红色育人路 扎根中国大地办好世界一流大学 …………… 杜玉波 / 2

坚定自信 办好中国特色世界一流大学 …………………………… 赵长禄 / 8

坚定走好中国特色高等教育"红色育人路" …………………… 赵长禄 / 14

"三个生态"助力一流大学建设 …………………………………… 赵长禄 / 18

特立潮头 开创未来
——在北京理工大学建校80周年纪念大会上的致辞 ……………… 张 军 / 20

红色基因育英才 服务战略创一流 ………………………………… 张 军 / 24

传承"延安根 军工魂" 培育大国栋梁 …………………………… 张 军 / 26

传承"红色基因" 建设世界一流大学 …………………………… 靳 诺 / 32

继承弘扬延安精神 坚守为党育人使命 …………………………… 姜沛民 / 38

习近平关于高等教育重要论述的思想内涵及其重大意义 ………… 程恩富 / 42

中国高等教育的红色育人之路 ……………………………………… 王战军 / 47

延安精神：党员干部滋养初心、淬炼灵魂的滋养剂 ……………… 谭虎娃 / 52

构建特色思政工作体系，坚定走好"红色育人路"
——打造立德树人的"北理工模式" ………………… 刘 琴、高 众 / 57

北京理工大学始终不忘立德初人初心，牢记为党育人、为国育才使命
——扎根中国大地 培养强国栋梁 ………… 赵婳娜、王 征、韩姗杉 / 64

传承红色基因 续写强国梦想
——写在北京理工大学建校80周年之际 … 周世祥、晋浩天、季伟峰、哈 楠 / 69

北京理工大学：学史明志，走好"红色育人路" …… 周世祥、王 征、季伟峰 / 78

北京理工大学八十年红色育人路 ……………………… 高 众、哈 楠 / 83

第二篇章 坚守初心

牢记"国之大者"育可堪大任之才 ………………………………… 包丽颖 / 86

让"四条工作线"协同发力 ………………………………… 包丽颖 / 88
中国共产党开展高校思想政治工作的经验与启示 ……… 蔺 伟、季伟峰、纪惠文 / 90
中国共产党立德树人理念的百年演变及经验 …………………… 李佳金 / 96
中国共产党创办高等理工科教育的历史演变及其内在逻辑研究 ……… 王 颖 / 103
中国共产党高校思想政治工作的历史经验与时代启示
　　——以延安自然科学院为例 ……………………………… 李璎珞 / 114
延安自然科学院开展思想政治教育的历史经验 ………… 张 雷、王星乐 / 122
科学园地与革命熔炉：延安时期陕甘宁边区的科学教育
　　——以延安自然科学院为中心 …………………………… 熊成帅 / 130
徐特立思政教育思想在延安自然科学院的实践与成效 …… 王 娟、孔维昊 / 142
延安自然科学院办学方针确定的实证分析 ……………………… 储朝晖 / 151

第三篇章　特立潮头

高校高质量党建引领高质量发展的内在逻辑与实践路径 ………… 赵长禄 / 170
加快推进高等教育高质量发展 …………………………………… 赵长禄 / 181
高校如何写好科技自立自强的人才答卷 ………………………… 张 军 / 183
发展新型研究型大学 ……………………………………………… 张 军 / 186
党建引领，谱写高质量发展新篇章
　　——北京理工大学党建工作纪实 ………………………………… 188
厚植沃土，开创一流学科建设新局面
　　——北京理工大学学科发展建设纪实 …………………………… 198
建设一流专业　培育一流人才
　　——北京理工大学一流专业建设工作纪实 ……………………… 205
书写培养高层次人才的精彩答卷
　　——北京理工大学研究生教育纪实 ……………………………… 212
把论文写在祖国的大地上
　　——北京理工大学科研工作纪实 ………………………………… 220
三全育人、同向同行
　　——北京理工大学思想政治工作侧记 …………………………… 228

让青春在党旗下闪光
　　——北京理工大学学生党建工作侧记 …………………………………… 236
培引并举，汇聚一流人才队伍
　　——北京理工大学人才队伍建设纪实 ………………………………… 243
传承红色基因，建设特色鲜明的一流大学文化
　　——北京理工大学文化建设工作巡礼 ………………………………… 251
逐梦寰宇浩歌行　驿路梨花处处开
　　——北京理工大学国际交流合作工作纪实 …………………………… 260
改革创新，提升大学治理效能
　　——北京理工大学推进治理体系和治理能力现代化建设工作纪实 …… 267

第四篇章　立德树人

面向世界一流大学目标　建设高水平人才培养体系 …………… 赵长禄 / 274
建构中国特色世界一流大学人才培养新范式 …………………… 张　军 / 280
提升新时代高校思政工作质量应处理好四个关系 ……………… 王晓锋 / 286
面向一流大学之道的大学素质教育担当 ………………………… 李和章 / 291
时代新人的责任教育论析 ………………………………………… 包丽颖 / 298
高校要上好新时代爱国主义教育大课 …………………………… 包丽颖 / 306
以思政课为中心画好高校育人"同心圆" ……………………… 包丽颖 / 309
高校"三全育人"的逻辑诠释与实践 …………………………… 蔺　伟 / 312
加强新时代高校思政工作的辩证法审视 ………………………… 蔺　伟 / 318
北京理工大学：红色基因淬炼"精工之心"
　　……………………………………… 周世祥、晋浩天、王　征、刘晓俏 / 321
五周年！在"红色育人路"上精彩作答
　　——北京理工大学思想政治工作综述 …………………………… 纪惠文 / 326
军工文化在高校思政育人中的功能和特色 ……………… 刘存福、周思彤 / 338
新时代高校思想政治理论课教师的使命担当 …………… 张毅翔、刘兴华 / 347
在高校校训文化中传承并发扬延安精神 ………………………… 张尔葭 / 355
一流大学培育和践行社会主义核心价值观的路径探索
　　——以北京理工大学为例 ………………………………… 荀曼莉、董学敏 / 361

附 录

附录一：红色校史故事文字脚本 ………………………………………… 368

原创纪录片《红色育人路》 第一集　烽火中的青春 …………………………… 368
原创纪录片《红色育人路》 第二集　与共和国同行 …………………………… 376
原创纪录片《红色育人路》 第三集　育时代新人 ……………………………… 385
原创纪录片《红色育人路》 （精编版） ………………………………………… 395
专题片《精工》 …………………………………………………………………… 396
专题片《盛典》 …………………………………………………………………… 399
专题片《回家》 …………………………………………………………………… 404
专题片《进京》 …………………………………………………………………… 411
专题片《第一》 …………………………………………………………………… 416
专题片《徐特立：人民之光，我党之荣》 ……………………………………… 421
专题节目《春风化雨　不负韶华》 ……………………………………………… 423
专题节目《校史中的红色记忆》 ………………………………………………… 430

附录二：校史专题"北理故事"系列报道 …………………………………… 443

北理故事1：赵晓晨：延安，我在自然科学院读书 …………………………… 443
北理故事2：匡吉：进北京，为新中国建设新型重工业大学 ………………… 449
北理故事3：吴大昌　秦有方：建设新中国第一批兵工专业 ………………… 458
北理故事4：1958，投向宇宙的中国"问路石" ……………………………… 465
北理故事5：伍少昊：用"璀璨之光"呈现"人间天穹"
　　　　　　——忆研制新中国第一代大型天象仪 …………………………… 473
北理故事6：毛二可：49.75兆赫，毕设拿下中国电视"第一频道"
　　　　　　——忆新中国第一套电视发射接收装置研制 …………………… 482
北理故事7：春风起，"管奏华章" …………………………………………… 488
北理故事8：用"286"电脑，为北京亚运会上做出世界先进"信息系统" … 497
北理故事9：1978，迈开走向世界脚步
　　　　　　——北京理工大学国际化办学发展之路 ………………………… 503

第一篇章
红色道路

坚持走好红色育人路
扎根中国大地办好世界一流大学

杜玉波

（《中国高等教育》2020年第21期）

[摘　要] 我国高等教育走出了一条不同于西方国家、具有鲜明民族特色的发展道路。这条红色育人路是在中国共产党的领导下走出来的，彰显鲜明的中国特色。面向新时代走好红色育人路，必须在扎根中国大地办大学中把牢方向，在深化改革中提升治理水平，在服务国家需求中彰显教育使命。

[关键词] 红色育人路；世界一流大学；内涵式发展；人才培养

当前，我国高等教育已经进入普及化阶段，面向新时代，我们需更加清醒地把握中国高等教育从哪里来、向哪里去。在此背景下，回顾中国共产党创办中国特色新型高等教育的光辉历程，总结我们党开辟红色育人路的历史经验，探讨传承红色基因、扎根中国大地办好世界一流大学的中国方案和模式，这对于培养德智体美劳全面发展的社会主义建设者和接班人、建设高等教育强国具有重要意义。

"红色育人路"是在党的领导下走出来的

回顾近代以来的高等教育发展历程，我国高等教育走出了一条不同于西方国家、具有鲜明民族特色的发展道路。这条发展道路，是由中国共产党开创，在党的领导下形成的，贯穿党领导人民站起来、富起来、强起来的全过程，是以马克思主义为指导、立足中国国情、解答中国问题的探索之路，是为党育人、为国育才、惠及人民大众的红色育人路。北京理工大学创办、发展和壮大的80年历史，从一个方面展示了这条红色育人路的波澜壮阔和灿烂辉煌。

在革命战争时期，这条红色育人路服务抗日救亡，淬火而生。20世纪三四十年代，为挽救民族危亡、服务抗战建国，我们党在革命圣地延安创建抗日军政大学、自然科学院、陕北公学、延安女子学院、鲁迅艺术学院等一批高等院校，开启了创办和领导中国特色新型高等教育的伟大实践，党的红色育人路由此发端。作为党创办的第一所理工科大学，自然科学院开启了我们党以马克思主义为指导培养高级科学技术人才的先河，为此后建设新型社会主义理工科大学积累了宝贵经验。当时，作为自然科学院的主要创建者和领导者，徐特立先生提出了"德育为首""实践创新""教育、科技和经济'三位一体'"等教育思想。这些思想影响深远，成为党的教育发展史尤其是北京理工大学办学的宝贵财富。抗战胜利后，党中央辗转华北办学，解放区的高等教育力量以为人民服务为办学宗旨，以理论与实际相结合为教学原则，体现出鲜明的办学特色。在这个时期，党创办的中国特色高等教育初步形成了为革命事业培养人才、发展技术的鲜明属性，在我国高等教育历史上标定了红色育人路的精神源点。

在新中国建设初期，这条红色育人路服务国家建设，不断延展。新中国成立后，恢复发展经济、巩固人民政权、改善人民生活，亟需发展高等教育，培养大量专业人才。我们党迅速完成对旧中国教育制度的改造，从适应战争环境采取机动灵活的教育方式，转到开始建设正规化的高等教育。其中，北京理工大学的前身——北京工业学院按照党中央要求，直接从筹建新中国第一所重工业大学转为建设新中国第一所国防工业院校，担当起建设新中国第一批正规兵工专业、培养新中国第一代兵工人才的光荣责任。学校在服务国家建设的过程中形成了以产品建专业、以任务带学科的办学特色，教学与科研共同成为高校发展建设的基本任务，并把科研和生产列入教学计划，逐渐完善了教学、科研、生产三结合的教育模式，铸就了"红色国防工程师的摇篮"。学校服从国家需要，调出力量支援建设原北京航空学院、原中南矿冶学院和原北京钢铁学院，为新中国高等教育事业发展作出了积极贡献。这一时期，高等教育领域进行了大规模的调整改革，初步形成了较为完整的高等教育体系，在党的领导下走出一条更加宽广的红色育人路。

在改革开放时期，这条红色育人路服务现代化建设，惠及大众。改革开放以来，伴随着工作重心的转移，我们党同步调整高等教育的目标任务，按照教育"面向现代化、面向世界、面向未来"的目标要求，推进高校在办学体制、领导管理机制、办学模式、学科专业等方面进行深度改革。顺应改革开放的时代大势，北京理工大学主动实施了五个历史性转变：由单一的工科向以工为主，工、理、管、文多学科发展转变；由单一的产品型军工专业向军民结合的学科型专业转变；由以教学为中心，向教育、科研两个中心转变；由主要培养本科人才向培养多层次，特别是高层次、复合型人才转变；由封闭型办学向开放型办学转变。这个时期，党领导中国高等教育的红色育人路伴随中国特色社会主义现代化建设的改革探索，逐渐与国际接轨，越走越宽广。

进入中国特色社会主义新时代，这条红色育人路服务强国建设，走向一流。党的十八大报告提出"推动高等教育内涵式发展"，党的十九大报告强调"加快一流大学和一流学科建设，实现高等教育内涵式发展"。高等教育以习近平新时代中国特色社会主义思想为指导，大力推进"双一流"建设，进一步提升人才培养质量和办学整体水平。党中央先后召开全国高校思想政治工作会议、全国教育大会、学校思想政治理论课教师座谈会等一系列重要会议，明确回答了"培养什么人、怎样培养人、为谁培养人"的根本问题，指明了高等教育现代化的方向目标。北京理工大学作为一所有着光荣革命传统和强烈使命担当的大学，在新的形势下坚持立德树人，传承国防红色基因，80年办学传统彰显底蕴，党建引领发展成效显著，人才培养质量稳步提高，办学综合实力持续增强，"双一流"建设迈出扎实步伐。这一时期，我国高等教育更加深度地融入全球化浪潮和深刻变化的时代格局中，持续强化内涵式发展、特色发展、高质量发展，在服务国家需求和经济社会发展中发挥着重要的支撑引领作用。

"红色育人路"彰显鲜明的中国特色

教育是党之大计、国之大计。我们党创办和领导的这条红色育人路，始终与党和国家同向同行，始终与时代脉搏同频共振，始终与中华民族根本利益休戚与共。这条红色育人路，坚持党对教育事业的全面领导，扎根中国大地，在新中国建设和改革发展中枝繁叶茂，在实现民族伟大复兴的征程中砥砺前行，具有丰富的时代内涵和鲜明的中国特色。

这条红色育人路，就是要始终坚持中国共产党的全面领导。党政军民学，东西南北中，党是领导一切的。回顾历史可见，红色育人路发端和形成的前提正是坚持党的领导。在党的领导下，红色育人路历经跌宕起伏，却始终不断开拓前进。这充分表明，中国特色高等教育必须毫不动摇地坚持和加强党的领导，以党的政治建设为统领，把党的建设作为办学治校基本功，使党的教育方针全面贯彻到学校工作各方面，坚守思想政治工作生命线，把高校建设成为培养德智体美劳全面发展的社会主义建设者和接班人的坚强阵地。

这条红色育人路，就是要始终坚持以马克思主义为指导。马克思主义是我们立党立国的根本指导思想，也是我国大学最鲜亮的底色。早在延安时期，党就坚持"七分政治、三分军事"的原则办学治校,此后80余年办学探索,始终保持方向不偏、立场不变,以马克思主义为指导不断开创具有中国特色的办学思路、办学模式。这充分表明,中国特色高等教育必须毫不动摇地巩固马克思主义在意识形态领域的指导地位,把高校建设成为学习研究马克思主义科学理论的坚强阵地,坚持不懈传播马克思主义科学理论,抓好马克思主义理论教育,为学生一生成长奠定科学的思想基础。

这条红色育人路,就是要始终坚持立德树人根本任务。自延安初创新型高等教育至今,党领导下的中国特色社会主义大学始终紧紧围绕立德树人这一根本任务,把思想政治工作贯穿教育教学各方面、全过程,培养了一代又一代拥护党的领导和我国社会主义制度、立志为中国特色社会主义奋斗终身的有用人才。这充分表明,中国特色高等教育必须紧紧围绕教育工作的根本任务和教育现代化的方向目标,强化以人才培养为中心的理念,毫不动摇地把立德树人成效作为检验学校一切工作的根本标准,强化以学生为本的理念,把一切为了学生健康成长作为教育工作者的首要追求,努力为国家和社会发展源源不断地培养优秀人才。

这条红色育人路,就是要始终坚持教育报国的价值取向。中国共产党人的初心和使命,就是为中国人民谋幸福,为中华民族谋复兴。党开创红色育人路,不断完善、有效发挥人才培养、科学研究、社会服务、文化传承创新、国际交流合作的大学职能,将初心和使命践行在为党育人、为国育才,办好人民满意的教育这一伟大事业中。这充分表明,中国特色高等教育必须毫不动摇地坚持为人民服务,为中国共产党治国理政服务,为巩固和发展中国特色社会主义制度服务,为改革开放和社会主义现代化建设服务,在实现中华民族伟大复兴中国梦的历史征程中迸发持久活力。

这条红色育人路,就是要始终坚持理论联系实际的优良学风。理论联系实际是马克思主义的重要理论品质,也是我们党创办高等教育始终发扬的优良作风之一。在长期的不懈探索中,我们党一方面自觉运用马克思主义立场观点方法分析和解决中国教育的现实问题,另一方面致力于培养学生知行合一、学以致用的品格,形成了理论与实践相结合的教育模式、教育理念和教育方式。这充分表明,中国特色高等教育必须毫不动摇地坚持理论联系实际的原则,既不照搬照抄、也不故步自封,扎根中国大地走出符合中国独特历史、文化和国情的高等教育发展之路。

这条红色育人路,就是要始终坚持艰苦奋斗、创新包容的办学风格。中国的伟大发展成就是一代又一代中国人接续奋斗创造出来的。我们党在极其艰苦的条件下,开创并领导中国特色新型高等教育诞生、发展、壮大,以坚定理想、百折不挠的奋斗精神和兼容并蓄、自我革新的创新动力，开拓出一条中国特色红色育人路。这充分表明，中国特色高等教育必须毫不动摇地传承和发扬艰苦奋斗、创新包容的优良传统，以永不懈怠的精神状态和一往无前的奋斗姿态，勇攀"双一流"建设高峰。

坚守"红色育人路"踏上新征程

经过几代人的艰苦努力，党领导中国高等教育事业走过了由小到大、由弱向强的辉煌历程，实现了从规模扩张到质量提升的历史性转折，取得了举世瞩目的巨大成就，正在踏上高等教育强国建设的新征程。当前，我们正处于中华民族伟大复兴战略全局和世界百年未有之大变局之中，高等教育创新发展的机遇与挑战并存，需要我们坚持着眼世界水平、着力中国特色，在危机中育新机、于变局中开新局，坚守这条彰显中国特色的红色育人路，走向建设社会主义现代化强国的美好未来。

走好红色育人路，必须在扎根中国大地办大学中把牢方向。习近平总书记提出了"扎根中国大地办大学"的明确要求。我国的大学是有着强烈使命和责任担当的大学，从国家层面看，体现国家意志，与国家现代化和民族复兴同向同行；从社会层面看，体现社会责任，在我国经济社会发展中发挥支撑引领作用；从教育层面看，体现教育自信，塑造中国特色社会主义大学的内涵品质。办好这样的大学，走好红色育人路，就是要扎根中国大地，坚守社会主义办学方向，这是我们的根本立足点和出发点。

扎根中国大地办大学，集中体现在高等教育的"四个服务"思想中。大学要在"四个服务"中实现自身的价值追求，探索世界一流大学建设的中国道路和中国模式。我们所说的中国道路和模式的基本特征，实际上就是要坚持中国特色的核心要素，就是把立德树人作为第一使命，培养造就一流人才；把学科建设作为第一支点，引领学校高质量发展；以人才队伍为第一资源，打造人才汇聚高地；以综合改革为第一动力，完善现代大学制度；以党的全面领导为第一保障，确保社会主义办学方向。

走好红色育人路，必须在深化改革中提升治理水平。多年来，我国高等教育改革取得了显著成效，但我们有着全世界最大规模的教育体系，需求特别多样，情况特别复杂，改革任务特别艰巨。越是面对这样的局面，越要认识到高等教育要发展，根本靠改革开放，出路在体制机制创新。唯有如此，才能推进高等教育治理体系和治理能力现代化。

在人才培养机制方面，要深化教育教学模式改革。在教育目标上更加注重"导向"，在教学内容上更加注重"更新"，在教学方法上更加注重"互动"，在教学管理上更加体现"灵活"。在现代大学制度建设方面，要深化大学内部治理体系改革。构建以党委领导下的校长负责制为核心，以职能部门和专业院系为依托，以学术委员会、教代会、理事会等为支撑的现代大学内部治理体系。在评价机制方面，要不断深化以完善评价为牵引的教育改革。真正树立重师德师风、重真才实学、重质量贡献的评价导向，改进结果评价、强化过程评价、探索增值评价、健全综合评价。对高等教育来说，建立更加科学的教育评价体系，重点是要办好一流本科，把本科教育作为立校之基；培养一流人才，把人才培养质量作为首要标准；产出一流成果，把对社会贡献度和认可度作为重要考量；发挥一流影响，把影响力作为重要评价标准。

走好红色育人路，必须在服务国家需求中彰显教育使命。作为科技第一生产力、人才第一资源和创新第一动力的重要结合点，高等教育应在主动对接国家人才需要和创新需求等方面担当更为重要的责任，发挥主力军作用。

要提升服务经济高质量发展的能力。进一步落实就业与招生计划、人才培养的联动机制，引导学校办学思路真正转到服务国家和经济社会发展需要上来。进一步落实产教融合的激励政策，促进教育链、人才链与产业链、创新链有机衔接，促进人才培养供给侧和产业需求侧结构要素全方位融合。要提升服务区域经济社会发展的能力。从课程体系建设、教学方法改革、教师能力提升等方面完善创新创业教育体系，广泛搭建创业孵化基地、科技创业实习基地等平台，全面提升学生创新精神、创业意识和创新创业能力，不断提升人才培养对区域经济社会发展的贡献度。要提升服务关键核心技术攻关的能力。大学作为关键核心技术的主战场，要在服务国家实现关键核心技术自主可控、牢牢掌握自主创新主动权方面作出重要贡献，必须把握基础研究这个"总机关"，用好学科交融这个"催化剂"，激发协同创新这个"动力源"，改进评价体系这个"指挥棒"。

面向新时代，我们要继续坚持红色育人路，以共产党人的初心使命，以人民教育工作者的责任担当，以扎根中国大地办好一流大学的实际行动，全力推动高等教育高质量发展，为社会主义现代化强国建设作出新的更大贡献。

（杜玉波：中国高等教育学会会长，教育部原党组副书记、副部长）

坚定自信
办好中国特色世界一流大学

赵长禄

(《中国高等教育》2021年第2期)

[摘 要] 新时代"红色育人路"更加关注高等教育的政治方向和保证,强调坚持党的领导;更加关注高等教育的根本目标和任务,强调为党育人、为国育才;更加关注高等教育的发展内涵和质量,强调推进高校内涵式发展;更加关注高等教育的重大使命和责任,强调坚持"四个服务"发展面向。

[关键词] 中国特色;世界一流;红色育人路;高等教育;立德树人

我国有独特的历史、独特的文化、独特的国情,决定了我国必须走自己的高等教育发展道路,扎实办好中国特色社会主义高校。回望中国共产党百年伟大探索历程,党将马克思主义与中国教育具体实践相结合,领导中国特色高等教育从小到大、从弱到强,不断发展壮大,走出了一条立足中国国情、扎根中国大地的"红色育人路"。在新的时代条件下,充分总结党办高等教育的优良传统和经验,传承红色基因、坚定办学自信,推动"红色育人路"在新时代创新发展,才能加快推进"双一流"建设,更好地办出中国特色世界一流大学。

中国共产党发挥马克思主义政党的独特优势开创了"红色育人路"

百年来,我们党百折不挠、接续奋斗,带领中华民族迎来了从站起来、富起来到强起来的伟大飞跃。追根溯源,这是由中国共产党所具有的独特优势决定的。当代中国高等教育所走过的"红色育人路"也得益于此。以中国共产党创办的第一所理工科大学、新中国第一所国防工业院校——北京理工大学为例，其80年办学历程见证了中国共产党创办和领导高等教育的砥砺奋进历程，是党的"红色育人路"的生动缩影。

发挥理论优势办学，始终坚持马克思主义指导地位。方向决定道路，道路决定命运。马克思主义是科学世界观和方法论，是认识世界和改造世界的强大理论武器。中国高等教育必须坚持马克思主义指导地位，这是我们党基于正反两方面的经验教训得出的科学结论。党以马克思主义指导办学实践，一方面重视开展政治理论教育，打好师生思想基础。比如，北京理工大学的前身——自然科学院创办之初即开设政治理论课，李富春、徐特立及中央领导经常为学员授课。另一方面，党充分运用马克思主义的立场观点方法，遵循教育规律、人才成长规律、科学发展规律来办学。比如，自然科学院老院长徐特立弘扬"理论联系实际"的学风，倡导学科和术科紧密联系、互相转化，提出科学教育、科学研究、经济建设"三位一体"发展的思想。时至今日，这些思想仍有指导意义。近年来，学校党委进一步巩固马克思主义指导地位，从历史观、发展观、系统观和群众观出发，谋划一流大学建设，学校整体办学水平、办学质量、社会贡献度和国际影响力不断提升。实践证明，马克思主义是我们认识世界、改造世界的科学指引，只有毫不动摇地坚持以马克思主义为指导，才能确保办学正确政治方向，坚定中国特色社会主义道路自信、理论自信、制度自信和文化自信，建好植根中国土壤、符合中国国情的中国特色社会主义大学。

发挥政治优势办学，注重建强思想政治工作生命线。党的思想政治工作被誉为"经济工作和其他一切工作的生命线"。我们党高度重视高校思想政治工作，形成了完备的工作内容和方法体系。比如，在自然科学院时期，学校就确立了德育为首、全面培养的思想，提出了培养"革命通人、业务专家"的目标。此后不同历史阶段，学校一贯倡导"我们的教学方针是教人而不仅是教书""教书和育人是不可分割的"，并落实"教育者要先受教育""人民教师必须又红又专"等理念。近年来，学校党委围绕立德树人根本任务，坚持"学术为基、育人为本、德育为先"的办学传统，深化"价值塑造、知识养成、实践能力"三位一体人才培养模式改革，把思想政治工作贯穿学校教育管理各方面、全过程。学校领军领导人才培养深深镌刻上红色基因的烙印，一批批毕业生赴基层、入主流，到祖国最需要的行业和领域服务奉献，就业竞争力持续保持在全国前列。实践证明，高校思想政治工作事关培养什么人、怎样培养人、为谁培养人这一根本问题，事关中国特色社会主义事业后继有人。只有牢牢掌握高校思想政治工作的主导权，建立健全思想政治工作体系和高水平人才培养体系，打造高素质教师队伍，强化全员全过程全方位育人，才能培养出德智体美劳全面发展的社会主义建设者和接班人。

发挥组织优势办学，持续打造坚强战斗堡垒。政党力量的凝聚和运用，在于科学的组织。我们党一贯重视加强高校党组织建设，把党组织的作用发挥融入办学发展各项工作中。比如，自然科学院贯彻政治与业务相结合的理念，结合教学业务开展党建及思想政治工作，调动师生的主动性、积极性。此后不同阶段，学校不断完善以党的领导为统领的大学治理体系，发挥组织优势，服务支持人才培养和重大科研攻关，创造了新中国科技史上多个"第一"。近年来，学校党委进一步健全党的领导的组织体系、制度体系、工作机制，模范执行党委领导下的校长负责制，系统提升政治领导力、思想引领力、师生组织力和动员号召力，以高质量党建引领高质量发展。学校集中力量、敢打硬仗、优化配置优势资源，推动重要领域关键核心技术攻关，铸造大国重器，培养强国栋梁，持续在服务国家战略和世界科技发展中展现担当。实践证明，党的全部领导、党的全部工作要靠党的坚强组织体系去实现。只有不断完善新形势下党的组织领导和活动方式，发挥党在学校事业中把方向、管大局、作决策、保落实的作用，规范和加强基层党组织建设，以提升组织力为重点强化政治功能，才能更好地统一思想、凝聚共识、落实责任、推动发展，为一流大学建设提供坚强政治保证。

发挥密切联系群众优势办学，尊重并发挥师生的主体作用。密切联系群众，是我们党最大的优势。在办学实践中，学校时刻注重发挥密切联系群众、紧密团结师生的优势，激发汇聚了广泛而强大的办学内生动力。上世纪50年代，学校坚持"在政治上团结和改进，在业务上从普及中得到提高，在生活上特别予以照顾"的方针，有效鼓舞了师生干事创业热情。1963年，学校召开历史上第一次思想政治工作会议。会议强调，学校工作必须走群众路线。近年来，学校党委把坚持党的领导、密切联系师生与完善内部制度体系有机结合起来，努力打造风清气正的政治生态，营造崇尚真理的学术生态，建设和谐美丽的宜学生态，持续推进学校治理体系和治理能力现代化，全校师生同心协力建设一流大学的共识和行动更加坚定。实践证明，密切联系师生最重要的是坚持党的根本宗旨，贯彻党的群众路线，使治校理教体现师生为本、服务师生需要，从作风上、行动上保持和发展党的先进性和纯洁性。只有充分尊重师生的主体地位和作用，才能更好地激发师生主观能动性，赢得师生信赖，催生校园活力。

中国共产党推动"红色育人路"
在新时代不断创新发展

经过几代人的不懈努力,党领导下的中国高等教育实现了规模与质量的跨越式发展。党的十八大以来,党中央把高等教育摆在突出重要位置,统筹推进"双一流"建设。"红色育人路"在新时代焕发新光彩、注入新内涵。

一是更加关注高等教育的政治方向和保证,着重强调坚持党的领导。坚持党的领导和正确办学方向是贯穿中国特色高等教育发展脉络的一条主线。加强党对教育工作的全面领导,是办好教育的根本保证。我们要全面加强党的领导、党的建设,增强"四个意识",坚定"四个自信",践行"两个维护",坚持党管办学方向、管改革发展、管干部、管人才,自觉在政治立场、政治方向、政治原则、政治道路上同党中央保持高度一致,把学校的特色和优势有效转化为培养社会主义建设者和接班人的能力。

二是更加关注高等教育的根本目标和任务,着重强调为党育人、为国育才。国势之强由于人,这是党办高等教育的基本出发点和落脚点。培养什么人,是教育的首要问题。我们要以树人为核心,以立德为根本,把思想政治工作贯穿教育教学各方面、全过程,构建德智体美劳全面培养的教育体系,完善更高水平的人才培养体系,培养一代又一代拥护中国共产党领导和我国社会主义制度、立志为中国特色社会主义奋斗终身的有用人才。

三是更加关注高等教育的发展内涵和质量,着重强调推进高校内涵式发展。重视办学质量、培养合格人才,是党办高等教育的一贯原则。当前,我国高等教育办学规模和年毕业人数已居世界首位,但规模扩张并不意味着质量和效益增长,走内涵式发展道路是我国高等教育发展的必由之路。这就要求我们牢牢抓住全面提高人才培养能力这个核心点,进一步优化人才培养规模和结构,进一步培育差异化发展优势和特色,深化综合改革,破除体制机制障碍,坚持一流标准、汇聚一流资源、锻造一流教师队伍,加快推进内涵发展、特色发展、高质量发展。

四是更加关注高等教育的重大使命和责任,着重强调坚持"四个服务"发展面向。优先发展教育事业是推动党和国家建设的先导工程。新时期,我们对高等教育的需要比以往任何时候都更加迫切,对科学知识和卓越人才的渴求比以往任何时候都更加强烈。这就要求我们立足"五位一体"总体布局、"四个全面"战略布局,进一步聚焦大学的核心使命、特殊功能,推进一流大学建设发展,更好地为人民服务,为中国共产党治国理政服务,为巩固和发展中国特色社会主义制度服务，为改革开放和社会主义现代化建设服务，以教育现代化引领服务国家现代化。

团结奋进走好新时代的"红色育人路"

当前，国内国际"两个大局"对高等教育提出了更加艰巨的任务。加快建设中国特色世界一流大学，成为我们必须回答好的时代命题。我们应进一步发挥党办高等教育的特色优势，充分认识新时代党对高等教育的新要求新期待，准确把握"危"与"机"、"变"与"不变"的辩证关系，坚定不移走好中国特色高等教育发展之路。

一是要进一步加强党的全面领导，坚持扎根中国大地与建设世界一流相统一。坚持党的领导是扎根中国大地办大学的前提和根本。处理好扎根中国大地与建设世界一流的关系，首先要把准一流大学建设的政治原则、方向目标、根本任务，坚守党的领导这个最大的特色，贯彻党的教育方针，坚持社会主义办学方向；其次要面向当前形势下的新发展格局，自力更生、艰苦奋斗，以更加开放的思维举措推进国际交流合作，发展中国特色、世界水平的高等教育。

二是要进一步聚焦立德树人根本任务，坚持落实人才培养中心地位与推进大学各项功能协调发展相统一。以立德树人为核心的人才培养是大学的本体功能、第一使命。大学的其他功能是本体功能的重要延伸与拓展。处理好人才培养与大学各项功能的关系，要巩固人才培养中心地位，突出立德树人中心环节，强化科学研究、社会服务等其他功能对人才培养的反哺作用，形成牵一发而动全身的联动效应，提升学校事业发展的系统性、整体性、协同性。

三是要进一步推动科学发展和高质量发展，坚持服务国家重大需求与引领社会文明进步相统一。当前，高等教育的基础性、先导性、全局性地位和作用更加凸显。处理好服务重大需求与引领文明进步的关系，要坚守大学服务国家、造福人民的价值追求，服务我国经济社会民生等领域的迫切需要，不断强化"四个服务"发展面向；同时，还要为解决人类面临的共同挑战提供中国方案，强化教育自身发展与人类社会发展的有效链接。

四是要进一步围绕、关照、服务师生，坚持促进学校事业发展和实现师生个人价值相统一。人民创造历史，是唯物史观的基本观点。人民立场也是我国发展高等教育的根本立场。处理好促进学校事业发展和实现师生个人价值的关系，要坚定秉承宗旨意识，紧紧围绕师生、关照师生、服务师生，尊重师生主体地位，服务师生事业和成长需求，打造学校、教师和学生的和谐"共同体"，凝聚同心同德的内生动力。

总体来讲，党创办和领导中国特色高等教育的历程诠释并印证了"中国共产党为什么能、马克思主义为什么行、中国特色社会主义为什么好"以及"中国特色高等教育特在何处"等重大问题，记录了中国共产党在经济文化相对落后的国家发展高等教育的艰辛探索，体现了党领导高等教育的卓越能力，是扎根中国大地建设中国特色世界一流大学的重要思想源泉。中国特色社会主义大学应不忘立德树人初心，牢记为党育人、为国育才使命，把红色接力棒代代传递下去，为建成社会主义现代化强国、实现中华民族伟大复兴的中国梦而努力奋斗！

（赵长禄：北京理工大学党委书记）

坚定走好中国特色高等教育"红色育人路"

赵长禄

(《学习时报》2021 年 8 月 23 日)

在《中国共产党简史》一书中有这样一段文字,"1940 年 9 月创办的延安自然科学院,是党的历史上第一个开展自然科学教学与研究的专门机构"。这里讲到的延安自然科学院,正是今天北京理工大学的前身。1952 年,学校受命建设新中国第一所国防工业院校,担当起培养红色国防工程师的光荣责任,铸就了学校"军工魂"的时代品格。"延安根、军工魂"红色基因代代相传至今,形成了北京理工大学独特的精神气质和文化内核。北京理工大学 80 余年的办学历程,正是传承"延安根、军工魂"红色基因的砥砺奋进历程,见证并记录着党创办和领导中国特色高等教育的生动实践,走出了一条扎根中国大地建设世界一流大学的"红色育人路",在百年党史长河中留下了独特的"北理工"印记。在党史学习教育中,北京理工大学将学百年党史、知红色校史、育时代新人、干一流事业贯通起来,传承并弘扬"红色育人路"的基本经验和优良传统,不断推进教育事业高质量发展。

为党育人、为国育才,努力培养又红又专人才

在中国抗日战争进入"相持阶段"时,为促进陕甘宁边区工业生产和经济建设,直接服务抗战需要,培养自己的科学技术人才,中国共产党高瞻远瞩,在极其困难的条件下决定创办自然科学院。这所中国共产党创办的第一所理工科大学在毛泽东、周恩来、朱德等领导同志的直接关怀下,贯彻党中央的办学方针,瞄准"革命通人、业务专家"的人才培养目标,在延安办学的 5 年间培养了近 500 名毕业生,他们绝大多数成长为新中国各条战线上的专家和领导干部。这一时期是党创办和领导高等教育指导思想的初步形成和实践时期,在党史上留下了浓墨重彩的一笔。

回望伴随党的事业走过的艰苦奋斗历程,为党育人、为国育才始终是学校毫

不动摇的使命责任。北京理工大学传承红色基因，把培养又红又专人才作为第一使命，紧紧围绕立德树人根本任务，努力培养担当民族复兴大任的时代新人。一是坚持育人为本、德育为先，筑牢师生理想信念的思想根基。学校将打好师生思想底色、锤炼过硬思想政治素质摆在首要位置，着力发挥"延安根、军工魂"红色基因的铸魂育人作用，带领师生听党话、跟党走。把红色校史教育作为"进校第一课"，深度融入思政课课堂教学，每年坚持组织学生赴办学旧址开展"学史明志"实践活动，组织新入职教师赴延安开展"寻根计划"。本着"见人、见物、见细节"，大力建设"浸润式"育人环境，推进以红色基因为内涵的校园文化空间建设，新校史馆、延安石、徐特立铜像、国防文化主题广场、北湖校史步道等一批批文化景观，时时处处展现着从革命圣地走来的高等学府穿越时空、历久弥坚的风骨品格。二是强化能力为重、全面发展，不断完善高水平人才培养体系。学校不断建立健全"价值塑造、知识养成、实践能力"三位一体的人才培养模式，实施以大类培养、大类管理和书院制育人为核心的人才培养改革，着力提升人才培养质量。开展"三全育人"综合改革，推进思政课程与课程思政、课上与课下、校内与校外、网上与网下育人资源的互融互动，完善一体化育人机制，深化全员全过程全方位育人格局。三是注重价值引领、服务奉献，支持学生到祖国最需要的行业领域建功立业。学校把引导学生心怀"国之大者"具体体现在教育引导其树立正确的成才观、就业观上，将个人成长发展与国家富强、民族振兴、人民幸福紧紧联系在一起，让青年梦融入中国梦。自2018年以来，连年面向全校学生组织开展"担复兴大任、做时代新人"主题教育活动；牵头9所诞生于延安的高校成立"延河联盟"，建立红色育人基地，探索协同育人新范式。毕业生到国家重点行业、重点领域就业人数占比65%，到基层、西部就业占比连年增长，青春之光闪耀在祖国最需要的地方。

兴学图强、创新驱动，坚持服务党和国家大局

延安时期，在党中央对发展自然科学的大力倡导下，自然科学院迅速壮大，在人才培养、生产科研等方面密切服务抗日战争和边区建设。此后，虽历经战火洗礼，但学校坚持以兴学强国为己任，从建校之初的机械、化工、农业等系科，到新中国成立后迅速发展为覆盖航空、机械、汽车、内燃机、钢铁冶金、采矿等学科专业设置较为齐全的新型社会主义重工业大学。1952年，学校坚决服从党和国家需要，调出精干力量、优势学科支援建设北京航空学院、中南矿冶学院和北京钢铁学院，为新中国高等教育事业发展作出了贡献。此后各个历史时期，学校

紧密对接党和国家亟需必需发展教育事业，"党的旗帜就是奋斗方向""国家最大"，成为学校坚持服务大局的生动写照。

回望与党和国家同呼吸、共命运的发展进程，努力攻克"卡脖子"关键技术、努力实现科技自立自强始终是学校执着坚守的崇高事业。北京理工大学传承红色基因，把服务党和国家工作大局作为最高追求，以全力服务"四个面向"的实际行动践行中国特色社会主义大学的使命担当。一是着力汇聚人才第一资源，构建高素质师资人才队伍。学校坚持把好师德师风"首要要求""第一标准"，加强改进教师思想政治工作，带动教师做学生为学、为事、为人的示范。积极构建全球人才选聘体系和人才成长良好生态，着力提高教师队伍专业化水平，引导教师研究真问题，致力于解决实际问题，脚踏实地把科技论文写在祖国大地上。二是着力强化学科第一牵引，建立重交叉学科专业体系。学校立足长期以来的办学基础，以服务国家重大战略为导向，推动学科深度融合和传统优势学科创新发展，布局一批新兴学科，逐渐形成了"优势工科强引领、特色理科深融合、精品文科厚底蕴、前沿交叉拓新局"的学科发展体系。学科建设提质增效，学校的办学规模、培养质量、服务能力不断跃升，科研优势转化为服务贡献优势的动力更加强劲。三是着力增强创新第一动力，完善高水平科技创新体系。学校发扬自延安时期以来"想国家之所想、急国家之所急、应国家之所需"的优良传统，瞄准科技前沿和关键领域，努力攻克"卡脖子"技术难题，创造了新中国科技史上多个"第一"，在若干领域代表了国家水平、积累了明显优势。在历次大阅兵中，参与装备研制的数量与深度均居全国高校首位。

不忘初心、勇担使命，加快建设世界一流大学

"办什么样的大学、怎样办好大学"，这是中国共产党从领导和创办中国特色高等教育之初就在不断探索的问题。自然科学院办学按照一流标准建设，汇集了当时边区最高水平的科技精英队伍，也不乏海外归来的专家和各领域佼佼者，培养目标、科系设置、教学计划、课程安排、教育方法等均走在前列，开创了党兴办理工科高等教育的先河。可以说，在北理工办学的各个历史时期，始终瞄准一流目标，坚持一流标准，作出一流贡献，是党创办和领导高等教育坚守中国特色、争创世界一流的生动缩影。

回望与新中国高等教育同向同行的发展历程，无论遭遇什么样的坎坷曲折，不忘初心、矢志一流始终是学校一以贯之的不懈追求。北京理工大学传承红色基因，

把加快建设世界一流大学作为时代责任，推动"红色育人路"越走越宽广。一是坚持以党的政治建设为统领，把党的领导、党的建设贯穿办学治校全过程。学校党委切实履行管党治党、办学治校主体责任，持续打造"风清气正的政治生态、崇尚真理的学术生态、和谐美丽的宜学生态"，以高质量党建引领教育事业高质量发展，以建强"两个坚强阵地"的实际行动增强"四个意识"、坚定"四个自信"、做到"两个维护"，牢记"国之大者"，自觉做习近平新时代中国特色社会主义思想的坚定信仰者、忠实实践者。二是总结凝练、丰富拓展"红色育人路"的深刻内涵，深化一流大学建设方案。以建校80周年为契机，学校党委组织开展"红色育人路——中国共产党创办和领导中国特色高等教育之路"专项研究，举办"红色育人路"高等教育论坛，深入挖掘学校不同历史时期办学育人基本经验，总结提炼"红色育人路"的基本内涵、主要特征、独特优势，以及实践路径，为新时代推进中国特色世界一流大学建设提供借鉴。三是充分激活干部师生干事创业内生动力，构筑争创一流的普遍共识和强大合力。学校党委坚持尊重师生主体地位，尊重基层首创精神，着力深化校院两级管理体制改革，推动管理重心下移，持续完善现代大学治理体系，努力释放师生创新活力。与此同时，大力推进一流大学文化建设，不断汇聚师生理想信念的源动力、团结一致的凝聚力、艰苦奋斗的意志力、争创一流的内驱力。

（赵长禄：北京理工大学党委书记）

"三个生态"助力一流大学建设

赵长禄

(《人民日报》2018年6月14日)

5月2日,习近平总书记在北京大学师生座谈会上发表的重要讲话科学概括了办好中国特色社会主义大学的任务要求,具有鲜明的现实针对性和发展指导性。

以习近平新时代中国特色社会主义思想为指导,高校办学实践中需要从大力培育"三个生态"入手,为学校建设发展培植丰厚土壤,营造良好环境。

首先要坚持社会主义办学方向,营造风清气正的校园政治生态。高校政治生态是衡量管党治党是否有力、办学治校基础是否稳固的重要标尺。高校要致力于建设成为党的领导坚强阵地,建设成为培养社会主义建设者和接班人的坚强阵地。要坚持以习近平新时代中国特色社会主义思想为指导,把好办学的正确政治方向,将马克思主义作为我国大学最鲜亮的底色;要坚持党对高校的领导,全面加强和改进学校各级党组织建设,准确把握新时代党的建设的总要求,为建设高素质教师队伍,形成高水平人才培养体系,教育引导青年学生爱国、励志、求真、力行提供坚强的政治保障;要建设一支"忠诚、干净、担当"的党员领导干部队伍,扎实推进党务公开、校务公开,自觉接受监督。

同时要坚持建设高素质教师队伍,营造崇尚真理的校园学术生态。校园学术生态,反映着教职员工整体的价值取向、内在精神和行为准则,也反映出支撑大学内涵发展的文化氛围,既影响教职员工积极性和创造力发挥,又对学生教育培养产生能动作用。良好的学术生态是培养优秀人才、激发创新活力的重要基础,是形成高水平人才培养体系的丰厚土壤。营造良好的校园学术生态要坚持行政、学术系统协同推进,坚持"育人为本、德育为先"的学术生态建设理念,大力倡导尊崇学术成就、尊崇育人成效的鲜明导向。要从对标世界一流标准、满足师生个性化成长需求出发,调整优化学科体系、教学体系、教材体系,为学生求学、教师职业发展创造良好条件;要把师德师风建设作为教师队伍建设的第一要务,把教师思想政治素质作为第一考量标准,引导教师把教书育人和自我修养相结合,以德立身、以德立学、以德施教,着力建设政治素质过硬、业务能力精湛、育人水平高超的高素质教师队伍；要大力优化学术环境，完善学术治理体系，维护师生在教学科研活动中的主体地位，鼓励开展健康的学术批评，营造敢为人先、宽容失败的学术氛围，促进优秀教学科研人才脱颖而出；要倡导崇实、唯实、求实的良好学风，建立科学公正的学术评价制度，建设集教育、防范、监督、惩治于一体的学术诚信体系，维护学术尊严，在广大师生中牢固树立学术"正气"。

还要坚持育人和育才相统一，营造和谐美丽的校园宜学生态。校园宜学生态是师生学习工作的校园物质环境和文化环境的总和。当前，中国高等教育正处于中华民族伟大复兴的重要历史机遇期，这一时代背景为青年学生和广大教师提供了难得的人生际遇，也为校园宜学生态建设提供了有力保障。校园宜学生态建设的核心在于营造与高水平人才培养体系相适应的物质文化和精神文化环境，以美好环境服务师生成长，浸润师生心灵，成风化人。要把立德树人内化到大学建设和管理各领域、各方面、各环节，以树人为核心，以立德为根本，坚持一切管理行为都要服务于人才培养工作、有利于师生成长成才的工作理念，切实形成和谐宜学的文化氛围；要把大学文化建设放在重要位置，以社会主义核心价值观为引领，构建彰显中华文化自信、体现学校优势特色的文化生态，构筑思想净土、道德高地和真善美阵地，形成优秀大学文化的正向感召，夯实育人根基；要不断改革完善学校管理体系，实施好落实好中国特色现代大学制度，优化高校内部治理结构，让广大师生在愉悦的环境中潜心学习、专心创造。

（赵长禄：北京理工大学党委书记）

特立潮头　开创未来
——在北京理工大学建校 80 周年纪念大会上的致辞

张　军

尊敬的各位领导、各位来宾、各位校友，
老师们、同学们、朋友们：

　　春秋代序、八秩荣光。今天，我们欢聚一堂，共同庆祝北京理工大学建校 80 周年。此时，遍布全球的北理工人正通过互联网云端共襄盛举。在这隆重的时刻，我谨代表北京理工大学全体师生员工，向各位领导、各位来宾、各位校友表示热烈的欢迎！向全球北理工人致以节日的问候！向长期以来关心支持北理工发展的各级领导、社会各界朋友表示衷心的感谢！

　　80 年时光荏苒、初心不改；80 年根脉传承、弦歌向前。

　　1940 年，抗战烽火、基业肇始。我们党在延川河畔，亲手创建了北京理工大学前身——自然科学院，开启了中国共产党创办理工科高等教育的先河。在李富春、徐特立等老院长带领下，师生们自力更生、艰苦奋斗，发明马兰草造纸、发现南泥湾、提高盐产量。李强院长主持建造短波广播发射台，把党的声音传向全世界；自然科学院教师杨作才设计并指挥修建了中共七大会址和中央办公地，师生们在服务抗战中，学习成长。自然科学院开创了我党以马克思列宁主义为指导，培养高级科学技术人才的崭新实践，为建设社会主义理工科大学积累了宝贵经验。

　　建国创业，燃情奋斗、兴学图强。学校自延安北上，四迁校址，辗转上千公里。从张家口办学，到井陉建华北大学工学院，再到中法大学合并，师生们始终以坚韧意志和家国情怀，传承延安根脉。在百废待兴的国家建设中，年轻的北京工业学院活力迸发，凯歌频响。学校坚决服从党和国家需要，受命建设新中国第一所国防工业院校，创建第一批完整的军工专业和学科体系，培养第一代"红色国防工程师"，师生联合自主研制出第一枚探空火箭、第一辆轻型坦克、第一部低空测高雷达……填补多项空白，在培育英才、铸大国利剑中展现北理工担当，为推动高等教育发展、建设强大国防作出重要贡献。

改革开放，勇立潮头、矢志一流。学校积极投身"科教兴国""人才强国"战略，走研究型、开放式办学道路，首批进入"211工程""985工程"和"双一流"建设高校A类行列，朝着建设中国特色世界一流大学的目标稳步迈进。近年来，学校着力强化内涵发展、特色发展、高质量发展，深化综合改革，重大成果不断涌现。CL-20征服了世界炸药"最高峰"，新体制雷达锻造了国防"千里眼"，远程火箭引爆了空中"新威力"，机电复合传动攻破了装甲突击装备"卡脖子"技术。实施大类人才培养改革，发起"延河联盟"探索红色育人新模式。IEEE总主席福田敏男等名家大师，加盟汇聚。深圳北理莫斯科大学落地建成，打开合作办学新窗口。学校各项事业蓬勃兴旺，综合实力显著跃升，已成为具有影响力的世界知名大学，在服务国家战略和经济社会发展中发挥重要的支撑引领作用。

在波澜壮阔的80年里，北理工坚持听党话、跟党走。传承"延安根、军工魂"红色基因，形成了独特的精神气质和文化内涵，为党和国家贡献了一大批服务强国建设的尖端成果，输送了30余万奋战在各行各业的创新人才，推动党领导下马克思主义理论与中国大学实际相结合，将创办新型理工科高等教育的实践推向深入。我们走出了一条中国共产党创办和领导中国特色高等教育的"红色育人路"，走出了一条矢志国防、服务战略的"强军报国路"，走出了一条开放包容、交叉融合的"创新发展路"。

80年时光流转，不变的是报国初心。在北京理工大学发展史中，最鲜明的主线是"报国"。一代代北理工人秉承"德以明理、学以精工"的校训，发扬"团结、勤奋、求实、创新"的校风和"实事求是、不自以为是"的学风，怀赤子心、立报国志，提升服务战略能力，勇担兴学强国使命，谱写了与民族共命运、与时代相偕行的壮丽篇章。

80年来，北理工人发扬政治坚定、矢志强国的爱国精神，始终坚持党的领导，坚持社会主义办学方向。师生们瞄准国家重大战略需求和世界科技前沿，将论文书写在祖国大地上。从全程制导火箭、轻型坦克动力系统等大国利器，到高能量物质科学、智能无人系统等新型平台，学校在机动突防、精确毁伤、绿色能源、复杂信息系统等领域代表了国家水平。扎根大地，服务急需，攻坚突破，北理工人在助力实现强国梦想中，建功立业。

80年来，北理工人发扬淡泊名利、坚韧无我的牺牲精神，始终深耕教学、科研一线，为国家战略急需挺身而出。我国核潜艇总设计师彭士禄院士，30余年默默为国铸造核盾牌；两院院士王越先生，88岁高龄仍登上讲台。创业中，师生们扎根"三线"，隐姓埋名、无畏牺牲，在戈壁滩、试验场无悔奉献青春。新时代，超过三分之一的毕业生投身国防领域，到国家重要领域、重点单位和基层一线就业的比例超过60%，北理工人以"咬定青山不放松"的定力，为国家和人民，散发光和热。

80年来，北理工人发扬实事求是、敢为人先的科学精神，始终走在求实、创新之路上。徐特立老院长"德育为首""实践创新""三位一体"等教育思想，代代传承。理工并重、交叉融合，涵养了鲜明的学科特色；开放包容、勇于创新，构筑了学术高地和卓越生态。师生们研制第一个大型天象仪、第一套电视发射接收装置，创造了新中国科技史上多个"第一"。新能源汽车、智能仿生机器人、数字孪生技术，走在全国前列。大学生创新创业形成品牌，在"互联网+"、"创青春"、国际无人机大赛等赛事中屡屡夺冠。一批校友活跃在教育、科技、产业等领域，推动行业发展，造福社会。北理工人正脚踏实地、勇攀高峰，为科技创新和社会文明进步不懈探索。

80年来，北理工人发扬不辱使命、为国铸剑的担当精神，始终把平凡的个体，融入国家需要、时代洪流中，扛起使命在肩。建校以来，北理工培养了60多位院士、120多位省部级领导和将军。其中，有国家最高科学技术奖获得者、"现代预警机之父"王小谟院士，有爆炸科技奠基人徐更光院士，有"中国枪王"朵英贤院士。在历次大阅兵中，北理工参与装备研制的数量与深度，居全国高校首位。在国庆盛典、科技奥运、神舟飞天、嫦娥探月、北斗系统等国家重大任务和科研项目中，北理工人从不缺席，党的事业就是我们的奋斗方向。

此时此刻，我们深切怀念每一位创业立校的北理工先辈，我们诚意致敬每一位拼搏奋进的北理工校友，我们由衷礼赞每一位勤勉敬业的北理工教师，我们殷切祝福每一位成长成才的北理工学子，我们还要诚挚感谢每一位对北理工鼎力支持的各级领导、学界同仁和社会各方朋友。

特别是，建校以来，北京理工大学的发展始终得到习近平总书记等党和国家领导人的亲切关怀，得到工业和信息化部、教育部、北京市委市政府的大力支持，为学校发展引领了方向，这是北理工在新的历史起点接续奋斗的不竭动力！

回望初心来路，山高海阔；特立时代潮头，开创未来。

置身中华民族伟大复兴的战略全局和世界百年未有之大变局，处于"两个一百年"奋斗目标的历史交汇期，北京理工大学将以更开阔的视野，擘画实现宏伟蓝图。按照建设中国特色世界一流大学"三步走"战略目标，坚定不移加强党的领导，坚定不移传承红色基因，坚定不移落实立德树人根本任务，坚定不移依靠广大师生，坚持面向世界科技前沿、面向经济主战场、面向国家重大需求、面向人民生命健康，培养全面发展、服务强国建设的一流人才，全力攻克"卡脖子"关键技术，努力为实现民族复兴、构建人类命运共同体作出更大贡献！

新征程上，我们要精心培育一流人才。牢记为党育人、为国育才，践行"四个服务"使命，强化立德树人价值导向，遵循教育规律，以学生为中心，深化人才培养模式改革，推进智慧教育体系，培养"胸怀壮志、明德精工、创新包容、时代担当"的领军领导人才。

新征程上，我们要赤诚创出一流贡献。推进原始创新、集成创新和颠覆性创新，贡献服务战略的一流成果，助力教育强国、科技强国、网络强国和制造强国建设。携手延河联盟和卓越联盟各校，链接世界顶尖机构和学者，打造创新共同体，为推动解决世界性重大科学难题、创新全球治理体系贡献力量。

新征程上，我们要奋力建设一流大学。推动顶尖工科、优势理科、精品文科、新兴交叉学科发展，打造特色鲜明的世界一流学科，汇聚学术精湛的一流师资队伍，弘扬北理工精神和大学文化，完善一流大学治理体系，持续深化中国共产党创办和领导中国特色高等教育的红色育人实践。

各位领导、各位来宾、各位校友，老师们、同学们、朋友们，站在80年历史新起点上，让我们紧密团结在以习近平同志为核心的党中央周围，坚定不移贯彻落实党中央决策部署，以永不懈怠的精神状态和实干笃定的奋斗姿态，朝着建设中国特色世界一流大学的目标迈进，续写新的辉煌！

谢谢大家！

（张军：北京理工大学校长、中国工程院院士）

红色基因育英才
服务战略创一流

张 军

(《中国高等教育》2021年第12期)

大学是人才培养的摇篮、科技创新的源头、学术和学者汇聚的重镇。面向"两个一百年"奋斗目标和中华民族伟大复兴的中国梦,高校要全面贯彻党的教育方针,坚持社会主义办学方向,落实立德树人根本任务,坚守教育报国初心,勇担兴学强国使命,把发展科技第一生产力、培养人才第一资源、增强创新第一动力更好结合起来,在扎根中国大地建设世界一流大学的新征程中,奋进在时代前列。

传承红色基因,培养一流人才

习近平总书记指出,"建设一流大学,关键是要不断提高人才培养质量。要想国家之所想、急国家之所急、应国家之所需,抓住全面提高人才培养能力这个重点,坚持把立德树人作为根本任务,着力培养担当民族复兴大任的时代新人。"北京理工大学始终坚持为党育人、为国育才,在80余年的育人实践中,走出了一条党创办和领导中国特色高等教育的红色育人路。

学校坚持传承"延安根、军工魂"红色基因和徐特立教育思想,培养了一代代深耕在国家急需领域的拔尖人才。新时代,学校着力打造"大思政"工作格局,构建和优化"十大育人"工作体系,教育引导学生立大志、明大德、成大才、担大任。探索合作育人新范式,牵头9校发起成立"延河联盟",构筑红色资源协同育人共同体。

深化教育教学改革,推进以专业重塑、课程优化等为核心的"寰宇+"计划,在跨专业交叉培养方面形成新特色。推动双创教育模式创新,发挥特色学科平台和团队优势,培养学生创新品格和协作精神,在中国国际"互联网"大学生创新创业大赛中两夺全国总冠军。在红色基因感召下,北理人形成了"国家最大"的高度自觉,三分之一以上的毕业生投身国家重大需求领域。

打造国之重器,争创尖端成果

习近平总书记指出,"要提升原始创新能力""勇于攻克关键核心技术"。北理工坚持服务国家重大需求,攻坚克难、为国铸剑,走出了一条矢志强国路。一直以来,学校坚持强化有组织的科研,系统推进原始创新、集成创新和颠覆性创新,从重大工程中凝练科学问题,把最新科研成果书写在尖端成果研制中,持续打造"国之重器",为党和国家作出重要贡献。

一代代北理工人立下"矢志强国志",奋力突破技术难题,以徐更光、杨树兴院士为代表的三代"兵器人",研制出新型高能量材料、远距离火箭,推动国家重点领域实现跨代发展;以王越、毛二可院士为代表的三代"雷达人",在高速交会目标测量、新体制雷达技术领域取得重大突破;以孙逢春、项昌乐院士为代表的三代"车辆人",在新能源汽车、特种车辆研发方面走在全国前列。学校近五年牵头获国家科学技术奖 21 项,实现一等奖三年"不断线"。

服务国家战略,勇担强国使命

习近平总书记指出,"要勇于创新,深刻理解把握时代潮流和国家需要,敢为人先、敢于突破,以聪明才智贡献国家,以开拓进取服务社会。"北理工坚持服务"四个面向",不辱使命、敢为人先,走出了一条服务战略的创新发展路。学校坚持"大团队、大平台、大项目、大贡献"的科技创新理念,瞄准事关国家安全的重大战略需求,科研创新实践与国家发展丝丝相扣,追求卓越、协同创新。

从火箭、特种车辆等大国重器,到高能量物质科学、智能无人系统等创新平台,学校在一大批国家重点需求领域代表了国家水平。瞄准京津冀协同发展、长江经济带等国家战略,重点推进新能源汽车、智能制造、虚拟现实等领域的科技成果转化,在北京、重庆等地建设新型研发合作平台,为推动区域经济高质量发展助力。学校坚持贯彻人才强国战略,以国家事业聚人、以创新发展聚力,打造"大师团队"人才成长平台,人才"集聚效应"凸显,高层次人才在专任教师中占比达 13%,将汇聚一流人才的"向心力"转化为服务国家急需的"战斗力"。

今年是建党 100 周年,北理工将深入推进党史学习教育,立足新发展阶段、贯彻新发展理念、服务构建新发展格局,心怀"国之大者",培养一流人才、争创尖端成果、勇担强国使命,为实现第二个百年奋斗目标、实现中华民族伟大复兴的中国梦、推动人类文明进步作出新的更大贡献!

(张军:北京理工大学校长、中国工程院院士)

传承"延安根 军工魂"
培育大国栋梁

张 军

(《瞭望》2020 年第 46 期)

北理工自创校之初就肩负国家使命,此后一以贯之,在骨子里形成了"国家最大"的红色基因。

胸怀"科技报国志",北理工在国家革命、建设和改革的各个时期,奋力突破"卡脖子"技术难题,贡献了一批服务于国家重点领域和经济社会发展的引领性重大科技成果。

高校作为科技创新的重要力量,天然具备学科和人才集聚优势,在国家重大战略需求和成果转化上,应做"脊梁柱",不做"尾椎骨"。

这是一所从延安烽火中孕育的学校,也是 1940 年中国共产党创办的第一所理工科大学,因培养了一批矢志科技报国的领军人才,走出了一条中国共产党创办和领导中国特色高等教育的"红色育人路",一条矢志国防、服务战略的"强军报国路",一条开放包容、交叉融合的"创新发展路"。这就是北京理工大学(下称"北理工")。

八十载峥嵘岁月,这所大学将"延安根、军工魂"融入办学血液,在传承爱国奉献、勇攀高峰精神中践行科技强国,把办学成果写在了共和国的尖端科研装备上,成为党创办的中国特色新型高等教育的实践者和开拓者。

数据统计显示,80 年来,学校共为国家培养了 30 余万名毕业生,其中三分之一以上投身我国重要领域,孕育了一大批又红又专的领军人才,包括 60 位两院院士和 120 多位省部级以上党政领导和将军,如"中国核潜艇之父"彭士禄院士、"中国预警机之父"王小谟院士、天基雷达总设计师吴一戎院士。

80 年来,学校研制出探空火箭、轻型坦克、低空测高雷达等,创造了多项中国科技史上的第一,同时围绕国家战略急需,打造大国重器,在一大批国家重大需求的科技领域代表了国家水平,在深空探测、新能源汽车、人工智能、虚拟现实、新材料、现代通信等方面具有明显优势。在北京奥运会、上海世博会、广州亚运会、

"神舟八号"与"天宫一号"交会对接等过程中，研发的多项技术均有优异表现。

新时代，面对世界百年未有之大变局和中国全面建设社会主义现代化国家，北理工如何继续勇挑重担，创新发展，培养和塑造担当民族复兴大任的时代新人？《瞭望》新闻周刊记者为此专访了中国工程院院士、北京理工大学校长张军。

骨子里就有"国家最大"的红色基因

《瞭望》：2020年是北理工建校80周年，回望历史，你认为学校积淀的最鲜明、最宝贵的精神底色是什么？

张军：北理工前身是1940年创建于延安的自然科学院，校名由毛泽东同志亲自题写。李富春、徐特立、李强等老一辈无产阶级革命家先后任院长，师生们围绕边区经济发展需求，发现了适宜垦荒的南泥湾，发明了马兰草造纸、新方法制盐等技术，迈出了我党创办理工科高等教育的第一步。可以说，北理工自创校之初就肩负国家使命，此后一以贯之，在骨子里形成了"国家最大"的红色基因。

《瞭望》：这一红色基因传承至今有哪些新表现、新成果？

张军：最突出的表现就是，我们胸怀"科技强国志"，在国家革命、建设和改革的各个时期，勇担使命，协同攻坚，奋力突破"卡脖子"技术难题，贡献了一批服务于国家重点领域和经济社会发展的引领性重大科技成果。

例如，以徐更光、杨树兴院士为代表的三代"兵器人"，研制出新型成果，推动国家重大领域实现跨代发展；以王越、毛二可院士为代表的三代"雷达人"，在雷达技术领域取得了重大突破；以孙逢春、项昌乐院士为代表的三代"车辆人"，在新能源汽车、特种车辆研发方面走在了国家前列。

今天学校在服务国家战略、推动世界科技发展中仍有亮眼表现。例如，在庆祝中华人民共和国成立70周年大阅兵中，我校参与了10个空中梯队、26个装备方队的装备研制工作，多项关键技术直接应用于一批"国之利器"，"科技立功"已经成为北理工人践行强国使命的最大特色。

《瞭望》：面向"两个一百年"奋斗目标和中华民族伟大复兴的中国梦，如何让"国家最大"这一基因释放更大的能量？

张军：我们将继续发挥科技强国特色优势，在服务国家重大战略需求和成果转化上，做"脊梁柱"。这一方面需要学校持续探索更先进的科研模式，另一方面也要战略性地开展海外引智工作。

目前我们正在探索科研的"四大"新模式。一是推动优势工科与特色理科相结合，推进医工融合、"兵器+"、"智能+"、数字经济、科技法律等跨学科"大交叉"。二是瞄准前沿方向和新兴技术领域，凝练重大科学问题和工程问题，加快建设"大平台"，如推进基础和前沿交叉，建设"高能量物质前沿科学中心"；联合行业优势力量，建设教育部"多模态智能机器人及系统集成攻关大平台"等。三是以国家重大项目、国家创新平台和领军人才汇聚创新"大团队"，以集成攻关汇聚大团队，完善分类评价与激励机制，探索团队评价与激励制度，开辟国家重大需求领域人才特殊通道，造就"雷达系统及实时信息处理技术团队""高效毁伤技术团队""远程火箭研制团队"等优秀团队。四是瞄准关系根本和全局的科学问题、事关国家安全和经济社会发展全局的重大科技任务，谋划和实施重大项目，突破"卡脖子"关键技术。在国家战略必争领域，依托国家级创新平台，形成从基础研究向共性技术拓展、多学科交叉融合、产学研深度合作的集成攻关模式，结合传统优势和长期发展需要，在新能源汽车、人工智能、深空探测、新材料、凝聚态物理、计算机仿真等新兴交叉领域深耕细作。

在引智方面，我们通过建立柔性引才、多元化聘任机制，有效吸引了高端人才。例如，我们全职引进的1位外籍专家，在他带领下，北理工培育了国际微纳米机器人和医工融合领域的顶尖科学团队，在高端医疗诊治机器人方面做出了重大创新。10年来，经他推荐、培养，已有多位著名专家在北理工全职工作，形成了突出的高端人才引领和集聚效应。

培养共和国的脊梁是最大使命

《瞭望》：当前我国正在加快建设高水平本科教育，北理工也启动了新时期最大规模、最深层次的人才培养改革，请你介绍一下这轮人才培养改革的总体定位和目标。

张军：进入新时代，北理工人才培养新定位是培养"胸怀壮志、明德精工、创新包容、时代担当"的德智体美劳全面发展的领军领导人才。

具体来说，"胸怀壮志"，就要为国家作贡献，做共和国的脊梁，这是我们最大的使命。"明德精工"源自北理工的校训——德以明理学以精工，前者强调"立德""求善"，包含人文情怀，后者强调精益求精的"科学精神"，可以精简为"明德精工"。我们还要让学生"创新包容"，因为任何一个技术的突破已不再是单项技术、单个领域所能完成，也不再是"个人包打天下"，而是要以包容的态度开展团队合作，同时要有独立的品格和创新能力。最重要的是要有"时代担当"，成为能担当民族复兴大任的时代新人和社会主义合格接班人。

《瞭望》：北理工采取了哪些务实举措来实现这一育人目标？背后的设计逻辑是什么？

张军：我们首先构建了价值塑造、知识养成、实践能力"三位一体"的人才培养体系。之所以如此构建，是因为一直以来，高校的课程体系都只重视"知识养成"部分，忽视了"价值塑造"和"实践能力"，学生不知道为何去学，也不知道学的东西用到了什么地方，面对实际也不知需要掌握什么知识。

为解决这一问题，我们实施了本科大类招生、大类培养、大类管理的人才培养改革，推进了"SPACE+X"（寰宇+）计划，建设了精工、睿信、求是等9大书院，实现了跨学院、跨专业大类招生与培养。同时构建了"四类型七维度"本研一体贯通培养体系，优化了课程体系，强化了课程衔接，也提升了学生的创新性、批判性思维和国际视野。

目前，我们已把原来的38个专业变成9大书院9大类招生，实行通识教育，促进不同专业间的交叉融合，提升学生的综合素质水平。我们还通过"SPACE+X"（寰宇+）计划，拟打造6个"100场"讲座，邀请百名科学家、百名艺术家、百名外交家等来校授课，同时举办和鼓励学生参加各类创新创业大赛，提升创新创业能力。

我们这几年通过发挥特色学科优势，强化学科交叉融合实践和科技创新氛围，在创新创业教育方面实现了提质升级。这方面最直观的效果就是，北理工学子在创新创业大赛上夺魁、夺冠、夺金"年年不间断"，其中本科生获省部级及以上学科竞赛奖2000多项，研究生获国际国内竞赛奖450余项；在第四届中国"互联网+"大学生创新创业大赛中还获得冠军、季军和金奖，创了赛事纪录。

《瞭望》：培养学生的创新精神和创新创业能力是当前高校的重要关切，北理工在这方面的骄人成绩得益于哪些经验？

张军：这些优异成绩背后是学校对科教深度融合理念的坚守，更重要的是学校打造了一条完善的创新创业教育体系，为培养创新创业人才提供了有力支撑。

这条体系主要有四个特点，代表了北理工培养创新创业人才的经验。一是打通了"优质生源、课程培养、实践培养、社团活动、创新竞赛、产业转移、市场转化"的双创人才培养全链条；二是构建了"学客与创客、自主与团队、教学与科研、国内与国外、课上与课下"的协同创新机制；三是依托国家级科技创新实验"大平台"，发挥以院士等为首的高层次人才团队作用，立足学科优势特色，推动了"工科+理科""工科+文科"的学科交叉，催生了具有北理工特色、享誉全球的创新创业贡献；四是推动双创实践环境升级，促进创客空间学客化、学客空间创客化，以"科研平台助双创、产业平台引双创、市场平台撑双创"，支撑了创新创业高质量发展。

构建"五维教育"实现师生"有价值地成长"

《瞭望》:信息社会、智能社会催生了混合教学实践,重构着教学的环境与方式,此次疫情更是加速了线上线下混合式教育变革。你推动北理工作为这一变革的先行者,在创造未来教育模式方面有什么心得?

张军:我们需要审视从"有学上"向"上好学"转变的教育新矛盾,还要体验智能技术重构的教学新环境和新方式,从智慧社会发展整体视角和框架出发,思考未来教育。

应该说,当下以"人"为中心,信息技术、知识、学习空间协同重构,正在形成新的教育生产关系。因此,我们需要以智慧、互联为理念,基于智联网技术框架重塑"人机物环"关系,通过"智联教室"建设,打通空间、时间、知识之间的壁垒,形成三维空间与时间及知识两个维度协同融合的"五维教育",推动构建以人为中心的教育生产关系以及新时代教育生产力的变革,释放教育潜能,实现学生和教师"有价值地成长"。

"五维教育"将空间三维、时间一维、知识一维融合贯通,将推动传统教室到智慧教室再到智联教室的更迭衍新。其核心引擎是覆盖感知、网络、计算和服务的智联网技术,通过多元全面持续的协同感知、多尺度超带宽的泛在网络、知识自主驱动的智能计算、多元个性精准的智慧服务,实现从信息到知识、从知识到智慧的教育生产新模式。在这一模式变革进程中,将引导学校和教师进行适用于虚拟学习空间与传统课堂融合环境的教学方法创新。

为此,我们学校建立了整个五维教育和智联教室的一套体系。通过数据挖掘和知识推演,构建了个性化的定制服务,真正做到数据共享、知识互联、群智协同、教育智学。

比如,我们为了让思政教学"活起来",推动思政课同新媒体技术的融合,开发了基于VR技术的软件课程《重走长征路》。通过VR技术模拟红军长征过程中的地理环境、气候条件等,让学生身临其境地体验红军遭遇的围追堵截、生离死别,过雪山草地的艰辛,更好地理解长征精神,学习红军勇往直前、不畏艰难的品质。我们还改造了上百间"智慧教室",通过使用大数据、云计算等技术,帮助学生实现了"知识穿越",并建立了校内乐学平台,开发了2000多门线上课程,包括实验课。

目前,整个智慧教育进程都在扎实推进。我们通过名师授课、智联融动、育教衍新,激发学生的自主潜质、好奇追求和个性特质,而教师也在积极适应新的授课方式变化,以渊博知识及好的品行来带动、影响学生,提升育人质量。

做服务国家重大战略需求的"脊梁柱"

《瞭望》：你如何研判当今世界和中国发展对高校提出的挑战？

张军：当前国际国内形势多变，新冠肺炎疫情也带来了深刻影响。站在中国特色社会主义进入新时代发展新的历史方位上，大学作为人才培养的摇篮、科技创新的源头、学术和学者汇聚的重镇，必须坚守教育报国初心，勇担兴国强国使命，科学应变，主动求变，在扎根中国大地建设世界一流大学的进程中，奋进在时代前列。

但是要看到，当前中国高校还存在一些普遍短板，第一个短板，也是最大的短板还是人才。我们真正需要的具有国际化视野、"又红又专"的人才现在还比较稀缺，要加速培养，同时要下大力气把国外更多先进的人才引回来。第二个短板，是我们虽然强调高校要真正把教育回归到人才培养上，但如何达成这个共识，目前还有一些观念上的桎梏，仍需在教育的体制机制方面不断创新。第三个短板就是高校作为科技创新的重要力量，在服务国家重大战略需求方面发挥的作用还不够，未来亟待加大科技创新，发挥高校的学科和人才集聚优势，在国家的重大战略需求和成果转化上，不当"旁观者"，要做"脊梁柱"，不做"尾椎骨"。

《瞭望》：面对这一挑战，你认为要从哪些方面来突围？请你结合北理工的实践，谈谈如何在新时代担当好高校的兴国强国使命。

张军：应对挑战的关键还在于实现高校的高质量内涵式科学发展。结合北理工而言，我觉得未来一是要在人才培养过程中，把现代教育理念转化成自觉行动。二是在实践过程中更加开放，更加创新，不断更新观念，不能故步自封。三是加强广泛的国际合作，不能孤立办校。近年来我们持续拓展开放办学格局，加快建设深圳北理莫斯科大学，推进中英创新学院、中德学院、中西学院建设，还和"一带一路"沿线29个国家的65所高校建立合作关系，参与了中国—俄罗斯—白俄罗斯大学联盟、中国—东盟工科大学联盟等，加强了人文交流与合作纽带，深化了高等教育资源共融共享。四是以师生为中心，激发广大师生的积极性创造性，实现高校自我驱动下的高质量发展。最后，我认为最重要的是，传承好80年来北理工的传统精神和文化，把我们的论文写在祖国的尖端科研装备上，写在祖国发展的事业中，在为党育人、为国育才上贡献"北理方案"，同时在国际合作中唱响北理声音，传承中华民族文化。

（张军：北京理工大学校长、中国工程院院士）

传承"红色基因"
建设世界一流大学

靳 诺

(《中国高等教育》2021年第1期)

[摘 要] 传承"红色基因"、扎根中国大地办大学是我国高校的使命,这一使命要求高校时刻将国家命运担当在肩上、铭记在心中,树立扎根中国大地、建设世界一流大学的教育自觉,坚定扎根中国大地、建设世界一流大学的教育自信,谱写扎根中国大地、建设世界一流大学的教育新篇。

[关键词] 红色基因;世界一流大学;教育自信;党的领导

为中国人民谋幸福,为中华民族谋复兴,是中国共产党人的初心和使命。从中国共产党诞生一直到今天,这个初心和使命始终没有改变。为党育人、为国育才,就是党的初心使命在教育领域的彰显。在多年来的办学实践中,我们党将其信仰、宗旨和追求融入中国特色社会主义大学的血液,化为赓续不断的红色基因,培养出一代又一代拥护中国共产党领导和我国社会主义制度、立志为中国特色社会主义奋斗终身的有用人才。

当今世界处于大发展大变革大调整时期,中国特色社会主义进入新时代,我们正在从高等教育大国向高等教育强国迈进。建设教育强国,实现中华民族伟大复兴,我们必须坚定扎根中国大地办教育的自信,按中国的特点和中国的实际办好高等教育,唯有如此,才能在通往未来的道路上行稳致远。

树立扎根中国大地、建设世界一流大学的教育自觉

始终坚持党的领导,坚持马克思主义指导地位,坚持为党和人民事业服务,这是中国特色社会主义大学的鲜明办学特色,也是高校为中国特色社会主义事业

培养输送一批又一批优秀人才的根本前提。面对新时代的新挑战新任务，我们必须牢记红色初心，始终坚持听党话跟党走，坚持将马克思主义的科学性革命性与大学建设发展的实践性规律性相结合、将高等教育普遍规律与中国教育发展实际相结合、将解决中国问题与借鉴世界文明相结合、将中国特色与世界一流相结合，坚持走中国特色社会主义高等教育发展道路，不断满足人民群众对高等教育的新需要新期待，推动高等教育内涵式发展，履行为党育人、为国育才的使命，进一步增强为中华民族伟大复兴提供智力支撑的教育自觉。

党的领导是中国特色社会主义事业发展的保证，也是办好高等教育的保证。早在革命时期，陕北公学就开创性地实行了党组领导下的校长负责制。新中国成立后，我们党强调"教育工作必须由党来领导"，在对旧式高等教育成功接管和改造完成后，实现了党对高等教育工作的全面统一领导。改革开放后，我国高等教育事业蓬勃发展，高校也对领导体制改革进行了有益探索，最终确立了党委领导下的校长负责制。如今，党委领导下的校长负责制，已成为中国共产党对国家举办的普通高校实现领导的根本制度，是高校坚持社会主义办学方向的重要保证。办好我国高等教育，必须坚持党的领导，牢牢掌握党对高校工作的领导权，使高校成为坚持党的领导的坚强阵地，成为培养德智体美劳全面发展的社会主义建设者和接班人的坚强阵地。

马克思主义是我们立党立国的根本指导思想，也是我国大学最鲜亮的底色。中国共产党是马克思主义政党，马克思主义是中国共产党人理想和信念的灵魂。中国共产党创办和领导新型高等教育，最根本的实践经验就是始终把坚持正确的政治方向放在首位，以马克思主义为指导，坚持把马克思主义中国化的最新成果融入高校的教育、教学、研究中。早在延安时期，党在创办陕北公学时就提出了"七分政治，三分军事"的办学原则，开设了"马列主义""辩证唯物主义""中国革命运动史""马列主义经典作家原著选读"等课程。新中国成立后，党领导下的社会主义大学按照马克思主义的立场、观点和方法，建立起符合中国实际情况、具有鲜明民族特色的社会主义大学制度。改革开放后，我们党明确提出"马列主义理论课是社会主义各类高等学校的必修课"，高校马克思主义理论教育进入一个新时期。习近平总书记在全国高校思想政治工作会议上强调指出，"办好我们的高校，必须坚持以马克思主义为指导，全面贯彻党的教育方针。要坚持不懈传播马克思主义科学理论，抓好马克思主义理论教育，为学生一生成长奠定科学的思想基础。"中国特色社会主义高等教育的发展史，证明了我国高校的改革发展离不开马克思主义的指导。也正是在历史和人民的选择中，马克思主义成为中国特色社会主义大学最鲜亮的底色，也成为中国共产党创办新型高等教育的旗帜和灵魂。

高等教育服务于党和人民事业的发展，是推动国家富强、民族振兴、人民幸福的重要力量。强大的高等教育与强大经济社会发展实力互生共长，一个现代化的国家必然有一个现代化的高等教育体系为其提供人力、智力和知识资源的支撑。中国共产党遵循教育规律、扎根中国大地创办和领导高等教育，目的就在于为中国人民谋幸福，为中华民族谋复兴。我国高等教育发展方向要同我国发展的现实目标和未来方向紧密联系在一起，为人民服务，为中国共产党治国理政服务，为巩固和发展中国特色社会主义制度服务，为改革开放和社会主义现代化建设服务。"四个服务"是我们扎根中国大地办好中国特色社会主义大学所必须遵循的原则，也是中国特色社会主义大学的建设发展方向。

坚定扎根中国大地、建设世界一流大学的教育自信

每一所受到广泛认可的世界一流大学，都是因校制宜的典范，其成功源于面向本国国情和时代要求而形成的各具特色的发展道路。一所一流大学必定有着明显有别于其他大学的风格和特点，这就是其独特的发展路径。沿着这样的路径，一所大学的发展必定与其他大学相区别。当这种区别成为一种被广泛认同的优势，且优势让其他大学在短时期内难以企及，那么这所大学就具备了自身的一流特色。如果这种特色产生出被社会广泛承认的实际贡献，这所大学的地位和影响就足以因此确立，而这种特色也就必然成为大学继续发展的力量之源、自信之本。

教育自信来自历史文化的深厚积淀。对于我国大学而言，其发展模式、目标指向也必须是依据中国的历史传统、现实国情和发展方向进行选择的。扎根中国大地创办世界一流大学，不仅要有世界水平、即世界一流大学之"形"，更需要有中国特色之"魂"，这个"魂"就是文化自信。其中，有几千年历史发展过程中积淀而成的中华优秀传统文化，有在中国近代史中锻造而出的积极奋进的革命文化，更有孕育于中华优秀传统文化、发源于中国革命文化的社会主义先进文化。扎根中国大地创办世界一流大学，就是要始终坚持用中华优秀传统文化培育人、用革命文化熏陶人、用社会主义先进文化引导人，始终坚定文化自信，并将之转化为坚定的办学自信。

教育自信来自对党的领导的高度信赖。新中国成立以来，我国高等教育发展取得巨大成就，国际影响力不断增强，人民群众获得感明显提升。这充分表明，我们党不仅能够创办出色的大学，而且也是建设世界一流大学和世界一流学科的领

导力量。自陕北公学创建起，中国共产党领导的新型高等教育一直在坚持扎根中国大地同时向先进大学迈进。一路走来，以陕北公学为基础发展而来的中国人民大学，已经在众多学科，特别是人文社会科学的众多领域走在前列。在中国共产党领导下，我们开辟了中国特色社会主义道路，形成了中国特色社会主义理论体系，建立了中国特色社会主义制度，发展了中国特色社会主义文化，推动中国特色社会主义进入了新时代。中国人民拥有了前所未有的道路自信、理论自信、制度自信、文化自信，这也为建设中国特色世界一流大学提供了自信之本。

教育自信来自对中国道路的深切认同。评判一所大学是否是世界一流大学，不应当简单地以论文数等数量化指标为标准，还必须考量其在服务国家重大战略、服务经济社会发展等方面的有关指标。中国的大学要建成世界一流，决不能盲目模仿欧美大学，更不能亦步亦趋地追随某所一流大学，而是必须在借鉴其他国家高等教育先进经验、吸收人类文明优秀成果的基础上，牢固树立文化自信和教育自信，从中国独特的历史、文化和国情出发，探索中国特色社会主义高等教育发展道路。从延安走来的这一批"红色源流"高校在坚持扎根中国大地的同时，不断向先进大学迈进，在若干学科、一些领域都已经走在了中国和世界高等教育前列，彰显了立德树人的卓越成就。这充分说明，道路决定命运，没有正确的道路，再伟大的梦想都不能实现。坚持中国共产党的领导，坚持中国特色社会主义教育发展道路，扎根中国、融通中外、立足时代、面向未来，我们的高校就一定能走在时代前列，成为世界一流大学。

谱写扎根中国大地、建设世界一流大学的教育新篇

当今世界正经历百年未有之大变局，党和国家事业也正处在一个特殊而关键的时期。国际上，国际体系和国际秩序深度调整，人类文明发展面临的新机遇新挑战层出不穷，不确定不稳定因素明显增多；在国内，推进国家治理体系与治理能力现代化、全面建设社会主义现代化强国等艰巨任务对高校提出了新要求，也提供了强大动力和广阔空间。

要树立扎根中国大地的政治导向。我国有独特的历史、独特的文化、独特的国情，决定了我国高等教育必须走中国特色高等教育发展道路。扎根中国大地，就是要从中国实际出发，增强服务国家、服务社会的主动性，准确把握国家重大战略需求，不断满足人民群众对高等教育的新期待，以高质量的高等教育支撑社会主义现代化强国建设。我们的高校要着眼于当前改革开放和现代化建设面临的

重大问题展开针对性研究，不断推出更有分量的科研成果；着眼于为实现"两个一百年"奋斗目标和中华民族伟大复兴的中国梦开展前瞻性研究，发挥理论对实践的指引作用；着眼于人类命运共同体的构建等问题进行独创性研究，为推动世界发展提供中国理论、中国智慧。与此同时，我们要坚守为人民办大学的立场，坚持以人民为中心的研究导向，秉持人民是历史创造者的观点，树立为人民做学问的理想，引导广大师生自觉把个人学术追求同国家和民族的发展紧紧联系在一起，为满足人民对更高质量的高等教育需求，为服务我国高等教育事业的改革发展而不断努力。

要确立创建世界一流大学的目标导向。民族的振兴、国家的富强、人民的幸福，迫切需要世界一流的高等教育来支撑。2017年，中共中央、国务院印发《关于加强和改进新形势下高校思想政治工作的意见》，强调"高校肩负着人才培养、科学研究、社会服务、文化传承创新、国际交流合作的重要使命"。党的十九大进一步提出，要"加快一流大学和一流学科建设，实现高等教育内涵式发展"，为新时代我国高等教育改革发展指明了方向，更对面临国内外激烈竞争形势、担负内涵式发展艰巨任务的中国特色社会主义高校，提出了更高的要求。我们要始终瞄准国家重大战略需求和世界科技发展前沿，坚定投身于国家需要的关键领域，着力提升综合实力，提高人才培养质量，从国家建设发展的伟大实践中获取理论创新的深厚源泉和强大动力，从人民群众鲜活的创造中发掘思想智慧、提炼真知灼见，在服务国家重大战略、参与全球治理、构建人类命运共同体等方面积极努力，始终向着"人民满意、世界一流"大学方向迈进，为新时代中国特色社会主义事业作出应有的贡献。

要强化高等教育的改革导向。建设世界一流大学，必须深化教育改革，向改革要动力、增活力。在人才培养方面，要继续坚持立德树人根本任务，深化人才培养体系改革，将立德树人融入学生思想道德教育、文化知识教育、社会实践教育各育人环节，推进实施本科和研究生教育综合改革，着力实现全员全程全方位育人，努力形成更高水平的人才培养体系；在学科建设方面，要进一步加强学科布局的顶层设计和战略规划，打造科研"珠峰"、建设学术"高峰"、构筑学科"高原"，加大力度规划建设学科标志性重大平台，孵化形成学科标志性重大成果，找准优势和特色，突出建设重点，做到人无我有、人有我优、人优我新，建设国内领先、国际一流的优势学科和领域，带动大学发挥优势、办出特色；在社会服务方面，要瞄准经济社会发展需求，推进品牌智库建设，不断提升服务中央决策和地方经济社会发展的能力，向党和国家贡献更多更好的高校智慧；在国际交流合作方面，要进一步提升国际交流合作水平，不断扩大我国高校的国际影响力，对接"一带一路"建设需求，形成"请进来"与"走出去"相结合的国际性建设格局，引导优势学科积极解读中国实践、构建中国理论，打造用学术语言讲好"中国故事"的窗口，为世界高等教育发展贡献中国标准和中国方案。

事业催人奋进，来路照亮前途。当中国特色社会主义迈入新时代，中华民族迎来了从站起来、富起来到强起来的伟大飞跃，从战火中走来的红色高校，必将为党和国家高等教育事业发展贡献出更加富有红色传承的力量，中国共产党创办的中国特色新型高等教育，也一定会在新时代的伟大征程中取得更加辉煌的成就。

（靳诺：中国人民大学原党委书记）

继承弘扬延安精神
坚守为党育人使命

姜沛民

(《中国高等教育》2020年第8期)

[摘　要] 中国农业大学拥有深厚的红色基因,延安时期形成的科学报国、为党育人的办学宗旨是农大人始终坚守的发展方向,扎根大地、实践育人的办学模式是建设中国特色社会主义大学的重要探索,艰苦奋斗、勤俭办学的优良作风是激励农大人干事创业的精神动力。

[关键词] 延安精神；红色基因；涉农高校

中国农业大学拥有深厚的红色基因,在长期办学的历程中,深深打上了革命的烙印。早在1919年,学校就作为参加五四运动的12所院校之一,始终站在运动前列。1924年,学校就成立了第一个中国共产党支部。在烽火连天的战争岁月里,曾任学校第一任党支部书记的乐天宇同志,辗转奔赴革命圣地延安,参加创办延安自然科学院生物系(后改为农业系),成为解放区培养农业专门人才和进行农业科学研究的开端,也成为今天中国农业大学的重要源头之一。农大师生始终保持着共赴国难、民族救亡的一腔热血,教民稼穑,救亡图存,科学报国,为党育人,走过了激情燃烧的岁月,书写了光荣骄傲的历史,奠定了优良的办学传统,延安精神已经融入学校的血脉,成为支撑学校发展的文化底色和精神支柱。这是新时代激励广大教师坚守初心、立德树人的力量源泉,也是学校发展历程中最值得珍惜的精神财富。

延安时期形成的科学报国、为党育人的办学宗旨是农大人始终坚守的发展方向

大学作为孕育思想、传播理论、传承文明、塑造价值的地方,本质上属于上

层建筑、属于意识形态领域、属于思想文化阵地，因而大学必然具有鲜明的政治属性、政治立场和政治功能。高等教育是一种社会存在，不同社会制度决定着不同教育目的。我国高等教育发展方向要同我国发展的现实目标和未来方向紧密联系在一起，为人民服务，为中国共产党治国理政服务，为巩固和发展中国特色社会主义制度服务，为改革开放和社会主义现代化建设服务。

回顾中国的近现代史，从五四运动到中国共产党的诞生，都离不开一批高校的孕育、传播和参与；从革命、建设、改革到今天的新时代，每到生死与共的关键时期、每逢国家民族的重大关口、甚至每项重大建设成就，都能看到大学的身影，看到广大师生同人民一起开拓、同祖国一起奋进，都能体会到大学的重要贡献和不可或缺的重要作用。大学也在服务党的事业、服务祖国、服务人民中不断发展壮大，不断走向更高的水平，不断赢得社会的公认和世界的赞誉。

为党服务、为党育人，始终是中国特色社会主义大学的重要使命。延安办学时期，正是从抗战的急迫需要和边区建设的战略需求出发，延安自然科学院应运而生。正是响应毛主席提出的"自己动手、丰衣足食"的号召，急中央之所急，正在筹划创建生物系的乐天宇同志，在1940年6月14日至7月30日，主持陕甘宁边区森林考察，翻山越岭，沿途步行，遍及15个县，采集重要标本2000余件，并详细写了考察报告，阐述了边区森林资源和可垦荒地的情况，提出了开垦南泥湾，以增产粮食的建议，引起了党中央重视。当年，生物系师生又先后两次陪同领导同志赴南泥湾进行实际考察。这样"三下南泥湾"，为中央决策开发南泥湾提供了科学技术依据，广大师生积极参与南泥湾开发，为把昔日的南泥湾变成"陕北的好江南"作出了重要贡献。

新中国成立后，一批农大老专家连年征战西藏、西北、东北等边疆农牧业科技攻关，在全国各地推广小麦、玉米新品种，带动广大师生奋力向科学进军。1973年以来，几代师生扎根河北曲周盐碱最严重的"老碱窝"，开始了黄淮海平原旱涝盐碱综合治理研究，接续奋斗47年，使千年盐碱滩变为大美米粮川，谱写了与延安精神一脉相承，科学报国、感天动地的"曲周精神"。进入新时代，党中央发出脱贫攻坚和乡村振兴的动员令，中国农业大学更是一马当先、冲锋在前，始终将脱贫攻坚作为扎根中国大地办学的重大责任和使命，聚焦特色农业发展、精准扶贫项目和人才队伍培养。

延安时期所形成的扎根大地、实践育人的办学模式成为建设中国特色社会主义大学的重要探索

在延安自然科学院时期，作为农大前身的生物系（农业系）师生就坚持把论文写在大地上，紧紧围绕当时边区老百姓生产生活之所需，无论品种改良、优化栽培、防治病虫害，还是推广技术、培养人才，都取得了丰硕的成果，创造了"自己动手、丰衣足食"的历史奇迹，有力地支持和服务了边区的农林牧业生产发展及边区军民的大生产运动。

自1939年至1946年，我们党领导下的农业教学科研育人实践活动在延安全面展开。徐特立、艾思奇同志等都曾来生物系授课、指导，一直主张和积极倡导把教学、科学研究和农业生产实际结合起来，形成了鲜明的办学特色，在农大办学中逐步形成了理论联系实际和"教育、科研、生产"相结合的办学传统。特别是立足实地考察，重视实践教学，大力开展科研，勇于教学革新，进行了生动鲜活的教育改革探索，彰显了中国共产党人一切从实际出发、扎根中国大地办大学的教育理念，体现了教育与生产劳动相结合的马克思主义教育原则，积累了丰富的改革经验，成为中国农大之后优良办学传统的重要组成部分。

长期以来，学校广大师生深入农村，扎根基层，坚持把论文写在大地上，把研究做在农村生产生活第一线。学校继承发扬了延安时期办学的好传统、好作风，无论改革开放前，还是改革开放后，每年组织广大师生走出校门、走村串户、踏遍青山、深入乡土，自觉走与工农群众相结合的道路。近年来，先后在全国25个省区建立了127个"科技小院"，培训农民20多万人次，带动全国2000多万农民的粮食增产和减肥增效。牵头发起"乡村稼穑情·振兴中国梦"全国农科学子聚力乡村振兴暑期社会实践专项活动，联合全国50多家涉农高校，组织上万名师生助力乡村振兴。

延安时期所形成的艰苦奋斗、勤俭办学的优良作风一直是激励农大人干事创业的精神动力

自力更生、艰苦奋斗，是我们党的传家宝，是延安精神的精华所在。回望当年延安办学，师生们的学习生活十分艰苦。在生物系的驻地杜甫川，师生们在山坡上打造土窑洞，露天上大课，早上洗脸共用一河水，冬天御寒一齐捡木炭。大家欢歌笑语，以苦为乐，畅想建设"新中国的大农场"。抗日战争胜利后，延安自

然科学院农业系师生转移到晋冀鲁豫边区，几乎白手起家筹建和成立了北方大学农学院，一度在山西、河北、山东、平原（河南）、北京等省市30多个县区办学，先后发展起20多个糖业工作站、20个制糖厂、18个兽医院、30多处兽医站。

学校创办了解放区第一所森林专科学校，建立农业研究室，基本形成比较完备的本科、专科、预科的教学体系。华北人民政府成立后，农学院师生星夜兼程、行军八百里，到河北石家庄创建华北大学农学院，并于1949年9月和北京大学农学院、清华大学农学院合并成立北京农业大学，致力于为新中国建设培养高级农业人才。

进入"双一流"建设的新征程，中国农业大学也始终秉承延安时期的奋斗精神和勤俭办学的传统。学校坚持以培养知农爱农新型人才为目标，以立德树人成效为根本标准，形成了"三农情怀教育、创新实践能力培养、新兴前沿知识学习"三位一体的高层次人才培养体系；始终坚持以强农兴农为己任，面向世界农业科技前沿、面向国家重大需求、面向现代农业建设主战场、面向人民生命健康，把学校发展融入国家和区域经济社会发展，把论文写在祖国大地上。

不忘初心，方得始终。延安精神始终是激励我们为党育人为国育才的不竭动力。2019年9月，习近平总书记给全国涉农高校的书记校长和专家代表回信中，对全国涉农高校为新中国"三农"事业发展所作出的贡献给予充分肯定，对新时代高等农林教育大有可为作出重大判断，对涉农高校办学方向提出了明确要求。今后，我们要不断继承弘扬延安精神，牢记立德树人的办学初心，牢记强农兴农的使命担当，牢记加强党的全面领导的政治责任，把准时代脉搏，以理想激荡理想，以情怀塑造情怀，以担当传承担当，高举旗帜，勇担使命，为全面建成小康社会、为实现中华民族伟大复兴作出更大贡献！

（姜沛民：中国农业大学党委书记）

习近平关于高等教育重要论述的思想内涵及其重大意义
——在"红色育人路"高等教育论坛上的发言

程恩富

尊敬的各位领导，各位来宾，各位校友，老师们，同学们：

大家上午好！

金秋九月，在收获的季节，我们迎来了北京理工大学80周年华诞。作为中国共产党创办的第一所理工科大学，北理工始终秉承红色基因，与党和国家同向同行——抗战烽火之中，从延河之畔到太行脚下，几迁校址、数易其名，为革命保留了火种；新中国成立后，学校始终服务国家国防战略，不忘初心、牢记使命，为民族托起了未来。北理工始终传承"延安根"，矢志"军工魂"，走出了一条为党育人、为国育才的"红色育人路"。

80载再出发，北理工将沿着这条"红色育人路"，以今天为里程碑和新起点，继续砥砺前行，朝着中国特色世界一流大学宏伟目标奋进！值此校庆之际，召开"红色育人路——党创办中国特色新型高等教育之路"研讨会恰逢其时，既是回顾过去、总结经验，也是立足当下、展望未来。

教育是民族振兴、社会进步的重要基石，对提高人民综合素质、促进人的全面发展、增强中华民族创新创造活力、实现中华民族伟大复兴具有决定性意义，而高等教育是一个国家发展水平和发展潜力的重要标志。习近平总书记高度重视高等教育发展，习近平总书记关于高等教育的重要论述，是马克思主义教育理论的丰富和发展，是党的创新理论的重要组成部分，是新时代党的教育思想的最新成果；深刻地回答了高等院校"培养什么样的人、怎样培养人、为谁培养人"这一根本性问题，为中国特色社会主义教育事业发展指明了前进的方向。

深入学习习近平总书记关于高等教育重要论述，关键在于把握其思想内涵与重大意义。习近平总书记在全国教育大会上提出的"九个坚持"既是中国特色社会主义教育发展道路核心特点的重要体现，也是中国特色社会主义教育事业必须坚持的根本原则，牢牢把握教育改革发展的"九个坚持"对中国高等教育发展，对北理工"双一流"大学建设具有重要意义。

第一，以党的全面领导为统领，奋力开辟中国高等教育新境界。

中国共产党的领导是中国特色社会主义最本质的特征，是中国特色社会主义制度的最大优势。在全国教育大会上，习近平总书记用"九个坚持"概括了新时代坚持中国特色社会主义教育发展道路的基本要求，尤其将"坚持党对教育事业的全面领导"置于首位。党的十八大以来，习近平总书记从党和国家事业发展全局出发，也多次强调，办好中国特色世界一流大学必须坚持党的领导。

习近平总书记的这一思想，既是对我国高等教育发展历史经验的高度凝结，也深刻揭示了中国共产党与我国高等教育事业发展的内在关系，对当前我国高等教育事业改革发展具有重大的指导意义。中国高等教育在党的领导下，坚持与国家整体战略布局保持同频共振，在社会主义革命建设过程中发挥了至关重要的作用。新时代高等教育要实现为人民服务，为中国共产党治国理政服务，为巩固和发展中国特色社会主义制度服务，为改革开放和社会主义现代化建设服务，必须紧紧依靠党的领导。党的领导能够最大限度激发高校能动性，促使高校成为培养社会主义事业建设者和接班人的坚强阵地，为培养担当民族复兴大任的时代新人而不懈奋斗。当前，随着对高校党建工作的认识逐步提升，我们在理论研究和实践探索中都已经取得可喜的成果，接下来，面向中华民族伟大复兴的战略全局和百年未有之大变局，深入破解这一问题背后的学理问题，将加深对习近平总书记这一思想的认识，届时高校将在更高水平上落实党的领导。

第二，落实立德树人根本任务，把思想政治工作贯穿高等教育教学全过程。

高等教育归根结底是围绕人来展开的，习近平总书记在全国高校思想政治工作会议上指出，"要坚持把立德树人作为中心环节，把思想政治工作贯穿教育教学全过程，实现全程育人、全方位育人，努力开创我国高等教育事业发展新局面。"立德树人传承了中华民族的优秀文化传统。在漫长的历史发展中，中华民族逐渐孕育形成的一套具有民族特色的道德价值体系、规范体系和教育理论，立德树人是对这一优秀文化传统的继承发展。立德树人是高水平人才培养体系建设的核心。青年正处于价值观形成期和确立期，要发挥社会主义核心价值观引领作用，加强劳动教育和实践教育，使学生扣好人生的第一粒扣子，把自己的理想同祖国的前途、把自己的人生同民族的命运紧密联系在一起。立德树人是办好人民满意教育的应有之义。全心全意为人民服务，是中国共产党的根本宗旨，立德树人，满足人的学习需求、成人需求、谋生需求、终身发展需求和终身幸福生活需求的教育才是人民满意的教育。

习近平总书记关于立德树人重要论述为我们加强党对教育事业的领导，推进教育现代化、建设教育强国、办好人民满意的大学指明了正确方向和现实路径。要将党的领导贯穿学校立德树人的全过程，打造"大思政"工作格局，建构一体化育人体系，培养一支"政治强、情怀深、思维新、视野广、自律严、人格正"的思政教师队伍，筑牢高校思想政治工作的生命线。当前，推动思政课程与课程思政协同前行，构筑育人大格局，仍然是新时代中国高校面临的重要任务之一，高校集中力量，在理论和实践的互动中加强对思政课建设、思政工作方法等时代问题的研究，必然可以将对习近平总书记关于立德树人论述的理论研究和高校立德树人实践推向新境界。

第三，办好中国特色高等教育，实现高等教育内涵式发展。

要办好中国特色的世界一流大学必须坚持社会主义的办学方向，扎根中国大地、办好人民满意的教育。中国高等教育的社会主义办学方向是中国特色社会主义制度的必然要求，体现中国特色社会主义制度的优越性，是实质性的教育公平，有利于人的自由而全面发展。

一方面，坚持社会主义办学方向、扎根中国大地办教育，使教育发展的方向道路更加清晰：我国高等教育发展必须坚持立足于中国国情，坚持文化自信，其中红色文化又具有先决性的作用。红色文化具有高度的政治引领作用，是民族精神的重要体现，是增强文化自信的内生动力；坚持立足中国国情进行人才培养，以红色文化为引领，立足中国特色开展学术创新，形成中国人才培养方案，构建中国特色的学术体系、学科体系和话语体系，永葆中国特色社会主义大学的鲜亮底色。

另一方面，高等学校加快"双一流"建设，推动实现高等教育内涵式发展：一是要以质量提升为核心，着力提高人才培养质量，努力形成有利于人才成长的育人环境，创新育人方式；二是促进学科专业内涵发展，整合学科资源，优化学科资源配置，打造符合校情的特色学科体系，健全高等教育质量标准体系；三是缔造一支素质优良甘于奉献的教师队伍，高质量的教师是教育质量提升的重要保障；四是要加快推进大学治理体系现代化，发挥各方面积极性、能动性，形成强大的治理合力。内涵式发展道路是我国高等教育发展的必由之路，而在此过程中很多理论和实践问题尚未得到成熟解答，我们可以深入思考研究，加快这一进程。

同志们，朋友们！

习近平总书记关于高等教育的重要论述，为我国创建中国特色现代大学提供了根本遵循，开启了我国高等教育的新征程。当前正值世界百年未有之大变局与中华民族伟大复兴的关键时刻，尤其 2020 年新冠疫情的暴发，将我们推向更为复杂严峻的发展形势中，这对高等教育提出了更高的要求，需要我们以更高远的历史站位、更宽广的国际视野、更深邃的战略眼光，加快推进高等教育现代化建设。接下来，我们北理工有两方面的事业，可以大有作为。一方面，我们在已经取得成就的基础上，可以系统梳理、总结"红色育人路"的规律性认识和成功经验，进一步加强理论自觉，在理论与实践有效互动下，大幅提升育人实效，加快"双一流"高校建设进程；另一方面，我们必须深刻认识到，北理工开辟"红色育人路"形成的方案和智慧，既是北理工的，更是中华民族的，我们要加快提炼总结，为努力开创我国高等教育事业发展新局面贡献力量。

推动上述事业，离不开中国特色哲学社会科学的支撑，习近平总书记指出"要按照立足中国、借鉴国外，挖掘历史、把握当代，关怀人类、面向未来的思路，着力构建中国特色哲学社会科学，在指导思想、学科体系、学术体系、话语体系等方面充分体现中国特色、中国风格、中国气派"。这要求我们在关注自然科学发展的同时，要善于将科学家精神和马克思主义经典理论相融合，以"世情为鉴、国情为据、马学为体、西学为用、国学为根"，在伟大奋斗中"综合创新"，加快形成中国特色哲学社会科学体系。以"世情为鉴"，就是以世界历史和现实的正负情况为借鉴，实现新文科的视野全球化；以"国情为据"，就是以中国历史和现实的具体情况为依据，实现新文科的内涵中国化；坚持马克思主义为指导，以马列主义及其中国化理论，尤其是以习近平新时代中国特色社会主义思想为主体或指导，实现习近平总书记关于高等教育思想重要论述与新文科精髓的融合；以"西学为用"，就是以近现代西方学说为学术资源，实现新文科批判吸收基础上的互动国际化；以"国学为根"，就是以中国传统思想文化为根基，实现新文科客观溯源基础上的阐发时代化；"综合创新"，就是以"马西中"知识为思想资源，以世情国情为依据，实现新文科的学术体系的综合创新。充分挖掘利用丰厚的理论和实践资源，北理工必然可以在中国特色哲学社会科学体系建设、新文科建设，尤其是中国特色高等教育学科体系、学术体系、话语体系建设等方面作出杰出贡献，切实增强育人功能。

各位领导，各位来宾，老师们，同学们：

习近平总书记关于高等教育重要论述既是我们建设世界一流高等学府的根本指引，也是我们办好中国特色高等教育的思想保障。只有坚持习近平总书记关于高等教育重要论述的思想，中国高等教育才能真正融入新时代中国特色社会主义伟大事业之中，"两个一百年"奋斗目标、中华民族伟大复兴的中国梦才能真正实现，因此，理解习近平总书记关于高等教育重要论述的思想内涵具有重大的历史意义与实践价值。北京理工大学始终坚持以习近平新时代中国特色社会主义思想为指引，站在新的历史起点，焕发"北理工人"80载不断拼搏奋斗形成的精神活力，传承北理工"延安根 军工魂"红色基因，北京理工大学一定能够成为具有中国特色的世界一流大学，谱写中国共产党创办理工科高等教育的恢宏篇章！

最后，预祝本次论坛取得圆满成功！

我的发言到此结束，谢谢大家！

（程恩富：中国社会科学院大学学术委员会副主任、首席教授、博士生导师，经济社会发展研究中心主任）

中国高等教育的红色育人之路

王战军

(《中国高等教育》2020年第18期)

长期以来，中国高等教育始终秉持红色文化育人的理念，始终坚持红色育人的实践，为国家经济建设和社会发展培养了一大批高层次创新型、复合型、应用型人才。在新时代，中国高等教育要传承与发展党的教育思想，走出一条中国特色、世界水平的高等教育红色育人道路，把红色育人的理念贯穿在高等教育强国和世界一流大学建设的新征程中。

中国高等教育红色育人的发展历程

自延安时期中国共产党开始创办新型高等教育以来，党领导的中国的高等教育事业已经走过了80多年的发展历程。80多年来，中国高等教育的红色育人之路经历了由初步探索到成熟发展的历程。

延安时期，中国共产党高度重视高等教育工作，高等教育发展始终坚持为人民服务，为中国共产党领导全国抗战服务，为巩固和发展边区新民主主义制度服务，为夺取全国胜利服务。延安时期的高等教育紧密结合中国革命和战争的实际开展教育教学活动：在教学内容上，通过开设中国历史、党史和党的政策教育，把革命经验和边区建设的方针、政策相融合；在教学方法上，采用理论与实践相结合的方法。延安时期的高等教育吸引了众多青年前来学习，学成后，拥有坚定理想信念的热血青年，奔赴战争前线和边区各行业，壮大了人民军队，使边区各项事业实现了前所未有的发展。

新中国成立后，党和国家十分重视高等教育，明确提出："教育必须为国家建设服务，学校必须向工农开门。"为此，新中国的高等教育按照"教育为工农服务，为经济建设服务"的方针进行改造和建设。1950年7月，根据第一次全国高等教育会议精神，政务院第43次政务会议讨论通过了《关于实施高等学校课程改革的决定》，明确提出"根据《中国人民政治协商会议共同纲领》关于文化教育政策的规定，以理论与实际一致的教育方法，培养具有高度文化水平，掌握现代科学与技术的成就并全心全意为人民服务的高级建设人才"。1952年10月，教育部颁布的《关于全国高等学校马克思列宁主义、毛泽东思想课程的指示》对各类高校课程的设置、学时及讲授的次序，都作出了非常明确详细的规定。这标志着我国高校思想政治理论课程体系基本确立。随后，中共中央、国务院于1958年9月颁布的《关于教育工作的指示》，以及中共中央于1961年9月批准试行的《教育部直属高等学校暂行工作条例（草案）》等纲领性文件，进一步明确了高等教育的性质、任务及基本的工作规范，同时也为该时期高等教育红色育人指明了方向。

进入21世纪，中国的高等教育得以快速发展，高等教育的规模不断扩大，结构更加优化，办学质量不断提高。我国高等教育的快速发展，要求各高校把红色育人的思想和理念贯穿教育教学全过程。特别是党的十八大以来，习近平总书记曾先后到西柏坡、古田、延安、遵义、井冈山等革命遗址圣地考察调研，并强调指出："要把红色资源利用好、把红色传统发扬好、把红色基因传承好；要把理想信念的火种、红色文化传统的基因一代代传下去，让革命事业薪火相传、血脉永续。"习近平总书记的重要论述，为我国高等教育培育和传承红色文化基因，弘扬优秀的革命文化传统，坚定社会主义办学方向，提供了根本遵循。

落实立德树人根本任务，培养全面发展的高层次人才。我国是中国共产党领导的社会主义国家，这就决定了我们的高等教育要落实立德树人根本任务，培养德智体美劳全面发展的社会主义建设者和接班人，培养一代又一代拥护中国共产党领导和我国社会主义制度、立志为中国特色社会主义事业奋斗终身的有用人才。

在服务社会发展中展现责任与担当。习近平总书记对我国高等教育发展方向提出了"四个服务"明确要求，即为人民服务，为中国共产党治国理政服务，为巩固和发展中国特色社会主义制度服务，为改革开放和社会主义现代化建设服务。

在追红色记忆、走红色足迹、悟红色精神中，习近平总书记站在时代发展前沿和国家战略高度，围绕培养什么人、怎样培养人、为谁培养人这一根本问题，从坚持中国共产党的领导、坚持办学正确政治方向、践行"四个服务"使命等方面，提出一系列重要论断，是习近平新时代中国特色社会主义思想在高等教育领域的集中体现。

中国高等教育红色育人的特征与精髓

红色育人以红色精神、红色文化为载体，这些精神和文化承载着中国共产党人的伟大信仰、先进思想、崇高品德和优良作风。红色精神是我们党在近百年风雨征程中艰辛孕育的伟大精神，是中国共产党人的精神支柱。红色育人的根本任务是为党和国家培养德智体美劳全面发展的社会主义建设者和接班人。新时代，高校要深刻领会红色精神的历史意蕴与时代特征。

1. 中国高等教育红色育人的特征

红色基因是中国共产党人的精神源泉。长期以来，中国高等教育红色育人坚持为党和国家服务、重视思想政治教育、注重产学研相结合，致力于建设高水平师资队伍和培养高层次人才。

一是为党和国家服务，坚定红色育人的主心骨。纵观中国高等教育红色育人之路，高校在不同历史时期都是围绕党和国家的中心任务来办学，以培养中国革命和建设事业所需的人才为最终目标。二是重视思想政治教育，筑牢红色育人的主阵地。重视思想政治教育工作，把坚持党的领导、坚定正确的政治方向摆在首位，是我国各高校的优良传统。三是走产学研结合道路，拓展红色育人的主干道。我国高等教育的发展不能照搬发达国家的模式，需要基于我国高等教育发展的历史、现有的条件，建设有中国特色的高等教育体系，做到科研与教学结合、理论和实际结合。四是打造优秀教师队伍，形成红色育人的主力军。培养一支相对稳定的、高水平的师资队伍，是我国教育改革和发展的基石。从延安时期至今，在党的领导下，中国高等教育发展一直致力于打造高水平的师资队伍。

2. 中国高等教育红色育人的精髓

实事求是是红色育人的基础。

实事求是作为党的思想路线，始终是我们党认识世界、改造世界的根本要求和基本思想方法、工作方法、重要法宝。所谓"实事"就是客观存在着的一切事物，"是"就是客观事物的内部联系，即规律性，"求"就是我们去研究。长期以来，中国高等教育始终坚持从实际出发，立足中国国情办教育，在遵循教育规律的基础之上，经过长期的努力，建立了具有中国特色的高等教育制度，形成了以红色文化育人为重要内容的人才培养体系。

责任担当是红色育人的核心。

责任呼唤担当，使命引领未来。勇于担当，积极作为是当代中国共产党人的精神风范和崇高境界。党的十八大以来，习近平总书记的多次讲话和文章中，都贯穿着对民族命运的担当、对人民幸福的担当、对管党治党的担当、对美好世界的担当。在我们党的责任担当精神引领之下，我国的高等教育也始终把对社会的责任担当放在重要位置，无论是在革命战争时期、社会主义建设探索时期还是在新时代，各高校始终积极作为，勇于担当，矢志创新，在服务国家战略中展现担当。

大无畏精神是红色育人的灵魂。

我们党创办高等教育起步于革命战争年代，在延安时期，党的高校注重"培养学员敢于斗争和艰苦奋斗的精神，培养革命的实际主义与民主作风"。在社会主义建设和改革开放时期，我国各高校艰苦创业、敢于创新，传承着勤劳勇敢、自强不息的伟大民族精神。进入新时代，高校继续秉承自力更生、艰苦奋斗的办学传统，不断攻坚克难，发扬大无畏精神。

新时代中国高等教育红色育人的新征程

新时代，高校必须走好具有本校特点、中国特色、世界水平的高等教育道路，把红色育人的使命任务贯穿在高等教育强国和世界一流大学建设的新征程中。

1. 以习近平总书记关于教育的重要论述指引红色育人的新征程

习近平总书记关于教育的重要论述从根本上阐明了新时代中国特色社会主义教育发展方向、道路、方针、原则等一系列方向性根本性战略性问题，以全新的视野深化了对社会主义建设规律、教育发展规律、人才培养规律的认识，开拓了马克思主义教育思想的新境界，标志着中国特色社会主义教育理论发展达到了新高度，为加快推进教育现代化、建设教育强国、办好人民满意的教育提供了根本遵循和行动指南。

习近平总书记关于教育的重要论述具有鲜明的时代特征：一是立足时代主题，深刻回答了培养什么人、怎样培养人、为谁培养人这一根本问题；二是紧扣中国特色社会主义的时代脉络，有着清晰的"线路图"。习近平总书记提出的"四个服务"明确要求，实事求是地论述了我国高等教育的发展方向，是党在新时代背景下作出的重要决策。

进入新时代，伴随着我国高等教育的发展，国内外高等教育形势发生了深刻变化，需要我们对新时代坚持和发展什么样的中国特色社会主义教育思想、怎样坚持和发展中国特色社会主义教育思想进行探索。在此背景下，习近平总书记就教育改革发展作出了一系列重要讲话、指示批示，提出了一系列新理念新思想新观点，形成了习近平总书记关于教育的重要论述，为高等教育的红色育人之路提供了根本指引。

2. 响应新时代号召，建设高等教育强国

习近平总书记指出，我们对高等教育的需要比以往任何时候都更加迫切，对科学知识和卓越人才的渴求比以往任何时候都更加强烈。在新时代的召唤下，在习近平新时代中国特色社会主义思想指引下，高校要不忘初心、牢记使命，凝心聚力，迈向建设高等教育强国的新征程。

建设高等教育强国要坚持立德树人根本任务，把握社会主义办学方向。首先，坚持党对意识形态工作领导权。落实立德树人根本任务，把促进人的全面发展和适应社会需要作为衡量人才培养水平的根本标准，加快推进人才培养模式改革，努力培养担当民族复兴大任的时代新人。其次，坚持立德树人。培养学生既要以德为先，也要有担当民族复兴大任的能力，实现德智体美劳全面发展。当前，现代信息技术的快速发展，为红色文化育人提供了新的手段和途径。新时代，拓展红色文化育人的途径，应充分利用现代信息技术和手段，寻找红色文化育人与现代文化传播途径的契合点，不断增强红色文化的影响力。

加快推进"双一流"建设是建设高等教育强国的必然选择和重要举措。"双一流"建设高校要走在科学研究的前列，站在技术发展的前沿，引领科学技术发展。"双一流"建设也需要紧跟时代发展，开展前瞻性研究。我国高校要抓住新技术和新产业发展机遇，调整优化传统学科布局，把办学特色与社会需求、技术推广结合起来，推动学科专业与区域产业的互动对接。在重点领域上，要关注和融入国家区域战略规划和产业发展重点，急国家之所急，在关键技术攻坚克难、促进新经济新产业发展上下功夫，支撑和满足国家重大战略需求。

建设高等教育强国要树立国际视野，加强国际交流与合作。随着经济全球化和知识经济的发展，世界高等教育正在发生着深刻的变化，世界各国高度重视高水平的大学建设，在抢占世界学术高地方面明显加快了步伐，纷纷制定高等教育发展战略。高校是开放型、创新型、学习型组织，在全球化的背景下，科学、知识、技术、人才的跨国界流动为后发国家高校实现跨越式发展提供了有利机会。对我国高校来说，国际化是由高等教育大国迈向高等教育强国的必由之路，要将"请进来""走出去"相结合，以国际视野融入世界科技最前沿。

（王战军：北京理工大学人文与社会科学学院教授）

延安精神：党员干部滋养初心、淬炼灵魂的滋养剂

谭虎娃

(《光明日报》2020年5月13日理论版)

近日，习近平总书记在陕西考察时指出："延安精神培育了一代代中国共产党人，是我们党的宝贵精神财富。要坚持不懈用延安精神教育广大党员、干部，用以滋养初心、淬炼灵魂，从中汲取信仰的力量、查找党性的差距、校准前进的方向。"延安精神，是延安时期中国共产党在挽救民族危亡、实现民族独立和人民解放的伟大历史进程中，在传承红色基因和弘扬优秀传统文化中形成的一种革命精神。中国革命、建设和改革的实践一再证明，延安精神具有超越时空的恒久价值，不仅可以在革命建设年代激励人心、砥砺斗志，也可以在中国特色社会主义新时代锤炼党性、凝聚力量，成为党员干部滋养初心、淬炼灵魂的营养剂。

一

习近平总书记指出：中国共产党人的初心和使命，就是为中国人民谋幸福，为中华民族谋复兴。中国共产党从诞生之日起，就担负起这一历史使命，筚路蓝缕，一路向前。延安时期，毛泽东同志旗帜鲜明地提出为人民服务的党的根本宗旨，精准概括出党的群众路线，并得到共产党人不断的深刻阐释和努力践行：以"站在最大多数劳动人民的一面"为根本立场，坚持"人民，只有人民，才是创造世界历史的动力"和"全心全意为人民服务"，以"从群众中来，到群众中去"为领导方法和工作方法。学习这段历史和这种精神，对新时代党员干部是一次生动、全面、系统的初心重温。

首先，重温初心使命需要学习延安时期实事求是的精神。延安时期，我们党在总结大革命、土地革命战争时期历史经验和深刻教训基础上，逐步摆脱了把马克思主义教条化、把共产国际和苏联经验神圣化的错误做法，开始在解放思想、

实事求是思想路线的指引下,紧紧抓住"什么是马克思主义,如何运用马克思主义"这一根本问题,提出了"马克思主义中国化"的时代任务,以毛泽东思想指导中国革命的正确航向。

其次,重温初心使命需要学习延安时期真抓实干的作风。"不干,半点马克思主义也没有","空谈误国,实干兴邦"。延安时期,中国共产党挽救民族危亡于旦夕,拯救人民于水火,靠的是实干的"延安作风",靠的是在思想中、行动中没有丝毫消极态度和畏难情绪的真抓实干。延安整风运动前后,毛泽东曾在党内多个场合提出或题写"实事求是,不尚空谈""深入群众,不尚空谈""实事求是,力戒空谈"等口号,比如1941年给中央党校提出"实事求是,不尚空谈"的要求,1942年给《解放日报》题词"深入群众,不尚空谈",1945年为七大纪念册题词"实事求是,力戒空谈",等等。

最后,重温初心使命需要学习延安时期纪律严明的精神。延安时期,中国革命的特殊性、艰巨性和复杂性更为凸显,我们党要领导中国革命取得伟大胜利必须依靠铁的纪律与严的规矩。1940年时任中共中央组织部长的陈云在延安抗日军政大学第五期学生毕业大会上的讲话中指出"不靠刀枪,要靠纪律",从一般党员到党的高级领导,都必须服从党的纪律,党内不准有不遵守纪律的"特殊人物""特殊组织",不管是谁都没有以任何借口拒绝执行党的决议的权力。严格遵守党的纪律,维护中央权威,不仅体现在思想上政治上与党保持一致,更要落实到每一位共产党员平时的一言一行中。

二

延安精神的时代价值永放光芒,继承与弘扬延安精神、从中汲取丰富养分是我们牢记初心使命的重要途径。

首先,延安精神蕴含着历史唯物主义的群众观和英雄观,能够使我们正确认识和处理党员干部与人民群众关系。1939年由毛泽东主持、几位同志合作编写了干部教材《中国革命和中国共产党》,其中第二章"党的建设"由李维汉等人撰写,李维汉将共产党和群众的关系比作鱼和水的关系。对此,毛泽东作了批语:"水可以没有鱼,鱼不能没有水。"1945年10月,毛泽东在《关于重庆谈判》的报告中又指出:"我们共产党人好比种子,人民好比土地。我们到了一个地方,就要同那里的人民结合起来,在人民中间生根、开花。"这些比喻突出强调了人民主体性地位和"群众是我们的依靠"的思想。延安时期,陕北有首民歌唱道:"瓜连的蔓子,蔓子连的根。老百姓连的共产党，共产党连的人民。"我们党只有始终用延安精神这个"蔓子"扎根于人民群众之中，才能拥有用之不竭的营养来源，才能得到最广大人民群众的衷心认同和拥护。

其次，延安精神蕴含着人民至上的执政理念，彰显着为人民服务、以人民为中心的宗旨意识。无产阶级政党，是以争取、维护无产阶级利益为历史使命，以实现社会主义、共产主义为最终目标的。延安精神告诉我们，争取、维护人民群众的利益，要从小事做起，从"给人民看得见的物质福利"着手，要处理好局部和整体、眼前和长远之间的关系，处理好"给"和"要"之间的关系。

最后，延安精神蕴含着马克思主义的基本立场、观点和方法，可以帮助党员增强执政、服务本领。1939年，毛泽东在延安在职干部教育动员大会上的讲话中指出："我们队伍里有一种恐慌，不是经济恐慌，也不是政治恐慌，而是本领恐慌"。"本领恐慌"是党在革命、建设和改革中不断面临的问题，"本领恐慌"问题的提出是延安时期党的忧患意识的生动体现。解决的办法是认真学习马克思主义理论、观点与方法，不断提高理论水平和工作能力；甘当人民群众的"小学生"，扎根于群众之中，向他们学习，将他们的科学的创造性的意见集中起来，并坚持下去。在此过程中，党员干部也将提高马克思主义的领导群众的艺术，对于人民群众的情绪、要求及各种具体情况充分了解，完全和他们打成一片。

三

党的十八大以来，习近平总书记多次强调延安精神的重要作用，重视从延安精神中汲取治国理政的智慧和从严治党的力量。

首先，传承延安精神，弘扬"推陈出新""与时并进"的创新思维。在1935年10月党中央到达延安之前，中国革命究竟怎么走，有人"言必称希腊""言必称苏俄"，结果都以失败告终。党中央长征胜利落脚陕北后，总结历史经验教训，在党的六届六中全会上提出了马克思主义要中国化，要与中国革命实际相结合。同时，以毛泽东同志为代表的中国共产党人围绕革命道路、战争战略、党的建设、统一战线、边区建设等问题，开展了一系列创造性实践，撰写了大批揭示中国革命特殊规律、能够正确指引中国革命道路和前进方向的理论著作。正是这种创新精神，使我们党能够永葆生机和活力。

其次，继承延安精神，弘扬"自力更生、艰苦奋斗"的创业精神。陕甘宁边区地广人稀，经济社会发展落后。尤其是到1940—1941年，由于国民党停发军饷和对边区进行经济封锁，日本帝国主义的进攻和轰炸，自然灾害频发，尤其是1940年的大灾害，边区留守部队、外来知识分子和非生产人员的增加等因素影响，陕甘宁边区出现了空前的财政经济危机，"要么饿死，要么解散，要么自己动手丰衣足食"的问题摆在共产党人面前。在此情形下，毛泽东倡导的大生产运动在延安轰轰烈烈地开展起来，不仅解决了吃饭穿衣问题，也改善了党群关系，陕甘宁边区的人民群众唱出了流传至今的《东方红》，发自内心地歌颂中国共产党和党的领袖。自力更生、艰苦奋斗是无产阶级的政治本色，是党员干部越处在艰难困苦之时越应发扬的优良作风，是化危为机的制胜法宝。

最后，继承延安精神，弘扬"勇敢任事、切实负责"的担当品质。党中央在延安十三年，正是中华民族处于生死存亡、全国人民处于重重压迫之际，中国共产党人以满腔热血和无限英勇担当起了"保卫祖国"和争取"人民解放"的历史重任。他们充满斗争精神和牺牲精神，胸怀坦荡，忠诚正直，他们不谋私利，不惧困难，勇敢向前。这正如1944年9月8日毛泽东在《为人民服务》的讲演中所强调的："因为我们是为人民服务的，所以，我们如果有缺点，就不怕别人批评指出。不管是什么人，谁向我们指出都行。只要你说得对，我们就改正。你说的办法对人民有好处，我们就照你的办。"

四

习近平总书记指出："不忘初心、牢记使命不是一阵子的事，而是一辈子的事，每个党员都要在思想政治上不断进行检视、剖析、反思，不断去杂质、除病毒、防污染。"延安精神就是党员干部的一面镜子，不断照这面镜子，能够使我们正衣冠，去灰尘，去私心杂念，做一名合格的共产党员。

首先，对照延安精神，检视政治方向是否坚定正确。延安精神指引的正确的政治方向，就是遵循人类社会发展规律，尤其是中国社会发展的独特规律，"走历史必由之路"，由新民主主义革命到社会主义革命。有了正确的政治方向，还存在能否坚定方向的问题。毛泽东号召全党同志发扬愚公移山精神，子子孙孙无穷尽地坚持。1940年，陈云在《党员对党要忠实》中指出："我们共产党内（也）不允许有对党言行不一致的党员，不允许任何党员对党讲一句假话。"对党忠诚，对人民忠诚，从来都是党员干部能否真正践行初心使命的试金石。新时代，我们也要始终坚定正确的政治方向，"对国之大者要心中有数"，更加自觉讲政治，围绕党中央关心的重大问题、作出的重大决策、展开的重大部署，切实把增强"四个意识"、坚定"四个自信"、做到"两个维护"落到行动上。

其次，对照延安精神，检视为人民服务是不是全心全意。践行党的初心使命，全心全意为人民服务，从根本上来讲，就是人民当家作主。延安时期，不管是抗日民族统一战线建立后政权建设中的"三三制"的实行，还是选举中的"投豆法"，抑或政务人员公约的制定，都让边区政府成为真正意义的人民政府。1944年10月，毛泽东提出，为人民服务，不能是半心半意，不能是三心二意，一定要全心全意。《陕甘宁边区政务人员公约》规定政务人员"要忠实于自己职责，勇敢任事，切实负责，有自动性，有创造性，有计划性。不避难就易，不避重就轻。不要指定做才做，不指定就不做"。正是因为中国共产党人有了这种全心全意为人民服务的精神和决心，才使其成为中国近代社会进步和革命发展的主心骨、先锋队，成为历史的选择和人民的选择。

最后，对照延安精神，检讨工作中是不是破除了形式主义和官僚主义。延安时期，在错综复杂的革命斗争和局部执政中，形式主义和官僚主义成为党的事业大敌。对此，经过充分准备，我们党开展了延安整风运动，党员干部普遍进行批评与自我批评，进行深入广泛的调查研究工作，逐渐打破形式主义，养成了注重客观、实事求是的精神。在此过程中，对情感上不愿和群众接近、对于群众疾苦漠不关心，工作中不说服、不解释、对群众实行强迫命令，个人生活中贪求享受以致腐化堕落的官僚主义，特别是更为深层的对工作被动地应付、几乎没有思考与研究的官僚主义等现象进行了坚决斗争。正是通过力戒形式主义、官僚主义的整风运动，坚持了理论联系实际、密切联系群众的思想路线和工作路线，才使党的初心不断滋养，党的事业不断前进。党的十八大以来，我们党对形式主义、官僚主义等不良作风高度重视，党中央把颁布执行八项规定作为切入口，以踏石留印、抓铁有痕的劲头，持续深化"四风"整治。历史和现实告诉我们，反对形式主义、官僚主义必须打持久战，坚持集中整治与常抓不懈相结合，以钉钉子精神持续深入推进，久久为功。

（谭虎娃：陕西省中国特色社会主义理论体系研究中心特约研究员、延安大学马克思主义学院执行院长）

构建特色思政工作体系，坚定走好"红色育人路"——
打造立德树人的"北理工模式"

刘 琴 高 众

（《中国教育报》2021年12月3日头版头条）

百年大党，风华正茂。千秋伟业，人才为先。

"高校思想政治工作关系高校培养什么样的人、如何培养人以及为谁培养人这个根本问题。要坚持把立德树人作为中心环节，把思想政治工作贯穿教育教学全过程，实现全程育人、全方位育人，努力开创我国高等教育事业发展新局面。"5年前的12月7日至8日，习近平总书记在全国高校思想政治工作会议上的这一重要论述，开启了高校思政工作新的历史篇章，为新形势下高等教育发展指明了行动方向。

作为中国共产党创办的第一所理工科大学，北京理工大学始终传承"延安根、军工魂"红色基因，坚定走好党创办和领导中国特色高等教育的"红色育人路"。特别是近5年来，学校党委坚决贯彻落实习近平新时代中国特色社会主义思想和党中央重大决策部署，以"大思政课"为基石，以师德师风建设为抓手，以服务重大国家需求为使命，着力打造立德树人的"北理工模式"，为中华民族伟大复兴培养了一大批矢志科技报国的领军领导人才。

从延安窑洞到神舟天宫——
一堂"大思政课"坚定回答"培养什么人"的时代之问

翻开2021年新出版的《中国共产党简史》，有这样一段文字："1940年9月创办的延安自然科学院，是党的历史上第一个开展自然科学教学与研究的专门机构。"而创建于抗战烽火中的延安自然科学院，正是今天北理工的前身。

发现南泥湾、支援边区发展、40多项"新中国第一"……源远流长的红色校史，与党和国家同呼吸共命运的重大事件，早已成为北理工广为流传的"入校第一课"。

校史馆讲解员宋逸鸥自豪地介绍:"它们忠实地记录了学校传承'延安根、军工魂'的'红色育人路'!"

承八秩精神,续时代华章。全国高校思想政治工作会议召开后,北理工党委先后出台《关于加强和改进新形势下学校思想政治工作的实施方案》《学校思想政治工作质量提升工程推进计划》《关于加快构建思想政治工作体系的实施方案》等文件,将思想政治工作体系贯通学科体系、教学体系、教材体系、管理体系等各方面,促进思想政治工作与人才培养全过程深度融合、与学生成长成才紧密结合、与教师教书育人实践全面契合,让立德树人更好地形成全校"一盘棋",着力上好从"开学第一课"到"毕业最后一课"的"大思政课"。

"欢迎你!未来的红色国防工程师。"学校录取通知书上的这几个字,曾经鼓舞着王小谟院士、毛二可院士等一大批新中国初代国防工程师为国奉献,如今也成为新一代青年学子的崇高目标,激励着他们接续奋斗、挥洒热血。2019年国家技术发明奖获奖者、北理工信息与电子学院博士生宋哲就是这批时代新人中的杰出代表,由她带领的星网测通团队立大志、担大任,打破了国外对我国航天领域测量技术的严格封锁,解决了制约通信卫星发展的"卡脖子"问题,所研制的设备保障了神舟、天通、北斗等国家重大型号的急需。

"无论是扎根在卫星通信领域的数年攻关,还是前行在卫星互联网时代的创业征程,科研工作者和创业者始终不忘初心、牢记使命。"宋哲的话道出了镌刻在北理工师生基因中的红色血脉和赓续传承。

教育强则国家强,青年兴则民族兴。北理工不断建立健全"价值塑造、知识养成、实践能力"三位一体的人才培养模式,实施以大类培养、大类管理和书院制育人为核心的人才培养改革,推动红色基因铸魂育人全面融入课堂、实践、文化、网络四度空间中,创新探索出具有北理工特色的系统性一体化全贯通的思想政治工作体系——

2018年,高举中国特色社会主义伟大旗帜,学校启动"担复兴大任、做时代新人"主题教育活动,设立"举一面旗帜、树一种信仰、走一条道路、叫一个名字、圆一个梦想"的"五个一"目标,构建抓在经常、融入日常、贯穿全年的常态化思政教育体系,获评首都大学生思想政治工作实效奖特等奖。

2019年,脱贫攻坚关键节点,学校把有40年传统的青年马克思主义者培养项目——北戴河暑期学生骨干培训迁移到山西省方山县,一个在学校定点帮扶下刚刚脱贫摘帽的国家扶贫开发重点县,让学生到艰苦的基层去、到鲜明体现中国国情的农村去,更直观地认识中国共产党为什么"能"、马克思主义为什么"行"、中国特色社会主义为什么"好"。

北理工开展暑期学生骨干培训

2020年，新冠肺炎疫情阴云笼罩，暂时不能返校的近4000名大一新生在线上交出"00后的德育开题答卷"。从入学之初的"德育开题"到大二大三的"德育中期检查"，再到毕业前夕的"德育答辩"，这项学校坚持了近20年的德育项目首尾相连，充分发挥德育"灵魂主线"作用，全过程培育学生内生动力。

2021年，党的百岁华诞到来之际，北理工获批建设全国高校思政课虚拟仿真体验教学中心。漫天飞雪、万丈悬崖，衣衫褴褛的"红军小战士"正在攀爬雪山峭壁……在这堂获评"首批国家级一流本科课程"的"重走长征路"思政课上，戴上VR眼镜的体验者不仅可以切实感受长征的苦难辉煌，还能聆听"徐特立老院长讲党史"微课。正如业内专家所说，北理工的思政课正在成为一门承载历史、面向未来的新式课堂。

"从80余年前在延安诞生，到新时代为建设社会主义现代化强国培养高层次人才，学校始终把为党育人、为国育才的使命践行在一流大学建设的新征程中，以有力的思想政治工作服务支撑立德树人根本任务，深化全员全过程全方位育人格局，努力回答好'培养什么人'的时代之问，坚定走好'红色育人路'。"北京理工大学党委书记赵长禄说。

从四洋五洲到特立潮头——
双重突破切实履行"怎样培养人"的神圣职责

如何培养人？5年前，习近平总书记一针见血地指出，传道者自己首先要明道、信道。高校教师要坚持教育者先受教育，努力成为先进思想文化的传播者、党执政的坚定支持者，更好担起学生健康成长指导者和引路人的责任。

北理工组织新入职教师赴延安寻根

"以德立身、以德立学、以德施教"，对于北理工人来说，这是红色传统，亦是时代担当：革命战争年代，延安自然科学院老院长徐特立先生就提出"经师"与"人师"合一，强调广大教师既要教授科学知识，也要以身作则争当模范人物；改革开放初期，北理工建立"院领导联系学生班制度"，及时把党的方针政策传达到学生中去，把学生的思想情况反映到学校党委来；新时代新征程，学校党委高度重视师德师风建设，着力打造"寻根计划"等教师思政特色品牌，同时以书院制改革为契机，强化"三全"导师队伍建设……

北理工人清醒地认识到，落实立德树人根本任务，必须在加强高水平师资队伍建设的同时，坚持教育者先受教育，抓好教师群体尤其是青年教师、海归教师们的思想政治工作。为此，学校不仅为广大教师搭建了高水平科技创新平台，还多措并举"立师德、传师道、铸师魂"，以思想建设引领教师队伍建设，支持和激励更多教师成为"大先生"，做学生为学、为事、为人的示范。

正是在这种背景下，5年来，北理工师资队伍建设取得可喜成绩，新增两院院士 5 名，高层次人才比例达到 13%。风起扬帆、特立潮头，在学校教师群体身上，一项又一项喜人的突破正在发生。

既有方向性、体制性的引领与突破

"演绎'大物传奇'的青年教师王菲'破格'了！"2019 年 7 月，北理工物理学院青年教师、北京市首届青年教学名师奖获得者王菲，凭借出色的课堂教学活动及丰硕的教学成果晋升为教授。转向"多元评价"，不再"一把尺子量所有人"，北理工以教师评价机制改革为杠杆，撬动立德树人根本任务常态化落实，为教师安心教书、潜心育人提供制度支撑和激励保障。

"飞鹰队在'林教头'的带领下勇夺世界冠军！"连续两届在阿布扎比全球机器人挑战赛上蝉联冠军，这支由北理工宇航学院教授林德福率领的大学生科技创新团队走向了国际舞台的中央。北理工以"揭榜挂帅"机制为引领，鼓励教师积极探索"教学+科研+科创"与"学术+技术+产业"两个链条交叉融合的"双螺旋"高水平人才培养模式，带领学生勇攀科技高峰。

更有科技创新、教书育人的螺旋上升与突破

2021 年 11 月，北理工召开"十四五"科技工作会暨科协第六次代表大会，材料学院教授陈棋作为科技创新先进工作者代表发言，会场掌声雷动。学成归国 5 年来，实验平台从无到有，科研团队发展壮大，学校在各方面都给予了陈棋全力支持。他也不负众望，与国内外合作者在"高效钙钛矿太阳能电池"领域取得"从 0 到 1"的关键突破，并在《科学》杂志上发表相关成果。

"还有一次'从 0 到 1'的突破比科研更为重要，那就是加入党组织、为党培养人才。"走下主席台，这位海归教师感慨万千："在获得'懋恂终身成就奖'的大师身上，在教师宣誓的铿锵誓词里，在圣地延安的黄土窑洞中，在'青椒沙龙'的澎湃心声里，在科技报国的漫漫征途中，到处都是北理工人的红色基因。在这种氛围里，我和许多青年教师递交了入党申请书，实现了潜心问道和心怀家国相统一！"

从人才高地到大国重器——
三篇"论文"铿锵铸就"为谁培养人"的复兴大业

云南，祖国西南边陲。两台雷达正在监测从缅甸方向飞来的草地贪夜蛾。

这是北理工雷达技术研究所龙腾院士团队联合中国农业科学院研制的 Ku 波段高分辨全极化昆虫探测雷达，它能在数千米之外测出单只昆虫的体长、体重、飞行角度和振翅幅度，为农业害虫防控提供支撑，把好空中国门。

"全世界的雷达都做不了这个，想法实在太新，新得让人心里犯嘀咕，我们抓了一年虫子，在微波暗室验证了原理可行，又去野外试验一年，验证了脱离实验室环境也行。"谈起探虫雷达，团队师生都格外兴奋，"我们就是要把科技成果应用在社会主义现代化建设的伟大事业中！"

在北理工采访期间，记者看到了一篇把立德树人扎根在课堂内外的"明理论文"，读到了一篇把思政工作落实到科研一线的"精工论文"，感受到了一篇把时代答卷书写在祖国需要的地方的"红色论文"。这些论文没有"影响因子"，但却实实在在地回答了"为谁培养人"这一深刻问题，认认真真地践行了"把论文写在祖国大地上"这一重要嘱托。

把论文写在祖国大地上，人才赖之以盛

"学术往往存在于论文中，但我们想要让学术成果实现产业应用，真正对经济社会发展作出贡献。"在第四届中国"互联网+"大学生创新创业大赛上，荣获总冠军的北理工"90后"博士生倪俊激昂澎湃。

倪俊的成功绝不是偶然，而是北理工充分发挥科技创新"国家队"作用培养高层次人才的必然结果。以全国最有影响力的两项大学生科创竞赛为例，5年来，北理工学子累计获中国国际"互联网+"大学生创新创业大赛 22 金 22 银，更是唯一"独捧两冠"的高校；累计获"挑战杯"全国大学生创业计划竞赛 11 金 6 银，2020 年总分排名全国第二。"中云智车""枭龙科技"等学生团队更是实现了从创新到创业的落地转化，打破国外垄断，引领行业发展。

把论文写在祖国大地上，民生赖之以兴

零下 38 摄氏度，比冰箱冷冻室的温度还要低 20 度。在内蒙古牙克石冰湖上，北理工机械与车辆学院团队研发的多辆国产新能源车辆在"冻了"三天三夜后，成功启动，顺利完成了冰上行驶的全面测试。团队成员、北理工博士生易江回忆说，最初测试数据是用数据线从测试车辆上导入到笔记本电脑上显示的，由于温度太低，笔记本频频关机，最后只得在上面贴满了"暖宝宝"，才顺利把测试完成。

"北京冬奥会相关区域要实现新能源汽车全覆盖，这对纯电动汽车的整体性能提出了历史性挑战。"在团队负责人、北理工孙逢春院士看来，中国作为人口众多、

能源有限的发展中国家，纯电动客车有着广阔的市场需求。拥有中国自主知识产权的新能源汽车，不仅将有效服务"绿色冬奥"，更将彻底解决东北、西北或高寒地带的新能源汽车推广应用问题，让中国的新能源汽车不再有禁区。

把论文写在祖国大地上，国家赖之以强

近日，北理工"十三五"科技成就展开幕。从铸就"中国动力"的研制特种车辆发动机，到创造"北理精度"的新体制雷达，从突破"北理智造"的先进制造技术，到注入"红色基因"的新型高效阻燃技术，一项项大国重器引人驻足。

国家的需要就是奋斗方向。5年来，北理工师生将个人的科研理想与国家需求紧密结合，瞄准"卡脖子"难题攻坚克难，牵头项目获21项国家奖，连续3年一等奖"不断线"，同时在理工文交叉融合、科技成果转化、服务区域经济社会发展等方面都取得了新成就和新突破。

"习近平总书记强调，高校立身之本在于立德树人。只有培养出一流人才的高校，才能够成为世界一流大学。站在'两个一百年'历史交汇点，作为一所从诞生之日起就根植红色基因的高校，北京理工大学将认真落实立德树人根本任务，加快建设中国特色世界一流大学，为实现中华民族伟大复兴提供人才支撑。"北京理工大学校长张军说。

（刘琴、高众:《中国教育报》记者）

北京理工大学始终不忘立德初人初心，牢记为党育人、
为国育才使命——
扎根中国大地　培养强国栋梁

赵婀娜（王　征　韩姗杉参与采写）

（《人民日报》2020年9月13日教育版）

伴随着发动机的轰鸣，一台T-34"老坦克"在新落成的国防文化主题广场上隆隆驶过；

中心花园的徐特立雕像，在晨光中静谧安详，与延安精神石相映生辉，厚重沉静。

一动一静间，映照出北京理工大学这所中国共产党创办的第一所理工科大学、新中国第一所国防工业院校的精神风貌。

延安精神，薪火相传。整整80年，时光流转、校址迁移、校名更替，这所在战火硝烟中诞生的大学，始终不忘立德树人初心，牢记为党育人、为国育才使命。

立德树人

"欢迎你！未来的红色国防工程师！"

"做原创的！做最好的！这不仅是北理工的目标，这是中国汽车人的目标！"2018年第四届中国"互联网+"大学生创新创业大赛总决赛上，夺得冠军的北理工"中云智车"代表队誓言铮铮。

凭着"做中国人自己的"这股劲，80年来，北理工坚定地走出了一条"红色育人路"。

回望建校之初，1940年，经党中央批准，北理工的前身——自然科学院诞生，由李富春、徐特立等先后担任院长，为党领导的革命事业培养具备基本科学知识、创造精神和独立工作能力的"革命通人、业务专家"，开启了中国共产党创办新型

理工科高等教育的先河。在延安的 5 个春秋，为新中国建设储备了一大批业务专家和领导骨干。

"欢迎你！未来的红色国防工程师。"录取通知书上的几个字，鼓舞着王小谟院士、毛二可院士和朵英贤院士等一大批新中国初代"红色国防工程师"一生为国奉献，矢志不渝。

1952 年，学校成为新中国第一所国防工业院校，承担起新中国第一批兵工专业、第一批火箭导弹专业的建设重任，为我国国防工业的教学、科研和生产输送专业人才。

不忘初心、铭记历史。北理工始终根据党和国家的需求，抓住立德树人根本，在人才培养中注入红色基因。学校把校史教育作为师生的"入校第一课"，融入强国使命和专业特色的课堂，让课程思政润物无声，"德育答辩"活动更是全过程、全阶段激发学生的报国情怀。

"赴基层，入主流""干惊天动地事，做隐姓埋名人"，80 年来，北理工已先后培养 30 余万名毕业生，包括 50 余位院士及各行业大批优秀建设者。近年来，毕业生到国家重要领域、重点单位和基层一线就业比例超过 60%，众多学子志愿投身基层和西部地区工作。

从"神八搭载"到"长七搭载""天舟搭载"，再到"SpaceX 龙飞船搭载登陆国际空间站"，北理工生命学院博士生杨春华成为中国空间生命科学研究中多项"第一"的参与者与见证者。在他看来，"北理工人就要为国分忧，为国争光！"

近年来，北理工实施以大类招生、大类培养、书院制为核心的人才培养改革，全面实施"寰宇+"计划，形成了"价值塑造、知识养成、实践能力"三位一体人才培养模式，致力于培养更多"胸怀壮志、明德精工、创新包容、时代担当的领军领导人才"。

"从 1940 年在延安诞生，到 21 世纪的今天为建设社会主义现代化强国培养高层次人才，学校始终把为党育人、为国育才的使命践行在一流大学建设的新征程中，一刻未曾懈怠。"北京理工大学党委书记赵长禄说。

强国使命

"科技立功是践行强国使命的最大特色。"

抗击新冠肺炎疫情战斗中，北理工自主研发的一款具有自动"杀毒"功能的口罩，引发各方关注。

关键时刻挺身而出、勇于担当，北理工人始终如此。在北理工人的血脉中，始终烙印着"强国"的基因，与党和国家同呼吸、共命运，与国家重大战略需求和经济社会发展紧密相连。

62年前，一枚由中国人自己研制的火箭，第一次在中华大地腾飞而起。刺破长空的利箭，是中国人第一次向宇宙投出的"问路石"。这枚由北京工业学院（北京理工大学前身）师生自主研制的火箭，代号"505"，名为"东方-1"号，是新中国第一枚二级固体高空探测火箭。

"我们要在宇宙空间占一个位置！"上世纪50年代，胸怀壮志的北理工师生们，研制出新中国第一枚二级固体高空探测火箭、第一台大型天象仪、第一套电视发射接收装置、第一辆轻型坦克、第一枚反坦克导弹、第一部低空探测雷达……

深度参与12个空中梯队中的10个梯队、32个装备方队中26个方队的装备研制工作，用虚拟仿真技术为国庆盛典装上"科技大脑"、为20万人"排兵布阵"，支撑保障焰火任务和彩车设计工作……2019年，北理工人的身影出现在国庆70周年庆祝活动的多个重要岗位。

"聚大团队、建大平台、担大项目、出大成果，北理工始终围绕国家战略急需，瞄准世界科技前沿，注重加强基础研究，推动原始创新，突破关键技术，打造大国重器。'科技立功'已经成为北理工人践行强国使命的最大特色！"北京理工大学校长张军说。

记者了解到，迈入新时代，北京理工大学结合传统优势和长期发展需要，实施"强地、扬信、拓天"的发展战略和"优势工科引领带动、特色理科融合推动、精品文科辅助联动、前沿交叉创新互动"的学科建设整体布局，不断为传统优势领域注入新动能，在新能源汽车、人工智能、深空探测、新材料、凝聚态物理、计算机仿真等新兴交叉领域深耕细作。

深空探测和空间载荷技术，为探索月球、火星和空间生命科学提供有力支撑；仿人机器人、微纳机器人，人工智能技术形成国内领先优势；新能源汽车技术助力"绿色奥运"，为生态文明建设贡献力量；雷达技术成为中国航天器交会对接的"标配"，为北斗系统增加"短报文"功能；烟火技术为国家盛典点亮绚丽时刻；"北理工1号"帆球卫星成功发射、遨游太空……越来越多的北理工"智造"在科技强国的征程中绽放光彩。

责任担当

"探索服务社会的特色之路。"

76岁高龄的毛二可院士"创业"了!

2009年12月,搞了一辈子科研的中国工程院院士毛二可,带领北京理工大学雷达所的专家教授们建起一所学科性公司——理工雷科。

如今,11年过去了,在服务国家重大战略的同时,一批批原始创新的高精尖科研成果,源源不断地通过理工雷科公司这一转化平台,广泛应用于灾害防治、社会安全、经济生产等重要国计民生领域,直接产值累计数十亿元。

对于高校来说,不仅要深耕育人、精深科研,还要服务社会、造福人民。为此,北理工创新成果转化机制、广泛实施校地合作、建设高端智库……率先在国内提出"事业化管理+市场化运营"的专业化技术转移机构新机制,成功培育理工华创、理工导航、北理艾尔、北理新源等一批重大成果转化项目,探索出一条服务社会的特色之路。

"经研究,批准方山县退出贫困县。"2019年4月18日,北理工定点扶贫的山西省吕梁市方山县正式脱贫摘帽!2015年8月以来,北理工动员全校之力,整合校内外资源,出实招、敢创新、精准施策,助力方山县打赢脱贫攻坚战,体现了高校智力扶贫、科技扶贫、教育扶贫的责任担当。

采访中,记者了解到,北理工还积极加强校地合作,在重庆、山东、河北、广东等地布局建设重庆创新中心、前沿技术研究院(济南)、唐山研究院等14个外派研究机构,推进产学研用融合创新体系建设。同时积极拓展办学功能、输出教育资源,布局嘉兴、怀来等多校区办学,以学校优势学科对接社会优质资源,构建起学校创新资源汇聚和区域经济社会发展双赢的新生态。

围绕"一带一路"建设、"京津冀协同发展"、"粤港澳大湾区建设"、"长江三角洲区域一体化发展"等国家战略,学校还确立了以京津冀板块、中西部丝路经济带板块、长江上游经济带板块、环黄渤海板块、东南沿海板块、中南及大湾区板块6大板块为主的合作发展战略布局。截至目前,北理工已与11个省部级单位、40余个司局级单位、30余家大型国企、多所高校建立战略伙伴关系,遍布21个省、区、市,逐步构建起校地、校企、校校等全方位战略合作的新局面。

"2040年,建校100年时,北理工将建成中国特色世界一流大学,整体实力达到世界一流水平,在国际上享有盛誉,对人类知识发现与科技变革作出重要贡献,为实现中华民族伟大复兴的中国梦、推动构建人类命运共同体贡献力量。"面对北理工的百年梦想，学校党委有着清晰的勾画。

击鼓催征，奋楫扬帆。面向百年梦想，北京理工大学不断改革创新、奋发作为、追求卓越。"聚焦内涵提质，全面推进综合改革，集中力量深化以'寰宇+'计划、'驼峰领航'计划为代表的教育教学改革和以'大部制'为核心的管理改革，力求培养一流学生、汇聚一流大师、产出一流成果、涵育一流文化。"对于实现办学目标的举措，张军深思熟虑。

"我们比历史上任何时期都更有自信、更有能力建设世界一流大学。全体北理工人作为这一重要历史进程的见证者、创造者、奉献者，始终以时不我待的奋进姿态，以实干笃定的前行脚步，走出一条扎根中国大地建设世界一流大学的'北理工之路'。"赵长禄对学校的未来充满信心。

（赵婀娜：《人民日报》高级记者，政治文化部教育采访室主编；王征：北京理工大学党委宣传部副部长、新闻中心主任；韩姗杉：北京理工大学机电学院党委副书记、副院长）

传承红色基因 续写强国梦想
——写在北京理工大学建校80周年之际

周世祥 晋浩天 季伟峰 哈 楠

(《光明日报》2020年9月19日08版)

金秋九月,天朗气清。北京理工大学中心花园的苍松翠柏之间,矗立着一尊铜像,他默默地颔首凝视着校园,见证着岁月轮转、学子更迭。这座雕像刻画的是这所大学的前身——延安自然科学院的主要创建者之一徐特立。他提出的"实事求是,不自以为是"的学风,已被一代代北理工人铭记在心,成为他们扎实求学、成才报国的"制胜密码"。

2020年,是北京理工大学建校80周年。从1940年执"抗战建国"理想而生,到新时代培养服务社会主义现代化强国建设的领军领导人才;从建校之初的露天课堂、吃住窑洞,到今天现代化的美丽校园、高水平的研究平台,这所从延安走来、由中国共产党创办的第一所理工科大学、新中国第一所国防工业院校,80年来一路风雨一路歌,始终坚守为党育人、为国育才的初心使命,未曾改变兴教报国、科技强国的责任担当。

北京理工大学建校80周年校园风貌

又红又专，人才培养显底蕴

"欢迎你，我把这份北理工第 1940 号本科录取通知书颁发给你！" 2019 年 7 月 21 日，北京市第十二中学的应届高考生左铭朔，接到了以学校创建年份作为编号的录取通知书。这位当年北京生源考入北理工的最高分新生，从长辈那里了解到北理工的红色传统后，为之深深吸引，毫不犹豫把第一志愿投向了这所心目中的"光荣学校"。

无独有偶。时光回到 1951 年全国高校统一招生时，华北大学工学院（北京理工大学前身）的录取成绩位列全国高校之首。雷达专家、中国工程院院士毛二可，"中国枪王"、中国工程院院士朵英贤，就是在这一年，以优异的成绩考入该校的。

"当时报考这所学校，想的是搞建设就要有知识，我们正好从学校学完了，就可以参加新中国建设，一个很美好的前景，一件很光荣的事。"毛二可回忆道。

"五个志愿我全部报了华北大学工学院，华北大学工学院来自革命圣地延安，为抗战建国建立的学校，责任大、事业光荣！" 88 岁的朵英贤至今对自己的选择记忆犹新。

这份与家国情怀相伴的"光荣理想"正是代代北理工人前进的灯塔、奋斗的阶梯。每个人青春选择的起点，就打上了"红"的烙印、注定了"专"的品格。

面对一批又一批主动选择北理工、摩拳擦掌要干出一番天地的年轻人，给学生什么样的教育能带领他们实现自己最初的理想，对学校而言至关重要。

"北理工毕业生的从业领域大都承载着我国重点行业的重大科研任务。学校对学生的思想教育太重要了，北理工也因此培养了一批批品质过硬、业务过强的国家重点领域人才。"中国载人航天发射场原总设计师、酒泉卫星发射中心原副总工程师徐克俊将军这样回忆学校的学习生活。

发扬老区办学传统，学校用血脉里流淌的红色基因精心培养浇灌着未来的参天大树，并把"德育"放在突出重要位置。

"在延安预科班，我们结合中心工作和政治形势，组织学习有关文件、听大报告、小组讨论、阅读《解放日报》，开全院性的辩论会。师生同学共同讨论、共同进步。"回忆起当年的求学岁月，自然科学院老校友常青山这样说。

政治与业务相结合，突出"德育为首"，锤炼学生的政治素质、意志品质，是北理工传承至今的一大育人特色。

2022年2月25日，北理工"飞鹰队"在阿联酋阿布扎比举办的穆罕默德·本·扎耶德国际机器人挑战赛上夺得冠军

2019年暑期，北理工定点帮扶的山西省方山县格外热闹，70名北理工学生骨干在这里参加了一周的学习实践活动。这一年，学校把有40年历史的"北戴河干训"迁移到了这个国家级贫困县。新入职的思政课教师与专职辅导员共同担任每组的带队老师，参与课堂教学、社会观察、交流研讨、社会实践等各个环节。

"学生到基层、到扶贫攻坚一线，能更直观地感悟'四个正确认识'，坚定'四个自信'，打开了视野。"带队干部、马克思主义学院新入职教师王校楠说。

在多年办学过程中，北理工不断丰富发展高水平人才培养体系的时代内涵，从"革命通人、业务专家""又红又专、全面发展"，到"以智养德、以德养才、德育为首、全面发展"；从"学术为基、育人为本、德育为先"，到"价值塑造、知识养成、实践能力"三位一体，学校始终围绕立德树人中心环节，不断深化人才培养供给侧改革。

"我把我的北理工百天生活，总结为三个阶段：第一个阶段是适应大学学习与生活的过程；第二个阶段是深入探索专业的过程；第三个阶段是明确成长成才方向的过程……"这一发自内心的分享，来自北理工首批"书院制培养"的学生。

2018年，北理工实施本科生大类培养和大类管理改革，建立书院制育人模式，推动思想教育、知识培育、通识博雅、个性化培养、教师与学生为伴。

除了书院制，学校还全面实施"寰宇+"计划，丰富拓展拔尖创新人才培养新体系,进一步推进德智体美劳全面发展。

"团队出发前,我信心满满写好了 20 多页的试验大纲,结果到外场开始做试验之后,我才发现问题多到来不及翻开那沓大纲。一次次的尝试和实践后,我们终于明白'纸上得来终觉浅'的深刻含义,只有将理论与实践相结合,才能得出一个个经受得住实战考验的结果。"北理工"飞鹰队"中唯一的女将、负责导航与控制的陶宏这样谈此次参赛给自己带来的收获。2020 年 2 月 25 日晚,在阿联酋阿布扎比国际机器人挑战赛上,北理工"飞鹰队"击败 23 支国际顶级院校和研究机构参赛队伍,以唯一满分的成绩成功卫冕,又一次证明了学校"学育结合、科教融合、以赛促学"拔尖创新人才培养机制的强劲动力。

80 年前,学校立足边区实际坚持"教育、经济、科技"三位一体培养学生。今天,学校将所有的高水平科研平台资源向学生开放,以国家重大需求为牵引,凝练科学问题,开展技术研究,在大科研平台上孕育学生科技创新成果,启发创新精神、创造能力,将学科优势、科研优势有效转化为人才培养优势。多年来,北理工学生在国内外重要科技创新赛事上屡屡夺魁、夺杯、夺金,而项目的切入点和服务面向无一例外都是着眼于国家需求、人民和社会需要。

"培养什么样的人、怎样培养人、为谁培养人",这是每一所学校、每一个时代都需要回答的问题。80 载红色育人路、30 余万毕业生的实际表达,正是北理工的答卷。学校毕业生中走出了国家最高科学技术奖获得者王小谟等 50 余位院士,120 余位省部级以上党政领导干部和将军,更有一批批学子扎根"三线"、投身国防,用青春甚至生命为国为民贡献力量。近年来,北理工毕业生到国家重要领域、重点单位和基层一线就业比例超过 60%,大批有志青年到基层、到西部、到祖国最需要的地方建功立业。

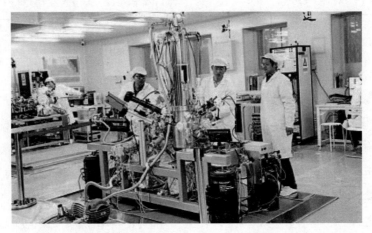

北理工微纳量子光子实验中心高水平实验平台

科研创新，"大国重器"展担当

马兰草造纸，发现南泥湾，沙滩筑盐田，设计建造杨家岭中央大礼堂和中央办公大楼，研制成功用于手榴弹的灰生铁，建成了一批玻璃厂、枪械修理厂、化工厂、陶瓷厂……北理工校史馆展示的一幅幅老照片、一页页文件诉说着自然科学院的岁月。曾经，自然科学院师生在极其艰苦的条件下，自力更生、艰苦奋斗，服务抗战和边区建设急需。80年时光走过，紧紧围绕着党和国家重大战略需求，服务支持经济社会发展和人民生产生活，始终是北理工的坚守与追求。

特种车辆传动技术及装置是国家间角力的杀手锏，对车辆来说，传动系统就像人体的肌肉和神经，关乎其能否正常行驶。20世纪90年代初，面对日趋激烈的全球竞争和国内技术的一片空白，北理工作为核心攻关单位，在全国率先启动第三代特种车辆传动关键技术专项研究，机械与车辆学院教授项昌乐团队毅然挑起了重担。

30年前的实验条件是常人难以想象的。没有专门的大功率试验场所，所有实验都只能在校园里完成。"试验设备耗电量非常大，我们一做实验，学校所在的魏公村地区就跳闸停电。"与项昌乐一起从艰辛岁月走过来的马彪教授回忆说，"为了避免与周边居民'抢电'，我们只好在夜里12点之后做实验，一直干到天亮，常常盖着窗帘在桌子上睡一会儿就算休息了。"

"我们的团队有一条铁律，那就是——'后墙不倒'。"项昌乐说，"'后墙不倒'的意思是，无论出现什么情况，完成研制任务的时间节点不能突破，必须严格按照计划目标完成科研任务。"

使命重于泰山、事业高于一切。"白+黑""五+二"，三十年寒来暑往、昼夜坚守，他们在一线，他们的家人在支持他们的另一线，其中的辛酸苦辣没有经历过的人品尝不到真正的滋味。在科学攻关事业上，坚守和牺牲不一定有收获，但要突破，除了坚守和牺牲，别无选择。

"科学报国，就是要在祖国最需要的地方散发光芒，不畏任重，不惧时艰。"团队成员刘辉教授说，"项老师一直要求我们，要有锻造杀手锏的使命和担当。"30年做一件事，项昌乐团队实现了我国特种车辆传动技术的两次技术跨越，获得授权发明专利近200项，主要技术指标达国际领先水平。

捕捉世界科技前沿动态、面向党和国家重大需求，坚持问题导向和需求导向，从现实需要和长远需求出发深耕不辍，这是北理工科技工作者对延安创校、红色基因光荣传续的另一种诠释。

2017年4月22日12时23分,"天舟一号"货运飞船与"天宫二号"空间实验室顺利完成首次自动交会对接,在太空上演了"深情一吻"。使得这一"吻"精准成功的"功臣",是空间交会对接微波雷达——由北理工信息与电子学院吴嗣亮教授、崔嵬教授带领团队研制的"天舟一号"微波雷达信号处理机与"天宫二号"微波应答机信号处理机,他们为"天舟""天宫"提供了精确信息。

来到吴嗣亮的办公室,一张办公桌、一台电脑、一台打印机几乎是他办公室的所有陈设。简约的工作环境下,是这位潜心科研的工作者对雷达事业经年累月的坚守。"为航天事业献计献策,把雷达技术做到至善至美,是我们一代代雷达人共同的使命。"吴嗣亮说。

从"天神"相会、嫦娥奔月、北斗连珠、太空摆渡到新型指挥通信工具、打破技术封锁的试验装置,吴嗣亮带领团队一直在接续书写着雷达"眼睛"助力中国航天的故事。2017年,他们荣获国家技术发明奖一等奖。

抬起头,作为实施创新驱动发展战略的排头兵,北理工的科技团队紧跟世界科技革命新趋势,不断向未知领域挺进、向科技高峰进军。俯下身,一大批科学家着眼人类社会发展需求,促进产学研深度融合,把科技成果转化为现实生产力。北理工人把保家卫国的雷达"眼睛"变成了服务民生的"科技神器"。

"嘀,嘀,嘀……"随着倒计时钟声的响起,18时,"Ku波段高分辨全极化昆虫探测雷达"准时现身在CCTV-17农业农村频道。该空中昆虫生物迁飞监测雷达由北京理工大学雷达技术研究所研制。"要能够在几公里外'看清'一只小小的虫子,需要一系列创新方法来解决问题。"北理工信息与电子学院教授龙腾谈道,"我们研制了相关的芯片,并创新了信息处理的算法、体系架构。"目前,两台昆虫检测雷达已经部署在云南地区国境沿线,可有效预防虫害的发生,把好空中国门。

"北理工瞄准国际学术前沿,主动面向国家经济社会一线,完善基础研究、应用研究、成果转化为一体的链式协同机制,强化创新成果同产业对接、创新项目同现实生产力对接,充分激发科技创新潜能。"北理工校长张军说。

迈向一流,学科龙头再起航

"我们付出青春,努力追梦;我们兑现承诺,从不退缩;我们护航和平,赢得尊重!"这是来自北理工兵器人的自白。

2020年的春天,突如其来的新冠肺炎疫情打乱了社会生活的节奏。然而,在疫情发生后不到十天，以北理工兵器学科教师为核心技术力量的长沙智能装备研究院就拿出了他们的抗疫成果——超能防疫机器人，解决了人数相对较多、难以负担昂贵的大范围热成像测量系统等问题，在北京、长沙、杭州、合肥等地的政府、医院、学校、商场等场所广泛应用。

从 20 世纪 50 年代起步，到如今入选国家"世界一流学科"建设行列，北理工兵器学科在矢志一流的求索中留下了一个个精彩印记，而这也是北理工传统优势学科发展进步的缩影。

"奋斗，朝着世界一流学科前进"。近年来，在加快推进"双一流"建设过程中，北理工面向世界科技前沿、面向经济主战场、面向国家重大需求、面向人民生命健康，结合传统优势和长期发展需要，实施"强地、扬信、拓天"的发展战略，建立"优势工科引领带动、特色理科融合推动、精品文科辅助联动、前沿交叉创新互动"的学科建设整体布局，为传统优势领域注入新动能。

学科建设离不开平台支撑。打造高水平学科专业平台，才能增强一流学科的核心竞争力。

"一次资源调整，不仅打造了一流的科研平台，形成了一流的科研团队，还培育出一流的科研成果，为未来一流学科的建设，打下坚实的基础，可谓是'一箭三雕'之举！"北理工微纳量子光子实验中心的建成，让老师们非常振奋。

近年来，伴随学校中关村和良乡两个校区的资源调整，北理工决定将调整出的空间资源优先为新兴学科研究提供实验平台保障，为高层次人才的成长发展提供资源支撑。建设微纳量子光子实验中心便是其中一项重要布局。

"我们这个学科，实验研究必须要将空间、设备、人员等集中起来，统一管理，协同创新，才能实现效益最大化。"中心主要负责人、信息与电子学院教授王业亮谈道。微纳量子光子学研究不仅所需设备精密、环境要求严苛，而且从材料制备到表征分析，再到器件加工测试，要求平台必须具备全流程的"一站式服务"。聚焦关键，"化零为整"的建设思路成为共识。

"我们把自己的资源集中起来使用，很好地避免了设备重复采购、性能不高、使用率低、分布分散、维护成本高等问题，资源保障更有力了，老师们干劲更足了！"在学校的大力支持下，王业亮牵头，陈棋、钟海政、黄玲玲、边丽蘅四位微纳量子光子研究领域的青年人才共同参加，老师们一起论证规划、参与设计建设、抓紧设备采购，除了依托学校的投入保障，老师们还积极自筹经费，一心要利用好这次难得的机会，推动平台建设上层次、上水平。

经过一年的努力，中心建成具备"新材料—新器件—新系统"全链条制备研究系统的高水平交叉实验平台，成为继分析测试中心、先进材料实验中心之后学校又一高水平大型实验平台。

"中心的建成，体现了学校在管理机制方面的创新改革，给我们青年教师事业发展提供了实实在在的有力支持。中心保障了包括10项以上国家自然基金在内的多项科研任务的执行，极大拓展了校内外、国内外的科研合作。"谈及未来，王业亮充满希望。

"功以才成，业由才广"。一流学科的建设，除了要有一流的平台支撑，更离不开人才的耕耘和建设。因此，学校大力推行"以业聚才、以人聚人"，依托大平台汇聚大团队。

2017年年初，北理工先进结构技术研究院良乡实验楼正式启用。早在2015年，学校力邀材料力学领域专家、中国科学院院士方岱宁到校工作，领衔建设先进结构技术研究院新兴交叉融合大平台。在此后的5年中，平台汇聚了以学术领军人才为核心、青年拔尖人才为骨干的学术梯队40余人，为学科发展提供了强劲动力。

立足国内，还要放眼世界。近年来，北理工紧紧抓住前沿科技方向，通过引进国外高水平人才，提升创新发展"加速度"。

"延长人类寿命，让人永葆青春，是人类的终极梦想之一。"这是中国政府友谊奖获得者、中国科学院外籍院士、北理工教授福田敏男的科学梦。北理工在引进生物微纳机器人操作领域的开拓者与引领者福田敏男后，陆续吸引了10名国际知名学者到校工作，联合了包括5名诺奖获得者在内的知名专家100余人合作研究。

记者了解到，近年来北理工瞄准国家重大战略需求和国际学术前沿，汇聚新队伍，拓展新领域，形成了大师领衔、人才汇聚的局面。为了更好地为人才队伍创造干事创业平台，学校设立了前沿交叉科学研究院、医工融合研究院、高精尖中心等交叉研究基地，创新建立"人才特区"，完善人才工作"绿色通道"，打造"新兴学科孵化器"和"高端人才蓄水池"，形成了引才、聚才、为才、人才活力竞相迸发的生动局面。

充分发挥学科的引领和保障作用，以学科为龙头谋划全局工作，以学科为牵引打造平台、汇聚队伍，围绕新兴前沿交叉学科不断寻找新的增长点，为学校"双一流"发展提供保障。近年来，北理工学科融合发展格局不断深化。以兵器、材料、控制、车辆、机械、信息等为代表的优势工科围绕突破国家重大工程核心问题、解决重点实践问题发力，在安全防护、无人系统、特种车辆、智能制造等方向取得重要进展；以重大需求、重大问题和重大项目为牵引，理科围绕基础科学问题，加强与工科的深度融合，在物理、材料、化学等方向形成特色，部分方向达到国际先进水平；文科紧密结合社会发展重大需求，加强智库建设，不断增强服务国民经济主战场的能力；学校还重点推进"医工交叉融合"，服务国家健康医疗重大需求。"工理管文医"交叉融合，学科生态有了质的改观。

80载红色育人路，80载科技报国情。从延安走来的这所由党亲手缔造的大学，发展壮大的关键锁钥是什么？

"是我们代代传续生成的'北理工精神'，政治坚定、矢志强国的爱国精神，实事求是、敢为人先的科学精神，艰苦奋斗、开拓进取的创业精神，淡泊名利、坚韧无我的牺牲精神，不辱使命、为国铸剑的担当精神！"北理工党委书记赵长禄说。

（周世祥、晋浩天：《光明日报》全媒体记者；李伟峰：北京理工大学党委宣传部副部长；哈楠：北京理工大学集成电路与电子学院党委副书记、副院长）

北京理工大学：
学史明志，走好"红色育人路"

周世祥　王　征　季伟峰

（《光明日报》2021年3月18日"红船初心"专版）

"马克思主义为什么行？中国共产党为什么能？中国特色社会主义为什么好？咱们论从史出，'理'上往来。"北京理工大学思政课教师杨才林精心设计的党史学习教育专题培训课，已成为深受学生喜爱的"金课"。同学们一致认为："杨老师讲课有强烈的问题意识，富有感染力。"

知史爱党，知史爱国。北京理工大学是中国共产党创建的第一所理工科大学，其前身是1940年诞生于延安的自然科学院。自然科学院开创了党领导高等自然科学教育的先河，是中国共产党历史的重要组成部分。多年来，传承红色基因、开展以党史为重点的"四史"教育已经成为北理工立德树人的一项优良传统，为学校高质量发展注入了不竭动力。

学史明志，知史励行。在组织师生开展党史学习教育过程中，北理工创新方式、拓展维度，结合红色校史、打造红色文化和营造红色氛围，润物细无声地把对党史的"学与悟"融入日常、抓在经常，引领师生坚定走好"红色育人路"。

用红色基因熔铸理想信念

"学院党委把新中国第一枚探空火箭——505探空火箭史料编纂和学生党员的思想教育充分结合，用了两个月时间，56名学生党员骨干登门采访老专家，搜集资料。通过对红色校史的体验式学习，学生们不仅坚定了矢志报国的信念，更对党领导新中国建设的历史有了深刻认识与理解。"北理工宇航学院党委书记龙腾在分享《利剑长空——"505"探空火箭发射成功60周年纪念文集》的编纂过程时说。

2020年，在建校80周年之际，《奋进在红色征程上——北理工精神笔谈》《兵之利器》《利剑长空》等16部红色基因鲜明、内涵意蕴深刻的红色文化丛书成为北理工师生学党史、知校史的优秀读物。

北理工千名师生共同演绎的80周年校庆"红色史诗"《光荣与梦想》

"作为党创建的第一所理工科大学，多年来学校党委在用光辉党史教育师生的过程中，充分结合红色校史，着力传承红色基因，有效增强了师生的'红色认同感'，使之成为引领师生团结奋斗、干事创业的重要思想基石。"北理工党委书记赵长禄说。

2016年，学校党委凝练出"延安根、军工魂"红色基因内涵；2020年，又凝练出"红色育人路"的内涵和经验；2021年年初，"北京理工大学精神"经学校第十五次党代会讨论正式通过……精神文化上的累累硕果背后，是学校立足党史对红色校史的深耕细作。

自2015年起，北理工扎实开展了珍贵校史资料数字化、办学媒体资源数字化和校史"口述史"采集等三大"校史工程"，不仅完成了25000余张办学图片资料、12万分钟视频资料等珍贵校史资料的数字化抢救，还采集了250余小时的校史"口述史"资料，提升了红色基因传承工作的科学化、规范化水平。2020年，抓住纪念建校80周年的重要契机，北理工通过实施"红色育人路——中国共产党创办和领导中国特色高等教育之路"专项研究，推动学校党史研究掀起新的高潮、达到新的高峰。

"这里是北京理工大学的红色源点，我们的'延安根'就在这里诞生……"在革命圣地延安，"觅寻延安根，熔铸军工魂"北理工新入职教师培训已经连续开展了6期。75名北理工2020年新入职教师在为期一周的入职培训中，瞻仰党的革命旧址，参观学校办学旧址，参加理论和情景教学，"延安根、军工魂"六个字深入人心。

北理工思政课教师杨才林在主题团日活动上为青年学生讲授思政课

近年来，北理工把以党史为重点的"四史"教育作为师生干部教育培训必修课，通过思政课融入第一课堂，组织全体新入职教师赴"延安寻根"，开展"学史明志"学生社会实践，建立了覆盖全体北理工人的教育体系，让传承红色基因、坚定走好"红色育人路"成为北理工人的自觉行动。

以红色文化涵育时代新人

"没有共产党就没有新中国……"夜幕璀璨，廊桥环绕，亭台倒映，雄壮激昂的红色歌曲，穿越优美的北湖，回荡在校园中，师生们自豪的歌声，传递出心中的红色力量。

2020年9月19日，一场纪念北京理工大学建校80周年大型晚会《光荣与梦想》，在北理工良乡校区北湖之畔上演，网上网下观看人次达到220万。这场演出以北理工人八十载的奋进历程为载体，充分展示了党创办和领导中国特色高等教育的"红色育人路"，令人震撼、久久难忘。

精彩的演出回味无穷，但对北理工人来说，这堂千人规模的"思政大课"触及心灵的"教学效果"则更为宝贵。在学校精心组织投入下，千余名师生在表演过程中不仅熟悉了校史知识，更对党百年奋斗的光辉历程、为国家和民族作出的伟大贡献和始终不渝为人民的初心宗旨有了深刻理解。

北理工将虚拟现实（VR）技术运用于思政课堂（新华社发）

"在组织师生学习党史的过程中，北理工始终坚持创新方法形式，聚焦立德树人根本任务，通过打造红色文化，用师生喜闻乐见的文化艺术形式，实现党史学习的入脑入心。"北理工校长张军说。

将历史文字转化为生动故事，用微课堂讲、用红歌唱、用文化作品演……运用鲜活形式抓住学生的关注点、兴奋点，北理工开展党史学习教育力求不空不远不虚，也更加入脑入心入情，为涵育时代新人提供了有力支撑。

2019年，作为覆盖全校学生的思想政治教育品牌，"担复兴大任，做时代新人"主题教育活动，因契合规律、形式新颖、成效显著，荣获首都大学生思想政治工作实效奖特等奖。

经过多年建设，北理工的红色文化品牌矩阵聚力增效，形成了以"时代新人说""青春榜样"为代表的思政类文化品牌；以"百家大讲堂"、特立论坛等为代表的学术类文化品牌；以"延安寻根""师缘北理"等为代表的师德类文化品牌；以"世纪杯"科技竞赛、"方山暑期学校"等为代表的创新实践类文化品牌……

同时，学校还适应"网生代"大学生特点，推进红色文化教育联网上线，培育出一批以"北理故事""延河星火一分钟"等为代表的网络文化品牌。以厚重历史为主要文化基点的特色思政教育，形成规模效应。

春风化雨，立德树人。"不知不觉学到了很多知识，领悟了很多道理。"同学们纷纷表示。

让红色记忆激发使命担当

"我们有两件镇馆之宝，一份是1940年党中央批准自然科学院成立的文件，另一份是1952年重工业部调整北京工业学院办学方向的文件，它们印证着北理工'延安根、军工魂'的红色源点和熠熠生辉的'红色育人路'！"面对徜徉在现代化展厅中的参观者，北理工校史馆讲解员宋逸鸥自豪地介绍。

2017年9月，1500余平方米的北理工新校史馆和500余平方米的数字化科技成果展厅落成，成为师生们在校内学习党史、校史的重要基地。

多年来，北理工通过构建高水平、多层次、红底蕴的红色文化基础设施，为学习党史校史、弘扬红色传统和传承红色基因提供高质量平台和高水平载体。新校史馆、国防科技成就展厅、国防文化主题广场……近5年来，一处处设计现代、功能先进、底蕴深厚的大型文化设施相继落成启用，总面积达到24000余平方米，在全面提升文化设施水平的同时，让校园中的红色气息愈发浓郁。

在北理工机电学院的"兵器精神"红色展厅，有两座大师半身像，一位是爆炸学科泰斗丁敬先生，另一位是火炸药领域泰斗徐更光院士。他们以国家需求为己任、潜心研究、默默奉献的事迹感动着大家，这个红色展厅也成为师生们学习楷模榜样的重要场所。

2018年起，北理工每年设立专项经费，共支持建成18个基层特色文化空间和覆盖九大书院的社区空间，让红色文化走近师生、融入学习工作之中，让师生身边事、身边人成为砥砺思想的"养料"。

"看到'大型天象仪'雕塑昂首问天的挺拔身姿，我能深刻感受到20世纪50年代老前辈们在党的领导下建设新中国那种勇气魄力和奋斗精神！"每每驻足这座"新中国第一"科技成就主题景观，光电学院大四本科生林腾翔总会感到一座精神的丰碑在心中树起。

一处处文化设施、文化空间和校园景观，润物细无声地将红色气息注入美丽校园。此外，北理工还通过加强宣传体系建设，讲好北理工红色故事，使之成为师生学习党史的素材载体，让"红色浸润"的"最后一公里"畅通无阻。"红色基因已在我们每个人心中深深扎根，茁壮生长。"同学们说。

"南北间，北湖边，时代天骄创新篇。肩上担当复兴，吾辈何惧艰险？铸长箭，上九天，不忘初心和誓言，看今朝中华少年！"立足新发展阶段、贯彻新发展理念、构建新发展格局，北理工学子用一首原创歌曲《理所当燃》唱出了自己心中的红色基因与使命担当。

（周世祥：《光明日报》全媒体记者；王征：北京理工大学党委宣传部副部长、新闻中心主任；季伟峰：北京理工大学党委宣传部副部长）

北京理工大学八十年红色育人路

高众 哈楠

(《中国教育报》2021年7月10日01版)

"我愿意扎根祖国需要的地方，为国家重大急需贡献力量。"近日，北京理工大学机电学院应届毕业生陈世煜站在学校中心花园的延安精神石前，面对镜头留下回忆。

在这块承载着北理工人红色基因的"延安石"上，镌刻着学校从延安辗转到北京的办学迁移路线，也记录着这所中国共产党创办的第一所理工科大学，80年来听党话、跟党走的红色育人路。

1939年，抗日战争进入相持阶段，由于国民党政府的经济封锁，陕甘宁边区的经济生产陷入极其困难的境地。中共中央在要求边区机关人员和部队节衣缩食的同时，意识到需要更多的科技人员参与边区建设，提高生产力。在当年12月召开的自然科学讨论会上，与会代表建议将刚成立不久的自然科学研究院改为自然科学院，得到了党中央的批准。两字之差，意义深远，开创了中国共产党领导和组织高等理工科教育的先河。

党中央高度重视自然科学院的建设工作，毛泽东亲自题写了校名。1940年9月1日，延安自然科学院首任院长李富春向师生传达党中央服务"抗战建国"的办学要求。虽然只有50多个窑洞、30多间平房，但当时的自然科学院无论是院系两级设置还是学科布局，都充分体现出党创办正规化大学的深思远虑。

1940年底，徐特立接任院长，领导自然科学院开展了大量党创办高等教育早期的探索和实践。徐特立的教育思想，成为北京理工大学办学发展的宝贵精神财富。此后5年，自然科学院培养了500余名学员，大都成为建设新中国的中流砥柱。

1945年，党中央为夺取全国胜利做准备，决定将自然科学院等院校转移。出发前，毛主席接见了带队领导和教师们，深切叮嘱："军队要建设一个团或一个师比较容易，要建设一所大学从领导班子到队伍很不容易，在行军过程中，各地可能找你们要干部，不要把班子人员轻易搞散，要千方百计地把学校班子搞好。"

1946年,自然科学院在战火硝烟中辗转华北办学,并于1948年与北方大学工学院合并为华北大学工学院。1949年,学校从河北迁入北平,开国大典上,300多名学校师生列队在天安门城楼前见证了新中国成立的光辉时刻。1952年学校更名为北京工业学院,1988年更名为北京理工大学。

从延安到北京,从"抗战建国"到"为新中国建设服务",不变的是学校始终坚持为党和国家培养科技人才的责任与担当。

从第一枚二级固体探空火箭、第一台大型天象仪、第一套电视发射接收设备等一个又一个"新中国第一"到精确着陆导航与制导控制技术助力"天问一号"踏上火星、自主研发的全气候动力电池让"新能源汽车电动车在中国行驶无禁区";从"中国预警机之父"王小谟、"中国核潜艇之父"彭士禄、"中国枪王"朵英贤等杰出师生校友到"长征五号"和"长征七号"两型火箭"双料"01号指挥员王光义、嫦娥五号探测器副总指挥张高、"天问一号""90后"调度鲍硕等新一代北理工人……代代传承的红色基因和家国情怀,鼓舞着北理工人到祖国需要的地方,攻坚克难,科技报国,把论文写在祖国大地上。

建党一百年筚路蓝缕,建校八十载风雨兼程。跨入新时代,北理工人以红色基因塑造灵魂,用红色脊梁矢志报国,德以明理,学以精工,在探索和实践中国特色高等教育路上行稳致远。

(高众:《中国教育报》记者;哈楠:北京理工大学集成电路与电子学院党委副书记、副院长)

第二篇章
坚守初心

牢记"国之大者"育可堪大任之才

包丽颖

(《人民日报》2021年12月12日教育版)

党的十九届六中全会审议通过的《中共中央关于党的百年奋斗重大成就和历史经验的决议》提出,"党和人民事业发展需要一代代中国共产党人接续奋斗,必须抓好后继有人这个根本大计"。奋斗新时代,奋进新征程,党和国家事业发展对高等教育的需要比以往任何时候都更加迫切,高校应紧紧围绕实现中华民族伟大复兴这一主题,将贯彻落实党的十九届六中全会精神扎实体现在培养社会主义事业建设者和接班人的实际行动中,深度聚焦培养强国建设所需要的可堪大任之才,不断完善立德树人系统工程,建设体现国家意志、大学使命担当的一流大学。在这个过程中,需要重点处理好以下关系:

处理好人才培养与服务国家的关系。习近平总书记指出,"古今中外,每个国家都是按照自己的政治要求来培养人的,世界一流大学都是在服务自己国家发展中成长起来的。"因此,贯彻新发展理念推进高校立德树人系统工程,要自觉把握"国之大者"对高等教育的要求,培养堪当民族复兴重任的时代新人,为2035年基本实现社会主义现代化提供人才支撑,为2050年全面建成社会主义现代化强国打好人才基础。在具体实践中,要坚持社会主义办学方向,不断加强改进党建和思想政治工作。要树牢"阵地意识",强认同、守底线"两手"并重,一方面坚持用马克思主义和党的创新理论武装师生头脑,一方面全面加强学科、教材、课堂、网络、文化舆论场等各方面的建设管理,不断扩大学生成长发展的主旋律正能量空间。

处理好知识教育与全面发展的关系。马克思的全面发展理论强调教育要着眼于个体需要的满足、人的劳动能力的提高、人的社会关系的构建和人的个性特点的充分彰显等。贯彻新发展理念推进高校立德树人系统工程,要全面贯彻党的教育方针,培养德智体美劳全面发展的社会主义建设者和接班人,遵循新时代教育工作规律、人才培养规律、思想政治工作规律,处理好知识教育与全面发展的关系。当前,尤其要格外注重突破专业知识教育"为传授知识而传授知识"的局限,将思想教育、品德教育、实践能力教育、形势政策教育乃至学生的社会化能力教育贯通其中，优化完善每门课程的教育目标体系。

处理好局部教育与协同教育的关系。贯彻新发展理念推进高校立德树人系统工程，要突破课堂、校园的空间限制，在校内，统筹办学治校各领域、人才培养各方面的育人力量和资源，完善管理育人、服务育人、组织育人、实践育人、资助育人等育人协同链；在校外，强化家、校、社合力，针对立德树人对学生能力素质的各个方面要求，找到运用社会资源开展教育活动的契合点，发挥好各类爱国主义教育基地、生产实习基地、国情社情一线现场等各类场所的教化育人功能，在"看得见、摸得着"的育人环境中提升立德树人实效。"大思政课"善用之，也是"大教育课"善用之，只有各个方面齐抓共管、形成教育合力，才能不断夯实立德树人系统工程。

（包丽颖：北京理工大学党委副书记）

让"四条工作线"协同发力

包丽颖

(《人民日报》2019年6月23日教育版)

　　思想政治工作是学校各项工作的生命线,各级党委、各级教育主管部门、学校党组织都必须紧紧抓在手上。在一流大学建设实践中,思想政治工作体系如何贯通高水平人才培养体系,进而全面提升人才培养质量和水平?把握思想线、舆论线、文化线和育人线的"四条工作线"格局是一种尝试。

　　把握"思想线",筑牢理想信念之基。没有理想信念,就会导致精神上"缺钙"。立德树人根本任务正是基于此得出的判断。立德,对当代大学生而言,就是坚定对马克思主义的信仰,对社会主义和共产主义的信念,对中国特色社会主义道路、理论、制度、文化的自信。树人,就是要培养担当民族复兴大任的时代新人,培养德智体美劳全面发展的社会主义建设者和接班人。

　　北京理工大学自2018年起在全校组织开展"担复兴大任、做时代新人"主题教育活动,通过学习、讨论、选树、实践、深化等环节,将大学生思想引领抓在经常、融入日常,持续激发学生成长成才的主体意识和内生动力。

　　把握"舆论线",鼓舞人心振奋精神。高校思想政治工作要立足抓引领、促认同,做大做强主流思想舆论,唱响主旋律、传播正能量。提升学校主流新闻舆论的引导力传播力和公信力,一方面要突出内容为王,着眼正面宣传、成就宣传、典型宣传推出精品力作,另一方面要坚持因事而化、因时而进、因势而新,强化传统媒体与新媒体的深度融合,形成媒体聚合效应和舆论强势。

　　善用网络新媒体开展思想政治工作,才能让互联网这个最大的变量成为最大的增量。北京理工大学探索将VR技术应用于思想政治理论课,推动思想政治教育同信息技术高度融合;创立微故事、微心声、微支部等"五微一体"新媒体思想政治教育新模式,增强了思想政治工作的时代感和吸引力。

　　把握"文化线",涵养化育一流文化。文化兴国运兴,文化强民族强。高校思想政治工作要注重用社会主义先进文化滋养师生,熔铸共同价值追求。北京理工大学近年来沿历史脉络挖掘学科前沿课、概论课的特殊育人元素，通过教育引导、实践养成、制度保障，使社会主义核心价值观逐渐转化为学生日常的行为准则。

高校还应注重深入挖掘大学文化育人的特殊功能。在带领师生坚守中华文化立场，系牢情感纽带基础上，大力传承学校自身的优秀发展基因，用一流大学文化激发情感共鸣。北京理工大学把"延安精神""军工文化"等与学校办学历史紧密相连的红色教育资源作为思想政治工作活生生的教材，逐渐形成红色基因鲜明的文化育人特色。

把握"育人线"，努力培养时代新人。一流大学需要培养一流人才，北京理工大学着力"价值塑造、知识养成、实践能力"三位一体，让教育教学回归本源、回归初心。2018年以来，北京理工大学深入推进以书院制为基础的大类培养大类管理改革，破壁垒、强协同、重素质，书院成为落实全员全过程全方位育人新的试验田。

同时，一流大学提升人才培养能力还要注重深化"大思政"工作格局，推动全体教职员工把工作的重心和目标落在育人成效上。为此，北京理工大学以思想政治理论课构建为核心，有效贯通大学生教育引导同心圆；打造"国情大课""创新大课"等若干"浸润式"教育大课、服务大课，推进高素质教师队伍建设，打出了"三全育人"组合拳。

思想线、舆论线、文化线和育人线，高校思想政治工作"四条工作线"构成了相互关联、有机统一的工作系统。只有坚持四条工作线协同发力，才能培养担当民族复兴大任的时代新人。

（包丽颖：北京理工大学党委副书记）

中国共产党开展高校思想政治工作的经验与启示

蔺 伟 季伟峰 纪惠文

(《北京理工大学学报(社会科学版)》增刊 2020 年 S1 期)

[摘 要] 高度重视思想政治工作是中国共产党在长期革命、建设、改革过程中的一项优良传统,也是中国特色新型高等教育发展壮大过程的显著政治优势。在创办和领导中国特色新型高等教育 80 余年的历史进程中,党坚持开展马克思主义宣传教育、坚持思想政治工作与中心工作紧密结合、坚持教书和育人相统一坚持思想政治教育与生产劳动社会实践相结合、坚持教育者先受教育,形成了确立价值性和时代性相统一的思想政治工作目标、制定理论性与实践性相统一的思想政治工作内容、采用组织性与群众性相统一的思想政治工作方法、建设专业性与先进性相统一的思想政治工作队伍等基本经验,为新时代高校思想政治工作创新发展提供了重要启示。

[关键词] 中国共产党;中国特色;高等教育;高校思想政治工作

高度重视思想政治工作是中国共产党在长期革命、建设、改革过程中的一项优良传统,也是中国特色新型高等教育发展壮大过程中体现出的显著政治优势,在创办和领导中国特色新型高等教育 80 余年的历史进程中,我们党创造性地开展了许多行之有效的工作实践,形成了系统完备的工作内容和方法体系,将思想政治工作优势转化为高校人才培养优势和大学治理优势。总结归纳其主要做法、基本经验,有助于我们更好地增强发展定力、坚定办学自信,扎根中国大地建设中国特色世界一流大学。

党创办和领导中国特色新型高等教育历程中开展思想政治工作的实践探索
——以北京理工大学 80 年办学实践为例

北京理工大学的前身是 1940 年创建于延安的自然科学院,是中国共产党创办的第一所理工科大学,开创了党领导和组织高等理工科教育的先河。80 年来,在中国革命、建设和改革的各个历史阶段,学校始终把加强和改进思想政治工作摆在重要位置作为重要法宝,为服务中心工作推动事业发展注入了强劲动力。梳理 80 年来学校思想政治工作的探索实践,总体上坚持了以下基本做法。

(一)始终坚持开展马克思主义宣传教育

马克思主义是党开展思想政治工作的理论基础,同时也是党开展思想政治教育的重要内容。北理工在长期办学实践中,始终坚持马克思主义的指导地位,在学校师生中坚持开展马克思主义宣传教育,用马克思主义中国化的成果统一思想、凝聚共识。比如,追溯至自然科学院建立时,学校就"注重用马列主义、毛泽东思想教育师生,专门开设政治理论课,由学院领导人李富春、徐特立及中央组织部、中央宣传部的领导干部系统地向学员讲授党史、联共(布)党史、哲学、形势任务等课程"。迁京办学后,学校着手对政治学习和政治教育进行改革,通过正规的政治理论课进行思想政治教育。北京工业学院"在全国高等理工院校中首批成立政治理论课教研组",正式开设"新民主主义论""马列主义基础""政治经济学"三门政治理论课程,学校重视思想理论武装,面向全体师生持续系统开展党的马克思主义和形势政策教育的优良传统被一直延续了下来。近年来,学校把学习宣传贯彻习近平新时代中国特色社会主义思想作为首要政治任务,用党的创新理论成果武装头脑、指导实践、推动工作,引导师生真学、真懂、真信、真用,并将其转化为清醒的理论自觉、坚定的政治信念、科学的思维方法。北理工 80 年的办学实践证明,始终坚持马克思主义在意识形态领域的指导地位,以指导思想上的团结统一确保师生思想理论上的纯洁和坚定,才能为教育事业发展奠定坚实的思想基础。

(二)始终坚持思想政治工作与中心工作紧密结合

与中心工作相结合是思想政治工作人本价值和社会价值实现的重要途径。北理工在办学历程中始终坚持将思想政治工作与中心工作紧密结合,把贯彻落实党的路线方针政策、用马克思主义教育和团结师生与提高教育教学质量、推进德智体美劳全面培养结合起来，确保教育事业紧跟党的领导，体现党的要求、人民意志。比如，自然科学院时期，党组织的思想政治工作，"不是靠开会，不是靠说教，而主要是靠领导干部和党员在实际的业务工作中的先锋模范作用，靠民主、靠关心人、爱护人，因而思想政治工作很自然、紧密地和技术业务工作结合在一起，不存在'两张皮'的问题"。华北大学工学院迁到北京之后，为适应学校迅速扩大的形势，把学校建成为"大规模的、完善的重工业大学"，围绕提高教学质量做了许多卓有成效的思想政治工作，强调要"加强新中国建设及新型教育的宣传及建立正确的工作态度，完成教育计划"。近年来，学校围绕全面提升人才培养能力，不断建立健全贯通高水平人才培养体系的思想政治工作体系，完善"十育人"机制，深化"三全育人"工作格局，将思想政治工作贯通人才培养各方面、全过程。北理工80年的办学实践证明，坚持党的领导，牢牢掌握党对学校思想政治工作的主导权，将思想政治工作与办学育人中心工作紧密结合，不搞"两张皮"，才能始终坚持办学的正确政治方向，确保思想政治工作充满生机活力，保证高校始终成为培养社会主义事业建设者和接班人的坚强阵地。

（三）始终坚持教书和育人相统一

促进人的全面发展，培养党和国家事业发展所需人才是思想政治工作的出发点与落脚点。北理工在办学历程中，始终倡导教书与育人相统一，带动教师既教科学文化知识，又自觉对学生进行思想政治教育和道德品质教育，以全面教育、全面培养促进学生全面发展。学校诞生在革命根据地，充分继承老区"教书育人"的办学传统，在自然科学院时期即建立了新型的师生关系，比如，倡导"教师和学生，一切都是相互平等的关系，用中国的老话来说，叫做'教学半'或'教学相长'"。华北大学工学院时期，曾毅副院长在谈到新旧大学区别时讲道，"我们的教学方针是教人而不是教书""每个先生对学生都要进行政治教育。我们要培养学生成为新社会有用人才，每个先生都有责任。虽然我们没有直接讲政治课，但是包含有这个意义"。这一时期，学校还建立了辅导答疑制，对学习有困难的同学特别予以关心和帮助，这一传统对提升教学效果、积累教学经验、密切师生关系起到了重要的促进作用，并一直保持到后来各时期学校的办学过程中。时至今日，北京理工大学一直坚持"教书育人，为人师表是每个教师的崇高职责"，"寓思想政治教育于教学过程中，是教师教书育人的基本形式"。北理工80年的办学实践证明，教书和育人相结合，将思想政治教育贯穿融入日常教育教学实践中，符合教育规律和学生成长规律,是教师队伍建设的一项基本原则。

(四)始终坚持思想政治教育与生产劳动社会实践相结合

"劳动创造世界""劳动改造思想"是马克思主义教育观的基本内容。组织学生参加生产劳动等社会实践活动是进行思想政治教育的有效途径之一。在北理工,有目的、有组织、有领导地开展群众性的接触工农、接触社会的社会实践活动,有光荣的历史传统。从自然科学院时期起,学校一直把开展生产劳动等社会实践活动,作为学生思想政治教育的重要环节。毛泽东主席指示"科学院学生要一面在工厂实习中学习实际知识,一面改造思想,从做去学,做、学统一是我们的方针,一定要贯彻"。因此,学校从办学初期即十分重视贯彻理论联系实际的方针。在教学方法中,坚决采取启发的、研究的、实验的方法,在课程内容上重视基本理论的同时,注意与边区生产实际相联系。之后,虽然学校随着形势的变化而辗转办学,但仍然坚持理论联系实际,强调要联系社会实际、中国建设的实际教育学生,克服困难创造条件不断组织学生到工厂去学习参观,并参加生产建设,以多种形式的社会实践活动配合校内学习资源合力培养学生。发展到今天,学校不断深化"价值塑造、知识养成、实践能力"三位一体全链条人才培养模式,持续拓展志愿服务、创新创业、社会实践等载体平台,统筹企业实习实训基地、在地方建设的研究院等社会资源,深入挖掘其中蕴含的教育功能,全力打造学生知行合一、德学共进的实践育人阵地,助力学生德智体美劳全面发展。北理工80年的办学实践证明,坚持理论学习、创新思维与社会实践相统一,坚持向实践学习、向人民群众学习,是培养全面发展人才的必由之路。

(五)始终坚持教育者先受教育

在《关于费尔巴哈的提纲》中,马克思提出"教育者本人一定是受教育的"。在北理工的办学实践中,始终注重将教师政治理论学习与教学科研工作紧密结合,加强教师政治理论学习、提升教师思想政治素质。比如,自然科学院时期,根据延安整风运动精神和毛泽东《改造我们的学习》报告,老院长徐特立在《我们怎样学习》《再论我们怎样学习》等文章中,强调了对政治干部和理论工作者进行马克思列宁主义教育的重要性。华北大学工学院时期,学校成立学委会(即学习委员会),"有组织有计划地组织教职工开展理论学习,特别是针对解放后聘请的教师和工作人员进行辩证唯物主义和历史唯物主义的学习和教育"。20世纪50年代初期,学校组织了办学指导思想讨论,在教师中确立了社会主义教育思想,明确了"教育者要先受教育""人民教师是人类灵魂的工程师,从其特殊的劳动性质和特殊的社会责任,必须要求教师又红又专""寓思想政治教育于教学过程中,是教师教书育人的基本形式"等基本原则。在这样的氛围影响下,全校教师学习自觉性很强,"特别是教授自然科学和工程技术的教师要求学习自然辩证法的愿望很迫切,很多教师努力探索如何用马列主义的思想、观点和方法来指导教学"。近年来,学校成立了党委教师工作部、教师发展中心,不断加强教师队伍培养和建设,依托新教工的入职培训、教师在岗培训、导师上岗培训等多种形式载体,有侧重地开展政治理论、师德师风、形势政策、校史校情等方面的宣传教育,让传道者首先"明道""信道",带动教师更好地践行"四个相统一",当好"四个领路人"。北理工 80 年的办学实践证明,遵循教育者先受教育的规律锻造高素质优秀教师队伍,是健全立德树人落实机制、全面提升人才培养能力的必然要求。

党创办和领导中国特色新型高等教育过程中开展思想政治工作的基本经验

中国共产党创办的新型高等教育扬弃了旧中国高等教育的传统,汲取了西方高等教育的经验,在结合中国国情和教育实践的基础上,凝练出了自己的特质和发展路径。这其中,发挥思想政治工作的特殊优势,筑实思想政治工作生命线,既是中国特色,也是教育领域的中国经验、中国方案。结合对北理工 80 年办学开展思想政治工作的总结梳理,从党办高等教育的具体实践来看,高校思想政治工作要有效服务支撑办学育人中心工作,紧紧贯通融入人才培养体系中,应遵循以下基本经验:

(一) 确立价值性和时代性相统一的思想政治工作目标

思想政治工作目标是思想政治工作逻辑过程的起点和归宿,是时代发展要求党和国家发展目标在教育领域的映射,导向、调控着教育的价值取向和发展方向。中国共产党创办和领导的高校是以马克思主义为指导的中国特色社会主义高校,在开展思想政治工作的过程中,尤其注重兼顾价值性与时代性的统一,注重处理好实现人的自由全面发展和为党育人、为国育才的辩证统一关系。在价值选择上,坚持社会主义办学方向,坚持以人民为中心的价值取向,致力于凝聚人、发展人、塑造人、培养人,培养德智体美劳全面发展的社会主义建设者和接班人。在时代担当上,自延安时期至今,党在办好中国特色新型高等教育过程中,一直十分注重思想政治工作的时代性要求，着眼于服务民族解放事业、服务社会主义现代化建设事业，在反映时代、解答时代、引领时代上不断发挥积极作用，引领带动师生勇立时代潮头、引领时代进步，始终与党和国家事业发展同频共振、同向同行，从而形成了中国特色社会主义教育特殊优势的一个重要方面。

（二）制定理论性与实践性相统一的思想政治工作内容

思想政治工作的内容是教育者为了达到一定的教育目标，向受教育者开展教育培养影响转化的过程。思想政治工作的性质和目标决定了思想政治工作的内容。思想政治工作内容是理论与实践的统一体，二者不可偏废，没有理论指导的思想政治实践教育具有盲目性，脱离实践的思想政治理论教育则显空洞。党在高校开展思想政治工作的过程中，注重将革命的理论与实践的养成相结合，探索出了开展思想政治工作的有效经验。思想政治工作内容的理论性体现在以马克思主义和马克思主义中国化的最新成果教育人、启发人，帮助师生树立认识和改造世界的正确立场、观点和方法，提高改造主观世界和客观世界的觉悟和能力。思想政治工作内容的实践性体现在注重将理论性内容与实践性内容相融合，组织师生在科研生产一线、在国情社情一线深化思考认识，把整体性、全局性的理论教育内容融入日常的、具体的实践教育，更好地提升教育成效。

（三）采用组织性与群众性相统一的思想政治工作方法

思想政治工作方法是思想政治工作目标实现的载体和途径。党在开展思想政治工作过程中，注重针对复杂多变的环境和工作对象的具体问题实际制定针对性举措，突出以人为本，突出科学性和灵活性相结合，选取组织性与群众性相结合的方法路径，得以有效达成工作目标。比如，体现组织性的灌输法与体现群众性的疏导法是党在思想政治工作中最常用的方法之一。"理论一经掌握群众，也会变成物质力量。理论只要说服人，就能掌握群众；而理论只要彻底，就能说服人。"马克思强调用彻底的理论"说服群众""掌握群众"，实际上就是"灌输"。灌输方法在党办新型高等教育的过程中得到了充分的运用，发挥了独特的作用。思想政治工作过程中的疏导，就是对师生的思想认识问题，既不堵塞言路，又善于引导，回应师生疑惑和诉求，提高师生的参与感、获得感。通过灌输和疏导相结合的方式，促进师生在思想上、政治上、学习上、生活上的全面发展，保障了教育事业的顺利发展。

（蔺伟：北京理工大学党委常委、党委宣传部部长；季伟峰：北京理工大学党委宣传部副部长；纪惠文：北京理工大学党委宣传部思想理论室主任）

中国共产党立德树人理念的
百年演变及经验

李佳金

(《科技导报》2021年6月28日)

立德树人是一个当代概念,但背后中国共产党的思想教育理念横亘了党史百年历程。站在当下回观历史,会发现中国共产党百年立德树人理念经历了5个历史阶段的演变。在这个过程中,立德的核心内涵一以贯之,即"核心价值观"始终未变;而立德的外延、树人方针则根据不同时代需求在不断调整。

中国共产党成立初期的立德树人理念

马克思主义经典著作中有关"道德"的论述大多带有批判色彩,特别是对于"资产阶级道德"及其阶级性的批判。马克思在对费尔巴哈的批判中指出,人的本质是"一切社会关系的总和",无论是道德还是"宗教感情",本质上都是特定的社会历史环境下塑造的产物。在批判旧道德的基础上,马克思主义认为,道德只有在超越阶级范畴后,才能真正成为符合人的全面发展的新道德。恩格斯指出,道德"或者是为统治阶级的统治和利益辩护",而只有在"消灭了阶级对立"的历史条件下,"真正人的道德才成为可能"。

在马克思主义在中国早期传播的影响下,中国共产党成立初期继承了马克思列宁主义学说对道德的批判态度。在1923年的科学与人生观论战中,许多党内知识分子著文对道德的阶级性进行批判。如李达指出,道德是为剥削阶级服务的,因为它以文化秩序保证了"田主每日毫不劳力,专门掠夺佃户劳力所得的结果","无土地的农民要尊敬有土地的领主,贡献其力役、粟米与布帛""人民若不遵守这样的礼,便是犯上作乱,就要被刑所制裁"。因而传统道德本质上维护的是统治阶级的利益,从根本上说是剥削阶级的道德。

应该指出,中国共产党早期对道德的批判,是更广阔的社会意识批判的一个子课题，而社会意识又包括道德、宗教等。因此，与其说中国共产党是在专门批判道德，不如说是在批判整个旧社会的社会意识。

在批判旧道德的同时，中国共产党在国民革命、土地革命战争中逐渐对立德树人展开探索，确立了以"革命青年"为目标的思想教育方针。1925年中共五大召开，《对于共产主义青年团工作决议案》中提到，"扩大共产主义的宣传"到"革命青年群众中去""吸收他们在共产主义旗帜下积极参加共产党所领导的各种斗争"。1929年召开的古田会议，更是有一部分专门讨论"红军党内青年组织"问题，如"不同的情绪""特受一种青年教育"等问题，还作出在党内成立青年工作会议的决定。可以说，在整个国民革命和土地革命战争时期，中国共产党的立德树人工作都是围绕培养有共产主义觉悟的、服务革命战争与阶级斗争的"革命青年"展开的。

延安时期中国共产党的立德树人理念

延安时期，经过兴办高等教育的经验积累，中国共产党立德树人理念基本成型：由原先围绕培养"革命青年"的整体性目标，逐渐发展为融合了传统文化的、实践性优先的立德树人理念。

首先是"立德树人"理念中"德"的内涵有所丰富：它比起经典马克思列宁主义中关于人的全面发展、公有制等内容，又增加了中国传统文化的成分，取其精华。1938年中共中央在延安召开六届六中全会，毛泽东在报告中强调要学习传统文化，"我们这个民族有数千年的历史……今天的中国是历史的中国的一个发展；我们是马克思主义的历史主义者，我们不应当割断历史。从孔夫子到孙中山，我们应当给以总结，承继这一份珍贵的遗产"。但这并不意味着对传统文化无条件地吸收，而是要有条件地批判继承。在1940年的《新民主主义论》中，毛泽东具体解释了批判继承中国传统文化的方法：去除一切奴化思想、迷信思想的糟粕，保留其中具备"民族的、科学的、大众的"符合新民主主义社会的文化精华。

其次是"立德树人"的方式在争论中逐渐明确，建立起一种实践性优先的育人方式。在新民主主义文化"民族的、科学的、大众的"口号下，延安自然科学院等一大批延安高等院校培养人才有了新的定位。在此之前，关于延安自然科学院办学方针曾有过"理论与实践"之争：既然要办大学，要偏重理论教育还是偏重实践操作呢？如自然科学院生物系主任乐天宇认为，经院式的教育和抽象的名词会让学生"夹着书本，在工厂、农场的大门外彷徨着"。但另一方面，有人认为扎实的理论基础对于科学研究是必需的,如生物系的教员康迪认为,"基本科学是应用科学与理论科学的基础,是必要的开步走的理论知识""由于缺乏科学理论的指导而造成损失的事例屡见不鲜"。这两种代表性的观点各有依据,但在延安的艰苦条件和抗日战争的迫切背景下,重实践的教育方针更符合当时的历史需求。1942年自然科学院的科系调整后,一种更加面向生产建设实践、面向人民大众的教育方针最终确立:培养"革命通人,业务专家"。这是整个延安时期中国共产党立德树人方式的一个缩影。

中华人民共和国成立后中国共产党的立德树人理念

中华人民共和国成立后,延安的13年历史成为国家社会主义建设的重要经验源泉。在立德方面,这一时期中国共产党基本延续了延安时期的立德内涵:以马克思主义为底色,批判继承传统文化。同时,在社会主义建设时代需求的推动下,立德的外延有所丰富:专业才能受到重视,"德才"二元辩证关系正式形成。而高等教育的树人方针在学院式与田野式教育之间不断调整。

首先是"德"的内涵,虽无重大变化,但是外延却有所扩大,"专"随着社会主义建设事业的展开,迅速成为重要的用人标准,它与"德"也就是"红"一起,构成了一直延续至今的"红"与"专"的二元辩证关系。1957年,毛泽东在《关于正确处理人民内部矛盾的问题》中首次比较全面地提出了中国共产党培养人才的标准,"我们的教育方针,应该使受教育者在德育、智育、体育几方面都得到发展,成为有社会主义觉悟的有文化的劳动者。"而在"德智体"标准中,"德"即"有社会主义觉悟",具有第一优先性,之后才是业务上的专业性。

其次是树人方式的变化。中华人民共和国成立初期的高等教育事业,经历了从继承延安经验到学习苏联模式、再回归延安经验的转变。1951年开始,高等教育开始学习苏联模式,开始强调培养正规化、专业化的各类专业人才,以服务于国家的社会主义建设。国家进行了院系调整,建立了以专业培养为中心的教学制度,整体教育方式全面学习苏联模式。但是自1957年开始,随着中苏关系恶化,苏联撤走了帮助中国搞建设的大批专家,同时,苏联强调专业化、理论化的教育方针,也与我们日益强调实践、服务革命的教育方针相违背。自此以后,国家重新结合延安经验,进行了实践性优先的树人方式的探索,号召学校教育与社会教育、劳动教育相结合,在服务革命、生产实践的过程中学习知识。

改革开放后中国共产党的立德树人理念

1978年，党的十一届三中全会召开，党和国家的工作重心转移到以经济建设为中心的社会主义现代化建设上，开启了中国改革开放与社会主义现代化建设的新时期。在新的时代需求下，立德内涵与外延的重点发生转换，树人方针也向教育现代化进行调整，最终形成了"四有新人"的培育标准。

首先是在时代需求的推动下，原先立德内涵与外延的关系，即"德才"关系，发生了思路转换：坚持共产主义理想从一种优先性的标准，转变为一种底线思维。1985年，邓小平在《一靠理想二靠纪律才能团结起来》中指出，"要特别教育我们的下一代下两代，一定要树立共产主义的远大理想。一定不能让我们的青少年作资本主义腐朽思想的俘虏，那绝对不行。"在此基础上，邓小平对"德才"关系，或者说"红专"关系的表述也相应发生变化，更强调专业技术知识的重要性。1980年1月，邓小平在《目前的形势和任务》指出，"专并不等于红，但红一定要专。"1983年以后，随着物质文明和精神文明"两手抓"的开展，我们逐渐形成了一个既不同于毛泽东时代"又红又专"、又不同于改革开放初期"专"优先的新概念："四有"标准，即有理想、有道德、有文化、有纪律。

其次是树人方式的变化。改革开放以后，中国高等教育事业在"拨乱反正"的基础上进行了大刀阔斧的改革。1985年国务院召开第一次全国教育工作会议，决定扩大高校办学自主权，逐步实行校长负责制等，其核心是减少政府对高校的刚性管理，填补十年动乱时期带来的人才匮乏问题，使教育和建立社会主义市场经济体制的步伐相匹配。进入新世纪后，中国高等教育改革逐渐由原来的补足教育数量向提升教育质量转变。《国家中长期教育改革和发展规划纲要（2010—2020年）》提出包括加强基础研究领域、加快科技成果转化、加快一流大学和一流学科建设等一系列举措，标志着中国高等教育领域改革向纵深发展。

新时代中国共产党的立德树人理念

2019年3月18日，习近平总书记在学校思想政治理论课教师座谈会上指出，新时代办教育要"坚持马克思主义指导地位，贯彻新时代中国特色社会主义思想，坚持社会主义办学方向，落实立德树人的根本任务"，强调了立德树人的重要地位。党的十八大以来，党和国家的发展进入全新的历史方位，中国特色社会主义进入了新时代，中国面临"百年未有之变局"。党的十九大对社会主要矛盾的判断发生转变,"我国社会的主要矛盾已经转化为人民日益增长的美好生活需要和不平衡不充分的发展之间的矛盾",这是自1981年党的十一届六中全会以来,对于社会主要矛盾的新表述。党对社会主要矛盾表述的变化,表明新时代最紧迫的任务已经从高歌猛进式的全面发展,转变为调节收入分配,保障人民平衡充分的幸福。新时代的"百年变局"和中华民族伟大复兴的历史任务下,中国共产党立德树人理念进入新的历史时期。

首先是立德树人的内涵中,传统文化进一步深入,成为中国人的"文化基因"。2014年,习近平总书记在纪念孔子诞辰座谈会上指出,儒家、法家等"思想文化体现着中华民族世世代代在生产生活中形成和传承的世界观、人生观、价值观、审美观等,其中最核心的内容已经成为中华民族最基本的文化基因"。党的十九大报告指出:中国特色社会主义文化,源自于中华民族五千多年文明历史所孕育的中华优秀传统文化,熔铸于党领导人民在革命、建设、改革中创造的革命文化和社会主义先进文化,植根于中国特色社会主义伟大实践。我们继承了延安时期党对传统文化的重视态度,但同时根据新时代的需求,对传统文化的地位进行了调整,不再将其作为一种外在的经验来源,而是作为中国人从五千年历史传承而来的、深入到中国人灵魂中的文化根源,是我们的基因、血脉和精神命脉。例如,中华传统文化中所强调的"太上有立德,其次有立功,其次有立言,虽久不废,此之谓不朽",以及"一年之计,莫如树谷;十年之计,莫如树木;终身之计,莫如树人",还有"天行健,君子以自强不息""大道之行也,天下为公"等对于个人品格的论述,"天下兴亡,匹夫有责"的家国情怀,以及"不患寡而患不均"的深刻社会思想,这些都是传统文化留给当代人的宝贵精神财富。习近平总书记强调:这样的思想和理念,不论过去还是现在,都有其鲜明的民族特色,都有其永不褪色的时代价值。

其次,是树人方式更加全面,特别是强调思想政治教育的重要性。中国高等教育进入新时代,恰逢"百年未有之大变局"和中华民族伟大复兴历史任务进入平台期。第一,高校意识形态领域存在境内外敌对势力渗透和国内各种错误思潮涌现的双重挑战,为中国改革发展稳定带来严重干扰。第二,现代国际竞争中培养专业技术知识人才已经成为基本门槛,面对贸易保护主义和技术壁垒时,培养尖端科技人才越来越紧迫。第三,高等教育的教育对象和环境格局已经发生了深刻变化,大量"零零后"成为校园主体,伴随他们成长的新媒体环境、社会思潮多元化,仅仅依靠传统的思想政治理论课已经很难进行思想引导。这就要求我们高度重视思想政治教育,严格抓好高等院校的思政课。新时代立德树人过程中,讲政治是一个突出的特点和要求。高等教育是铸魂育人的关键领域。复杂多变的内外环境,要求培养担当中华民族伟大复兴历史任务的人才必须首先讲政治,明确"为谁服务"的根本问题。2016年12月,习近平总书记在全国高校思想政治工作会议中指出,"我们对高等教育的需要比以往任何时候都更加迫切,对科学知识和卓越人才的渴求比以往任何时候都更加强烈"。2019年,习近平总书记在学校思想政治理论课教师座谈会上强调,"思政课是落实立德树人根本任务的关键课程",我们党历来高度重视思想政治课教育,曾经开设列宁小学、抗日军政大学、陕北公学等学府,积累了丰富的思想政治教育经验。而青少年阶段是人生的"拔节孕穗期",思政课要在这个时期引导学生走上正确的人生道路。在该背景下,国家积极推进教育现代化的进程。2019年,《中国教育现代化2035》印发,提出2035年建成服务全民终身学习的现代教育体系等重大远景目标,成为中国第一个以教育现代化为主题的中长期战略规划。

中国共产党立德树人理念百年演变的经验

在中国共产党百年历程中,立德树人概念、德的具体内容、树人的目标要求,在不同时期有不同表述,但立德树人的基本思路是一以贯之的,即解决"培养什么人、怎样培养人、为谁培养人"这个根本问题。我们看到,在中国共产党立德树人理念的百年演变中,立德的核心内涵始终不变:即强调讲政治、有理想、有觉悟是一以贯之的,这解决的是培养人才为谁服务的问题,即"为谁培养人"问题。从革命战争年代毛泽东同志强调要将政治观点摆在首位,到新时期"四有"标准中首要就是"有理想",再到新时代习近平总书记提出要"善于从政治上看问题",中国共产党立德树人的历史中没有放松讲政治的基本标准。坚定共产主义理想信念,这是中国共产党作为马克思主义政党的基本素养的体现。

同时,中国共产党能够灵活审视时代需求,主动对立德的外延,乃至树人方针进行调整。在这个过程中,我们看到中国共产党关于"培养什么样的人""如何培养人",即培养目标和培养方式,能够根据时代需求不断调整。例如,革命年代中国共产党的主要任务是政治军事斗争,所以"树人"过程中,讲政治的要求较常规科学文化知识更加迫切,而且政治标准往往占有绝对优先性,甚至可以代替业务标准。在延安时期,在面临封锁的战争环境下,中国共产党的立德树人方针更多是围绕服务革命战争、服务生产生活进行的,抗日军政大学、自然科学院等高等院校为根据地度过困难时期提供了重要的帮助。中华人民共和国成立以后,中国共产党面临庞大国家的现代化建设事业，迫切需要有扎实的基础理论教育、高度专业化的人才，所以高等教育办学方针逐渐向培养专业人才转轨。从1951年开始，中国高等教育向苏联学习，为中国迅速实现工业化输送了大量扎实的专业人才。改革开放后，邓小平先是出于时代需求将"专"提到优先地位，后来又进行调整把"理想信念"放在第一位，最终形成了立德树人的"四有"标准。中国特色社会主义进入新时代，在中华民族伟大复兴的历史背景下，中国传统文化不再被当成一种简单的历史遗产，而是作为中华民族伟大复兴的内生创造性源泉，进入中国特色社会主义文化的"文化基因"，这是民族复兴的历史使命的必然要求。

结论

中国共产党百年立德树人的历史，就是党在不断探索、解决"培养什么人、怎样培养人、为谁培养人"的历史。从历史演变的过程中我们看到，中国共产党既能守住不变的"初心"，又能随时代具体任务而调整"创新"。在中国共产党成立初期，主要是在批判道德的阶级性、在批判社会意识的宏观命题下批判封建道德形态；延安时期，中国共产党正式开始建设富有中国特色的道德形态，将传统文化融入马克思主义道德论，同时也探索出了符合中国实际的育人道路；中华人民共和国成立后，中国共产党高度重视新中国社会主义建设人才的培养，形成了"又红又专"的立德树人标准表述，育人方式也逐渐向现代化转变，中间也经历过一些曲折探索；改革开放以后，为了解决对外开放过程中带来的精神文明建设问题，中国共产党高度强调理想信念教育，同时提出了教育现代化口号，形成了"四有新人"的总体标准；进入新时代，习近平总书记高度重视立德树人问题，提出了在2035年实现教育现代化的总体目标，还特别强调了思政课在立德树人中的重要作用，同时，新时代中国共产党更加重视传统文化在立德树人过程中的作用，主张发挥传统文化"文化基因"的作用，实现传统文化的"创造性转化"，让传统文化成为中华民族的根和魂。这种守正与创新，体现了中国共产党作为马克思主义政党的强大生命力，是中国共产党历经百年沧桑而愈发具有生命力的力量源泉。

（李佳金：北京理工大学马克思主义学院讲师）

中国共产党创办高等理工科教育的历史演变及其内在逻辑研究

王 颖

(《北京理工大学学报(社会科学版)》增刊 2020 年 S1 期)

[摘 要] 中国共产党创办的高等理工科教育的发展可以一直追溯到中华人民共和国成立之前的延安自然科学院,以此将党创办高等理工科教育的发展划分为四个时期。不同时期的高等理工科教育在人才培养理念、专业和课程设置等方面均存在显著差异,其背后的内在逻辑则是服从党的中心任务。从学习苏联的专才模式到学习欧美的模式到当代形成立德树人的中国特色高等理工科教育体系,从国家政策推动发展一枝独秀到院校学科、教师学生共同参与多管齐下,从分散专业和课程改革到一体化改革,从专业人才培养到通才培养目标改革,持续创新和变革是我国高等理工科教育发展的动力。

[关键词] 中国共产党创办;高等理工科;人才培养;历史演变;内在逻辑

党的十九大明确指出,要坚定实施科教兴国战略、人才强国战略、创新驱动发展战略,要加快建设创新型国家,建设创新型国家离不开大量的人才尤其是高等理工科类人才支撑。

我国高等理工科教育的内涵和地位

从狭义上说,高等理工教育是以数学、物理和化学为代表的理科和机械、航空航天、信息电子等工科活动及其规律为内涵的专门教育,目的是培养各种门类的理工科专门人才;而从广义上说,理工科教育包括各类专业教育中所蕴含的有关数理和工科的内容。

在现代高等教育中,理工科教育不光在理科、工科专业类进行,在管理、商学、甚至一些人文社科类专业，也包括一定的数理和工科内容的学习。理工科教育严密的思维、精确的要求，对很多学科、专业的教育都很有借鉴意义。此外，狭义的高等理工科教育本身的内涵也越来越丰富，相互之间交叉和融合，比如自动化专业效仿自然界生物进行设计，材料科学与化学和数学以及生物学交叉。

改革开放以来，我国经济长期保持高速发展，已经进入世界第二大经济体，在当前疫情仍未解除、世界变化迅速情况下，发展应转向依靠自主创新，走一条以工业化信息化带动、经济和社会效益好、低能耗、制度和人力优势得到发挥的中国特色发展道路。高等理工科教育是高等教育的主要组成部分，它对一个国家的经济、军事、科技等方面的发展、对国家综合国力的增强等都有着重要的影响，各发达国家都把改革和发展高等理工科教育放到重要的战略地位。我国作为后发优势国家，高校又是培养国家需要的科学技术人才的场所，培养适应时代发展需要的科学技术人才是国家发展的重要战略之一，也是高等理工科教育服务党的中心任务，推动社会科技、经济发展的时代使命。在实施"一带一路"倡议构想的背景下，在成功抗疫背景下，我国经济和社会发展迎来了重要战略机遇期，也必将成为高等理工科教育发展的重要战略机遇期。

中国共产党创办的高等理工科教育的历史演变

（一）创建及独立探索时期（1940—1965年）

在革命圣地延安，条件极其困难，中国共产党仍然于1940年创办了延安自然科学院，成为中国共产党创办的第一所高等理工科大学，服务于边区的科技启蒙与工农业生产，并培养了一批日后为中华人民共和国科技事业领导者的各级干部。1949年中华人民共和国成立，振兴国家最重要的莫过于振兴教育事业，培养高科技高素质人才，为国家后续发展提供源源不断的人才供给。而且由于当时中华人民共和国刚刚建立，发展经济是刻不容缓的事情，加上以前遗留下来的教育问题，在各类事业中都存在着严重的人才匮乏的问题，要解决这个问题，就必须要开始重视教育事业。1949年第一次全国高等教育工作会议详细讨论了高等教育的相关问题，同时出台了相关法律法规来对高等教育的发展进行规范，在这样一个国家大力发展教育的大背景下，我国高等理工科教育也迎来了发展的春天。此后，"一五"计划所发展的重工业项目以苏联援建的156个重工业和军工项目为中心进行，这些项目分布在东北地区50个，中部地区32个，军工企业44个（其中有35

个建设在中部和西部地区），21个安排在四川、陕西两省。

1957—1965年是我国开始全面建设社会主义的阶段。我国国民经济实施"第二个五年计划"，高等理工科教育依据新教育方针，进行了以"科学研究"和"教育与生产劳动相结合"为主要内容和形式的教学改革。其纲领性文件就是1961年1月中共中央在八届九中全会上通过的"调整、巩固、充实、提高"国民经济的八字方针，我国国民经济由此进入全面调整阶段。教育部在"八字方针"的指导下，调整了高校的专业设置，中国高等理工科教育在当时有了一定的发展。

本阶段主要学习苏联模式，大力发展工业，尤其是重工业，高校也进行重工业研发和设计工作，如北京理工大学前身北京工业学院聘请苏联专家，进行理工科课程授课和部分工业产品设计等。当然，我们有自己的特色，此阶段在全国范围内进行院校的布局和专业的调整并随之进行专业教学体系的变革，从而使各地区都分布有高等理工科教育的院校并且注重技术的学习和应用。从院校的布局调整来看，特别是1952年以来，重点将沿海高校和原来的学校迁往内地或者新建一批高校来发展中西部高校。本阶段提出高等理工科教育的发展要和工业结合起来，这是由于当时我国工业领域急缺人才，所以也是符合了我国的国情。由于高等理工科教育目标仅限于培养职业专业对口的工程师，忽略了"人文"素质的培养，这一时期的理工科专业虽然有了大发展，却出现专业结构失衡，主要表现在三个方面：其一，理工科与政法、经济等科类之间比例失调。其二，理工科内部结构和比例失调。重工业和军事工业科类的毕业生人数占理工科毕业生的大多数，而与第二、第三产业相关的毕业生少。其三，专业划分过细。有将近三分之一的专业不同程度地存在着过细过窄的问题，不少专业的划分很不科学，在课程设置上以学生未来所要从事的职业所需要的知识和能力为中心，侧重学生应用能力的培养，忽视了专业知识的广度延伸，学生缺乏基本的理工科背景和有效系统训练，实验实习环节过于独立和离散化，缺少综合，创新教育意识淡薄。

（二）激进变革时期（1966—1976年）

1966年5月到1976年10月本应是中国现代史上社会主义建设继续前进的十年，应是实现国民经济"第三个五年计划"和"第四个五年计划"的时期。然而，中国高等理工科教育的短暂"春天"却被突如其来的"文化大革命"打断。严重偏离了理工科人才培养的基本规律。这时期涉及了高等理工科教育，如1967年11月3日，《人民日报》公布了同济大学把学校改为教学、设计和施工三者结合体——"五七公社"的方案，许多理工科院校开始以同济大学为范本进行教学改革。

"文革"期间高等学校屡经迁、撤、并、转、散，理工科院校的布局也有所调整。但总体，"文化大革命"期间，正常的理工科教育几乎停滞。

（三）恢复发展期（1977—1991年）

1977年10月，全国恢复统一高考，标志着高等学校教学和人才培养工作重新启动。1978年改革开放以来，社会经济飞速发展促使各行各业迫切需求高级理工科人才，从而使得培育高级科学技术人才的高等理工科教育重新获得了发展动力。随着改革开放的进行和大规模经济建设的开展，我国高校中理工科所占比例过大问题凸显，为使文、法、商、理工等科均衡发展，该时期实施了一系列改革高等理工科教育的措施，奠定了改革开放以来高等理工科教育发展的基本格局。1980年1月，教育部在《关于直属高等学校工业学校修订本科教学计划的规定》中提出新的培养目标："高等工业学校应当培养德、智、体全面发展的高级工程技术人才"。随后1981年1月1日开始施行《中华人民共和国学位条例》，标志着学位制度正式建立，理工科专业研究生招生数、在学人数均呈逐年上升之势，人数及比例均居各专业之首。1982年年底，为解决学生知识面过窄、未能满足各项建设工作需求的问题，历时5年调整了专业结构，"一是增设短线专业和新兴边缘学科和专业，计算机工程、新兴材料工程进入工程教育院校；二是加速轻工业专业的发展，维持和稳定（甚至减缓）传统重工业专业和服务军工专业的发展步伐。"1983年1月，教育部印发《关于做好修订高等学校工科专业目录工作的通知》，部署了修订工科本科专业目录的工作。教育部、国家计划委员会于1984年7月发布《高等学校工科专业目录的通知》，将工科专业从664种调整为255种，减少409种。在对工科专业进行调整的同时，也对全国普通高校的本科专业进行了调整。本科专业目录调整，目标是拓宽本科教育人才培养的口径。

20世纪80年代中期，科学技术飞速发展、知识爆炸式增长、经济与科技相互交融，但教学内容和课程体系陈旧、教学方法僵化，因此，高等理工科教育开始注意到传授使学生终身受益的基础知识、基本能力，重视基础课程的教学工作和素质教育。此时，以美国麻省理工学院为首的理工科院校正在倡导一种回归工程实际服务的工程教育思想。经我国学者考察后，我国高等理工科教育改革开始借鉴美国，理工科教育也因此常用"工程教育"代替。这时理工科教育将实施工程素质教育与"大工程"教育观结合，实施融合传授知识、培养创新精神、加强实践和提高整体素质的人才培养目标，开始改变专门人才培养模式，这对20世纪90年代高等理工科教育发展影响深远。

(四) 改革摸索阶段 (1992—2009 年)

1992 年党的"十四大"召开，标志着我国改革开放和社会主义现代化建设事业进入了新阶段，高等理工科教育随之进入了深化改革与不断创新的新时期。

1994 年以后，国家教委召开了四次全国高等教育体制改革座谈会，提出按照"共建、合作、合并、划转和协作"的办学形式推进高等教育管理体制的改革。随着高等学校宏观管理体制的变革，以及现代科学技术日益综合化的发展趋势，客观上要求高校加强学科之间的交叉融合，为社会培养综合性、复合型人才。世界经济全球化趋势日益明显使得中国高等院校面临着人才培养国际化的严重压力。1998 年，教育部正式下发了《关于加强大学生文化素质教育的若干意见》："以前，我国高等教育存在着单科性学院较多，文理工分家，专业设置过窄，单一的专业教育思想和教育观念突出，功力导向过重，忽视文化素质教育的问题。研究解决这些问题，是当前高等教育改革的重要任务之一。"此后，素质教育理念在高校中基本达成共识，并逐渐成为指导高等学校教育和教学工作的主导思想。1998 年年底，教育部发布了《面向 21 世纪教育振兴行动计划》，明确要求教育"主动适应经济社会发展"，我国从 2000 年开始实施"新世纪高等教育教学改革工程"，培养全面适应我国社会主义现代化建设的高层次理工科人才。

随着全球化趋势日益明显，国际竞争日益激烈，我国高等理工科教育日益向国际化方向发展。工科方面，2005 年我国引入了 CDIO 工程教育模式，2006 年，开始开展工程教育认证工作，借鉴外国优秀经验并建立国际实质等效的工程教育认证体系。2008 年教育部组织成立"CDIO 工程教育研究与实践课题组"，培养创新能力强、实践能力和综合能力强的高质量科技人才。

本阶段我国理工科教育教育变革体现在高等理工科人才培养的层次规格、专业设置、实践能力培养、教学改革、评估认证及高等理工科教育顶层设计等方面颁布了一系列政策，实施了改革。这些改革相辅相成、环环相扣，共同引导和规范高等工科教育的发展。

1. 理工科教育宏观管理体制改革。理工科教育宏观管理体制改革主要体现在高校的办学自主权扩大和院校重新布局两方面。1985 年的《中共中央关于教育体制改革的决定》第一次以国家文件的形式提出高校办学自主权问题。1993 年 2 月，中共中央、国务院颁布了《中国教育改革和发展纲要》，提出中国高等教育的改革主要是要解决政府与高校、中央与地方、国家教育主管部门与中央各业务部门之间的关系。1998 年颁布的《中华人民共和国高等教育法》则明确规定了高等学校办学自主权的具体含义和内容，第一次以立法的形式确认了大学的 7 项办学权力。除此之外，前期高等理工科教育在条块分割、行业办学的状况也有所改善。按照"共建、调整、合作、合并"等措施，将一些原部委属院校下放到地方，将 20 世纪 50 年代形成的由行业业务主管部门举办并直接管理的工业单科院校合并成综合大学。

2. 人才培养的层次和规格。1980 年，教育部颁布《关于直属高等工业学校修订本科教学计划的规定（草案）》；1984 年 4 月，教育部下发《关于高等工程教育层次、规格和学习年限调整改革问题的几点意见》；1988 年 4 月，国家教委下发《关于加强普通高等学校本科教育工作的意见》；1991 年 3 月和 1994 年，国家教委发布《普通高等学校工程专科教育的培养目标和毕业生的基本要求（试行）》《普通高等学校制定工程专科专业教学计划的原则意见（试行）》《普通高等学校工科本科教育培养目标和毕业生的基本要求（试行）》《普通高等学校制定工科本科专业教学计划的原则意见（试行）》；1995 年 6 月，国家教委办公厅发布《关于当前高等工程专科教育几个问题的通知》；1998 年教育部印发《关于做好普通高等学校本科专业教学计划修订工作的通知》。这些文件提出了高等理工科人才培养的基本规格。

2000 年以后，我国高等理工科教育人才培养包含本科、硕士、博士层次，侧重于培养"通才型"的德智体全面发展的高级理工技术人才，注重专业的厚基础、宽口径的基本训练。

3. 实践能力培养。1994 年 7 月，国务院在《中国教育改革和发展纲要》的实施意见中提出，到 20 世纪末建成 100 个左右的国家级基础研究基地和工程技术研究中心。1995 年 2 月，国家教委在《关于加强对高等学校科技工作管理的通知》中提出，高等学校要进行包括重点实验室、工程研究中心在内的重点学科建设和重点科研基地建设。这一系列的政策和要求，保证了理工科人才基地、工程研究中心的顺利建设，保证了高等理工科教育人才实践能力的培养和质量。

4. 教学改革。2004 年 2 月，教育部在《2003—2007 年教育振兴行动计划》中提出"高等学校教学质量和教学改革工程"，对我国的高等教育质量建设作了重要部署。2005 年年底，教育部设立了一批高等理工科教育教学改革与实践项目，为进一步改革高等工科教育教学质量奠定了基础。2007 年 9 月，教育部、财政部发布《关于批准第一批大学生创新性实验计划项目的通知》。这些都是作为高等教育重要组成部分的高等理工科教育在质量工程方面的建设举措。

5. 评估与认证。2006 年 3 月，教育部办公厅发布《关于成立教育部工程教育专业认证专家委员会的通知》；2007年12月，教育部办公厅发布《关于成立全国工程教育专业认证监督与仲裁委员会的通知》。这些文件的发布促使我国理工科教育认证工作体系从无到有、从小到大，逐步走向完善。

本阶段高等理工科教育在借鉴世界各国主要是美国经验基础上探索中国高等理工科教育，由科学模式向回归工程、理工交叉融合模式转型，高等理工科教育逐渐走出"学术化"误区，走上了回归工程和理工交叉融合的正轨。2008年教育部引入CDIO，体现了工科教育模式改革。

（五）再出发创新时期（2010年至今）

2010年6月，党中央、国务院颁布实施《国家中长期人才发展规划纲要（2010—2020）》，其中提出了"建立和完善与国际接轨的工程师认证认可制度，提高工程技术人才职业化、国际化水平"的任务。《国家中长期人才发展规划纲要（2010—2020）》强调"教育是开发人力资源的主要途径。要以学生为主体，以教师为主导，充分发挥学生的主动性，把促进学生健康成长作为学校一切工作的出发点和落脚点"。这标志着理工科教育政策的价值观念正式转向工具本位与人本位结合，这一转向是实现"理论教学与实践教学一体化"的前提。2011年，实施"卓越工程师教育培养计划"。近年来，为主动应对新一轮科技革命与产业变革，国家则出台支撑服务创新驱动发展等一系列政策文件，2017年教育部推动"复旦共识""天大行动"和"北京指南"，出台政策文件《关于开展新工科研究与实践的通知》《关于推进新工科研究与实践项目的通知》，探索建设具有全球领导力的高等理工科教育。

这一时期高等理工科教育是在立德树人基础上发展的，党的十八大"把立德树人作为教育的根本任务"，为高等理工科教育发展指明了方向。习近平总书记在2016年全国高校思想政治工作会议上指出，"要坚持把立德树人作为中心环节"，并在2018年全国教育大会上再次强调"坚持把立德树人作为根本任务"。这是新时代中国特色社会主义教育事业的重大发展战略，揭示了教育的内在逻辑，为高等理工科教育指明了前进方向，也是其最有力的保障。发展高等理工科教育，这是一套相对完整的体系，我们已经在经历了漫长的发展之后逐渐走上了再出发的创新时期。

本时期高等理工科教育发展的重要特征：

1. 教育管理体制、人才培养模式不断深化改革，特别是2013年11月，教育部、中国工程院印发《卓越工程师教育培养计划通用标准》，"卓越计划"要求企业深度参与高校人才培养过程，学校也需要按照通用标准和行业标准培养理工科人才，强化培养学生的理工科融合能力和创新能力。"卓越计划"提出的"3+1"培养模式和"2+1+1"培养模式被广泛推广。

2. 将"理论教学与实践教学一体化"提上重要议程,并得到了国家教育主管部门的积极支持和引导。在新一轮一体化过程中,实践教学的地位发生了显著变化:不再是理论教学的附庸,而是扮演着引领者的角色。实践的引领需要与理论知识结合,对理工科教育的前沿性、综合性、宽广性以及理论学习的方法性都提出了更高的要求。

3. 促进国际合作与交流,发展中国特色高等理工科教育。本时期人才培养呈复合型、国际化特点,素质教育观念深入人心。2017年,在《统筹推进世界一流大学和一流学科建设实施办法（暂行）》中,我国提出建设世界一流大学和一流学科,这是党中央、国务院作出的重大战略决策,"双一流"建设的名单中,理工科类院校也占据了一大部分。北京理工大学、北京航空航天大学、大连理工大学等承担着为理工科类院校在世界科研界开疆扩土的重任,人才的培养规格也不断提升。这也标志着中国共产党创办的高等理工科教育在不断摸索前进中找到具有中国特色的发展之路,这条路将引领中国高等理工科教育成为具有全球领导力的理工科教育典范。

中国共产党创办的高等理工科教育发展的内在逻辑

不同历史时期的高等理工科教育一定程度上是对当时社会存在的反映,其在专业课程设置、人才培养模式、办学体制上所呈现的不同特点带有明显的时代烙印。高等理工科教育一般以自上而下的政策作为载体,其价值取向往往取决于教育决策者对理工科教育目标的认知。分析我党创办的高等理工科教育发展的内在逻辑,可以从不同时期借鉴国外不同国家经验和不同时期其参与行动主体不同的角度,以及教育教学、人才培养目标、内在改革规律等方面来阐述。

（一）从学习苏联和美国模式到建立中国特色的立德树人的高等理工科教育

中华人民共和国建立初期,我国的高等理工科教育照搬了苏联模式,原先的"学科"被"专业"所替代,相应地大学中的"学系"也失去了学科组织的内涵,成为单纯管理专业教学的行政组织。培养又红又专的技术人才成为理工科教育的主要目标。随着中苏关系恶化以及意识到苏联专才模式的不足,改革开放后我国国际视野大开,美国又是高等教育强国,因此开始了两度学习美国的理工科教育模式。早期学习美国受科学主义影响,导致了我国理工科教育过分强调专业理论学习,而忽视了实践教学，存在一定的局限性。后来随着美国"大工程观"以及"CDIO"等教育理念的兴起，我国又开始借鉴了这两种观念，并结合中国情况强调培养德智体全面发展、人文素质与理工科素质和谐发展的人才，理工科教育取得了很好的发展。在中国特色社会主义新时代下，我国开始了具有中国特色的"新工科""新理科""新人文"建设，这是基于国家战略发展新需求、国际竞争新形势、立德树人新要求而提出的我国理工科教育改革和发展方向。

（二）从国家占主导地位到与院校、个人三者参与并举

我党创办的高等理工科教育发展历程的变迁主要有三个行动主体：国家及其相应政策、高校、教师及学生。不同历史时期的理工科教育变迁的行动主体会有所不同，大体经历了从国家政策推动发展一枝独秀到院校学科、教师学生共同参与多管齐下。国家政策的核心体现在理工科教育直接服务于国家工业建设和发展，因此任何理工科高等教育改革都必须围绕国家经济战略展开。回顾我党创办的高等理工科教育发展历程，在前三个历史时期中，国家政策起主导作用，集权、高度计划是当时我国高等教育管理的主要特征，这种国家集中计划、中央地方政府分别办学的办学体制是国家逻辑起主导作用的组织基础。在改革过程中，国家是大包大揽的主导者，事无巨细，均由国家决策并颁布相关政策。国家政策起主导作用有其历史合理性，这三个时期的主要任务是进行理工科教育宏观结构调整。而当时高校办学自主权较小，因此，院校学科和教师学生参与尚未进入高教界的视野。随着教育体制改革，我国扩大了院校办学自主权，同时在知识经济背景下，学科是知识发展的制度化产物，以促进知识发展为目的，高等教育系统的存在与变革需要从院校自身的逻辑出发，最重要的表现就是高校事务开始以学科发展为中心。在院校学科参与推动工程教育改革的同时，个人即学生和教师的任何教育行为都指向学生个人发展。总之随着新时代下对工程技术人才的要求更高，多方主体需要共同参与，推动工程教育朝着更好的方向发展。

（三）从专业和课程改革到强调综合配套、一体化建设

我党创办的高等理工科教育早期强调专业教育、课程管理、教学内容，随着改革深入，高等理工科教育模式改革不再只是专业和课程制度改革，而是相应的高校管理制度、教师培训和管理以及各类考核制度等配套协调，齐头并进，高等理工科教育逐步走向一体化建设，在人才培养目标理念、课程体系、教学方法、学生评价、师资评价和学校建设等实施综合培养模式改革，甚至实行人才培养联

动方式，如 2011 年 1 月发布的《教育部关于实施卓越工程师教育培养计划的若干意见》，要加强建设高校和企业联合培养人才机制，重构课程体系和教学内容，探索研究性学习方法，加强理工科学生的创新能力建设，要对高等理工科教育政策的行动机制进行转型，从单一专业调整和课程改革等向理工科人才培养全面性发展。

（四）人才培养由专才培养模式向通才培养模式转变

中华人民共和国成立后一段时间，我国经济发展借鉴苏联模式多，而与英美国家存在分歧导致社会意识形态也相应分野。社会经济发展必然制约着作为社会上层建筑的教育的发展，改革开放前，"通才教育"一直处于排斥批判状态。然而到了 20 世纪 80 年代中后期，随着改革开放的深入、市场经济的建立和经济全球化趋势的加速，这时的高等理工科教育发展模式已不适应市场环境，专业教育的弊端屡遭批判。实践决定认识，认识是随着实践的发展而不断深化发展的，高等理工科教育人才培养模式逐渐向通才模式转变，典型特征是理工科高校提出"理工交叉""工理文融合"的人才培养目标，学校大量开设人文社科、经济、管理以及理工类通识课。在发展创新阶段，我国目前正处于科技革命和产业变革的新时期新阶段，教育管理体制、人才培养模式不断深化改革，人才培养呈复合型、国际化特点，素质教育、全面发展观念深入人心。

（五）创新与变革符合社会发展的客观规律

任何变革社会关系的事件都可以在一定程度上推动社会的发展，以上任何一次改革都是有着标志性的文件、政策或者事件的发布或发生作为起点的。比如在创建及独立探索时期，标志性的事件是"大跃进"运动，盲目地追求速度导致各行各业出现大量的浪费现象，在教育领域的"左"倾错误思想也给教育的发展带来了极大的危害，这就是社会需要不断改革的原因，只有不断改正先前的错误，社会才能够不断地进步。可以说，高等理工科教育的每一次创新与变革都是社会发展的需求，顺应了时代发展的需要，每一次变革的特征都体现出当时的时代大背景。

而在当前全球化的背景下，经济全球化要求理工科教育利用全球最优的理工科生源和教育资源为全球市场培养人才。随着国家"一带一路"建设的推进，我国理工科教育实践对具有国际视野、了解世界各国发展需要的人才需求越来越大。一方面，国家可以为国内学生提供更多的到国外学习的机会，了解外国情况，学习先进科学技术和体验不同教育方法，大量培养能承担国际合作的人员；另一方面，要大量欢迎吸收外国学生来华学习，培养大量知华人员，尤其要为广大发展中国家培养大量各类科学技术人才，从人力资源上帮助他们发展，这也是我党创办的高等理工科教育的历史使命。

结语

中国共产党创办的高等理工科教育的发展经历了大致五个阶段，从中华人民共和国成立到之后的激进变革时期，再到后来的恢复发展、改革摸索时期，到最后的再出发创新期。每个阶段都有它各自的特点，而这些特点反映了我国高等理工科教育发展的内在逻辑。

高等教育发展水平是一个国家发展水平和发展潜力的重要标志。习近平总书记指出，"我们对高等教育的需要比以往任何时候都更加迫切，对科学知识和卓越人才的渴求比以往任何时候都更加强烈"。当前世界范围内新一轮科技革命和产业变革加速进行，综合国力竞争愈加激烈。理工科教育与产业发展紧密联系、相互支撑，因此推动高等理工科教育改革创新，为我国产业发展和国际竞争提供智力和人才支撑，既是当务之急，也是长远之策。

（王颖：北京理工大学人文与社会科学学院讲师）

中国共产党高校思想政治工作的历史经验与时代启示
——以延安自然科学院为例

李璎珞

(《北京理工大学学报(社会科学版)》增刊 2020 年 S1 期)

[摘 要] 抗日战争时期，中国共产党在延安大力发展高等教育，而思想政治工作是其中关键一环。自然科学院作为中国共产党创建的第一所理工科大学和北京理工大学的前身，在此方面具有独树一帜的经验。一是明确把培养服务抗战建设的科技人才当作育人目标；二是坚持以树立马克思主义科学观作为育人方法；三是形成将思政工作贯穿教育科研全过程的育人特色。自然科学院在时代使命的召唤下，为革命和建设输送了大批具有家国情怀的科技干部和人才，其积累的思想政治工作经验至今仍具有启示意义，新时代仍需在归纳研究的基础上继承发扬。

[关键词] 延安时期；中国共产党；高校；思想政治工作；自然科学院

育才造士，为国之本。教育承载着培育兴邦之才的使命，教育本身也会反映出国家的意志和价值取向，进而对国民塑造和国家发展产生重大且深远的影响。在抗战救亡的背景下，延安自然科学院作为中国共产党创办的第一所理工科高等学府和研究机构，寄托着党发展科学技术以解决物资匮乏窘境、支援全面抗战和为建设培养科学技术干部的重望。此外，毛泽东认为，不仅是社会科学，自然科学同样是人们争取自由的一种武装，懂得自然科学是"最好的革命者"的必要条件；唯有二者共进，才能变革生产力与生产关系，实现更为彻底的改造和社会的变革。

基于现实和理论，自然科学院自觉担负起培养"革命通人、业务专家"的重任，并探索出了一条政治与业务、理论与实践相结合、把价值塑造贯穿于教学科研全过程的教育路径，才得以造就一批又一批的"又红又专"的科技人才，为加快边区生产发展、科教繁荣、国防增强提供重要支撑。因此，回顾和梳理延安自然科学院在培养革命性、科学性、创造性人才过程中积累的思想政治工作经验，可以为当前高校思想政治工作的开展提供借鉴和启示，加深对高等教育"培养什么人""怎样培养人""为谁培养人"这一根本性问题的思考，探寻如何在新时代培育可堪民族复兴大任的时代新人。

红专结合：
培养科技人才服务抗战建国的育人目标

中国共产党自抗战之日起就意识到，政治上、军事上、经济上、教育上的国防准备在救亡抗战中不可偏废、刻不容缓。尤其是中日战争持久性的判断日渐统一后，中国共产党人意识到"缺乏专门人才和独当一面的人才"的缺陷，开始更加竭力思考增加进步速度、增强抗战有生力量的问题，进而逐渐将目标聚焦到开办学校、培育红色革命者的问题上。1939年1月，边区第一届参议会通过了《发展国防教育提高大众文化加强抗战力量案》，其中就包含"创设技术科学学校，造就建设人才"的决定。与之相适应的，教育厅发出《一九三九年边区教育的工作方针与计划》中八项任务之一就是训练战时科学技术人才以适应战争的变化。到了1940年前后，日本帝国主义侵略登峰造极，通过"三光"消解边区军民抗日意志、摧毁人力物力，另外，国民党对陕甘宁边区停发经费严密封锁，加之当地的自然灾害，边区陷入军事和经济的全面困境，一度到了"几乎没有衣穿，没有油吃，没有纸，没有菜，战士没有鞋袜，工作人员在冬天没有被盖"的程度。

在边区极度困难之际，财政部在1939年12月15日至31日组织召开了自然科学讨论会。陈云、林伯渠、吴玉章等中央领导参与了本次讨论会并发言。这场长达两周多的讨论，争论核心之一就在于边区科学发展的前途问题，即究竟是服务"建设重工业、大搞军工计划"，还是通过"建立公营经济，发展自给自足"。在经过激烈而深入的讨论后，党把解决边区燃眉之急视作开展自然科学运动的第一要义，即选择了后者作为优先级。当然，而这一问题也同本次讨论的另外两个议题——边区建设和国防工业建设有密切联系，从长远看，也关系延安自然科学乃至北京理工大学前身自然科学院的发展路径。在这一历史背景下，中央决定将延安自然科学研究院改为自然科学院，突出其教育职能，旨在实现"培养抗战建国的技术干部和专门技术人才"之宗旨。同时成立自然科学研究会作为全国科学技术界统一战线在根据地的依托。自然科学院与自然科学研究会的建立得到了中央层面的大力支持，二者在延安自然科学运动的发展中也起到了"一体两翼"之效。

中国共产党的革命教育家、时任延安自然科学院院长的徐特立，对自然科学院育人的首要目标有最精准的概括，即"要把培养学生的革命性、革命精神，及创造性，放在培养目标的首位，这是第一"。这种革命性、革命精神、创造性包含两层含义：其一是坚持"红"，中国共产党将经济工作和技术工作视为革命工作中不可缺少的部分，是具体的革命工作，需要革命的人才。所以自然科学院肩负使命：民族危亡之际为长期抗战输送人才，扩大抗日民族统一战线，乃至为日后建设新中国做准备。其二是要求"专"，这是针对边区人财物困乏最为现实性的需求。毛泽东在边区自然科学研究会成立大会上的讲话中指出："自然科学是很好的东西，它能解决衣、食、住、行等生活问题，所以每一个人都要赞成它，每一个人都要研究自然科学。"所以自然科学院培养的人才需要有很强的问题意识，针对边区建设和抗战进行之急需紧要方面，就地取材进行科研创新，"为着生产，为着解决抗战的物质问题"而奋斗。

除了政治经济的破旧立新，中国共产党人还致力于要把一个被旧文化统治因而愚昧落后的中国，变为一个被新文化统治因而文明先进的中国。因而，自然科学院将培养又红又专的科技人才作为育人目标，正是意识到这一问题直接关乎边区的生存与稳定、干部的来源与素质，更关乎新民主主义文化的建设、马克思主义的中国化与大众化，乃至攸关中国革命的前途，具有一种历史的前瞻性和时代的责任感。

观念培养：
塑造马克思主义科学观的育人方法

自然科学院进行思想政治教育的重要方法，在于对师生马克思主义自然辩证法思维的塑造及应用，以便用科学的世界观和方法论改造自然、变革社会。

"科学"一词，自近代从"西学""格致""格物"等等指代后正名，成为国人救国之法。尤其是经历新文化运动对"民主""科学"的赞扬以及"科玄论战"后社会对科学主义的绝对真理化和普遍认同，使得胡适感叹道："这30年来，有一个名词在国内几乎做到了无上尊严的地位；无论懂与不懂的人，无论守旧和维新的人，都不敢公然对他表示轻视或戏侮的态度。那个名词就是'科学'。""科学救国"思潮在30年代民族危机爆发时再度升温，中国知识分子群体希望"以科学的方法整理中国固有的文化，以科学的知识充实中国现在的社会，以科学的精神光大中国未来的生命"。

中共中央自抵达陕北，就在酝酿和进行自然辩证法的教育和传播。1934 年，毛泽东在自然科学研究院成立大会上就阐明自然科学是争取自由的武器的观点。1936 年，在中国共产党领导创办的《新世纪》杂志上，刊登了《近五年来苏联的哲学和自然科学》一文的译文，揭示发展科学和自然辩证法的意义。其中介绍了苏联哲学和自然科学领域的进展，并指出了辩证法在社会主义建设，尤其在自然科学方面成了一种武器，而且辩证唯物论本身也有摆脱对资本主义科学的依赖和同法西斯主义、资产阶级思想、修正主义、机会主义等错误思想斗争的作用。对这一文本的引荐，说明中国共产党开始思考科学本身和科学方法论在现实层面和思想层面的意义。1937 年 6 月，毛泽东在中央政治局会议上分析建党以来党的错误时指出："这是由于唯物辩证法思想在党内还没有普及与深入的原故……要克服这个传统，在于普及与深入马克思主义的方法论（唯物辩证法）于多数干部中。"

进一步地，毛泽东在抗大亲授辩证唯物论课程。1938 年自然辩证法座谈会和新哲学研究会成立后，系统研究《自然辩证法》和《反杜林论》，以及边区掀起的学习《矛盾论》和《实践论》的热潮，使得越来越多的学者投身一些自然辩证法的专题问题的研究，比如徐特立就运用了自然辩证法的观点分析初等数学和高等教学的辩证关系。课程设计上，科学研究院将《自然辩证法》和《反杜林论》列为必修课程，引导和教育科技工作者要掌握好自然辩证法的理论并将其运用到自然科学院的教学科研活动中。通过自然辩证法的宣传和教育，不仅使广大文化教育工作者，而且使自然科学界与社会科学界的战斗联盟进一步增强，巩固和扩大了革命的统一战线，培养了一代新人，增强了革命的力量。

在这种氛围下，延安自然科学院还依据科学的世界观和方法论带领同学们展开实践，润物无声地塑造马克思主义科学观念。在认识自然界整体的问题上，中国共产党用联系的、全面的、矛盾发展的眼光看问题，分析延安的艰难除了"天灾"和日军、国民党的"人祸"，还源于内生的一种发展乏力：延安本就一穷二白，农业生产方式相对原始，产业工人仅有 700 人左右，成年人文盲比例高达 90%。天灾人祸难挡，而提升人们的教育水平和科学素养却是可以克服时艰的方式。围困之下，党发出了"自己动手，丰衣足食""用自然科学粉碎敌人经济封锁"的号召。所以，在实践层面上，自然科学院和自然科学研究会等教学研究的天然使命，就是从理论和实践两个维度推动对自然辩证法的理解和边区生产力的发展。所以在自然科学院学科设计上，针对农业、化工、地质等边区亟待解决的难题。而且从知识转化的成果来看，边区农业方面引进和培育了新品种，解决吃饭难的问题；工业方面用野生马兰草造纸支撑边区文教宣传所需，还发展了化工轻纺等工业提供边区所需；地质勘探方面，研究鄂尔多斯盆地的构造，以延长油田为代表的一系列油、煤、铁矿的开采发掘，解决了边区能源短缺问题。到 1942 年 12 月，毛泽东在《经济问题与财政问题》一文中说道："所有延安及全边区各机关学校的生产自给工作是有成绩的，他们不但供给了日常经费的大半，解决了迫切的财政困难，而且奠定了公营经济的基础，使我们能够依据这个基础继续发展生产，解决今后的问题。"

可见，自然辩证法在边区的宣传、研究和应用，不仅直接造就了自然科学院，而且自然科学院也自觉担负起塑造培育科研人员和广大学生价值观的使命——帮助师生树立起马克思主义世界观、认识论、方法论，从而以马克思主义自然观和科学观为武器认识世界和改造世界，实现了边区"用自然科学粉碎敌人经济封锁"的目的。不仅如此，其支援边区建设和抗日战争的初衷和目的，也达到了中国共产党所希望的，在自然科学运动中，在社会科学领域和自然科学领域皆能坚持马克思主义，将自然科学和社会科学相结合，尤其是运用唯物论辩证法来进行自然科学研究，并运用自然科学来证明和充实唯物论辩证法理论之更高要求。

三位一体：
将思政工作贯穿教育全过程的育人特色

延安自然科学院教学特色在于将精研学理和技术实际相配合，坚持教学、科研、经济建设"三位一体"，而其思想政治工作巧妙地贯穿了育人的全过程。

首先，在教学领域，延安自然科学院作为边区的高等教育和研究机构之一，其教育内容安排上是要服从和服务于党中央对教育的构想的。1937 年，陕甘宁边区政府成立伊始就确立了教育的总方针："必须采取适当办法，实施以民族解放，民主政治为中心内容的普及教育。"可见无论从教育的中心内容还是其内里的价值观上，都含有鲜明的时代性、阶级性、民主性，思想政治教育层面的要求不言自明。因而，自然科学院除自然科学业务课以外，还按照延安的统一要求开设政治课，学习马列主义经典教材，充分利用《解放日报》、中央文件等材料。其中政治人文课程占 20% 左右，内容涉及哲学、中国革命史、时事教育、革命人生观等。通过政治理论课对学员进行革命精神和价值观念的塑造是最为直接有效的办法，也是自然科学院思想政治工作的抓手之一。

其次，在科研方面，自然科学院坚持"注重精研学理与技术实际指导相配合"的方针，很好地处理了理论与实际、教育与劳动、学习和生产间的关系，学以致用，在中国具体环境中领会和应用马列主义,并逐渐养成运用马列精神和方法去分析解决具体问题、总结中国革命经验的思维方式。这一思路,是学习借鉴苏联的结果,更是源于中国共产党土地革命时期积累的经验。列宁曾经指出:"没有年轻一代的教育和生产劳动的结合,未来社会的理想是不能想象的;无论是脱离生产劳动的教学和教育,或是没有同时进行教学和教育的生产劳动,都不能达到现代技术水平和科学知识现状所要求的高度。"自30年代中期,《东方杂志》《新世纪》《改进》《中苏文化杂志》等刊物上先后刊载了介绍苏联自然科学的发展状况,其对革命精神及革命形势的意义的译作。这些文章的出现,尤其是直接见诸中国共产党领导创办的刊物,从一个侧面体现了中国共产党同样希望通过科学技术扭转局势、支持抗战的态度,即很强的现实指向。另外,土地革命时期中国共产党就主张文化教育与目前革命斗争联系起来,使文化教育与工农群众实际生活联系起来,使劳动与知识联系起来,使文化教育社会化、政治化、实际化、劳动化。所以苏区的思想政治教育始终与查田运动、生产劳作等紧密相连,在现实中提升了对马克思主义的理解,树立了学员的劳动观念和现实关怀。

此外,教学科研服务边区经济建设,是抗日战争时期自然科学院最具特色的育人方法。也正因为延安自然科学院坚持了徐特立提出的教学、科研、经济建设"三位一体"的主张,使延安青年真正扎根土地、与劳动人民结合,树立为人民服务的思想,所以才成为自然科学院进行思想政治教育最重要的抓手。第一,从课程安排上,自然科学院专业课的针对性极强,都是面向边区工农业相关领域最需发展的行业或是需要解决的问题。如生物学系(后改名农业系)开设植物病理学、植物生理学、植物学、植物生理生态学、土壤学、气象学等课程;物理系(后改名机械工程系)开设微分方程、经验设计、应用力学、机械原理、热机学等课程。第二,从教学设计上,自然科学院课程与实习相结合,3~6个月的实习恰可以让学生课堂习得的理论知识运用到实践中,可以深入边区既有的机械厂、造纸厂、化学厂、棉纺厂等等,还依托学校的学科设计兴办了机械厂、玻璃厂、化工厂等等,学生在加深对边区经济建设和工业化了解的同时,也投身于此,作出贡献。第三,从实践结果上看,延安自然科学院为边区在物质上加强和扩大了抗战建国力量,促进边区工农各业的发达,生产能力的提高,富源的开发与正确利用,以及实业的正确管理。

自然科学院的师生及其教学科研是最为直接转化为生产力,投入边区大生产运动和工业化建设的。他们认真学习革命理论,研究抗日救国的道理和方法,不仅如此,还走进田间地头和工厂一线。连毛泽东都感叹"开荒这件事,连孔夫子也没有做过"。从关键数据看,到抗战胜利时,相较于1937年,公营工厂101家、发展约30倍;产业工人6354人、增加了20倍左右。工业基础从只有少数的轻工业部门发展到拥有机械制造、纺织、炼铁、印刷、陶瓷、玻璃、化学等10多个工业部门。这些成果与自然科学院有着或直接、或间接的千丝万缕的联系。教学、科研、经济建设"三位一体"的育人特色,推动了边区工业建设,从长远看不仅对中共的生存发展、中国抗战的胜利提供了支撑,更增强了中共领导和开展边区乃至全中国工业化建设的信心。

余论

自然科学院作为中国共产党创建的第一所理工科大学,在红色育人方面具有独树一帜的经验。回顾与总结自然科学院塑造的"红色科学家"的历程与经验,对于新时代高校进行思想政治工作仍具有巨大的启示意义。

第一,高校思想政治工作要契合时代主题,要为实现党的奋斗目标和路线纲领服务。抗日战争时期,毛泽东、朱德、陈云等中央领导非常重视延安的科学技术发展,李富春、吴玉章、徐特立、陈康白等革命家和科学家一手创立了自然科学院,办学旨在"为培养党与非党的各种高级与中级的专门的政治、文化、科学及技术人才的学校"。自然科学院自成立至1945年11月迁离延安,在其中参与学习和科研的人员总计500余人。可以说,正是在这群人的努力和带动下,真切解决了边区最棘手的生存问题;这些科技和管理人才如同星星之火,成为革命的骨干力量和智力支持。在新时代,高校还肩负着为巩固和发展中国特色社会主义制度服务,为改革开放和社会主义现代化建设服务的重任。当下,人才科技领域的国际竞争日益激烈,例如美国对华为、中兴等中方科技企业以所谓"国家安全威胁"的名义进行制裁,实际是传统科技强国对后发科技领域竞争劲敌的"围剿",是美国孤立主义抬头的体现。在这种情况下,掌握核心科技就显得尤为重要,这是我国面临的时代挑战,也是高校,尤其是理工科见长的高校应有的现实的育人目标和现实关怀。这需要将爱国主义、家国情怀和忧患意识深植于学生心中,这也是高校思想政治理论课的题中应有之义。

第二,高校思想政治工作的最终目的是树立学生正确的"三观",促进学生的全面发展,培育社会主义优秀建设者和接班人。高校思想政治工作关系高校培养什么样的人、如何培养人以及为谁培养人这个根本问题。在延安时期,自然科学院就注重"在学校内养成学生自由思想、实事求是、埋头苦干、遵守纪律、自动自治、团结互助的学风，而坚决反对主观主义、宗派主义、教条主义、好高骛远、武断盲从、夸夸其谈、自以为是及粗枝大叶不求甚解的恶习"。这是运用最平易近人、贴近生活的话语对马克思主义辩证唯物主义和历史唯物主义世界观、方法论做的形象解读，实际上也是提出了育人的高要求，即学生需要具备马克思主义的观点立场，能够发现问题并创造性地解决问题。这要求高校坚持社会主义办学方向和党对高校的领导；教学科研内容上瞄准世界学术前沿，着力提升学术原创能力，推进我国学术理论创新；教师群体以德立身、以德立学、以德施教，立德树人、身体力行、润物无声地培育新时代人才。

第三，高校思想政治工作要贯穿教育教学全过程，在新时代继承发扬"三位一体"的理念，建设中国特色社会主义高校。延安自然科学院将精研学理和技术实际相配合，坚持教学、科研、经济建设"三位一体"的育人特色，很好地把思想政治教育贯穿于学校、工厂、社会，实现了从理论到实践的连接和跨越，使得科学研究、科技创新有了理想信念的自觉性动力，才能够为边区建设和抗战胜利作出如此之大的贡献。那么这种育人特色在当前的继承发展，一方面要做好"思政课程"与"课程思政"的贯通协同；另一方面高校科研方向要与实际需求相契合，提高科技成果转化率及其对经济社会发展的贡献率，以达到十九大报告提出的"产学研深度融合"的目标。北京理工大学成立80年以来不忘初心，以"德以明理、学以精工"为校训，在教育科研方面立足国防重大需求，继承徐特立老校长"三位一体"的思路，创新发展出军产学研合作的模式，实现了"以校促军、产学研协同"创新格局，在提升参与国家高端重大科研项目能力、促进"军转民"科技成果和"民转军"科技成果转化等方面都取得了重大发展。

从延安自然科学院到北京理工大学，80载风雨兼程，一代代师生发扬光荣传统、传承红色基因，实现了从科技救国到助力科技强国的伟大转变，并始终以赤子之心投入建设世界"科技强国"的接力奋斗中，努力实现着中华民族伟大复兴的"中国梦"。只有一以贯之地坚持一切从提高教学质量出发，一切从培养学生全面发展出发，一切从奉献伟大祖国出发，将思政工作贯穿育人全过程，才能使一代代青年不忘初心、继续前进，才能够在新时代再创辉煌，创造无愧于时代、无愧于人民、无愧于先辈的业绩。

（李璎珞：北京理工大学马克思主义学院助理教授）

延安自然科学院开展
思想政治教育的历史经验

张 雷 王星乐

(《延安大学学报(社会科学版)》2020年第5期)

习近平总书记在2019年学校思想政治理论课教师座谈会上讲话指出:"我们党立志于中华民族千秋伟业,必须培养一代又一代拥护中国共产党领导和我国社会主义制度、立志为中国特色社会主义事业奋斗终身的有用人才。"我们党高度重视高校思想政治工作,早在延安时期就积累了丰富的思想政治工作经验。1940年成立的延安自然科学院是中国共产党创办的第一所理工科大学,开创了中国共产党领导高等自然科学教育与研究的先河。这所高校的思想政治教育经验为后来我们党在理工科高校开展思想政治教育奠定了良好的基础。延安自然科学院为抗日救国事业和陕甘宁边区的经济社会发展作出了不可磨灭的贡献。延安自然科学院的思想政治教育经验具有时代价值,对于新时代高校思想政治工作具有重要指导意义。

明确思想政治教育任务的时代要求和价值意义

任务是革命事业的重要目标和期望愿景,树立明确的任务能提供切实的起点与充足的动力。任务也离不开具体时代背景下的社会需要和政策支持,同时也承担着时代赋予的社会价值与历史使命。延安自然科学院在党中央明智决策和坚强领导下,肩负着为党和人民培养第一代科学技术干部的历史使命。用马克思主义理论武装大学生,开展理想信念教育、思想道德教育是延安自然科学院思想政治教育任务的最初定位。思想政治教育是中国共产党的政治优势,是各项建设、完成各项任务的中心环节,也是一项根本性、基础性、长远性的工作。延安自然科学院诞生于党和人民受困窘迫的艰难岁月。面对国民党的经济封锁,党中央决定成立延安自然科学研究院,目的是"促使边区工业生产的进步和保证国防经济建设的成功"。延安自然科学院的初衷就是培养当时稀缺的自然科技人才以改善边区的经济建设状况，保证工业生产的稳定与持续，使边区人民满足基本生活所需的工农业产品。战争年代下，大多数人的正常生活难以为继，日益严峻的封锁形势让边区人民陷入失去补给和供养的贫瘠境地。通过创办学校、兴办教育的方式来提高生产力水平，培养科学技术人才便成了革命战争期间的时代需要与迫切呼唤。延安自然科学院的思想政治教育既要为社会需要服务，也要为培养生产建设的人才服务。明确的思想政治教育任务是高校办学的重要前提，无论在战争年代还是和平年代，教育的社会环境都是思想政治教育任务的现实基础，也能体现教育的社会价值与历史意义。延安自然科学院承担培养专业科技人才、服务边区经济建设这一基本任务是社会需要的形势使然，更是特定历史时期关键性政策指引的结果，并随之成为其后来办学育人的根本和思想政治教育的目标任务。

明确的思想政治教育任务是党的宏观决策指导和具体政策引领的遵循。延安自然科学院顺利办学并取得成就离不开思想政治教育的引领，明确的思想政治教育任务不仅是党领导高校接受时代要求的自觉性体现，而且是反作用于现实的主体性体现。明确的思想政治教育任务是时代要求和价值旨归的主客观需要，时代要求和价值旨归又统一于高校明确的思想政治教育任务的使命自觉之中。延安自然科学院的成立是时代的需要、政策的指引，更重要的是这项育人的任务还蕴含着社会功能和历史使命。首先，人才培养直接服务于工业和经济建设，为边区人民的生产生活带来保障与便利；其次，自然科学教育能够促进科学知识的广泛传播，提高科技生产工作者和普通民众的知识素养；最后，安定的社会环境和稳定的物资供应能够鼓舞军队士气，提高战斗力。延安自然科学院能够承担自然科技工作者的教育任务与社会功能密不可分。当然，明确教育目标和社会功能对于思想政治教育任务至关重要。在党的领导下培养又红又专的自然科技人才，维持一定的战时经济基础、提高社会整体认知水平、保证抗日对敌的军需实力是延安自然科学院的重要任务。

遵循思想政治教育内容的共性逻辑和个性逻辑

内容是任务落地生根的具体形式和规划安排，是实现制定目标的具体道路和实践方法。延安自然科学院在艰险的社会条件下完成了思想政治教育在宏观与微观层面的内容优化，遵循共性逻辑和个性逻辑，并能够在科学研究与人才培养方面为后来的高等教育发展奠定理论基础。

毛泽东指出："自然科学是要在社会科学的指挥下去改造自然界，但是自然科学在资本主义社会里却被阻碍了它的发展，所以要改造这种不合理的社会制度。"陈云在自然科学研究会上说："科学要大众化，要在广大群众中去开展科学的工作，并与全国自然科学界取得联系。"这无疑为党办高校的具体走向指明了道路，无论自然科学还是社会科学，在社会主义的光明前景下，办好人民满意的教育是高校制定思想政治教育内容的共性逻辑。党中央领导指出既要深入广大群众，又要与全国自然科学界取得联系，是中国共产党领导高校制定思想政治工作的立场与政治站位。延安自然科学院在入学资格方面规定"凡有志于技术科学的青年及技术人员，不分性别"，积极吸纳各方有志能人担任教师，以民族利益为先不拘一格聘用自然科学优秀知识分子。教师中既有中共党员，也有斗争经验丰富的革命英雄，还有毕业于国内高校或留学海外的高材生。党领导延安自然科学院开展思想政治教育，扎根现实，以马克思主义为指导，坚持人民立场，在为边区经济社会发展服务中锻炼自我和在服务人民群众中提升自我，留下了值得继承和发扬的宝贵经验。

延安自然科学院因其定位和专长，把思想政治教育的内容浸润在服务边区经济社会发展的特色方案之中，即通过思想政治课、自然科学课、生产实践等有效载体传达专业学科以及人才服务于社会建设的内容。机械、化工、农林等关系到社会建设方面的教育内容都体现在学科设计与课程安排上，"大学设化学工程科、机械工程科、土木工程科、农业科、林牧科"，不同科系下设的公共基础课有"数学、绘图"等，不同专业的专业课有"材料力学、有机化学、遗传育种学"等。加强自然科学方面的教育，是希望发挥延安自然科学院的专业优势，为边区经济社会发展和军事正常运转服务，这是思想政治教育共性逻辑的具体体现。延安自然科学院思想政治教育的个性逻辑是在社会实践和工业生产中坚定马克思主义信仰和人民立场。尽管经历过高校合并、分部与分科整合重划，但化工、机械、农林这三大自然科学学科始终保留，一直为边区发展贡献力量。虽然延安自然科学院1943年作为一个学院并入了延安大学，但并入延安大学之后开设了四门全校公共思想政治课"边区建设、中国革命史、革命人生观、时事教育"，在实际生产劳动中开展思想政治教育自其创办以来一直保留并延续。参加实践生产能够培养出师生对劳动人民的感情，强化师生服务边区经济社会发展的责任担当，这是思想政治教育任务的有效落实。从延安自然科学院早期办学来看，思想政治教育的内容是鲜明的，无论党中央的政策怎样因时调整，学校工作经历怎样艰难曲折，为党和人民培养自然科学人才并使之服务于边区经济社会发展始终是学院工作一以贯之的主线。中国共产党创办的大学始终秉承为人民服务的宗旨，虽然不同高校学科方向不同，但都延续了坚定的理想信念和人民立场。

优化思想政治教育方法的理论路径和实践路径

　　内容的落实需要运用有效的方法去规范并依据有效的路径去执行。思想政治教育的方法来源于实践，也需要马克思主义理论的学理支撑与科学引导。延安自然科学院注重理论教育方法与实践教育方法的综合运用，既重视马克思主义经典作家的理论以及当时中央领导人、理论家文章的学习，也重视师生共同参与生产劳动实践，在生产劳动实践中提升思想政治教育效果。理论教育法、实践教育法是相互配合、具有内在联系的方法整体，不能相互替代，也不能相互脱离。理论教育要联系实际，实践教育要以正确理论为指导。

　　理论教育方法主要指教育者与受教育者有目的、有计划地进行马克思主义理论学习，树立正确世界观、人生观、价值观的教育方法。延安自然科学院对于人才培养的理念与目标、人才培养的方法与措施有着清晰的思路：为贯彻党中央服务边区经济社会发展的指示、培养更多自然科学人才，不断优化思想政治教育内容和方法，培养学生运用马克思主义理论的能力。培养学生坚定的马克思主义信仰并运用马克思主义的立场、观点和方法解决问题是学院执行思想政治教育任务的有力抓手。理论学习至关重要，马克思主义是我党成立以来就始终坚持高举的思想旗帜，是革命道路上能够取得诸多成就的强大思想武器。恩格斯曾指出："一个民族要想站在科学的最高峰，就一刻也不能没有理论思维。"1939年刘少奇发表了《论共产党员的修养》，运用马克思主义基本原理，系统、全面、深入地阐述了共产党员自我修养、自我教育的重要性，蕴含着理论教育法的内涵。1942年延安整风运动期间，毛泽东发表了《改造我们的学习》《整顿党的作风》等重要著作，系统论述了党的思想政治教育方法，"标志党的思想政治教育方法的成熟"。延安自然科学院为了全力办好思想政治理论课，开设了哲学、联共（布）党史等课程。"除正确地教授马列主义的理论之外，同时必须增加中国历史与中国情况及党的历史与党的政策的教育，使学生既学得理论，又学得实际，并把二者生动地联系起来。"周恩来、叶剑英等中央领导多次为延安自然科学院师生作形势与政策报告，讲授中国国情与党的政策。院长李富春、徐特立经常深入学生学习生活，对学生进行具体指导。延安自然科学院的学生社团经常组织座谈会和研讨活动，学生在相互交流中深化了对理论与政策的理解，通过小组讨论、读书心得分享等形式，调动了学生的学习积极性，激发了学生的理论学习兴趣。一系列卓有成效的教育形式和方法形成了育人"合力"。多样的教学方法使学生更好地接受和理解马克思主义理论，能够运用马克思主义的立场、观点和方法分析问题，形成系统的思维方式。只有把握马克思主义理论的思想方法，才能准确把握它的科学体系和精神实质，真正养成科学的理论思维。只有形成了科学的理论思维能力，才能坚定理想信念。

　　实践教育方法主要是指有计划、有组织地引导人们积极参加社会实践活动，在实践中不断提高思想觉悟和认识能力的方法。学生不仅需要从理论层面把握对社会的认识，还应在社会实践方面有切身的认知与体会。与人文社科类专业课程所具有的立场导向不同，理工科高校开设的专业课主要基于自然认知，教学过程突出对"技"的掌握及应用，这也是理工科高校开展思想政治教育的难点之一。延安自然科学院的教学方法既具有自然科学的特色，也注重挖掘专业课程中蕴含的思想政治教育资源，将思想政治教育元素融入课程教学，实现知识传授与价值引领的有机统一，促进学生成长。自然科学因其专业特性，与社会生产紧密联系，即自然科学的理论、实验直接关系着生产的工艺与操作流程，因而在参与社会生产中接受教育也是思想政治教育的有效方法。学生只有真正融入社会之中进行历练才能领会马克思主义理论的实践性，将实践所得反作用于理论，进而提升认知水平。在由机械工程系和化工系组成的烧焦炭队中，学生逐渐改变了劳动"耽误学习"的观念，他们曾在家书中讲述自己"怎样剥炭皮，怎样装炭窑，怎样认识什么是入'炭'，什么是'皮'"。化工系的学生在实验室研究如何利用从工厂中运回的炭屑制碳基，这是既经济又富有创新意识的尝试。在炭末儿制成炭球试验成功后，学生们的想法在真正生产方面取得了实效。延安自然科学院不仅组织学生在院内实习工厂、院外合作工厂实践，还会带学生进山考察，组织学生实地地质勘探活动，邀请实际工作中的负责人或技术人员来院讲课，也会派教师到生产部门任职。诸如此类的教育教学方法紧密地将以师生为代表的知识分子、社会建设、科学知识传播三者有机结合起来，这拉近了与人民群众、现实生活的距离，有效避免学生好高骛远的心理，也有效防止了把理论"束之高阁"而脱离现实的误区。实践促使人以感性直观的方式感悟哲学社会科学的规律，对于马克思主义社会发展理论、人的发展理论和人民立场有了进一步理解，使学生更加自觉地去做一个对社会有用的人，做一个服务于社会的建设者。通过社会实践使学生加深对马克思主义理论的理解，加深对所学专业知识的理解也是思想政治教育的有效方法。

坚持思想政治教育原则的基本内容和创新策略

延安自然科学院开展思想政治教育的实践凸显了知行统一的基本遵循和教育与自我教育相结合的创新策略。知行统一原则，也就是实事求是原则，是指思想政治教育始终要坚持理论联系实际，一切从实际出发。延安自然科学院注重思想理论教育与生产劳动及社会实践相结合就是知行统一原则的具体体现，也蕴含着自力更生的精神，取得了良好的育人效果。

延安自然科学院注重思想政治教育的知行统一原则，一方面立足于历史唯物主义的实践观，使学院形成了实事求是的学风，另一方面也影响了全体师生的精神面貌和意志品质。学院思想政治教育的一个亮点就是开展与自然科学专业领域对口的生产劳动，让学生将生产劳动中的所见所闻联系所学进行创新思考，这也是思想政治教育知行统一原则的具体落实。教师积极引导学生在参加生产劳动和社会实践中提升政治素养和创新意识。化工系的学生通过烧焦炭队的生产实习在劳动中对于焦炭有了进一步认知，产生了创新意识，在实验室研究如何利用从工厂中运回的炭屑制碳基，提高利用率以推动生产和边区经济建设。知行统一、学用合一，正是知行合一原则在生产实践中接受思想政治教育的生动体现。知行合一原则还体现在炼铁厂的实习劳动中，机械工程系学生在工厂实习"从配料下料，观察冶炼过程，看冷却水，送热风，烧锅炉，做砂模，出铁，每道工序都一丝不苟，认真把关"，并能把研究配料和钻研理论有机统一起来，改进炼铁配料，优化出铁质量。此类专业教学活动是思想政治教育的知行统一原则的集中体现。在用中学，在用中推动学，在用中实现学用统一，孕育出新的"学"，是延安自然科学院思想政治教育知行统一原则的深刻表达。真正的知行统一必然是在尊重科学的基础上进行实践探究和创新，推动理论研究，解决实际问题，进而达到做学统一。把研究与生产紧密联系是思想政治教育知行统一原则的体现。延安自然科学院的学生们在思想理论学习与社会实践结合中接受教育，逐渐形成了务实上进的革命乐观主义精神，展现了奋发上进的责任担当。

延安自然科学院注重思想政治教育的路径创新，探索出教育与自我教育相结合的原则。在思想政治教育过程中，既注重发挥教育者的主导作用，又注重发挥教育对象的能动作用，将教育与自我教育统一起来。教育与自我教相结合是思想政治教育的内在要求和有效方法。延安自然科学院鼓励学生自我教育，调动学生积极性，充分发挥学生提高思想品德的自觉性、积极性，使他们能把学校和教师的要求变为自己努力的目标。随着抗日战争形势的不断发展，时局的转变时刻影响着党对学院办学的关键性决策，但教育与自我教育相结合始终贯穿于延安自然科学院的办学历程。陕甘宁边区从1939年开始就面临着艰险的外部环境，东北有日本侵略军，西南有国民党反动势力围堵。延安自然科学院自成立以来为边区培养了大量武器、设备、造纸、纺织、打盐、制糖、畜牧、种植、药品医疗方面的人才，有力推进了边区经济社会建设。艰苦环境的磨砺为教育与自我教育相结合创造了教育环境。学院学生在接受教育与自我教育中历练成长，逐渐坚定了理想信念，具备了自力更生、自强不息的精神品格。学生通过在理论学习与社会实践中接受教育，通过在自我学习与体会中提升自我，民族情感与民族精神内化为一种稳定的品质，在信念中自觉守护，在行为中自觉遵循。当年延安自然科学院广泛传诵着这样一首诗："我们的生活艰苦而紧张；我们的革命热情却日益高涨……谁说我们没有教具？自创的教具更加漂亮。谁说'土包子'不能办大学堂？我们的信心比泰山还稳固，我们的意志比钢铁还坚强。"这首诗体现了教育与自我教育相结合的原则，也反映了延安自然科学院学生的革命乐观主义精神。1940年9月入学的物理系学生胡吉全说："当时延安只能买到粗糙的蘸水钢笔尖，笔杆由我们自己用高粱秆制作，墨水是同学们用染料做的。笔记本、练习纸都是用边区马兰草制作的纸，十分粗糙……尽管当时学习条件差……大家刻苦、勤奋地学习。常常是早晨天不亮就起来读外语，做作业……下课后复习、做作业直到深夜。"对于学校承担的自给任务，他表示："同学们在学习之余积极参加农业生产劳动，完成了任务，也锻炼了思想。"这名理工科大学生对待艰苦条件和生产劳动的理性态度不言自明。很多当年的毕业生后来成为社会各界的中坚力量，许多人在后来接受采访时都提到了当年经历的教育和自我教育锻炼了他们自力更生、自强不息、不畏艰难的品格。学生在"拔节孕穗期"经历的教育与自我教育，培养了他们顽强拼搏的意志和脚踏实地的作风。峥嵘岁月里熠熠生辉的教育与自我教育，锤炼了学生的意志和品格，这种教育理念对于新时代的思想政治教育具有重要的学理价值。

结语

习近平总书记指出："教育是提高人民综合素质、促进人的全面发展的重要途径，是民族振兴、社会进步的重要基石，是对中华民族伟大复兴具有决定性意义的事业。"教育是铸魂育人的一项系统工程，思想政治教育是塑造学生思想和品格的有力抓手。延安自然科学院为革命培育了一大批科技干部和管理干部，取得了丰富的科研成果和教学成果，为抗战的胜利、祖国的解放以及新中国的建设事业作出了不可磨灭的伟大贡献。思想政治教育是党的优良传统。延安自然科学院开展思想政治教育的历史经验对于新时代高校思想政治教育工作具有诸多启示。新时代需要在加强思想政治教育的主动性、针对性、实效性上下功夫，积极探索思想政治教育的内容、形式和手段，引导学生树立坚定的理想信念和正确的世界观、人生观、价值观，保持政治上的坚定性和思想道德上的纯洁性，同时要保持坚强的意志品质。2020年，教育部等八部门《关于加快构建高校思想政治工作体系的意见》指出："健全立德树人体制机制，把立德树人融入思想道德、文化知识、社会实践教育各环节。"延安自然科学院对于这方面思想政治教育的实践已有初步探索。在新时代，高校开展思想政治教育要认真汲取延安自然科学院的宝贵经验，遵循思想政治工作规律、教书育人规律和学生成长规律，注重建构思想政治教育协同育人、合力育人的机制，推进思想政治教育方法创新，将"课程思政"与思政课程有机结合，以习近平新时代中国特色社会主义思想铸魂育人，贯彻党的教育方针，落实立德树人根本任务，推进新时代高校思想政治工作改革创新，努力培养担当民族复兴大任的时代新人。

（张雷：北京理工大学马克思主义学院讲师；王星乐：北京理工大学马克思主义学院硕士研究生）

科学园地与革命熔炉：
延安时期陕甘宁边区的科学教育
——以延安自然科学院为中心

熊成帅

（《广东党史与文献研究》2020 年第 5 期）

全面抗日战争时期，中国共产党在陕甘宁边区发起并领导了一场自然科学运动。这场运动推动了边区工业的发展，为新中国培养了一批"又红又专"的自然科学人才，也塑造了中国共产党独具特色的科学教育体系。目前，学界对延安时期自然科学运动的研究已取得一定成果。本文以延安自然科学院为中心，梳理边区科学教育兴起的历史背景及边区科学教育将自由探索与集中领导有机结合的历史过程，回顾延安时期将科学教育与政治教育融会贯通的历史，探讨在科学教育中塑造政治意识的实际意义。自然科学运动对新中国的科学事业影响深远，边区的科学教育为新中国大规模开展社会主义科学教育提供了经验。

科学与革命互动：边区科学教育的兴起

"科学救国"是近代中国知识分子孜孜以求的理想。但中国共产党人深刻意识到，仅仅凭借"科学"不足以救国，"革命救国"才是真正的救国道路。为此，不少中共党员与从事学术研究的同学分道扬镳，投身轰轰烈烈的革命事业。1938 年前后，国内形势发生巨大变化，在中国共产党的号召下，大批青年知识分子来到延安。抵达延安的知识分子中，有较为年幼的中学生，也有受到过良好教育的大学生和海外归来的留学生。毛泽东及时指出："要保护革命知识分子，不蹈过去的覆辙。没有革命知识分子革命不能胜利……工农没有革命知识分子帮忙，不会提高自己。工作没有知识分子，不能治国、治党、治军。"如何实现"科学"与"革命"的结合，留住这批宝贵的知识青年，充分发挥他们的科学能力，成为摆在中国共产党面前的现实难题。

与此同时,陕甘宁边区进入了抗战期间最为艰苦的一段时期。1939年,边区自然灾害频发,粮食减产,粮食供应不足。一方面,边区本就有不少脱产干部和士兵,这一时期又有大批学生、知识分子和难民到来,粮食需求量增大;另一方面,战争仍旧在继续,各根据地都在扩军,为军队征收救国公粮的任务也越发沉重。1937年边区征粮任务仅为1万石,1939年便增加到5万石,1940年则上升为9万石,边区财政已经捉襟见肘。而就在边区陷入经济困境之际,国民党颁布了"限制异党活动办法",掀起第一次反共高潮,对边区经济进行封锁,致使边区经济更加困难,多种物资供给不足,物价飞涨。

面对经济层面的诸多困难,中共中央一方面提出"发展生产、自力更生"的口号,号召各机关、学校和军队开荒种地,发起轰轰烈烈的大生产运动;另一方面则决心向科学要方法,依靠科技发展来解决生产难题。由此,掌握科学技术,发展工农业生产,成为陕甘宁边区施政的重要目标。毛泽东号召:"自然科学是很好的东西,它能解决衣食住行等生活问题,所以每一个人都要赞成它,每一个人都要研究自然科学。"长期领导教育工作的徐特立也说:"在今天,我党不仅要领导政治,也要领导技术。"在边区,科学与革命开始频繁互动,并追求同向而行。

正是在这一背景下,自然科学运动在边区蓬勃开展起来。作为科学研究基础工程的科学教育,也在边区急速推进。1939年年末,延安自然科学研究院成立,同时承担了边区的科学研究和科学教育工作。在随后召开的自然科学讨论会上,与会专家提议:"把自然科学研究院改为自然科学院,以现有的科技人员为师资,以科学院为基地,既从事科研实验,又大力培养新的科技生力军。"这一提议很快得到了中共中央的支持和赞助。1940年,延安自然科学研究院改名为延安自然科学院,同时成立了延安自然科学研究会。延安自然科学院主要负责教学工作,承担科学教育任务。延安自然科学研究会以研究为主要任务,同时也承担部分教育工作。中共中央的坚定支持与延安自然科学院的稳定建制,为边区开展科学教育提供了思想基础、组织基础和人才基础,为科学与革命的有效互动打开了广阔空间。

第一,中国共产党通过廾会讨论、报刊宣传、党内教育等方式,逐渐统一了思想,为科学教育的开展奠定了思想基础。延安自然科学院创建前,对是否要开展科学教育这一问题,党内争议很大。陕甘宁边区经济落后,又受到国民党的包围封锁,急需开展生产建设。边区的科技人员本就数量有限,要抽调一部分科技工作者离开生产岗位,开展科学教育,无疑会增加生产难度。"自然科学院相对来说是一个集中科技人员较多的地方,这批人用在生产战线上也是能起一定的作用的。"因此,

"科学院是否应办大学,如果办大学,现在的分系是否合理?都成为争论"。一些干部便主张,这一阶段不应该办科学教育。也有人提出,科学教育可以开展,但应该"只搞短期技术教育,不必搞系统教学"。由于开办科学教育的问题涉及边区有限的科技人才分配,所以"当时争论得很激烈",不仅《解放日报》围绕争论刊发了多篇文章,"在社会上也进行了这方面的讨论"。

为了凝聚共识,中共中央宣传部副部长徐特立在《解放日报》上发表多篇文章,详细阐述了创办自然科学院的可行性和必要性。徐特立指出:一是要开办科学教育,为未来储备科技人才。他认为,中国共产党不仅要看到当下的困难,还要看到未来的需要,"先进的政党,每一步骤都不会忽略过去的历史,同时每一步骤,都照顾着将来"。二是在中国要想发展科学技术,必须依靠政党的组织。由于中国的科学技术落后,对科技人才的组织性差,导致"人才既少,用之又不得当,因此科学教育委之于书商,而军事秘密谋之于外国顾问"。因此,唯有依靠政党领导,有组织有计划地发展科学事业,才有摆脱落后局面的可能,"当着战争的破坏和封锁的严重时期,更不容有无组织无计划的行动,在政治方面如此,在科学技术方面也应该如此"。三是科学教育不能一直停留于短期技术培训,必须培养系统掌握科学理论的人才。徐特立以苏联为例,指出"苏联在十月革命后曾进行设计教学,废止科学系统,结果儿童所了解的只是个别问题的经验,而科学降到最低的水平,在第一次五年经济建设前不久停止了设计教学而提出系统化口号",因此,科学教育不能停留在短期培训,还需要长期耕耘。徐特立深刻指出"空想主义和实利主义对科学建设同样是有害的。科学研究如果停止在书本上(即原则上)与停止在解决目前的生活问题上,同样是非实际的"。此外,党内还通过思想教育和多次召开讨论会的方式,使开展科学教育的主张得到了主要负责干部和大部分科技工作者的支持。虽然对这一问题的争论一直持续到延安整风时期,但到1940年,开展科学教育的思想基础已经具备。

第二,中国共产党通过设立制度和组织动员等方式,为科学教育的开展奠定了组织基础。一方面,中共中央作出决策,要求党员积极参加技术工作和科学教育工作,支持科学事业的发展;另一方面,边区建立了各类科学研究会,形成了支持科学教育的系列团体。1941年5月,《中共中央关于党员参加经济和技术工作的决定》明确要求党员要直接参与到经济和技术的具体工作中,而不仅仅只是承担领导工作。中共中央要求:"一切在经济和技术部门中服务的党员,必须向非党的和党的专门家学习。"对于不愿学习和不愿承担具体技术工作的党员,中共中央严肃指出:"应纠正某些党的组织和党员对革命工作抽象的狭隘的了解,以至轻视经济工作和技术工作，认为这些工作没有严重政治意义的错误观点。"李富春、徐特立、李强、恽子强等优秀共产党员先后调入自然科学院承担管理和教育工作。此外，边区政府还制定了优待科学人才和发展科学教育的多项规定。与此同时，自然科学研究会、延安地质学会，以及边区医药学会、生物学会、机电学会、化学学会等科研团体陆续建立，也为自然科学院开展科学教育提供了有力支持。

第三，中国共产党优待科技工作者，将许多科技专家聚集到自然科学院，为科学教育的开展奠定了人才基础。党对科技工作者十分尊重，从政治上和待遇上都给予科技专家以优待。自然科学院"对从敌后及国民党统治区来的教员，生活上给予优待，伙食上吃中灶，衣服、津贴比一般工作人员好……政治上不准歧视知识分子，强调共产党员要尊重党外学者，及时吸收科技人员和青年学生入党；鼓励知识分子说真话，敢于发表各种意见。这些使得在自然科学院工作的专家、学者和知识分子心情舒畅，能充分发挥作用"。在中国共产党的支持下，自然科学院"把当时参加革命的高级知识分子都收拢起来"，聚集了不少人才，因而"师资还是非常充实的"。以化学系为例，在化学系的教师中，"陈康白、刘咸一、屈伯传（川）三位同志是留德回国的，其余的也是国内大学毕业，如李苏、董文立、王士珍等"。其他如生物系、物理系等虽然师资人数不如化学系多，但优秀的科学家也不少。除了科技专家，主持自然科学院工作的负责人也多是经验丰富的党政干部。自然科学院创立时由李富春担任院长，陈康白担任副院长，屈伯传（川）担任教务处处长。不久后，由于李富春工作忙碌，徐特立接任自然科学院院长，主持全面工作。他们的业务能力和领导能力都很强，为自然科学院的快速发展做了很大贡献。总的来说，自然科学院汇集了一批优秀的党政干部和科学人才，为兴办科学教育准备了充分的条件。1940年9月，自然科学院开始正式上课，边区的科学教育以自然科学院为中心蓬勃开展起来。

打造科学园地：将自由探索与集中领导相结合

在条件落后、环境艰苦的陕甘宁边区，自然科学院却逐渐成为科学教育蓬勃发展的科学园地。自然科学院不仅成功开办了高等教育，培养科技人才，还建立了多家实习工厂，配合生产战线开展了钢铁、玻璃、疫苗等产品的研发与生产工作。此外，科学院的师生还积极开展面向大众的科学教育科普工作。整体而言，自然科学院的教育工作是十分成功的。而之所以能取得成绩，主要原因在于这块科学园地得到了中国共产党的全力支持，并在具体的教育实践中，成功实现了自由探索与集中领导的有机结合。

第一,中国共产党为科学教育的发展提供了基本的物质保障。此时陕甘宁边区财政紧张,各项事业普遍缺乏稳定的资金支持。为了办好边区的科学教育,中共中央大力筹措资金、图书和实验仪器,抽调高水平、负责任的教员给学员上课。在资金极为紧张的情况下,周恩来动员宋庆龄等人争取海外国际友人的支援,从香港、桂林、柳州等地购入化学药品、理化仪器和中外文课本。这些教学用具由中共中央南方局领导的地下党员购置后,转运到重庆,再秘密运输到边区供给自然科学院。中共中央还拨付专款建造教学用房、实验室和阶梯教室。国际友人艾黎在海外为中国共产党的边区事业积极募捐,经过重重困难才将捐款送到边区。中共中央把艾黎的捐款大部分作为专项资金拨付给了延安自然科学院。由此,自然科学院才能建起"当时边区唯一的科学馆","馆内有较好的化学实验室,可以系统地做定性和定量分析等实验"。

第二,中国共产党在生活上和政治上十分关心从事科学教育的科技人员,尽力提高教师的待遇。1941年5月,在自然科学院开学前夕,中共中央指示:"党必须加强对经济和技术部门工作党员与非党员的领导,照顾他们的政治进步,并在各方面帮助他们。"12月,中共中央政治局又通过《中共中央关于延安干部学校的决定》,明确规定:"中宣部应给各校专任教员以实际帮助,提高他们的质量。对教员的政治的与物质的待遇,应改善之。"此后,1942年5月,中央书记处专门制定《文化技术干部待遇条例》,从津贴、伙食、窑洞、衣服、书报等日常生活到职务升迁、政治待遇等方面详细规定了给予自然科学人才的优待条件。在政治层面,条例规定,要尊重文化技术干部的经验,提高其威信,大胆提拔任用;不仅要尊重政治上倾向于共产党的技术专家,也要尊重不愿意参与政治活动、只专心于技术的专家。在生活层面,对于甲类文化技术干部,条例规定每月津贴应在十五元至三十元之间,每年特制棉单衣各一套,分配窑洞供单人独住,并且要"保证内部阳光空气之足够"。各个单位具体执行这一条例时,给予科学人才的待遇往往比条例规定的要好。例如,陕甘宁边区卫生处便给予甲类医生"每月津贴六十元至八十元",乙类医生"二十到五十五元不等",即使是承担医务工作的实习生,"在实习期间一律每月十五元"。可以说,中国共产党对科学人才的照顾几乎到了无微不至的地步,这为科学工作者投身科研事业和科学教育扫除了后顾之忧。

第三,中国共产党鼓励自由研究,自然科学院也营造了自由探索的科研和教学氛围。在1941年的《陕甘宁边区施政纲领》中,边区政府明确规定:"奖励自由研究,尊重知识分子,提倡科学知识与文艺运动,欢迎科学艺术人才,保护流亡学生与失学青年。"此后,《解放日报》连续刊发文章,指出边区需要各种各样的科学知识,"要能掌握这些知识,就必须一方面积极地号召各种专家及知识分子,帮助和鼓励他们从事深刻精密的研究工作,另一方面必须提倡勇于追求真理而不顾忌一切因袭教条的作风,就必须提倡自由独立的研究作风"。自由研究也被认为是新民主主义政治的重要体现,"必须把自由研究的风气大大地开展起来,不但在陕甘宁边区要这样,而且在一切抗日民主根据地也要这样"。作为自然科学院的院长,徐特立反复强调自由研究的意义,并为此呼吁:"各派的学者和理论家,只要他们能认真进行自己的研究,本着学术的良心来正视现实的问题,他们就能够对于真理的发现有所贡献。中国共产党不但不轻视,而且非常尊重这些贡献,……在边区,不但要大大的加强马克思主义的研究,而且还要团结各学派的学者和理论家们进行各种各样的科学研究工作,帮助和奖励这一切自由研究的活动。"即使是对于自然科学院是否开展科学教育及如何开展科学教育这类问题,自然科学院也没有压制不同意见,反而始终认为"原则上的争论,应该发展,因为只有争论才会有新的理论产生出来"。只不过为避免"只有争论没有结论"使得"科学界的负责人举棋不定"的情况出现,选择一边鼓励争论,一边推进教学工作。对这一问题,徐特立提出:"我们希望科学界发展争论,在理论上可以不做最后的结论,但实际工作必须做出正确的结论,以便有规律的进行工作。"在中共和自然科学院的培育下,边区的"科学和艺术受到了应有的尊重","思想创作的自由得到了充分的保障"。因此,科学的活动"在这里发现了一个可在其中任意驰骋的世界"。

在此基础上,延安自然科学院教员们的主动性和积极性被调动起来,他们对教学工作非常负责,认真研究教学方法,提高教学质量。教授不同科目的教师协同开展教学,"贯彻执行少而精、启发式、讨论式、实验式等原则的教学方法",建立了一套颇为前沿的教学体系。在这套教学体系中,"基础课,主要由教员重点讲授;技术基础课,由学生自学为主,教员着重于提要、启发、释疑;专业课在生产实习中边干边学"。为了提高教学质量,有的教员"既当老师,又当学生,师生互教互学,根据同学的接受能力讲课"。除此以外,"教员不仅在课堂上要负责,并且要在学生全部学习过程中负责。对于学生的学习、生活、思想各方面的情况,都有细致的了解,亲切的关心和具体的帮助"。因此,从自然科学院走出来的学生,往往为教师热情的教学态度、科学的教学方法和卓越的教学能力所折服,数十年后依旧印象深刻。例如,肖田和师秋朗曾是自然科学院的学员,多年后,他们回忆起自然科学院,依旧记得科学院的教师"讲课时深入浅出、循序渐进,力求课堂上消化理解","对个别学习吃力的同学,教员不辞劳苦给予个别辅导,务使人人不掉队",尤其感念"化学教员夏淑惠把自己的孩子锁在窑洞里给我们上课,孩子(把)嗓子哭哑"。

第四,自然科学院积极探索将自由研究与集中领导相结合的教育模式,使科学教育较好地满足了现实需要。延安自然科学院创立之初,集中领导的制度和风气没有形成,自然科学院与其他科技部门之间联系不多,各自为政。例如,"军事工业局、边区工业局与自然科学院三个大的科学技术机关中间工作关系仍未打通,呈现'三不沾'的现象。本来合起来可唱一台大戏,但分开了什么也演不成",各自为政的局面使得"个别较小的问题各部门的自求解决,全面的繁重的问题则无人敢问"。由于边区工农业急需开展科学生产,分散的、孤立的科学教育,难以满足生产需求。比如,边区本计划炼铁,由于各个单位都不敢承担建设炼铁厂的任务,方案提出两年后,还是没有实际推进。自然科学院虽有理论储备,但也不足以承担炼铁重任。

面对这一困境,自然科学院的科学家主动提出,要"建立科学与技术的统一领导",使开展科学教育的机构与边区的其他部门相互配合。随后,中国共产党加强了对科学教育和科学研究的整体领导,统一规划科学教育和生产建设工作。自然科学院先后建起了机械实习工厂、化工实习厂,以及酒精、玻璃、肥皂、制碱等试验性的工厂,并配合其他生产部门,开展研发试制工作,或是直接参与生产劳动。为了解决炼铁难题,自然科学院的师生便在工业部的领导下,"动手建了一座炼铁的高炉,可以日产一吨铁"。机械工程系的学生,将金属材料这堂课程搬到了炼铁厂,参加炼铁实习。据在该系就读的学生回忆,在金属材料课上,一边炼铁,一边上课,"边讲边实习,给我们很深的印象"。炼出铁后,机械工程系和化工系的学生,又一起制作手榴弹的弹壳,为边区军队提供武器装备。此外,自然科学院的师生还接受了制造玻璃器具的任务,科研团队"一边刻苦自学,一边虚心求教于各种专业工作者,因陋就简地用白土代替氧化铝,用土碱代替工业碱,克服了原料困难问题。接着又群策群力攻克了高温均匀锅炉和连续煅烧、半自动控温的技术难关"。经过一系列复杂而艰苦的试验和多次失败后,自然科学院的师生终于成功制造了玻璃,"还创建了年产针管14万支、痘苗管4万多支及部分化学玻璃器皿的边区第一个玻璃厂"。自然科学院在中国共产党的集中统一领导下,配合生产和战争需要,与其他科研机构协同工作,实现了科学教育与科学生产的有效结合。时人因此感慨:"前方需要酒精和炮弹,科学工作者就在生产实践中摸索试制酒精、炮弹;边区缺糖,就研制糖;医疗卫生缺乏医药和器械,就研制医用薄荷、甘油、手术工具等;工农业生产急需各种建设人才,自然科学院和边区各地的工农业技术训练班就培训并运输各种人才……科学技术与生产实践结合得如此紧密。"

在与生产相结合的过程中，自然科学院的科学教育发展出了独特形式。一方面，自然科学院鼓励师生在科研和教育过程中自由思考、相互争论、自由探索；另一方面，自然科学院也领导科学研究和科学教育，使之与现实需要相结合，通过与军事工业局、边区工业局的合作来实现教育机构和生产机构的协同工作。经由中国共产党的统一领导，战争和生产的需要为科学教育指明了大致方向，而具体的教学内容和教学形式却交由科技工作者自由探索。这样，在这块科学园地中，自由探索与统一领导便不再矛盾，而是有着各自的范围与效用，能够相互配合，共同推进科学事业的发展。当然，这一模式的成功，不仅有赖于中共的领导、边区的自由氛围和一系列的制度创新，更有赖于自然科学院开展的卓有成效的政治教育。

锻造革命熔炉：将政治教育贯彻到科学教育之中

在各条战线开展广泛、深刻而有针对性的政治教育，是中国共产党的宝贵经验和历史传统。自然科学院对政治教育十分重视，致力于将科学教育与政治教育有效融合，并且力图实现政治教育的针对性和多样化。事实上，自然科学院之所以能够实现革命与科学的互动，一个重要原因便是开展了别具特色的政治教育。

第一，自然科学院开展政治教育时，特别强调科学大众化的思想。科学之所以能与革命同向而行，是由于科学与革命的目标，都在于改善人民群众的生活，都致力于为人民的利益而奋斗。学习科学和参与革命，都是为了人民，也要依靠人民，而科学大众化，正是这一思想的生动体现。因此，科学大众化的理念成为边区开展政治教育的重要主题。《新中华报》发表文章指出："中国的民众，对于科学知识很缺乏，科学家们对于民众，也应该负起科学教育的责任。在目前，指导民众怎样防空，怎样防毒，怎样防疫，这也是学科学的人们义不容辞的责任。"在自然科学研究会成立大会上，陈云说："科学要大众化，要在广大群众中去开展科学的工作，并与全国自然科学界取得联系。"

自然科学院在开展科学大众化政治教育时，注重引导学生参与面向群众的宣传工作，在工作中培养政治意识。此时，《新中华报》开辟了"边区文化""经济建设"等专栏，进行科普教育。《解放日报》开辟了《科学园地》《卫生》副刊，并设立了"自然界""急救常识""农业知识""药用植物"等科普专栏。《群众日报》也经常刊登科普文章。自然科学院的教员和学生便在这些板块发表科普文章。以《解放日报》设立的《科学园地》副刊为例，据统计，这一副刊一共出版了 26 期，刊发 90 余篇文章。这些科普文章的作者主要来自自然科学院、自然科学研究会和光华农场三个单位，其中自然科学院的武衡、屈伯传（川）、乐天宇三人发表的署名科普文章就超过 10 篇。此外，中共中央宣传部组织出版科普读物，"仅 1942 年到 1944 年夏季，出版的《司药必携》《配偶禁忌》《解剖学》《耳鼻喉科学》《王大娘养胖娃》等六种医药卫生读物和宣传材料就发行达 78200 余册"。在这些科普读物的策划、撰写和编辑工作中，都活跃着自然科学院师生的身影。而为了推广自然科学院培育的农作物优良品种和农业新技术，自然科学院的学生不仅在报刊写科普文章，去中学讲课宣传，还"乘人们赶庙会之机，在群众聚焦的地方宣传"，在成功"让群众试吸我们自制的卷烟，同时廉价销售"之后，"群众相继到农场来索要种子"。经由这些实践，学生们也逐渐懂得了"要依靠群众，要为群众谋利益的道理"。

第二，边区的科学教育还要求将科学研究与生产建设相结合，实现"学与用的统一"。1943 年，李富春发现自然科学研究会对生产运动的关注度下降，便给自然科学研究会写了一封信，表达对科学研究与生产建设脱节的不满。李富春说："许多的自然科学家、专门家，仍然住在学校机关中尚未与边区广大的生产建设的实践接触，或者感觉无事可做，或者参加了生产建设的，仍然是在摸索，在碰壁，这是什么原因呢？"自然科学研究会将这封信交给《解放日报》发表，同时附了一段声明，认为李富春提出的"把自然科学应用在边区生产实践中"的主张，应该成为"边区自然科学的工作方向和发展方向"，"我们科学界的同志们应该深刻地研究讨论，并以实际工作来响应，以期达到改造我们的工作的目的"。此事虽然发生在自然科学研究会，但也促使自然科学院开始自我反思。为促进学习与生产结合，自然科学院改革教学方法和考试方法，更加注重科学知识的实际运用。此后，自然科学院的考试不再以"学生能熟背书本，回答问题为唯一的考试方法"，而是"以学生的是否善于应用为标准"。同时，自然科学院增加实习课程，在实习课上带领学生在生产车间、田间地头开展科学教育，并切实调查群众对科学的需求，以解决群众的实际困难。1945 年年初，自然科学院还办起了实验农场，在农场中开展实地教学，一边学习，一边"向农民宣传推广新技术"。农场培育经济作物，将高产作物推广给农民种植，先后推广了"马牙玉米、甜菜、白兰瓜以及哈瓦那烟草等良种，都为群众所喜爱"。

第三，自然科学院不仅在课堂上讲授政治理论，也在日常生活中言传身教地塑造学生的人生观和价值观。一方面，自然科学院开设了高质量的政治课，并多次邀请党的领导干部到校做政治报告。"李富春任院长时，亲自讲过党的建设，还给师生们做政治报告。徐老任院长时，每周讲一次政治课，朱总司令、林伯渠、叶剑英等同志都来校做过报告。这些报告，内容丰富生动，对青年一代希望殷切，给同学们很好的抚育和培养。"另一方面，自然科学院的老师们以身作则，言传身教，在日常生活中开展无形的政治教育。自然科学院的教师，大多有着真诚强烈的革命热情，积极参与生产劳动，关心爱护同学，与人民群众打成一片。自然科学院院长徐特立，可谓是科学院政治教师的代表。自然科学院建立初期，边区布料紧张，同学们没有鞋穿，就用旧布做草鞋，"以后布用完了，又是白天就打赤脚，晚上就寝前洗脚后踩着仅有的一双布草鞋上炕"。徐特立此时已近70岁，按照规定可以领到草鞋，但他也总是打着赤脚走到学校。一位学生回忆："在马家湾时，徐老住在山上，下雨天，他自己提着板凳，光着脚，拄着拐杖下来讲课……1941年中央发给他的棉衣，他不穿，在延安遭到水灾后募捐了，又发给他一套，他还募捐了。"还有一位学生回忆："徐特立院长经常给山西来的两个小同学补衣服，洗头，还帮他们消灭身上的虱子。"在许多学生的回忆中，无不提及徐特立艰苦朴素的生活作风，并为他的精神所感染。可见，自然科学院的政治教育，不仅是理论教育，更是生活教育。

第四，自然科学院高度重视中共中央发起的整风运动，并在整风中取得了突出成绩。整风运动发起后，徐特立院长三次给自然科学院发函，指示整风运动的工作方针："检查领导、检查整个工作，这是主要的。至于谁负责却是次要的，最后才检查思想上的错误。"徐特立还强调，开展批评与自我批评时，"批评不是打击，要有原则，要有事实，热骂可矣，但不许冷嘲和暗箭伤人（不指人不指事即暗箭）"。随后，自然科学院积极开会整顿工作和学习文件，"召开干部会多次，对学校领导工作，教学方法等均有所检讨"。徐特立也搬入科学院居住，以方便长期参加整风运动。在整风过程中，自然科学院召开学生和教师广泛参与的辩论会，讨论"科学技术有无党派性""马列主义的字句与精神实质如何区分""科学技术大众化"等问题。在讨论过程中，科学院内部产生了分歧。面对分歧，自然科学院负责整风运动的主席团并未压制不同意见，而是决定："必须重新研究《改造我们的学习》等学风及党风文件，以求紧紧握住文件精神再来讨论问题。"经过多次讨论，终于在这几个问题上取得共识，"一致认为不必拘泥于词句，而着重在讨论怎样使科学充分表现党性，为大众（工、农、兵）服务；怎样眼睛向下，向群众学习，总结群众（如吴满有等）的经验，提高到理论程度，又怎样在教授内容中将收集的实际材料，贯穿进去；怎样把技术成果推广普及广大群众中去，使群众掌握住技术，提高生产"。而学生们也通过听报告、精读文件、写学习笔记、小组会讨论、开展批评与自我批评等方式,"树立了革命的人生观……认识到任何时候都要理论联系实际,不做空头政治家,要做老老实实为人民服务的无产阶级革命家"。经由整风运动,自然科学院的学生还认识到:"学科学技术不是为了个人成名成家,而是要成为红色专家,为社会进步服务。"从 1942 年 3 月到 10 月,《解放日报》持续关注自然科学院的整风运动,前后刊发了 12 篇新闻报道,为其他机关的整风提供学习案例。这些报道详细展现了自然科学院整风的复杂细节,也表明了中共中央对自然科学院整风成效的肯定。经由整风运动,自然科学院既革除了日常工作中的弊病,又给师生们上了一堂深刻的思想政治课。

自然科学院的思想政治教育,给学生们打上了很深的烙印。60 多年后,延安自然科学院的学生黎扬对徐特立开设的思政课依旧记忆犹新。黎扬回忆:"(徐特立)说他在湖南办学的时候,他的一些学生虽然学习很好,但是学完了以后,有的人会跑到官僚那边去做事,去剥削压迫人民。他说他培养的学生,要真的是为人民的,为人民服务的。"在自然科学院学习时尚且年青的陆标也依旧记得:"革命的乐观主义精神激励着我们,这种吃苦耐劳、艰苦奋斗的作风对我们一生都有深刻的影响。"可见,政治教育对于科学教育来说,绝非无足轻重,而是关乎科学技术能否为人民服务、如何为人民服务的根本性问题,也关乎学生成长为何种科学工作者的问题。李富春曾说,自然科学院的教学目标,是要培养"革命通人、业务专家"。这八个字,可谓精确概括了自然科学院将政治教育与科学教育融为一体的教育成果。

深入细致的思想政治工作,将革命精神与科学精神熔铸合一,培养了"又红又专"的科学人才。自然科学院逐渐成为传授科学知识的科学园地,也成为培养进步意识的革命熔炉。而自然科学院培养的学生,大多成为"具有远大的革命理想,有全心全意为人民服务的精神,有良好的道德品质,有健全的体魄,有从事实际工作的本领"的新中国建设者。新中国成立后,他们"成为各级政府部门、厂矿企业、研究单位、医院、学校的负责干部,有的则成为科学家、工程师等专门人才",为国家发展作出了重要贡献。

结论

延安时期陕甘宁边区的科学教育,受益于中国共产党高远的政治追求、强大的组织能力和杰出的战略思维,得以在极端艰苦的环境中蓬勃发展起来。为实现科学和革命的互动,中国共产党为边区科学教育的开展奠定了思想、组织和人才基础,也为自然科学院提供了较为稳定的教育环境和多方面的支持。自然科学院建立后，积极探索科学教育的教学形式，营造了自由探索的教学和科研氛围。自然科学院还主动与其他科研机构和生产部门一道协同工作，在中国共产党的统一领导下将科学教育与工农业生产相结合，建立了实习工厂，参与冶炼生铁、试制玻璃等工作，为边区的生产建设作出了贡献。而边区科学教育最为宝贵的教育经验，在于将政治教育熔铸于科学教育中，倡导科学大众化、科学进步为人民服务的政治理念。

自然科学院的政治教育，不仅发生在课堂上，也发生于生活中。在与学生的朝夕相处间，科学院的教师以身作则、身体力行，培育青年学生的革命精神和进步意识。可以说，延安时期的政治教育之所以成为典范，既是由于其政治教育所具有的针对性，更是由于以徐特立为代表的教师真正"明道""信道"，言行一致，能够以革命者的身份去教育青年。正是基于扎实的科学教育和深入的政治教育，自然科学院为新中国培养了一批"又红又专"的人民科学家，成为社会主义科学教育的蓝本，直到今天，也依旧可以为新时代的科学教育提供历史借鉴。

（熊成帅：清华大学高校德育研究中心、马克思主义学院博士研究生）

徐特立思政教育思想在延安自然科学院的实践与成效

王 娟　孔维昊

（《长沙大学学报》2021年第35卷第1期）

党带领人民在革命、建设、改革的不同历史时期，在长期的思想政治理论教育工作过程中，积累了一系列规律性认识与成功经验。其中，在新民主主义革命时期，党领导下的高校思想政治理论教育事业开始起步并逐步发展，为革命赢得彻底胜利锻造了人才队伍，也为党在新中国成立后建设和改革思想政治理论教育工作奠定了历史基础。1940年诞生于延安的自然科学院，是党在新民主主义革命时期创办的第一所理工类高等学校。自成立伊始，延安自然科学院便致力于培养党的自然科技人才和科技干部，高度重视对学生进行思想政治理论教育，坚持开展思想政治理论课程教学，打造思想政治理论教育教学的优良传统，形成自身鲜明的工作特色，并取得卓有成效的教育成就。新中国成立前，自然科学院在延安及华北地区辗转办学，始终围绕"为谁开展思政教育工作，怎样开展思政教育工作"的核心问题而砥砺前行，积累了丰富的办学经验和思政教育经验，为抗战的胜利和祖国的解放事业作出了不可磨灭的历史贡献。延安自然科学院办学时期，一批革命家、党的重要领导干部以及学校不同时期的领导，都非常重视学校的思想政治理论教育工作，他们的教育思想对延安自然科学院的思想政治理论教育事业产生了积极的影响，其中，徐特立的教育思想特别值得回顾总结与继承发扬。徐特立是20世纪对中国教育事业产生极大影响的杰出教育家，是新民主主义教育和新中国社会主义教育事业的主要奠基人，也是我党思想政治理论教育事业的先驱者。1940年冬，徐特立开始担任延安自然科学院院长，他将自己丰富的教育工作经验和中国革命的实际情况相结合，提出了许多具有远见卓识的思想与见解，他的教育思想具有鲜明的时代特色和开拓性的历史贡献。

徐特立关于思想政治理论教育的主要思想

（一）坚持以马列主义作为指导思想，提高学生的政治理论水平

延安自然科学院的育人目标是"革命通人、业务专家"，在人才培养过程中，始终贯彻思想政治理论教育与专业业务学习相结合的教育方针，教育学生系统学习马列主义的科学知识，提高政治理论水平，努力培养具有崇高革命精神、正确政治方向、坚定政治信仰的科技工作者。延安自然科学院的师生多是积极主动投身革命的知识分子、青年学生以及革命干部或者烈士的子女，怀有极高的革命热情，但要成为一名具有崇高共产主义理想的科技人才，他们还需要掌握马列主义的基本理论，树立正确的世界观和人生观，徐特立对此十分重视。徐特立充满信心地说："拿马克思的宇宙观来分析每一任何具体问题，这才是思想教育的真谛。"他还强调说，学校的思想教育，"是把马克思主义的辩证唯物论和唯物史观（即马克思主义的宇宙观），贯彻到学校各科课程和实际生活的各方面去，以培养学生能够独立地运用马克思主义的宇宙观去处理他们学习及日常生活的一切问题"。他教育学生要学习马列主义的精神实质、立场、观点和方法；要求广大师生努力学好马列主义的辩证唯物论和历史唯物论，通过对马列主义理论的学习，培养自身高尚的人格，树立自身坚定的革命理想信念、正确的人生观和世界观。

无产阶级发展自己的科学事业，不能寄希望于没有经过思想改造、没有改变阶级性的旧式人才，因此必须高度重视学生的思想政治素质和道德品格的养成。徐特立认为教育重在德育，育人"德"为首，即思想品德和政治理论的教育尤为重要。徐特立多次向学生谈道："我们办科学院不仅传授知识，更重要的是育人，要使同学们成为掌握科学技术并具有崇高共产主义理想的人才，为抗战建国、为共产主义事业英勇奋斗。"他明确指出，办学校如果忽视思想政治的培养方向，这样的教育是失败的。他指出："同学们要做革命通人和业务专家，就要在学好科学技术的同时，认真学习马列主义和毛主席的著作，用马列主义武装自己的头脑。"他不断地告诫大家，要有革命理想和信仰，要为无产阶级崇高的共产主义事业而活着。

（二）坚持"实事求是，不自以为是"的思想教育原则

延安自然科学院作为党创办的第一所理工类大学，白手起家开展革命教育事业和思想政治理论教育，需要遵照革命实际、尊重教育的客观规律。对此徐特立指出，思想教育要有良好的学风，学风中最主要的原则是"实事求是，不自以

是"。他倡导思想解放，倡导从自以为是的思想中解放出来，认为教师必须要有"实事求是，不自以为是"的求实精神和作风。他明确地指出，自以为是、自以为知、自以为能，会阻碍自身虚心向他人学习，就不会实事求是。徐特立指出，"一切从实际出发，并把感性知识上升到理性"，"都是马克思主义普遍真理与中国实际结合，即毛泽东思想的胜利在教育方面表现出来"。他还犀利地指出，"自以为是，是思想生命的一个病态"，"自以为是者……就是思想的生命断绝"。

徐特立不仅强调实事求是的优良学风，而且也反对教条主义，反对轻视理论的经验主义。徐特立主张，思想教育要在实事求是的基础上做到灵活、自由。他大力提倡思想自由，大力开展学术问题和思想问题的讨论。他认为，这是推动自然科学、社会科学以及高等学校、科研机关工作迅速发展的重要措施之一。在遵循实事求是基本原则的前提下，徐特立等延安自然科学院的革命教育家针对学生的实际情况安排年级设置和学习方案，要求大学部注重学术研究、中学部偏重实用科技；同时采用理论与实际相结合的教育方法，给学生讲授相应的政治理论和社会科学知识，使学生对中国前途有正确认识，愿意为新生的、光明的中国而奋斗。这体现出徐特立实事求是教育思想指导下延安自然科学院良好的办学作风。

（三）坚持教育、科研、经济"三位一体"教育模式的辩证统一

1941年，徐特立提出教育、科研、经济"三位一体"协调发展的重要思想，它不仅是延安自然科学院的师生学习自然科学知识遵循的基本原则，而且对广大师生开展思想政治教育工作具有重要的实践指导意义。徐特立指出，"科学教育与科学研究机关以方法和干部供给经济建设机关，而经济建设机关应该以物质供给研究和教育机关。三位一体才是科学正常发育的园地"，其中，科学是国力的灵魂，也是社会发展的标志，而"教育是社会的中心、生产的中心"。他主张教育要为政治、经济服务，明确人的全面发展是教育的目的。

根据徐特立"三位一体"的办学主张与教育原则，延安自然科学院的思想政治理论教育工作除开设政治理论课程之外，还特别注重组织学生参加必要的革命活动、社会实践与生产劳动，让学生在实践中学习和锻炼，从而接受并坚定共产主义信仰，拥有正确的政治方向。自然科学院在徐特立担任自然科学院院长时期，以及在其后辗转办学的不同时期，探索出一条服务于抗战建国现实需求，集理论教育、科学研究和实践锻炼为一体的、特殊的战时教育模式，并坚持在实践中提升学生的综合科学技能和政治理论水平，不仅帮助解决了陕甘宁边区经济建设中遇到的许多实际困难和重大问题，而且教育培养了一大批具有创造精神和革命觉

悟的劳动者，为新中国培养了许多兼具业务能力、忠诚品质、坚定信仰和管理才能的优秀人才。

（四）思政教育要助力教育事业实现科学化、中国化、大众化

徐特立作为杰出的无产阶级革命家、人民教育家，在马克思主义的指导下，吸收了古今中外优秀的文化教育思想，在革命时代融合传统文化和外来文化的重要思想成果，形成了独具中国革命特色的教育思想，他的教育思想是我国思想教育史上的宝贵财富。徐特立的教育理念与思想既有对包括人本主义教育思潮在内的西方教育理念的借鉴，又有对中国传统教育思想智慧与精粹的传承。徐特立曾留学法国，到德、日、比等国进行过教育考察，也到苏联中山大学学习过，可谓博学多能、经验丰富。徐特立认为，中国现代教育事业要实现"科学化、中国化、大众化"的教育目标，思政教育应服务并助力于这个宏伟目标。徐特立把马克思主义哲学与中国传统文化哲学思想相融合，始终坚持唯物辩证的教育哲学思想。徐特立的教育思想，源于"人民群众创造了教育，教育属于人民群众"的认识，他始终坚持独具中国特色的"群众本位"教育思想。他提倡要吸取人类知识的一切遗产，将人类文明遗产和中国实际结合起来，提倡古为今用、洋为中用，取其精华、创造发展，"无分古今中外，任何阶级，任何党派，都一样要向他们学习"。

在近代中国急需挽救民族危亡的紧张形势下，出于对富国强兵的迫切期待，知识分子对西方实用之学孜孜以求。徐特立敏于西学，却又在教学过程中对传统教育内容也主动加以吸收，对旧有教育经验和方法自觉借鉴，构建起自己独特的教育思想体系，这是"民族危机下文化选择与文化自觉的典型体现"。正是这种自觉意识才促使徐特立在马克思主义指导下，通过思想政治理论教育的途径，努力建构教育事业科学化、中国化、大众化的发展图景。

（五）提倡思政教育者要以身作则，做"身教主义者"

徐特立认为，在对学生进行思想教育的时候，教师首先要做到"人师与经师合一"，提倡"身教主义"，坚持"以身作则"。他认为，"每个教科学知识的人，他就是一个模范人物，同时也是一个有学问的人"。他还强调，"做教育工作的人一般总是先进分子"，需要"以身作则""言论和行动绝对一致"，并声称自己只是一个"身教主义者罢了"。从实践而言，徐特立接替李富春担任延安自然科学院院长以后，从教育方针到课程设置，从政治思想工作到后勤工作，他都亲自过问、具体安排。他给教师、干部和学生讲授政治理论课，宣传马列主义、毛泽东思想，

激励和教育年轻一代。徐特立十分关心学生的全面发展，特别关心他们在政治上的健康成长。他亲自抓学校的政治思想工作，曾经讲授联共（布）党史、中共党史、马克思主义哲学课程等，并在哲学课程中专门开辟了"自然科学概论""自然科学史"等章节，引导学生掌握和运用自然辩证法。他还经常通过组织或参加各种活动去引导学生进行政治理论学习，使同学们受到生动而深刻的思想政治理论教育。

徐特立学而不厌、诲人不倦，做到了言教、身教。他给师生讲授政治课、做报告、宣传马列主义的时候并不照本宣科，而是将理论结合实际，深入浅出地用我党的伟大实践和革命斗争的具体事例，教育大家做无产阶级的革命战士。学生们深情回忆到，徐特立根据自己的革命经历和渊博学识，对半剥削制度，对人类社会的发展规律，对社会主义的美妙未来，为学生们做过很多次报告，学生们听后纷纷表示"如得春风，如沐春雨"。

徐特立指导下延安自然科学院思想政治理论教育的实践与成效

延安自然科学院在徐特立院长等革命前辈的带领下，始终重视思想政治理论教育教学工作，在课程设置、授课时间、师资力量、教学手段等方面不断探索，初步形成了新民主主义革命时期思想政治理论教育教学体系，积累了宝贵的历史经验。

（一）具体实践

1. 课程设置：延安自然科学院开设的思想政治理论课程主要有社会发展史、马克思主义哲学与政治经济学、中国革命与中国共产党的历史、边区建设概论，还有学习已公开的毛泽东著作以及时事形势、政策教育等课程。这些课程帮助学生系统学习马列主义和党的方针政策，深刻认识社会发展规律。自然科学院还开设"革命人生观"课程，使学生从社会发展规律上认识到确立革命人生观的必要性。

2. 授课时间：延安自然科学院的思想政治理论教学时间总体上是有基本要求、基本保障的，大多时候是规定一个固定时间开展课程教学。此外，相对自由、灵活地安排一些课外实践活动。延安自然科学院规定每周有一天或者半天为思政课教学时间。据校友回忆，政治是要经常学习的，每周有半天的政治课，内容或是系统理论，或是时事、政治形势，或是教员讲授，或是集体讨论。第一学期的课程除数学、物理、化学、外语等专业基础课以外，同时要求每周学习政治课一天，主要学习马列主义和党的方针政策。据统计，此时期的思想政治理论课教学时数占总教学时数的 20%~30%。同时为防止形式主义和教条主义的影响，要求在专业学习中政治课不能出现占用课时过多的情况。

3. 师资力量：总体而言，在延安自然科学院时期，专门的思想政治理论教育教学方面的师资力量十分缺乏，但是可以挖掘利用的、为学生开展形式多样的思想政治理论教育工作的教师资源还是比较丰富的。除党的重要领导人时常到校进行时事形势的报告以外，思政课程很多时候由学院主要负责人带头讲授，同时也会聘请外校教师进行授课，总之是竭尽所能地向学生传授思想政治理论知识，提供革命信息，开阔学生的政治视野。学院领导人李富春、徐特立及中央组织部、中央宣传部的领导干部，曾到校向学员讲授中国革命史、联共（布）党史、马克思主义哲学、形势任务等课程。中央领导同志毛泽东、朱德、陈云、林伯渠、叶剑英等也经常来校做形势和政策报告。中央组织部也派人来学校了解情况，帮助解决学生生活上和学习上的问题，推进思想政治教育工作。

4. 教学方法：延安自然科学院采取丰富多样的教学方法与途径，全方位地对学生进行思想政治理论教育。在每周半天或一天的政治课上，教学内容密切联系时政形势进行分析、讲解，或是教员讲授，或是集体讨论，教学方法多样，学习形式灵活。据校友回忆，讨论常常是学习的主要形式。大家各抒己见，发言热烈，充分发表不同见解。"每讨论一次，每个人都感到一种很大的满足，心情无限畅快"，获得了思想解放和思想教育。此外，学校还安排参观、实习等环节，经常组织学生参加各种政治活动，例如发动学生参加各种抗日救亡活动、参加整风运动、参加长达七个月之久的教育方针大讨论，对学生思想政治理论水平的提高有很大帮助。学校鼓励学生积极参加体力劳动，如开荒、种地、积肥、烧炭、纺线、织毛衣、编草鞋等。可以说在整个学习期间，学生始终未脱离劳动实践。对青年学生来说，不仅能增加生产知识、磨炼体格，更有意义的是从中体会到劳动人民的思想感情，锻炼了革命意志，达到了思想教育的目的。在徐特立的领导下，延安自然科学院的思想政治理论教育工作形成了自身鲜明的特色：党中央高度重视，教学具有坚强有力的政治组织保证；重视政治学习，育人目标是培养又红又专的人才，提高学生政治素养；以服务于抗战建国为价值取向，满足国家战略需求；坚持理论联系实践，要求学生到实践中学习、锻炼和改造革命思想；注重共产主义价值观培养，锻造战时民族精神。以上这些教育实践、方针政策等体现和诠释了延安自然科学院办学以来学校所追求的教育价值和培养目标。

（二）教育成效

延安自然科学院成立后，大力开展自然科学的教学与科研活动，取得了丰硕的教学与科研成果，也积累了丰富的办学经验和思政教育教学经验，为革命培育了一大批科技干部和管理干部，为抗战的胜利、祖国的解放事业以及新中国的建设事业作出了不可磨灭的历史贡献。

1. 服务经济建设：延安自然科学院按照中共中央提出的办学目标，在徐特立等人的领导下，全院师生积极参加边区的经济建设，服务于抗战和新民主主义革命，为边区经济建设、增强抗战建国的物质力量作出重要贡献。师生们在徐特立倡导的教育、科研、经济"三位一体"办学思想的指导下，因陋就简、因地制宜，用西北的野生马兰草成功造纸，用沙滩筑盐田的方法制盐，发现并垦殖了南泥湾，提供生产玻璃、肥皂、酒精、纯碱所用的设备，制造了"丰足牌"火柴、玻璃、肥皂和几百万枚军装用铜纽扣，指导炼铁厂、火药厂的生产，探明并开采油井、气井，设计修建了边区水坝、安装了水轮机，设计建设了杨家岭"七大"会议大礼堂等。师生利用自身突出的科学研究能力和过硬的思想政治素质，集中力量解决边区经济建设和生产生活中遇到的各种技术难题，在军工、民用和农业生产等多个领域，作出了卓越贡献。

2. 致力人才培养：延安自然科学院为陕甘宁边区经济建设培养了人才、提供了智力支持，并且为新中国培养了一大批兼具业务能力、忠诚品质和管理才能的高质量的革命科技人才。这些科技人才同时也是接受了党的思想政治理论教育、具有坚定政治信仰和革命精神的红色科技人才。据不完全统计，先后在延安自然科学院学习过的学生有五百多人。这些革命的青年学生，经过党的思想政治理论教育、学校学习和工作中的实际锻炼，其政治觉悟、思想认识、业务知识和工作能力不断进步、提高。他们分布在全国各地，许多人成为业务专家和领导骨干，有大学教师，有研究机关的研究员，有生产部门的工程师，有中央和省、自治区、直辖市的党政领导干部，曾经为我国的社会主义现代化建设事业作出积极的贡献。这些无不体现了延安自然科学院服务于陕甘宁边区经济社会发展，服务于抗战、建国人才需要的价值追求，深刻诠释了其服务国家战略需求、培养红色科技人才的价值取向。

3. 锻造延安精神：延安自然科学院的师生在实践中不仅传承了艰苦奋斗、自强不息的民族精神，也锻造出战时光辉的延安精神。在革命战争年代，在艰难的历史条件下，党带领广大军民培育了以坚定正确的政治方向，实事求是的思想路线，全心全意为人民服务的根本宗旨，自力更生、艰苦奋斗的创业精神为主要内容的延安精神。凭借着延安精神，自然科学院在逆境中生存并走向强大，在诸多领域创造了可歌可泣的奇迹。延安自然科学院是延安精神重要的培育者和践行者，在延安精神培育和弘扬的过程中发挥了独特的历史作用，留下了鲜活的一页。

徐特立领导下延安自然科学院思想政治理论教育的历史经验

在徐特立的领导下，延安自然科学院在困境、逆境中坚持开展思想政治理论教育工作，留下了许多优良传统和历史经验，为新中国以及改革开放新时期的思政教育工作提供了宝贵的历史借鉴，可以更好地推动今天学校思政教育事业的守正创新。

作为党开展思想政治理论教育的先驱者之一，延安自然科学院自成立到新中国成立短暂的十年间，和其他的人民革命大学一道，开拓了党的思想政治理论教育教学事业，在烽火年代里很好地完成了承前启后的历史使命。正如很多师生所深情回忆的，延安自然科学院走的路子是正确的，经验是宝贵的，其在思想政治理论教育探索过程中留下来的宝贵精神财富，值得进一步研究、总结、继承和借鉴。

第一，始终牢记思想政治理论教育工作应以培养合格的革命者和建设者为至高目标，培育具有坚定政治信仰的高质量人才是教育者的奋斗目标。延安自然科学院是党亲手缔造的第一所理工科大学，在徐特立的领导下，学校始终坚持对全体师生进行马列主义教育，始终坚定地将思想政治理论教育作为重要的教学内容。针对今天思政课教学暴露出的一些泛娱乐化、形式主义甚至庸俗主义的问题，我们要继承延安自然科学院的优良传统，不能背离"立德树人"的根本目标，应推进思政课建设与改革的守正创新。

第二，始终高度重视思想政治理论教育教学工作，确立思政教育在学校各项工作中发挥方向性和统率性作用的地位。延安自然科学院从成立到在华北辗转办学期间，始终坚持党的领导，学校各方面工作包括思想政治教育工作都是在党组织的领导、关怀以及支持下进行的。学校各级党组织的高度重视，是学校思想政治理论教育教学工作顺利开展并取得巨大成绩的根本政治保证。

第三，始终坚持服务于国家战略需求。在抗战时期和解放战争时期，自然科学院的思想政治理论教育工作者从未偏离办学初衷，从未改变教育初心。服务于抗战的需要、为抗战胜利后国家的建设而培养合格的技术人才，是延安自然科学院建院和辗转办学一以贯之的宗旨，体现了服务国家战略目标的价值取向，是党为人民服务的神圣宗旨在思想教育领域的深刻体现，凸显高等教育与党同呼吸、与国共命运的优秀品质和时代担当。

第四，始终遵循教育、科研、经济"三位一体"的教育原则，竭尽所能地开创生动活泼的思想政治教育格局。学校坚持理论联系实际的教育原则，通过多途径、多手段、多方法，指导广大学生投入火热的劳动实践和革命洪流当中，教育学生树立远大的革命理想，培养其全心全意为人民服务的精神、良好的道德品质、健全的体魄、正确处理理论与实际的辩证关系的能力。

第五，始终注重精神层面的锻造，既继承了自强不息、艰苦奋斗的传统民族精神，也参与锻造了战时延安精神。

今天高校的思想政治理论教育教学，更要注重传承革命文化和红色基因，学习和继承老一辈无产阶级革命家、科学工作者开拓创新、积极探索、勇于进取的科学精神和崇高情怀，引导学生厚植家国情怀，成长为担负民族复兴大任的有为青年。

徐特立在新民主主义革命时期的政治理论教育思想内涵丰富，扎根于近代中国的具体国情，紧密服务于我党战略目标，表现出极强的时代性、科学性和实践性，在当时为革命战争与边区经济发展作出了重要贡献，也为此后建设新型社会主义大学以及党领导下的思政课提供了宝贵的历史经验，对于今天思政教育事业的守正创新仍然具有重要的现实启迪意义。延安自然科学院诞生在抗日烽火燃烧的年代，一路走来，她既是传授科学知识的园地，又是陶冶革命情操的熔炉。在徐特立的领导下，她始终围绕着"为谁开展思政教育工作，怎样开展思政教育工作"的核心问题而砥砺前行。徐特立领导下的延安自然科学院积累的思想政治理论教育教学方面的历史经验，一直薪火相传、泽被后世。

（王娟：北京理工大学马克思主义学院副教授；孔维昊：北京理工大学马克思主义学院硕士研究生）

延安自然科学学院办学方针确定的实证分析

储朝晖

(《北京理工大学学报(社会科学版)》增刊 2020 年 S1 期)

[摘 要] 延安自然科学院是在特殊环境中为了实现特殊目的由一些特殊的人创办的高等教育机构,是中国共产党在新民主主义革命时期在根据地创办的第一所培养科技人才的理工农综合性大学,开创了中国共产党领导高等自然科学教育的先河。它的前身是延安自然科学研究院,1940 年 9 月 1 日宣布正式成立自然科学院,1943 年并入延安大学,抗战胜利后迁离延安。它如何确定办学方针,早已有人关注讨论,但对它的背景认识的完整性和深刻性尚不充分,呈现的线性陈述未能完整体现原本的多方表达。对已有史料进行分析显示,自然科学院办学方针是新民主主义教育方针在自然科学高等教育领域的个案,依据当时实际经过民主讨论汇聚了各种教育理念,争议用词并不一致、规范,语义上产生了不少歧义。自然科学办学方针演变与确定显现出中国共产党领导教育的逻辑。

[关键词] 延安自然科学院;办学方针;实证分析

"教育方针""办学方针"是教育发展到现代、教育主体组织化以后产生的词,常用来指代国家、组织、机构或政党在一定历史阶段教育工作的总方向。在中国最早使用"教育方针"一词的是蔡元培,1912 年蔡元培在教育部新草学校法令时使用了"教育方针""政府之方针"之类的词,提出"五育并举"主张,并提到"夫军国民教育者,与社会主义僻驰,在他国已有道消之兆","即进而达礼运之所谓大道为公,社会主义家所谓未来之黄金时代,人各尽所能,而各得其所需要,要亦不外乎现世之幸福。"最早将"社会主义"与"教育方针"联系在一起讨论。

办学方针提出的背景

延安自然科学院办学方针确定有三重背景。

（一）学缘延续背景

中共党史上最早与自然科学相关的组织是 1936 年在上海的艾思奇、章汉夫、于光远等一些学习自然科学的共产党人组织的"自然科学研究会"，后来他们中的一些人到达延安，在学习《反杜林论》等马克思主义著作中遇到自然科学的问题，需要研究自然科学，又在延安组建了"延安自然科学研究会"。延安自然科学研究会明确"发展自然科学，有组织有计划的来肩负抗战建国其中自然科学界应有的任务"。

毛泽东在延安自然科学研究会成立会上的发言说："自然科学是很好的东西，它能解决衣、食、住、行等生产问题……自然科学是人们争取自由的一种武装。人们为着要在社会上得到自由，就要用社会科学来了解社会，改造社会，进行社会革命，人们为着要在自然世界里得到自由，就要用自然科学来了解自然，从自然里得到自由。自然科学是要在社会科学的指挥下去改造自然界，但是自然科学在资本主义世界里却被阻碍了它的发展，所以要改造这种不合理的社会社会制度。"这些成为延安自然科学院办学方针确定的学缘延续背景。

（二）宏观指导背景

中国共产党教育方针是延安自然科学院确定的重要宏观指导背景。这一背景可分为延安自然科学院建立前的中国共产党教育方针和延安自然科学院建立所处时期的教育方针，前者是整体背景，后者是具体的背景。

马列主义理论是中国共产党确立教育方针的指导，马列主义者主张以阶级观点考察教育，教育为革命斗争服务，中共第一任总书记陈独秀说，"中国底知识方面物质方面都这样不发达，所以有心改造中国之人都早已感觉着发展教育及工业是顶重要的事"，中国应当"用社会主义来发展教育及工业"，不能走资本主义的老路。

中国共产党早期依据马列经典提出教育纲领。1921 年 7 月中国共产党第一次全国代表大会通过的《中国共产党的第一个决议》中对工人学校规定："学校的基本方针是提高工人的觉悟，使他们认识到成立工会的必要。"把教育当作革命斗争的一种武器，要求教育为民主革命的政治任务服务。1922 年《关于"工会运动与共产党"的议决案》第十一条指出:"工会自身一定要是一个很好的学校,它应当花许多时候努力去教育工会会员,用工会运动的实际经验做课程,为的是要发展工人们的阶级自觉。""工会是所有工人的组合(不管政治见解怎样),工人们在工会里,去接受'怎样用社会主义和共产主义精神去奋斗'的教育,与共产党向同一目的进行。"1927年在武汉召开的中国共产党第五次全国代表大会通过的《对于共产主义青年团工作决议案》提出"引导青年群众参加党领导的一切政治争斗,这就是青年无产阶级的共产主义的革命教育"。1928年,中共第六次全国代表大会在莫斯科秘密召开。大会通过的《政治决议案》指出,目前党内工作任务之一是"加紧党员群众的教育,增加他们的政治程度,有系统地宣传马克思列宁主义,研究中国革命过去几个时期的经验"。

在中央苏区形成教育总方针。苏区实行"工农武装割据",配合和服务于"工农武装割据"是教育的主要任务,"实行普及教育,提高革命文化"。1931年11月,中华苏维埃共和国在瑞金召开第一次全国工农兵代表大会,通过《中华苏维埃共和国宪法大纲》,确定文化教育的方针政策为:"中国苏维埃政权以保证工农劳苦民众有受教育的权利为目的。在进行国内革命战争所能做到的范围内,应开始施行完全免费的普及教育,首先应在青年劳动群众中施行,并保障青年劳动群众的一切权利,积极地引导他们参加政治和文化的革命生活,以发展新的社会力量。"《中华苏维埃共和国第一次全国工农兵代表大会宣言》也宣布:"一切工农劳苦群众及其子弟,有享受国家免费教育之权,教育事业之权归苏维埃掌管,取消一切麻醉人民的、封建的、宗教的和国民党的三民主义的教育";"在苏维埃政权之下,取消各种宗教团体的特别权利……政权组织、教育机关与宗教事业绝对分离,但人民有信仰宗教或反对宗教的自由"。这次大会设立了中央教育人民委员部,瞿秋白任教育人民委员部部长。1934年1月,毛泽东代表中华苏维埃共和国中央政府在中华苏维埃第二次全国代表大会上所作《对第二次全国苏维埃代表大会的报告》中提出:"苏维埃文化教育的总方针在什么地方呢?在于以共产主义的精神来教育广大的劳苦民众,在于使文化教育为革命战争与阶级斗争服务,在于使教育与劳动联系起来,在于使广大中国民众都成为享受文明幸福的人。"

1935年12月,中共中央在陕西瓦窑堡召开政治局会议,对当时的时局分析认为:中华民族处于生死存亡的紧要关头,民族矛盾上升为主要矛盾,阶级矛盾成为次要矛盾。中共中央基于这一分析发表了《关于目前政治形势与党的任务的决议》,确定了建立抗日民族统一战线的战略方针。在教育上,中国共产党主张实行新民主主义教育,"实行抗战教育政策,使教育为长期抗战服务",使教育"为全民族中百分之九十以上的工农劳苦民众服务。"基于政治形势的分析，以及"政治方针确定后，干部就是决定因素"的判断，中共中央在陕北采取了一系列措施，在兼顾扫盲和普及教育的同时，将干部教育、国防教育、抗日教育放在优先发展的战略位置。1941年5月，毛泽东发表《改造我们的学习》演讲，同年8月中共中央作出"关于调查研究的决定"，在整风运动中从党内教育和政治教育开始对教育进行改革，对过去脱离实际脱离群众的教育进行彻底的检讨、改造。针对"严重的教条主义与旧型正规化的毛病，脱离甚至违反边区与边区人民的需要"问题，边区政府委员会"指出了明确的方针：为抗日战争与边区人民服务，干部教育第一，国民教育第二……使之充分符合革命的三民主义（即新民主主义）和十大政策的精神，适合于边区当前建设的需要"。

新民主主义时期教育方针是延安自然科学院的具体背景，仍以马列主义的教育学说为理论基础，紧紧围绕抗战、边区建设、解放战争形势，注重马列主义教育学说与中国革命具体实践相结合，为培养抗日战争、边区建设、解放战争乃至新中国经济建设人才服务。

自然科学院创立之后，中共中央《关于延安干部学校的决定》中明确指出，自然科学院为培养党的与非党的各种高级与中级的专门的政治、文化、科学与技术人才的学校。

（三）延安生活背景

延安自然科学院建于延安，其办学方针的确定就自然与延安的生活状况和当时形势相关。延安的经济建设面临困难，"我们的技术人员和熟练工人还远远不足以应付工作发展中的需要"。曾任延安自然科学院教务长屈伯川进行了比较真实的回忆，主要有：1939年国共摩擦，"停止发给八路军、新四军的装备和军饷，并对陕甘宁边区实行经济封锁……给陕北，尤其是延安的财政经济和人民生活造成了很大的困难"；"为了扭转当时经济上的困难局面"，在节衣缩食的同时开展大生产，"抽掉了不少科技人员和熟练工人创办了一些民用和军用的手工业工厂……各级党组织贯彻执行党中央《大量吸收知识分子的决定》，采取各种办法，冲破国民党反动派的种种阻挠，从国民党大后方，以至敌后大、中城市动员一些科学技术人员及有一定文化程度的青年学生到陕甘宁边区工作学习"；"党中央就边区经济建设的发展方向等问题，诚恳地向这些科学技术人员征求意见……为了提高认识，统一思想，从一九三九年十二月二十五日至三十一日，党中央责成中央财政经济部召开自然科学讨论会，对边区经济建设的发展方向进行了深入讨论。"此时，由于国民党封锁的进一步加强，外来科技人员人数骤减，边区开展科技工作的力量严重不足，"只有以现有科技人员为师资，以科学院为基地，既从事科研实验，又大力教育培养新的科技生力军，把研究院办成学校"。

"1939年中央决定成立财政经济部，富春同志兼任部长。他向中央建议：要使边区财政富裕，必须从发展经济开始；发展经济，又必须进行科学实验。于是就决定立即组织自然科学研究院。"自然科学研究院建立后，"由于边区生产的发展，使自然科学院的科技人员都担负着繁重的工作，并难以脱身去进行新的研究工作。因此富春同志建议中央迅速成立培养大批科技干部的学校。经过各方面的酝酿，决定将自然科学研究院改为培养人才的自然科学院。"

当时，人们对延安教育背景总结为："第一、……是处在战事与革命的环境中，因此，我们一切为了战事，一切应该服从战事……第二、……边区的经济是落后的，人力是最贫乏的地区。如果以这样极有限的人力物力财力，妄想撒豆成兵，吹气变云的事业，造坦克、制飞机，以至建造铁路等诸大事业，样样来搞，造成力量分散的局势，结果唯有出诸被客观环境个个击溃之一途。第三、敌人的封锁，使着我们起码应有和必需的材料及设备，受到严重的限制，阻碍了我们的发展，就是必需的人员和日用品也是不易补充。这一点，无论办教育的人或作其他工作的人，几年来均饱尝了这种痛苦。总之，我们今天所处的时代是战事、是革命，遭受敌人种种的封锁、摧残，受到落后经济条件的限制，这许许多多的特点和客观存在的事实，我们应该认识和了解。择其轻重缓急，可能与必需来下手。否则徒凭主观愿望出发，忘掉时代，忽视现实，样样想搞，件件显能，结果只会障碍我们的发展。"

1942年后，整风是自然科学院办学方针讨论的重要背景。

上述三个方面的背景是确定延安自然科学院办学方针的重要依据，其中第一方面随着新的科技人员参与在后来的办学过程发生一些变化，第二方面与第三方面在延安自然科学院的延安时期基本保持稳定。

办学方针确定与演变过程

延安自然科学院办学方针的形成与确定经历了一个发展变化的过程，可以沿着办学的过程追溯方针的确定与演变过程。

（一）初创时自发确定的方针

1939年5月，中共中央决定"中共中央财政经济部就领导调来的自然科技术人员创立了中央自然科学研究院",由中央财政经济部李富春部长兼任院长,曾留学德国的有机化工博士陈康白任副院长,院址设在延安新市场中央财经部内。

在 1939 年 12 月 25 至 31 日召开的自然科学讨论会上大家提出两个具体建议:"第一,把自然科学研究院改为自然科学院,我们自己培养科学技术人才,创办高等学校;第二,成立陕甘宁边区自然科学研究会,团结广大科学技术人员为建设抗日根据地服务,并更多地争取国民党统治区科技人员到根据地来工作。"

1940 年 2 月 5 日,延安召开了有理工农医等高中级科技人员三四百人参加的陕甘宁边区科技人员大会,会上成立了陕甘宁边区自然科学研究会,开始筹备成立自然科学院,筹建工作由陈康白、屈伯川、卫之、杨宝诚等负责。1940 年 5 月 17 日,李富春署名公布的自然科学院建院宗旨为:"培养抗战建国的技术干部和专门人材。"这一表述在以院长李富春和副院长陈康白署名的自然科学院招生启事表述为:"一、宗旨　本院以培养抗战建国的技术干部和专门技术人才为目的……""三、教育方针　大学部注重精研学理与技术实际指导的配合。中学偏重通用技术的学习。"

1940 年 8 月底在延安城南杜甫川的山坡上,建成窑洞 50 余孔,平房 30 余间,应到师生员工也大体到齐,经中共中央批准,于 1940 年 9 月 1 日举行开学典礼并正式上课。由李富春兼任院长,陈康白任副院长。李富春在开学报告中指出:"我们党必须培养和造就革命的技术人员,靠革命的科学家建设抗日根据地和建设将来的新中国。"屈伯川提到陈康白"传达了中央领导同志知识的教育方针",但未具体说是谁的指示,也没有方针的具体内容。另一资料显示李富春在开学典礼上宣布"自然科学院的培养目标是'革命通人,业务专家'";或称宣布自然科学院的任务是:"培养通晓革命理论,又懂得自然科学的专业人才。"要求学生"既是技术专家,又是革命通人"。多份资料显示这一环节的表述内容大致相同,具体文句则版本不一。

自然科学院由中央财政经济部创立并主管,1941 年改由中央文委领导,徐特立接替李富春任院长。根据当时的生源状况设置大学三年、预科(高中)二年和补习班(初中)三年。大学部分为物理、化学、生物、地矿等系。由院长主持的院务委员会实行集体领导。在学院内外当时就有"边区有无条件办自然科学高等教育"和"边区仅有的少数科学技术工作者究竟是应该放在经济建设还是教育岗位上"的疑问,有人提出"自然科学要办就应办成像国统区的大学那样,办成正规大学"的主张,又有人认为"办理工农科大学……没有实验设备,是不行的……以边区现有条件和需要来看,培植中级技术人才尤为急需。因此我们应该设各种职业学校（或专门技术训练班）"。一直存在着不同看法。

由上可见，延安自然科学院创建之初的办学方针带有明显的自发性、不确定性、宏观性、抽象性，主要想解决边区的经济、生产问题，培养革命的自然科学人才。

1941年12月17日，中共中央政治局通过的《中共中央关于延安干部学校的决定》对延安自然科学院的方针及各方面工作都发挥直接的指导作用。该《决定》指出当时各校存在"理论与实际，所学与所用脱节，存在着主观主义与教条主义的严重毛病"，强调将理论与实际"生动地联系起来"，明确规定"延大、鲁艺、自然科学院为培养党与非党的各种高级与中级的专门的政治、文化、科学及技术人材的学校"，"为加强各校的具体领导及使各校教育与中央各实际工作部门联系起来……自然科学院直属中央文委。"显然，《决定》使得自然科学院的办学方针必须更具有确定性，更加具体，更加切合实际，但当时符合这一原则精神的具体表述并未形成。

（二）整风过程中的讨论

现有史料显示自然科学院办学方针争论主要体现在整风运动启动后在自然科学院壁报、召开的讨论会和在《解放日报》上的讨论。

讨论从1942年1月开始，1月22日文委发出《对科学院教育工作的决议》成为讨论的起点。

早期讨论以自然科学院壁报《学风》"为全院人员的言论喉舌。在创刊号上，院长徐特立，副院长陈康白二同志均著文号召大家大胆发言，认真检讨……学校负责教学同志中间，在关于教育方针上，存在着两种不同意见。一部分人认为：依今日边区人力、物力、教育设备条件之困难，办一正规大学，难收功效，今后自然科学院应改为比较高级的职业专门学校；另一部分人认为：边区条件虽较困难，但困难可以慢慢克服，今日之设备，经艰苦之努力已初具规模，同时人材之培养，不但要注意现在之应用，同时要看到抗战胜利后建国之需要。故今天培养一般通晓科学原理的自然科学人材，仍为必需"。

讨论与延安整风运动在时间上重叠，在内容上交织，在1942年4月4日自然科学院的整风动员大会上，"康迪同志认为科学院这次检查的主要内容，应该是学校教育的方针问题，领导和工作问题，而不是把它简单化为人事问题"。在1942年4月至9月的整风学习中，通过对《改造我们的学习》和《中共中央关于延安干部学校的决定》的学习，"展开了清算过去错误教育方针之剧烈的群众性斗争……科学院的教职学员则尖锐的提出'为现在还是为未来？为边区还是为全国？搞实际还是搞理论'的问题作为检查该院教育方针的标准。"

1942年7月,自然科学院第二期整风又"深入讨论'自然科学的党派性及自然科学院的教育方针'两大问题",徐特立"具体指出四点作为讨论范围:(一)我们对于发展自然科学的方向和步骤应该怎样?(二)估计科学院的干部学生,在今天这样的物质条件下之发展前途如何?(三)不同的阶级进行的科学教育时有无原则上的区别,如有,区别在哪里?(四)一般人们舆论,以为科学院脱离了实际,其立论根据在哪里?还是科学院真的脱离了实际?或是人家看到科学院纯理科的分系方法的观点不同呢"?

自然科学院内部"逐渐产生了不同的见解和主张,其中对自然科学院的教学方针出现了是办'理科学院'还是办'工农学院'的争论。这种争论到1942年下半年已经很尖锐了,反映到了毛主席党中央领导面前。党中央认为应当通过民主讨论,明辨是非,正确解决这一争论问题,决定召开一次讨论大会,讨论延安自然科学院的教育方针"。科学院于7月16日发出通知:"关于本院教育方针及制度问题,联系到我党怎样把握科学技术问题,拟展开讨论,首先应搜集材料,拟定提纲,因此决定由乐天宇、闫沛霖、李苏三同志负责组织委员会进行准备工作……"并于8月19日通告全院同志开始准备讨论,由此这次讨论成为组织行为。

组织化对讨论是一种发动,同时又是一种约束,目标确定为"获得正确认识",科学院墙报"学风"第十七期特列出"教育方针问题专号",并在此前徐特立所列大纲基础上完善补充为:"关于自然科学教育方针部分内分:(一)立场问题:包括自然科学党派性及我党是否需要办理自然科学教育等。(二)理论与实际:包括怎样才算自然科学的理论与实际联系,及自然科学教育与经济建设、军队装备、医药卫生、文化教育等关系怎样。(三)目前与将来:包括目前边区与将来中国之科学教育关系如何,科学教育应只顾目前或只顾将来或二者兼顾等。(四)需要与可能:包括科学教育方针应根据什么决定?根据需要与可能,今后怎样培养高级科学技术干部,办大学呢?专门学校呢?或甲种工业学校呢?具体办法如何?及今天对于理论科学与应用科学应平均发展抑有轻重等。(五)建议问题:包括是否需要建立经建与科学教育之统一领导机构,建立之具体意见若何?及曾学科学而今天已改行的同志是否应回归本行工作。(六)今后本院之教育方针与制度。"

1942年7月23日,为了"引起大家对于这一问题的讨论,希望延安自然科学界的同志们发表各种意见",《解放日报》在学习专栏第15期上发表了乐天宇的《读〈关于延安干部学校的决定〉》的长文,提出自然科学院的各方面问题。

9月25日，《解放日报》发表了康迪所写《对乐天宇同志〈读关于延安干部学校的决定〉之商榷》的更长文章，认为乐天宇"对于中央干部教育决定的了解是不够的""对于自然科学的理论与实际的联系，是了解很不够的""不同意乐天宇同志把科学院没有的事情引申来讲，尤其是乐天宇同志强调实际的这篇文章中，自己却犯了脱离实际的毛病""我同意自然科学的发展与经济建设有密切的联系，但我不同意办自然科学院仅仅是解决边区经济建设的眼前问题，自然科学院与边区的职业学校不同，它是中央领导而带有全国性的东西，它的方针就不是只看到今天而看不到明天，不是只看到边区而看不到边区外。"

另一篇林山写的文章发表了对自然科学教育的意见，主张"对科学与技术的发展必须是除了一面要满足目前急切的但有限的需要外，一面更要准备着适应到将来发展扩大局面的要求。这两方面我认为是一致的，不是脱节的。"同样认为"乐天宇同志没有充分地明确地运用《关于延安干部学校的决定》的中心，理论与实际一致的基本精神与实质来检讨问题"，不能接受乐天宇对科学院的教育"恰好形成了经院式的方式"的判定。

乐天宇与康迪、林山两之间相互批驳使"延安科学界在科学教育方针上，在思想方法及其意识上，两种不相同的典型，我以为应先在原则上互相批评，弄个明白，才能解决实际问题"。11月9日，《解放日报》又发表徐伟英对林山与康迪的反驳文章，认为林山"由于对技术认识的错误而提出的教育方针在原则上是不正确的"，所提教育方针的着重点是在"为了将来的人材"与"为了将来科学界的统一战线工作的人材"，是轻视了抗战建国根据地的经建工作，由于超脱现实而想去达到"为了将来"。在他提出的具体办法中，更表现出来，如"为了边区的经建工作人材，可由边府办短期训练班"。而科学院则是为了"全国性"的与"将来新中国"的干部培养。"这是一种超脱现实的教育方针，是脚踏虚空，眼睛朝上，无法施行的教育方针。""康迪有两点错误：（一）至少认为科学教育方针与经济建设政策可以不一致的。（二）我认为康迪同志对于政策的了解与中国环境的了解还不够。"认为三个问题必须按照他的需要而看齐，农业生产重要，农业建设势重要，因此农业人才的培植也是重要的。

9月30日讨论会在自然科学院科学馆正式进行，"首先由筹委会报告筹备经过，旋即由该院院长徐特立同志讲话，略谓：'我们这次讨论教育方针和制度，主要是根据二十二个文件精神，从对本院具体问题的认识来改造我们的思想方法，及本院的教育方针；理论和方针问题弄正确了，然后才能谈到如何检查和改造本院的组织问题'。"

另一次会议描述为:"该院院长徐特立同志作了科学院历史发展三阶段的报告后,继由大学本部生物、化学、物理、地矿四系,及预科补习班负责同志,作各该部门执行教育方针时具体情况之补充报告。旋即进行询问解答,院内外同志提出了三四十个问题,有关各系的,当由各系主任解答,有关科学院历史及教育方针的,则由徐老一一答解。""该校教员根据他们在教授中的具体情况,检查自己所教的教材,均认为由于自己受了长期资产阶级教育的影响,有些教材是外国或国内大学直接搬来的,有些和边区今日的工农业生产联系还不密切,教条主义色彩还相当浓厚。同学们根据他们在学习中的经验,要求用正确的教学方法来执行正确的教育方针。"

可以看出,自然科学院教育方针问题讨论的方式是在文件学习基础上反省,"院长徐特立同志号召大家将反省与学校教育方针联系起来"。在接下来的讨论中,"依据干部学校决定及文委决定,来研讨自然科学的'理论与实际''目前与将来''边区与全国'等问题;并且特别指出今后应侧重原则问题之讨论,彻底从思想上清算教条主义的残余。""特再三提示,必须根据'四三'决定精神来讨论。但发言仍多重复,九日的事执,不能深入探讨问题中心,于是中途曾二度检讨会场与主席团之领导及会议之进程。"

经检讨后,"决定本阶段会议之中心:以生物系为典型,因为生物系乐主任在学习上提出了与本院当局不同的意见,所以把生物系的过去一切着重从事实去检讨教育方针、制度、课程及其他的原则。然后依次用到其他各系以达讨论研究各种不同思想主张,及具体把握原则上的中心问题的目的……即于十四日对生物系的性质、任务、名称等作整日之讨论。据会场初步言论有认为生物系过去实际上是注意农业,应改生物系的名为农业系,关于这一问题,引起很大的事执,甚至有人提议先展开组织问题的检讨,再来讨论教育方针。"

10月17日讨论会上,"大家一致认为不必拘泥于词句,而着重在讨论怎样使科学充分表现党性,为大众(工、农、兵)服务,怎样眼睛向下,向群众学习,总结群众(如吴满有等)的经验,提高到理论程度,又怎样在教授内容中将收集的实际材料,贯穿进去,怎样把技术成果广普及到广大群众中去,使群众掌握住技术,提高生产。"休会一周整理大会的材料,"记录股将每个发言人的记录交本人亲自审阅修正、并签字以示负责。另一方面,又规定重新研究'四三决定''整风报告'之最后一段,《改造我们的学习》、《干部学校决定》以及《论党内斗争》等文件。并且决定:研究这些文件时,每人需用三周来大会之材料,作自我思想反省,以期达到思想的改造,学校的改造。"

10月26日，对乐天宇的文章中所指科学院是经院式的学校的根据讨论极热烈且详细，多数人认为"事实上是不同的"或"是非历史的"。但对"关于该院教育方针是否正确，有人认为须检查教育方针本身，与乐同志的文章无关，无论乐同志的文章判断该院教育方针之正确与否"。28日正式讨论文委决议，大家摆出各种实例"都说明文委决议是非常正确的""共同认为此项决议是对的"。

10月30日讨论军工局技术混合小组工业组的《科学（自然）教育与工业建设》文稿，"认为过去之所以未取得密切联系，一方面由于对科学教育有不同见解，另一方面由于有本位主义存在着"。徐特立随即发言："这几天的材料都是很好的，我们要与军工局，建设厅等机关所属的各工厂农场密切联系起来，把理论与实际做到真正的联系。学校的主要任务是教育，培养具有独立工作的科学技术干部，给他们以基本的知识和能力，至于有些同志提出的要'博'要'专'，不是学校单独能解决的，还必须到社会上去钻研，到实际工作中去长期锻炼。必须经过学校和社会两个阶段才能完成'博'与'专'。"

讨论会自9月26日开预备会，至开总结会，历时35天。其间，"总学委、中组部、中宣部、工业局、X局、边府建设厅所属各单位、药科学校等二十五个部门均有人出席"。徐特立在30日讨论会结束的次日上午召集全体同志总结讨论会的经验，他生动有趣地总结为三方面："（一）尊重一定组织，纵然那个组织里有与自己意见不同的同志，也不能因此而轻视组织或另立组织，如这次讨论会必须各系主任成立筹备会和主席团来领导大会。（二）为了达到团结，要牢记'惩前毖后，治病救人'的宗旨，宁肯放轻一个反革命，不可弄错一个自己人，清算了思想上和组织上毛病之后，我们可以做到空前的团结。（三）学习斗争艺术。要顾到一定发展阶段，采取各种不同方式。把握具体材料，空谈理论要失败，因材料事实是绝对的，理论是相对的。争取群众，不可用手腕，要群众自己认识斗争意义，自然会站到正确方面来，斗争发展了一定阶段就要转变方式，材料不可不看斗争情况一时完全拿出来，要知道最好的武器是要最后才拿出来。抓紧时机，打中要害。"

有人能回忆，"在中央有关负责同志领导下"在八路军大礼堂举行了一次延安自然科学院的教育方针讨论会，"主要讨论培养学生的目标问题……师生们提出各种建议，一致的意见是自然科学院学生的培养目标既要急当时的抗日根据地经济建设所急，又要着眼于全国解放后的全面经济建设培养人才，要贯彻理论联系实际，教育为工农业生产服务的方针。""大会经过充分研讨，终于对自然科学院的性质、方针和教学原则做出了结论，确定它为工农学院，要贯彻理论联系实际和为工农业生产服务的方针，要注意启发教育，要'学以致用'。"

关于自然科学院教育方针的争论的问题有人归纳主要集中在以下几点：①立场问题。即自然科学的党派性、阶级性问题。②理论与实际问题。即怎样才算理论联系实际和如何联系实际的问题。③当前与将来的问题。即仅服务于边区当前的实际，还是应兼顾为将来的新中国培养人才问题。④需要与可能问题。即边区有无可能办高等自然科学教育，办大学还是办中等专门学校的问题。⑤教育与当前边区建设如何相结合。要不要建立经济与科学教育的统一领导机构问题。

争论主要形成两种分歧明显的观点：一派认为，边区没有条件办自然科学高等教育，不能解决博与专的问题，主张取消延安自然科学院，只办中等职业学校。另一派则认为，自然科学院的教学方法和课程设置并未脱离实际，边区条件差，绝不意味着边区就不能办自然科学的高等教育、不应该学习基本的科学知识。"要不要办"的问题一直到延安自然科学院建立后的争论，主要争的是要不要办大学部，"争论的焦点是要不要办自然科学的正规大学，一种意见认为边区经济落后，没有太复杂的科学技术问题，用不着高深的理论，教师和教学设备也不足、也没有条件办自然科学大学，更没有必要办自然科学的正规大学。有些同志主张办个职业学校，用学徒的办法解决初中级技术干部。"另一种意见认为："延安有一定教师力量，但分散在一些单位，大都做与其专业不同的工作，教学条件如实验用品等不比国民党地区大学差，为了给抗战建国培养高级和中级技术人才，应该办一所理、工、农大学。""有人主张办技术学校，有人主张办正规大学；一个强调将来，一个强调目前现实。后来由贾拓夫主持西北局讨论，做了结论。"应该兼顾未来和当前两个方面，不顾条件地办正规大学是不对的，而不愿在已有的条件下加以创造，只知道天定胜人而不知道人定胜天，同样是错误的。

在如何理论与实际一致上，争论的焦点主要有三个："一是培养目标上，是适应边区当时地方需要，办短训班培养初中级专业干部，还是既要适应边区当时经济建设的需要，也要考虑今后建国的需要，培养具有一定理论基础的专门人才；二是在课程设置和安排上，是侧重理论，还是侧重应用；三是教育和生产劳动如何结合，有人主张边学习、边劳动，甚至主张做中学；另一种意见是教学、科研、生产相结合。"

徐特立指出："前进的政党每一个步骤都不会忽略过去的历史，同时每一个步骤都要照顾将来，科学研究如果停留在书本问题与停止在解决目前的生活问题上，同样是非实际的。""如果缺乏最基本的科学知识，只有专门技术，必然会行不通。"各方面商量制定出一个既照顾现实，又照顾将来，既抓中心，又照顾全面的教学方针的改革计划。他还提出要把自然科学院办成"科学教育与科学研究机关以方法和干部供给经济建设机关,而经济机关应该以物质供给研究和教育机关。三位一体才是科学正常发育的园地",教育、科研、生产建设"三位一体"的办学模式由此提出。

大讨论之后,自然科学院的办学指导思想进一步明确,即理论联系实际,教育为工农业生产服务。最终确定了学校的主要任务是:"培养能够独立工作的科学技术骨干,给他们以基本的知识和能力。"这次讨论后,"根据中央领导的指示",生物系改为农业系,并与各农场建立更密切、更经常的联系,物理系改为机械工程系,化学系改为化学工程系,撤销地矿系合并到化学工程系,办有实习工厂,生产一些生活与生产必需品。但是,随后开展的抢救运动打乱了一切常规。

(三)趋向现实的办学方针

1943年3月开始精简,自然科学院隶属关系由中央文委领导划归西北局管辖,陈康白任院长,校址由杜甫川迁至桥儿沟。从1943年4月至1945年5月,除审干和甄别之外还进行精简和调整工作。1943年11月自然科学院与延安大学正式合并,成为延大的一个独立学院。1944年6月,自然科学院又从桥儿沟迁到文化沟,学生恢复上课,恢复由院务委员会实行集体领导,军事工业局局长李强任院长。自然科学院的教育工作逐步恢复正常,自然科学院教育方针发生了重大变化。

自然科学院的办学方针趋向现实主要受当时的条件和外部环境影响,也与新任院长的认识与风格相关,一年前开展自然科学院办学方针讨论时李强等人的发言可为见证,"自然科学院最大的缺憾,是教学与实际脱离关系。单就物理化学来说,我们今天办大学教育,不是为着目前应用,不应估计今天的价值,而是为着将来培养大批建国人材,奠定大学教育的基础。我们说,以这样贫困的条件,以这样教学的内容,在质量上是否可能造就出恰如想象的建国人材?在数量上是否可能训练出足够解决问题的大批技术干部?这些都是我们深深怀疑不得解答的问题。当然我们不是反对眼光远大,要照顾将来,但是完全放弃现实,只望将来,会变成空想主义者。""我们今天人力物力财有限,假若运用得当,尽量发挥及利用其最大的可能,来支持战争,来解决困难,未尝不是计之上者。但是空想将来,拖着一部分专门人材,办'与抗战无涉,与边区无关'的大学教育,就弃了我们今天可能作到的,支持战争与渡过难关的诸种经建事业的发展,这是值得考虑的。另一方面只顾眼前,看不到将来,只限于技艺或手工业的范围圈子,也会障碍我们的前途。"

他们当时对"今后怎么办"所开列的内容为:

"第一，针对目前情况和条件，办自然科学教育，今后应该有具体的目的和要求：一、我们一切为了战争，配合战争，争取胜利，因此重心应偏重于战时工业的研究，改进可能作到的技术上的设施。二、为了渡过难关，打破敌人的经济封锁，设法增加产品，开拓富源。三、培养干部，一方面是为了今天的应用，一方面为了开展将来的工作，在自然科学教育中，有些就不能不与工业部门取得密切联系。

"第二，根据上述的目的和要求，我们建议，应该将自然科学院的专门人才、大学生和图书仪器药品等，纳入全边区工业调查机关，附设于有权威的经建部门底下，进行有计划的调查研究工作，了解全边区自然界动植矿之所有及其可能利用的程度，发挥我们最大的可能，增加工业产品。改进战时工业，提高制造技术，如炮弹、炸弹、火药、纺织、皮革等。其次，参加实际工作改进各工厂之技术。再次，作专门的研究工作，从实际当中，充实与提高理论，使着我们不停留在手工业、半手工业或小局面的技术水准上，能够以新的技术应付新的局面，或大型的工业设施……同时自然科学院的初中高中两部应改为职业学科，他的工科部分隶属于工业研究调查机关，并设于工厂附近，训练以应用技术，教授以一般理论，使学生们与实际现象或工作发生密切联系，培养一批实际工作可用的干部，从实际工作中，再逐步提高其理论，这是完全可能的……总之，我们今天的条件有限，力量有限，以有限的条件和力量怎样做到'精''简'以符合于目前党中央的政策，这里应该慎重考虑。因此我们觉得今后应该力改好高骛远的现象，拿出实事求是的精神应付目前局面，打破难关，迎接将来……"

1944年5月21日，自然科学院属于其中的延安大学制定了《延安大学教育方针暨暂行方案》，其中教育方针表述为：

"今后教育方针为学与用一致与边区各项实际工作相结合。

"一、本校适应抗战与边区建设需要培养与提高新民主主义即革命三民主义的政治、经济、文化建设的实际工作干部为目的。

"二、本校进行中国革命历史与现状的教育，以增进学员革命理论的知识与新民主主义即革命三民主义建设的思想，并进行人生观与思想方法的教育，以培养学员的革命立场与实事求是的工作作风。

"三、本校教育通过以下各种方式和边区各实际工作部门及实际活动相结合，以期实际经验提升至理论高度，达到理论与实践的统一，学与用的一致：

"1.与边区各有关实际工作部门建立一定组织上或工作上的联系，各有关实际工作部门负责人，依具体情形，直接参加本校有关院系的教育工作之领导。

"2.边区建设各方面政策方针与经验总结，为本校教学之主要内容，技术课以适应边区建设当前需要为度。

"3. 本校研究人员有计划有系统地进行边区建设各方面实际问题之研究，并依具体情形定期地参加各有关实际工作部门工作。

"四、本校实行教育与生产结合，以有组织的劳动，培养学员的建设精神、劳动习惯与劳动观点。

"五、本校在教学上实行以自学为基础的集体互助，教员与学员互相学习，并使教学中书本知识.与实际经验互相交流；同时发扬教学上的民主，提倡质疑问难，热烈辩论的作风，以培养独立思想与批判的能力。"

1944年5月24日下午，延安大学举行开学典礼，毛泽东到会讲话，"再三叮咛大家，要为实际服务，不要闹教条主义。"此后，毛泽东对自然科学院指出："科学院学生要一面在工厂实习中学习实际知识，一面改造思想，从做中学，做学统一是我们的方针，一定要贯彻。"于是召开生产动员大会，以机械工程系、化工系组成烧焦炭队，农业系组成采集队，土木工程的同学打窑洞等方式贯彻这一方针。

定位为"办学方针"的语义分析

现有各种文献中对自然科学院这一历史事件的表述比较多的使用"教育方针"。教育方针基于教育理念，但并不是所有教育理念都能成为教育方针，只有那些用于作为实施纲领的理念才能成为方针。

教育方针主要用于宏观整体，较少用于微观个体，在中观层面的学校使用"方针"一词较少，延安自然科学院办学的时候确实使用过"方针""教育方针"一词，延安大学也使用"教育方针"一词，文献显示当时在边区以外的中国学校使用"教育方针""办学方针"的频次都大大少于边区，说明边区教育者更多来源于党组织，倾向从宏观整体考虑如何办学，或在考虑办学过程中更多从宏观整体考虑。

延安自然科学院由中共中央财政经济部创办，决定着使用"教育方针""话语"其实质内涵还是落实到具体如何办学，所以本文的研究聚焦定位到"办学方针"，在校内外一直有争议主要也是如何确定办学方针。从已有的文献看，个同人所说的办学方针内涵不同，主要语义差异表现在：

一是层级混用。已有文献论及教育方针争论的用词不同，主要有教育方针、教学方针、理论方针、建院宗旨、指导思想、科学教育方针等词，有人将争论归结为"要不要办自然科学院的大学部"，悲观的论点"认为边区科学设备太差，学生和教员的水平不高，办不好大学，甚至认为我们培养不了科学技术干部，应当从大后方想办法"。积极的意见认为:"我们还有自己先进的方面:有党中央的重视和正确领导,有革命的学风,有创造性、斗争性、科学性,革命的教育事业不能向困难和落后投降。"严格地说要不要办大学部是具体选择而非方针层面的问题。

有些人将教育方针与教育教学方法层面糅合在一起讨论,比如:学与用的一致;自学为主,教授为辅,集体互助,提倡教师与学员间互相学习;"发扬民主精神,教员有讲学研究自由,不同意见可以互相争论,互相批评,学员对教师讲授亦可以提出意见和批评,在领导上则着重思想领导,力避用行政手段解决问题。"

二是含义不同。既有口语所表达的教育方针,如徐特立曾说"向敌人学习,向友党学习,反对自高自大,是我们教育方针之一",又有从宏观所说的方针,如李富春几次强调的是"办学目的是培养建国人才……无产阶级的自然科学家,要有无产阶级政治家的远大眼光,文艺家的细致观察精神,军事家的组织艺术,科学家的实事求是态度",朱德所说"培养大批技术干部,这不只是边区自然科学院的任务,而且是各个工厂的任务"。再就是有的讨论的是延安自然科学教育的方针而非自然科学院的办学方针,如1942年9月30日《解放日报》所报道的讨论主题,它只是延安自然科学院办学方针的参考依据与背景。

三是边界不清。"方针"所指为特定的形上范畴,讨论中常在学术问题与政治问题上边界不清。徐伟英在与康迪、林山的讨论文章最后说:"我认为康林两同志对技术对自然学科的了解,在他们思想方法的成份中,是从'为了将来'、'为了全国'出发的,而不是从实际与现实出发的。因此,它可以不一定配合边区目前的政治经济政策(虽然他们的表面文章上都说要配合,要照顾,要联系,其实不然)。他们的技术不是目前用得着的,这纯然是过去资产阶级的'科学八股'的思想意识,这种意识,是值得注意的。""当时苏联反摩尔根,树米丘林、李森科,影响到了延安,把乐天宇批得很厉害,这实际上是学术问题当政治问题搞。"

四是对办学方针的功能放大。有人认为,"现在看看我们延安的自然科学教育,就自然科学院来讲,专门人材,可能教大学的有多少? 如果这些同志,放在适当的岗位上发挥所长,可能收到较今天更大的贡献。就是说不是他们不愿尽其所能,而是我们自然科学教育方针,有值得检讨的余地。"

多种史料都提到这场讨论很热烈、很激烈,"陈康白等一部分同志主张搞正规教育,正规教学法;沈鸿、李强等同志要搞实际。"实际上这些争议严格讲并非方针问题,而各方几乎一致认为通过方针的讨论就能解决问题。

在那特殊岁月,参与问题讨论者的教育、知识、文化背景各不相同,除了"就总的方面来说,我们做科学应该替抗战建国服务"之类的表达能获得无歧义的传播,在讨论"方针"之类的抽象概念时出现上述各种语义离差本属正常。在这种情况下，对上述文献进行研究就需要做一番分辨验证的功夫，将当时使用较多的延安自然科学院"教育方针"定位为与其真实内涵更加相符或接近的"办学方针"便是基于这一研究态度。

办学方针确定的链式逻辑

当时延安自然科学研究者认为，中国办自然科学教育三十多年但对物质文明改造作用不显，因为：仍处于小生产占优势的经济落后的情况下，缺乏修养自然科学的机会，学些抽象的理论和空洞的知识，对于科学的真谛及应用很难具体了解；教育上犯了教条主义的毛病，抄袭外国，很少联系到中国的具体实际问题创造新鲜事物；没有足够研究的设备；教育计划不良，在教学方法方面很少有开始就派学生到实际工作场合上，使其先得印象和观念，然后再教理论和实用，未有由感性知识提高到理性知识，使二者统一起来。"造成了所学非所用，理论与实际脱节的现象。"这是自然科学院的办学方针确定的比较宽泛的认知基础。

在此基础上，从各种资料可以分析出链式逻辑，其中各支点如下：

延安自然科学院创办的逻辑起点是解决因封锁造成的边区经济困难，"发展科学教育事业是抗战建国和当前边区经济建设的需要"。

第二个支点是需要自然科技和自然科技人才。陈云在自然科学研究会成立会上指出："自然科学研究可以大大提高生产力，可以大大改善人民生活。"

第三个支点是毛泽东在自然科学研究会成立会上所强调的"自然科学要在社会科学指导下去改造自然界"。

第四个支点是党要有计划、有步骤地发展自然科学。徐特立强调："前进的国家与前进的政党，对于自然科学不应任其自发地盲目地发展，而应是有计划、有步骤地发展。它不仅应该把握着全国的政治方针，还应该把握着全国科学和技术发展的方针。""自然科学需要统一的有计划的有步骤的发展"，"那时，党对社会科学教育经验是丰富的，但对搞自然科学教育，尤其是高等综合性自然科学教育，还很少经验，所以尽管大家都同意要办，但对怎么办，却意见纷纭。"

第五个支点是无产阶级需要培养自己的科学技术人才。"虽然资产阶级的科学人材也可以为无产阶级所用，但是，无产阶级要发展自己的科学事业，就不能寄希望于没有经过思想改造、也就是没有改变阶级性的资产阶级人材，这里有个立场、观点和方法的根本区别。""因此，边区要发展自己的科学事业，就不能只仰赖后方的现成人材，而必须培养自己的人材。"

第六个支点是建立科学和技术的统一领导。这一支点的提出是基于当时延安科学和技术工作分属不同部门，"以致系统森严，各自为政、不联系、不合作，妨碍了科学和技术发展"的事实，造成"经济建设机关开办学校，而教育研究机关兼营工厂"的"系统与部门分立""自给自足""小而全"现象"相当普遍"，从而提出"建立科学技术的统一领导！从科学技术上（不是从行政系统上）来领导全边区科学技术工作"。并列举了统一领导应负责的5方面工作，这一主张得到较多人认同，这也是新中国建立后一直未能解决的问题。

事实上，在1949年后的中国教育中，或完整、或局部地显现出上述逻辑链，关于自然科学院办学方针的争论隐含着中国共产党领导整个中国教育发展的逻辑信息。

（储朝晖：中国教育研究院研究员）

第三篇章
特立潮头

高校高质量党建引领高质量发展的内在逻辑与实践路径

赵长禄

(《高校马克思主义理论教育研究》2021 年第 1 期)

[摘 要] 党的十八大以来的实践已经证明，高质量党建引领高质量发展是新时代我国经济社会发展的一条重要经验。经过实践检验，也是中国特色现代大学治理的重要经验。我们扎根中国大地建设中国特色世界一流大学，要按照新时代党的建设总要求，着眼我国高校办学治校实际，准确把握高质量党建和高质量发展的内涵实质、互动关系，直面制约高质量党建引领高质量发展的瓶颈因素，从党建与治理的理论反思中进一步寻找方法论依据，形成对高质量党建引领高校高质量发展内在逻辑与实践路径的深层次思考。

[关键词] 高质量；高校；党的领导；党的建设

近年来，面对世界百年未有之大变局，尤其是新冠疫情加速世界政治经济格局急剧发展的大背景，中国共产党通过自我革命、自我建设，领导推动了国家治理体系和治理能力现代化，进而有效推动了经济社会的高质量发展。高质量党建引领高质量发展成为新时代我国经济社会发展的一条重要经验。党的十九届五中全会提出"提高党的建设质量"的要求，将"坚持党的全面领导"作为"十四五"时期经济社会发展必须遵循的首要原则，主要原因正是"只有党的建设做到高质量，才能引领和推动高质量发展"，为实现高质量发展提供根本保证。在十九届中央纪委五次全会上，习近平总书记明确强调，要深入贯彻全面从严治党方针，充分发挥全面从严治党引领保障作用，确保"十四五"时期我国发展的目标任务落到实处。

长期以来，我们在对中国特色世界一流大学治理方案和高质量发展方案的实践探索历程中发现，高校高质量党建和高质量发展之间同样具有内在的、本质的关联属性。经过实践检验，高质量党建引领高质量发展，在大学治理和发展领域是完全成立的。要进一步发挥好这一重要经验的作用，需要在理论上对高校领域"高质量党建"能够引领"高质量发展"的内在逻辑关系阐释清楚，并在理论阐释清楚的基础上，进行实践再出发，去思考在"十四五"时期这一新发展阶段进一步深度推进高质量党建引领高校高质量发展的实践路径对策。

准确把握"高质量党建引领高校高质量发展"的深刻内涵

（一）对"高校高质量党建"的再认识

习近平总书记多次强调，"打铁必须自身硬"，这是对提高党的建设质量的一个生动表达。新时代背景下，习近平党建思想确立了党的建设总体布局，提出了党的建设总要求，即必须坚持和加强党的全面领导，坚持党要管党、全面从严治党，以加强党的长期执政能力建设、先进性和纯洁性建设为主线，以党的政治建设为统领，以坚定理想信念为根基，以调动全党积极性、主动性、创造性为着力点，全面推进党的政治建设、思想建设、组织建设、作风建设、纪律建设，把制度建设贯穿其中，深入推进反腐败斗争，不断提高党的建设质量。2018年，在全国组织工作会议上，习近平总书记强调："提高党的建设质量，是党的十九大总结实践经验、顺应新时代党的建设总要求提出的重大课题。"

笔者认为，以习近平党建思想为指导，高校应鲜明树立党建质量观，让高质量党建成为推进高校改革发展的原动力。高校党建质量观应包括以下主要方面：一是坚持党的领导根本原则。基于对"党的领导构成国家治理的核心"的深刻把握，健全学校党委总揽全局、协调各方的领导制度体系，把党的领导落实到大学治理各领域各方面各环节。二是紧紧把握能力建设、先进性和纯洁性建设的主线。贯彻落实和运用"正确的理论、路线、方针、政策和策略"，从思想和作风、体制和机制、方式和方法、素质和本领等方面，提高高校党组织的治校理教能力，确保高校成为党的领导的坚强阵地、培养中国特色社会主义事业建设者和接班人的坚强阵地。三是高度聚焦政治建设的统领地位。要把准办学正确政治方向，坚持党的政治领导，防范政治风险，提高政治能力，增强"四个意识"，坚定"四个自信"，践行"两个维护"，"做到党中央提倡的坚决响应、党中央决定的坚决照办、党中央禁止的坚决杜绝"。四是注重强化党的建设的整体观念和系统思维。要面向全体党员、党组织，覆盖党的建设各个领域、各个方面、各个部门，构建"大党建"工作格局，强化党的建设整体性、系统性、协同性，让党的建设伟大工程发挥最大效果。

（二）对"高校高质量发展"的再思考

深入学习领会习近平总书记关于高等教育事业发展和高校党的建设一系列重要论述可以发现，高校党的建设与事业发展从来不是割裂的。在高校一流大学建设中，着力强化党的领导、党的建设、党性与人民性的统一，使我国高校教育事业高质量发展呈现新的内涵特征。

一是高校高质量发展关注高等教育的政治方向和保证，着重强调办好党领导下的大学。习近平总书记强调，做好教育工作，加强党的领导是根本保证。因此，高校高质量发展是沿着党的教育方针和社会主义办学方向的发展，要全面加强党的领导、党的建设，坚持党管办学方向、管改革发展、管干部、管人才，把我国党的领导的特色和优势转化为培养社会主义建设者和接班人的能力。

二是高校高质量发展关注高等教育的根本目标和任务，着重强调为党育人、为国育才。习近平总书记强调，"培养什么人"是教育的首要问题。因此，高校高质量发展是紧紧围绕立德树人根本任务的发展，要以树人为核心，以立德为根本，把思想政治工作贯穿教育教学各方面、全过程，形成德智体美劳全面培养的教育体系以及更高水平的人才培养体系，培养一代又一代拥护中国共产党领导和我国社会主义制度、立志为中国特色社会主义奋斗终身的有用人才。

三是高校高质量发展关注高等教育的发展内涵和特色，着重强调提升办学质量、培养合格人才。习近平总书记强调，规模扩张并不意味着质量和效益增长，走内涵式发展道路是我国高等教育发展的必由之路。因此，高校高质量发展是结构优化、特色凸显、实力增强的发展，要牢牢抓住全面提高人才培养能力这个核心点，聚焦一流大学和一流学科建设，培育差异化发展优势和特色，不断增强核心竞争力。

四是高校高质量发展关注高等教育的重大使命和责任，着重强调坚持"四个服务"发展面向。习近平总书记强调，党和国家事业发展对高等教育的需要，比以往任何时候都更为迫切。因此，高校高质量发展是有效支撑服务党和国家重大战略需求的发展，要立足"五位一体"总体布局、"四个全面"战略布局，进一步聚焦大学的核心使命、特殊功能，推进一流大学建设发展更好地践行"四个服务"，以教育现代化引领服务国家现代化。

总的来讲，高质量党建与高质量发展在根本上具有内在一致性。高质量发展不仅仅是指经济领域，还包括党和国家事业发展的其他各个领域。提高党的建设质量也是高质量发展的题中应有之义和有机组成部分。因而，高质量党建是实现高质量发展的政治前提、根本保证、重要动力；高质量发展是高质量党建的价值旨归、实践追求和关键面向。二者统一于中国特色现代大学治理体系与治理能力现代化建设中，形成了中国特色社会主义大学的独特优势和特色。

高质量党建引领高校高质量发展是扎根中国大地建设中国特色世界一流大学的必然选择

党的十八大以来，在习近平总书记的领导下，党中央就加强和改进高校党建和思想政治工作出台一系列重要文件，作出一系列重要部署。习近平总书记在全国教育大会、全国高校思想政治工作会、全国组织工作会议等若干重要会议上对高校党建工作作出重要指示，并多次深入高校进行考察交流，多次就高校党建工作作出重要批示。可以说，以习近平同志为核心的党中央对高等教育和高校党建工作，重视程度前所未有、推进力度前所未有，这主要基于立足我国实际办出中国特色世界一流大学的客观需要。

（一）以高质量党建引领高校高质量发展是由我国高校的特殊地位和作用决定的

一是我国高校是意识形态的前沿阵地，肩负着学习研究宣传马克思主义、培养社会主义建设者和接班人的重大任务。我国是中国共产党领导的社会主义国家，这就决定了我们的教育必须把培养社会主义建设者和接班人作为根本任务，培养一代又一代拥护中国共产党领导和我国社会主义制度、立志为中国特色社会主义奋斗终身的有用人才。这从根本上要求高校要坚定不移地坚持党的领导，坚定办学正确政治方向，建设党领导下的中国特色社会主义大学。

二是我国高校是中国共产党补充新鲜血液的重要来源，是党的事业后继有人的重要保障。近年来，每年全国发展党员约 120 万人，这其中，高校系统每年发展新党员数量超过全国新发展党员总量的 1/3。北京比例更高，高校系统每年发展新党员约 3 万人，占北京市每年新发展党员数量的一半以上。党的事业的后备力量源源不断地从这支队伍中产生，抓住大学生成长的"拔节孕穗期"，引导他们树立远大理想、坚定信仰信念信心，培养大批青年马克思主义者，这个责任落在我们肩上。

三是我国高校具有独特的人才、科技和智力优势，是助力社会主义现代化强国建设的有力支撑。通过中西方高等教育比较研究可以发现，"任何一个社会形态下的大学都是服务于其体制的，都必须植根于国家和社会的主流价值观和文化，承担本国发展的使命，这既是大学教育存在发展的前提和基础，是大学必须扎根的土壤，也是或隐或显的大学价值观教育的内在职责与使命"。这就要求我们要确保高等教育发展方向要同我国发展的现实目标和未来方向紧密联系在一起，回答好我们的高校"为谁服务""为谁所用"的问题。

（二）以高质量党建引领高质量发展是针对当前高校党的建设仍存在的短板弱项的破题之策

党的十八大以来，高校党建工作取得重要进展，但同时也仍然存在问题和不足。在2018年全国组织工作会议上，习近平总书记对高校党的建设指出，"在高校，党委领导下的校长负责制是明确的，但把党的领导贯穿办学治校、教书育人全过程则存在较大差距。"习近平总书记的这一重要论断一针见血指出的正是党的建设质量水平与高校事业发展不相适应的问题，本质是党建与治理问题。以2018至2020年三年间教育部开展直属高校巡视工作的反馈意见为例，当前，制约高校高质量党建引领高质量发展的短板弱项主要体现在以下方面：

一是从高校党建工作的氛围生态来看，存在党建引领意识不强、先进性不突出的问题，没有让学校党建工作成为办学治校的扎实基本功。比如，党建工作仍然存在"上热中温下凉"现象，党的领导落实到基层还有不少"中梗阻"；党委履行全面从严治党主体责任有缺失，党建工作压力传导层层递减；党建工作存在"说起来重要、做起来次要、忙起来不要"的现象，虽然能够做到"有人抓"，但是"有人会抓，有人长期抓"的局面还没有完全实现。

二是从高校党建工作的具体作为来看，党的建设各个方面用力还不平衡，党建与业务关系处理不得当，导致党组织引领事业发展的能力有局限。比如，在教育部党组巡视反馈意见中提到，有的高校党委学习贯彻结合实际不够，以学促用效果不够明显；有的党委统揽全局、破解发展难题的力度不够，党委领导核心作用发挥不足；基层党组织建设弱化，有的学院班子成员抓学科、抓师资队伍多，主动抓党建少；干部人才队伍建设有差距等。这些问题总的来看，有弱化甚至背离党建工作的本质功能、党建与业务工作脱节的现象，高质量党建引领高质量发展尚显能力不足、动力不足、根基不稳。

三是从高校党建工作的具体成效看，因党建工作开展质量不高，导致目标导向、问题导向和结果导向不相统一。比如，对标新时代党中央对高校党建工作的要求，仍存在落实全面从严治党战略部署有缺失，落实立德树人根本任务不到位，党建引领大学内部治理能力不强等问题；有的基层党组织政治功能发挥不到位，基层党建工作实效性不够。这些问题如果得不到有效解决，党组织的先进性、公信力就会受到损害，组织力就会大打折扣，党对高校的领导同样也会削弱，危害是环环相扣的，值得我们高度重视。

对高校"党建与治理"问题的理论反思是以高质量党建引领高质量发展的行动基础

以高质量党建引领高质量发展，这个重要判断中隐含着这样一个关键问题——党建与治理的关系问题，在我国高校则表现为高校治理体系和治理能力现代化。即通过提高党的领导、党的建设质量，进而提升高校治理体系和治理能力现代化水平，以推动高校事业科学高质量发展。

（一）正确认识现代大学治理问题的逻辑起点

习近平总书记指出，培养什么人，是教育的首要问题。办好中国特色社会主义大学，关键在党，关键在人。马克思在《关于费尔巴哈的提纲》中指出："人的本质不是单个人所固有的抽象物，在其现实性上，它是一切社会关系的总和。"在马克思看来，人的本质属性既不是固有的，也不是抽象的，而是在丰富复杂的现实社会关系中不断生成的，这就决定了人的社会属性的丰富性、复杂性和开放性。这正是我们思考现代社会治理问题的正确起点。因此，在推动高校高质量发展的过程中，首先需要解决的是社会性的人在复杂和多元的社会关系中政治意识、政治站位、政治立场的问题，这是影响办学育人事业发展的思想基础问题。具体而言，作为"社会关系总和"的人，受到各种社会思潮的影响，极容易在复杂社会思潮中失去理想信念，如果任由师生在复杂的社会思潮中演化，那么高校的高质量发展必定背离正确方向和道路。这就需要我们通过党的领导、党的建设，为高校教育管理赋能，正确引导师生的社会属性发展，从而实现高校的办学目标。

其次，在推动高校高质量发展的过程中，需要重视由于现代社会关系原子化而导致的发展过程中全局统筹能力不足的问题，其直接后果就是引发高校各个领域的孤立运行、抽象发展和利益冲突。社会原子化是指由于人类社会最重要的社会联结机制——中间组织的解体或缺失而产生的个体孤独、无序互动状态和道德解组、人际疏离、社会失范的社会危机。在高校则具体表现为教学、科研和社会服务等工作的相互脱离，以抽象指标评价教师教学科研水平，学生过分追求成绩而不注重研究能力的增长和道德修养等问题。而高校党的建设为学校各领域统一协调系统性发展提供了组织基础。因此，坚持系统观念，就要科学把握"党的建设"和"现代大学治理体系"是具有本质关联的有机整体，而不是两张皮，从根本上而言，高校党组织通过政治建设、思想建设、组织建设等方式不断地对"社会人"的复杂社会关系进行梳理和改造，使其社会性朝着正确的方向发展演变，成为勇担民族复兴重任的时代新人。

（二）正确认识党的建设优势能够切实转化为高质量发展优势的内在逻辑关系

中共百年党史充分证明，无论遇到什么样的困难和危机，党总是能够领导人民克服困难、战胜危机、取得胜利，其成功密码就在于党的一系列独特优势，这些独特优势具有决定性意义和磅礴力量。2021年1月28日，习近平总书记主持召开中共中央政治局会议时强调，要加强党对基层治理的领导，将基层党组织的政治优势、组织优势转化为治理效能。中国共产党在开启第二个百年奋斗目标新征程后，高校党委亟待解答的关键性问题正是如何把党的优势转化为高质量办学优势。在理论逻辑层面，这种"转化"的实现重点要处理好以下关系。

一是处理好党的领导和系统协同的关系。党的十九大报告指出，中国特色社会主义最本质的特征、中国特色社会主义制度的最大优势，是中国共产党领导。习近平总书记指出，加强党对一切工作的领导，这一要求不是空洞的、抽象的，要在各方面各环节落实和体现。具体到高校而言，在中国特色现代大学治理体系中，要首要落实好"高校党委对学校工作实行全面领导，承担管党治党、办学治校主体责任，把方向、管大局、作决策、保落实"，同时，深刻理解和把握中国特色社会主义大学的内涵和发展路径，将党的领导贯通办学治校各方面、教书育人全过程，牵引形成系统协同的治理格局，以党组织的政治领导力、思想引领力、师生组织力、动员号召力，激发内生动力，形成强大战斗力。系统协同体现在要建立健全坚持和加强党的全面领导的组织体系、制度体系、工作机制，既强化党的组织体系自身的上下贯通协同，也实现党的组织与行政系统的有机联动，将党的政治领导、思想领导、组织领导落实在学校事业发展中。

二是处理好思想引领和行动自觉的关系。党的十九大报告指出，思想建设是党的基础性建设。有学者认为，"思想建设作为党的铸魂工程，在党的建设中具有引领性、贯通性、支配性的作用"。思想建设对于高质量党建的重要意义可见一斑。当前，提高党的思想建设质量关键在于坚持用习近平新时代中国特色社会主义思想武装全党、教育人民，夯实思想根基，牢记初心使命，成效则体现为政治自觉、行动自觉的坚强有力。具体到高校而言，要面向教育主客体都是现实的、具体的人，用习近平新时代中国特色社会主义思想武装师生头脑，凝心聚力、培根铸魂，把个人成长发展需求同集体、社会和国家的发展紧密联系，带动他们形成与党和国家发展目标相一致的行动自觉，激发干事创业主动性、积极性、创造性、自觉性。

三是处理好政治生态和发展效能的关系。习近平总书记指出，做好各方面工作，必须有一个良好政治生态。他还强调，"健康洁净的党内政治生态，是党的优良作风的生成土壤，是党的旺盛生机的动力源泉，是保持党的先进性纯洁性、提高党的创造力凝聚力战斗力的重要条件，是我们党区别于其他非马克思主义政党的鲜明标志"。越是面临复杂的国际形势和严峻的风险挑战，就越要坚持党的全面领导、保持坚强的政治定力，越要坚持正确的前进方向、创造良好的政治生态。具体到高校而言，处理好政治生态和发展效能的重大关系，主要体现为正确处理好党政关系、学术权力与行政权力关系、学校与师生关系、学校与政府社会企业等外部资源环境力量的关系等等，把党的建设的成果和措施及时转化为制度安排、体制机制，转化为领导方法和工作作风，促进发展效能的持续提升。

丰富发展以高质量党建引领高校高质量发展的实践路径
——基于北京理工大学办学历程的实践思考

北京理工大学于 1940 年诞生于抗战烽火中的延安。作为中国共产党创办的第一所理工科大学、新中国第一所国防工业院校，北理工 80 年的办学发展史是中国共产党将马克思主义同中国高等教育紧密结合的缩影，是"以高质量党建引领高质量发展"的生动实践。

（一）以高质量党建引领高校高质量发展，就要注重发挥党的理论优势办学，始终坚持马克思主义指导地位

习近平总书记曾撰文指出，充分发挥党的理论优势，最重要的就是必须坚持马克思主义。不断推进马克思主义中国化时代化大众化，才能提升认识世界、改造世界的水平。高质量党建的基础性任务正是开展马克思主义教育，坚持马克思

主义指导地位。在北理工的前身自然科学院时期，老一辈无产阶级革命家教育家李富春、徐特立及当时在延安的很多党中央领导同志经常来学校讲政治理论课、作形势政策报告。在开展马克思主义理论教育的同时，他们还高度重视运用马克思主义基本立场观点方法，遵循教育规律、人才成长规律、科学发展规律来办学，比如，自然科学院老院长徐特立弘扬"理论联系实际"的学风，倡导学科和术科紧密联系、互相转化，提出科学教育、科学研究、经济建设"三位一体才是科学正常发育的园地"。近年来，北理工党委进一步巩固马克思主义指导地位，从历史观、发展观、系统观和群众观出发谋划一流大学建设，发挥党的理论优势办学，引领学校事业发展步入快车道。当前形势下，高校党委发挥党的理论优势办学，就要着眼党员干部队伍党建引领意识不强、先进性不突出、抓党建基本功不扎实等实际问题，坚持用习近平新时代中国特色社会主义思想武装头脑、指导实践、推动工作，把牢办学正确政治方向，把稳为党育人、为国育才根本任务，立足发挥党的建设引领保障作用，增强干部教师队伍扎根中国大地建设中国特色一流大学的政治能力、政治本领。

（二）以高质量党建引领高校高质量发展，就要注重发挥党的政治优势办学，着力建强思想政治工作生命线

充分发挥党的政治优势，最重要的就是必须通过强有力的思想政治工作，保持和发展我们党的先进性和纯洁性。党的思想政治工作被誉为"经济工作和其他一切工作的生命线"。高校思想政治工作，是党领导高校工作的具体体现，也是开展高校党的建设的重要抓手。北理工在 80 年的办学历程中形成了一贯重视抓思想政治工作的优良传统，从自然科学院时期倡导的培养"革命通人、业务专家"到今天延续发展的"学术为基、育人为本、德育为先"，从抓干部队伍思想政治工作到坚持"教育者要先受教育""人民教师必须又红又专"等理念，重视教师队伍思想政治建设，学校党委在办学中把思想政治工作贯穿学校教育管理各方面、全过程，领军领导人才培养深深镌刻上红色基因的烙印。当前形势下，高校党委发挥党的政治优势办学，就是要夯实政治建设的统领地位，提升政治领悟力、政治判断力、政治执行力，围绕"办什么样的大学、怎样办大学、为谁办大学"的根本问题思考和谋划学校事业发展。重中之重是对标立德树人根本任务，落实意识形态工作责任制，努力构建思想政治工作体系贯通其中的高水平人才培养体系，打造愿抓、敢抓、善抓党建和思想政治工作的高素质干部教师队伍，聚焦一流大学建设主责主业提升党建工作成效，提升高质量党建对高质量发展的引领能力。

（三）以高质量党建引领高校高质量发展，就要注重发挥党的组织优势办学，持续打造党组织坚强战斗堡垒

充分发挥党的组织优势，最重要的就是必须坚持健全党的组织体系和完善党的组织方式，努力建设高素质干部队伍和人才队伍。我们党是按照马克思主义建党原则建立起来的，形成了严密的组织体系，这是世界上任何其他政党都不具有的强大优势。从政党建设规律来看，任何政党向前发展都要解决三大问题："党要干什么"（方向路线）、"心往一处想"（凝聚共识）和"劲往一处使"（行动一致），三者的实现依赖于组织优势和组织力。高质量党建就是要通过推进党的自身建设、自我革命强身健体，将这种组织效能源源不断激发出来。北理工在办学不同历史阶段，坚持贯彻政治与业务相结合的理念，不断完善以党的领导为统领的大学治理体系，尤其是伴随高校办学重心下移趋势，全力配齐配强院系组织书记，发挥院系党组织在一线治理中的政治核心、保障监督作用，基层党组织的组织力和政治功能不断强化，引领事业发展的能力得到提升。当前形势下，高校党委发挥党的组织优势办学，要重点着眼在二级学院治理层面"党的领导弱化""党建与业务融合不够""决策和治理机制不健全"等问题，进一步强化院系党的领导，优化"集体领导、党政分工合作、协调运行"工作机制，促进党建与基层治理的深度融合。

（四）以高质量党建引领高校高质量发展，就要注重发挥党密切联系群众的优势办学，尊重并发挥师生的主体地位和作用

人民是历史的创造者，这是马克思主义唯物史观的基本原理。充分发挥党密切联系群众的优势，最重要的就是必须坚持党的根本宗旨，贯彻党的群众路线，使党的一切工作充分体现人民群众的意志、利益和要求。脱离群众，无论是党的建设还是事业发展都将是无源之水、无本之木。因此，高质量党建不是高高在上、自说自话的"空中楼阁"，而是一切从实际出发、从人民群众根本利益出发，扎扎实实为事业发展夯基垒台的固本强基工程。在北理工办学过程中，密切联系师生的传统一以贯之，自上世纪50年代倡导的面向师生"在政治上团结和改进，在业务上从普及中得到提高，在生活上特别予以照顾"的方针传承至今。近年来，北理工党委把调动师生参与学校事务的主动性积极性、充分发挥师生成长发展的主观能动性，与完善内部治理有机结合起来，全校干部师生群体的发展共识持续凝聚，风清气正的政治生态、崇尚真理的学术生态、和谐美丽的宜学生态不断巩固。当前形势下，高校党委发挥党密切联系群众的优势办学，就要坚持党的根本宗旨，贯彻党的群众路线，使治校理教体现师生为本、服务师生需要；要从师生中来、到师生中去，坚持眼睛向下、重心下移，把深入师生开展调查研究作为推动工作的基本依据，把实现好、维护好、发展好师生的成长发展需要作为开展工作的基本出发点和落脚点，既促进学校事业发展，也守好校园团结稳定。

教育是事关国家发展和民族未来的千秋基业。建设高质量教育体系、加快建设中国特色世界一流大学是现阶段高校高质量党建引领高质量发展最重要的任务。新形势新挑战，需要我们准确把握高校改革发展的新任务新要求，提升党的建设的科学性、系统性、实效性、时代性，把各级党组织建设成为坚强有力的战斗堡垒，引领一流大学建设事业发展快速稳步前进。

（赵长禄：北京理工大学党委书记）

加快推进高等教育高质量发展

赵长禄

(《人民日报》2022 年 4 月 11 日理论版)

习近平总书记在主持召开中央全面深化改革委员会第二十三次会议时发表重要讲话强调:"要突出培养一流人才、服务国家战略需求、争创世界一流的导向,深化体制机制改革,统筹推进、分类建设一流大学和一流学科。"高校要深入学习贯彻习近平总书记重要讲话精神,把握高等教育高质量发展要求,科学把脉、精准施策,有效解决制约性、瓶颈性问题,进一步提升培养一流人才、服务国家战略需求、争创世界一流的能力和水平,为全面建设社会主义现代化国家提供有力支撑。

在遵循教育规律中实现高等教育现代化的目标要求。遵循教育规律办事,是实现高等教育高质量发展的前提,也是推进教育现代化的必然要求。中共中央、国务院印发的《中国教育现代化 2035》提出了推进教育现代化的八大基本理念,为我们准确把握教育规律、推进我国高等教育高质量发展提供了科学指引。高校要把发挥主观能动性与按规律办事有机结合起来,充分认识一流大学建设的长期性、复杂性和艰巨性,从纷繁复杂的教育实践、教育现象中洞察把握教育发展规律。适应社会生产变革、教与学关系变革等新的发展趋势,不断推进教育教学管理优化和改革创新。比如,对于人才培养,要保持学科专业设置相对稳定,积极稳妥推进教育教学组织改革;对于科技创新,要主动适应科技创新规律,鼓励创新活动瞄准前沿、交叉融合;等等。

通过内涵式发展提升办学能力和水平。目前,我国高等教育已经由大众化进入普及化阶段,走内涵式发展道路是必由之路。把握高质量内涵式发展要求,要从关注硬指标的显性增长向更加关注软实力的内在提升转变,围绕大学的主要职能,在推进"双一流"建设过程中明确方向、突出重点,聚焦服务高水平科技自立自强、培育高水平师资队伍、深化科教融合育人等关键着力点,树立鲜明的效果导向。杜绝形式主义,下大气力解决教育教学活动、师资队伍建设、科技创新组织等方面存在的问题,切实把精力放在提升办学能力和水平上。落实立德树人根本任务,充分激发受教育者的潜能,通过卓有成效的教育活动实现凝聚人心、完善人格、开发人力、培育人才、造福人民等目标。

通过系统谋划打造中国特色世界一流的人才培养体系。系统完善的人才培养体系,是建设高质量教育体系的关键。提升一流人才培养的能力和水平,必须更加注重全局性谋划、战略性布局、整体性推进。高校要准确把握共性和个性的辩证关系,适应人才需求多样化、学生发展多样化的基本特点,加快人才培养模式多样化改革,鼓励各办学单位发挥优势特色,实现特色发展。把发展重点体现在一级学科学科方向和本科专业培养方案的设置上,按照教育规律设置一级学科,按照人才成长规律设置本科培养大类专业;重中之重是做好分类建设、分类管理、分类评价,支持具有特色的一流学科建设,构建优势互补的学科体系,建立并完善长期稳定支持发展的长效机制。

在顺应国际化发展趋势的同时彰显中国特色。党的十八大以来,我国高等教育国际化步伐不断加快。当前,我国高等教育发展既要很好地吸收世界上先进的办学治学经验,更要对标国家战略需求、扎根中国大地,彰显中国特色。高校要明确加强党对高校的领导、加强和改进高校党的建设是办好中国特色社会主义大学的根本保证,高度重视学校党建工作和思想政治工作,把加强党的领导融入高校治理的各方面、全过程。坚持办学正确政治方向,回答好培养什么样的人、如何培养人以及为谁培养人这个根本问题。围绕建设高质量教育体系,以教育评价改革为牵引,统筹推进育人方式、办学模式、管理体制、保障机制改革,增强教育服务创新发展能力,努力培养德智体美劳全面发展的社会主义建设者和接班人。

(赵长禄:北京理工大学党委书记)

高校如何写好科技自立自强的人才答卷

张 军

(《光明日报》2022年3月20日人才版)

习近平总书记在中央人才工作会议上强调，要走好人才自主培养之路，高校特别是"双一流"大学要发挥培养基础研究人才主力军作用，全方位谋划基础学科人才培养，建设一批基础学科培养基地，培养高水平复合型人才。

实现我们的奋斗目标，高水平科技自立自强是关键。新时代新征程，高校要回答好"培养什么人，怎样培养人，为谁培养人"这个时代命题，必须坚持为党育人、为国育才，充分把握高校立德树人的根本任务和"双一流"建设面临的形势任务要求，自觉担负起助力国家实现高水平科技自立自强的时代重任，全力打造人才高地和创新高地。

全力培养堪当大任的时代新人

实现中华民族伟大复兴的中国梦，关键在人，关键在教育。作为中国共产党创办的第一所理工科大学，北京理工大学在82年的办学历程中，坚持把服务国家作为最高追求，扎根中国大地建设世界一流大学，走出了一条中国共产党创办和领导中国特色高等教育的"红色育人路"。

强化立德树人价值导向，持续深化"大思政"工作格局。坚持育人为本、德育为先，把"延安根、军工魂"红色基因融入教育教学全过程，谋划实施好时代新人培育工程。统筹"十育人"工作体系，完善"三全育人"工作格局，将"四史"教育、校史校情教育与学生成长成才教育相结合，打造以"红色育人路"为品牌的立德树人"北理工模式"，培养学生立大志、明大德、成大才、担大任。

深化教育教学改革，深入开展本研一体贯通培养。全面实施"寰宇+"拔尖创新人才培养计划，实施本科10个大类招生与培养，建设明德、精工、求是等9大书院，推进本研一体拔尖创新人才培养，形成了厚基础、宽口径、重创新的交又培养特色。

建设一流"金课",着力打造优质教学资源。与世界一流大学开展课程对标,以"十门国际、百门国家、千门北理"为目标,建设高质量课程体系;打造由院士、高层次人才讲授的专业核心课,鼓励青年人才开设全英文课。建设智慧教室并开展"研讨式、案例式、讲座式"教学模式改革,构建"五位一体"研究生教育质量监督体系。

科教深度融合,产出一流创新创业成果。依托红色"延河联盟"打造延河课堂智慧教育平台,以"特色学科平台团队"赋能学生双创品格和能力培养,形成具有北理特色的"价值塑造、知识养成、实践能力"三位一体的培养新模式,营造全员参与的科技创新浓厚氛围,学生团队两次夺得全国"互联网+"大学生创新创业大赛总冠军。

持续打造"大先生"和"大团队"

"水积而鱼聚,木茂而鸟集。"在向世界科技强国进军的伟大征程中,高校在加快推进"双一流"建设过程中必须坚持党管人才原则,主动担负起时代赋予的使命责任,努力做好基础研究主力军、原始创新主战场、人才培养主阵地。

教师是立教之本、兴教之源,教师队伍素质直接决定着大学办学能力和水平。北理工深入实施"人才强校"战略,完善人才成长发展机制,持续营造人尽其才、分类卓越的良好成长环境,打造了一批具有强烈社会责任感及奉献精神的"大先生"和"大团队"。

坚持师德师风引领,打造德教双馨师资队伍。健全师德师风建设长效机制,将师德师风建设融入学校建设发展、融入教师评聘考核、融入教师个人成长、融入人才培养过程。强化正向引领,完善教师荣誉体系,设立人才培养最高荣誉"懋恂终身成就奖"。

全球布局、培引并举,加速人才会聚。构建全球人才选聘体系,举办海内外"特立国际青年学者论坛",设立海外人才工作站,打造"特立"人才品牌。构筑一流人才发展体系,实现对中青年教师成长发展的全过程、全方位、全覆盖支持。成立教师发展中心,构建覆盖全员全职业生涯的培训体系。有效推动以校引人、以业育人、以人聚人、以心助人的人才培引新模式。

科学评价、分类卓越,迸发内生动力。完善分类评价与激励机制,初步形成"人岗相宜、人尽其才"的局面。破除"五唯",以品德、能力、业绩为导向,科学设置人才评价周期，建立教师能进能出、岗位能上能下的工作机制。推进分类聘用，构建"预聘－长聘－专聘"体系，引进具有国际视野的青年人才。畅通分类卓越发展通道，构建"纵向畅通、横向互通"的发展模式，调动全体教职工干事创业的积极性和主动性。

全面推动"双一流"建设再上新台阶

立足"两个大局"，推动"双一流"建设再上新台阶，高校必须坚持面向世界科技前沿、面向经济主战场、面向国家重大需求、面向人民生命健康，在推动高质量科技创新的同时，深化开放融合，不断开拓办学育人新局面。

北理工瞄准国家重大需求，走出"强地、扬信、拓天"特色发展路径。开创"四位一体"科技发展新模式，建立"四级联动"管理新机制，促进学科交叉融合、科教融合、产研融合，构建了从基础研究到工程应用的科技创新全链条，建成了与一流大学建设相适应的科技创新体系，连续三年获评国家科学技术奖励一等奖。

交叉融合、集成攻关，破除关键核心科技"卡脖子"瓶颈。学校以国家重大工程和重点装备发展需求为牵引，建立优势学科带动、多学科交叉融合的平台建设新模式，打造科技创新"平台+"，持续推动理工文医等有机融合，依托国家级创新平台组建"创新国家队"。

构筑国际战略合作体系，全面提升国际影响力。全面推进寰宇全球国际合作大社区计划，形成了点线面相结合的国际战略合作体系。与QS世界大学排名前200的校际合作院校达到53所，与48个"一带一路"相关国家的149所高校建立了校际合作关系。本科生参加国（境）外学习交流比例达到42%；授位博士参加国（境）外学习交流比例达到70%；留学生规模增长62%，入选北京市"一带一路"国家人才培养基地。

目前，北理工已高质量完成了首轮"双一流"建设任务，在人才培养、学科建设、队伍建设、科技创新等方面实现跨越发展。新征程砥砺奋进，"双一流"号角激昂。胸怀"国之大者"，北理工将继续坚守使命、勇毅前行，以扎扎实实的办学育人成就，在新时代新征程上展现新气象新作为，奋力写好为党育人、为国育才的新时代答卷。

在"红色育人路"上成长奋进的人才队伍，必将让民族复兴的步伐更加铿锵自信。

（张军：北京理工大学校长、中国工程院院士）

发展新型研究型大学

张 军

(《人民日报》2020年10月29日理论版)

人才是第一资源，国家科技创新的源泉在科技人才。习近平总书记在科学家座谈会上的重要讲话中强调，要加强高校基础研究，布局建设前沿科学中心，发展新型研究型大学。这对高校提高教育质量、培养创新人才提出了新要求。当前，我国发展面临的国内外环境发生深刻复杂变化，"十四五"以及更长时期的发展对加快科技创新提出了更为迫切的要求。高校作为原始创新的主战场和创新人才培养的主阵地，必须坚持守正创新，在人才培养和科技创新方面主动作为，在服务国家重大战略中提升办学水平。

高校着眼发展新型研究型大学的目标，在科技和人才竞争中抢占制高点，必须增强责任意识、担当意识，以敢为天下先的勇气，聚焦国家战略需要，瞄准关键核心技术特别是"卡脖子"问题，加快技术攻关。以科技创新为核心，提升服务国家战略的能力，推动思想创新、理念创新、方法技术创新和管理模式创新，释放基础研究、科技创新潜力。

基础研究是科技创新的源头。我国面临的很多"卡脖子"问题，根子是基础理论研究没跟上。近年来，一些高水平研究型大学更加注重基础学科建设，设置了基础研究、交叉学科相关专业。高校应注重与国家发展战略相协调，推进学科交叉协同提质。一方面，深入推进学科交叉融合。顺应国家发展和产业转型需要，调整优化学科结构，建设面向未来、适应需求、引领发展的一流学科，整合优势力量开展协同创新和持续攻关。另一方面，推动教学科研融合发展。强化教育教学体系与科技创新体系双向互动，依托高水平大学布局建设一批研究设施，推进产学研一体化。

一流创新人才是推动科技创新的关键。习近平总书记指出，要尊重人才成长规律和科研活动自身规律，培养造就一批具有国际水平的战略科技人才、科技领军人才、创新团队。学生和教师始终是高校的主体，要以育人和学术为先，在人才培养上下功夫，深入推进人才培养模式改革，充分发挥青年科技人才创新主力军作用。加强基础学科本科生培养，采用多种方式吸引优秀学生投身基础研究。完善激励机制，加快推进科研院所改革，坚决破除"唯论文、唯职称、唯学历、唯奖项"，鼓励教师潜心研究，创造更加宽松的科研和学术环境，努力建设高素质教师队伍。

发展新型研究型大学，必须面向世界、面向未来，走开放发展之路。我们要更加主动地融入全球创新网络，在开放合作中提升科技创新能力。面对个别国家在科技领域对我国的封锁打压，我们更要以全球视野和包容心态，聚集国内外优势创新资源，实施开放办学，聚四海之力谋划推动科技创新，吸引和培养"高精尖缺"人才。更加自信地在全球格局中谋划发展，加强与相关国际联合机构、国际学术组织的合作交流，面向世界汇聚一流人才，使国际合作更加开放、更加多元。聚焦气候变化、人类健康等领域，加强同各国科研人员的联合研发，为解决人类共同面对的问题贡献力量，培育新形势下我国参与国际合作和竞争新优势。

今年是全面建成小康社会和"十三五"规划收官之年。我们将乘势而上开启全面建设社会主义现代化国家新征程，向第二个百年奋斗目标进军。面向未来，高校要坚持用一流学科、一流人才支撑"双一流"建设，坚持立足科技创新立新功，持续提升服务国家战略能力，大力强化基础研究，围绕国家安全、国计民生重点需求持续贡献创新成果，在与国家发展和民族振兴同频共振、同向同行中实现自身的价值追求。

（张军：北京理工大学校长、中国工程院院士）

党建引领,谱写高质量发展新篇章
——北京理工大学党建工作纪实

(北京理工大学新闻网 2021 年 1 月 28 日)

2019年11月29日,北京理工大学党建研究中心挂牌成立

"以'吃得透'为目标加强党建理论研究,以'说得清'为目标加强党建实践研究,以'用得上'为目标积极促进研究成果转化和推广。"2019 年 11 月,北京理工大学党建研究中心挂牌成立,以期为推进"两个强国"建设、服务经济社会发展提供理论指导,为推进国家治理体系和治理能力现代化实践方案创新作出北理工贡献,这也是北理工全面加强党的建设的重要举措之一。

教育是国之大计、党之大计,高校肩负着为党育人、为国育才的重大职责使命。"加强党对高校的领导,加强和改进高校党的建设,是办好中国特色社会主义大学的根本保证。"习近平总书记为加强高校党建工作指明了方向。

作为党创办的第一所理工科大学,北京理工大学在各个发展阶段始终传承红色基因,弘扬优良传统,牢牢坚持党的领导,坚持办学正确政治方向,坚持不懈加强党的领导党的建设。十四次党代会以来,学校党委坚决学习贯彻习近平新时代中国特色社会主义思想和党中央重大决策部署,始终把抓好党建工作作为办学治校的基本功,坚持以党的政治建设为统领,全面推进党的政治建设、思想建设、组织建设、作风建设、纪律建设,把制度建设贯穿其中,将党的领导党的建设落实到办学治校全过程、各方面,以高质量党建引领学校事业高质量发展。

抓实根本,夯实基础,党的建设凝心聚力

五年来,学校党委始终坚持把党的政治建设摆在首位,全面推进学校党的建设各项工作,坚定不移地在思想上政治上行动上同以习近平同志为核心的党中央保持高度一致,不断增强"四个意识"、坚定"四个自信"、做到"两个维护",切实履行管党治党、办学治校主体责任,模范执行党委领导下的校长负责制,落实全面从严治党责任制和意识形态工作责任制,将党的领导贯穿办学治校各领域各环节,构建起"学校党委—院系党组织—基层党支部—党员"四位一体的组织体系,形成党的领导纵到底、横到边、全覆盖的工作格局,确立了上下贯通、指导有力的党建工作体系,推动"大党建"格局日臻完善。

2020年12月16日,校党委书记赵长禄一行赴山西省方山县调研指导定点扶贫工作

"你们就做油缸！"自动化学院王军政教授团队在山西省方山县设立了"矿山智能无人综采"实验室，助力庞泉重机高质量发展，通过提高自主创新能力实现年收益1亿元。2019年，学校在对口扶贫的方山县设立科技人才工作站，王军政、薛庆等一批专家教授共同组成了"智力团队"，为打赢脱贫攻坚战提供北理工的智力支持。

加强党的政治建设，就要不折不扣地贯彻落实党中央决策部署。五年来，学校党委压实脱贫攻坚责任，扎实推进脱贫攻坚工作，定点帮扶山西省方山县实现了脱贫摘帽，科技扶贫、产业扶贫、消费扶贫成效显著。学校累计投入帮扶资金1490余万元，引进上级项目资金及招商引资落地1.09亿元，培训干部、技术人员等10000余人次，直接购买农产品300余万元，助销农产品8900余万元。学校领导班子成员先后30人次、师生员工累计2200余人次前往方山扶贫一线。方山县顺利通过脱贫攻坚全国普查和绩效评估，校地携手为方山县脱贫攻坚交上了满意答卷。

2000余门课程顺利开课，1000余位教师、2万多名学生和身处140多个国家的1100余名国际学子顺利开展在线教与学，5000余名学生参与疫情防控志愿服务，建立师生员工健康管理系统，推进常态化疫情防控下各项工作有序开展……2020年，全体北理工人团结一心，不畏困难，共同在校史上写下有力的一笔。

面对突如其来的新冠肺炎疫情，学校党委坚决扛起疫情防控政治责任，将维护师生员工生命安全和身体健康放在第一位，第一时间成立了疫情防控工作领导小组，加强指挥协调，完善联防联控，牢固树立"疫情思维"，制定完善各类防控工作方案，组织开展抗病毒药物和应急医疗设备研制，统筹推进学生学业、毕业、就业等工作，统筹推进常态化疫情防控和学校事业发展各项工作，一流大学建设的向上向好局面持续巩固。

五年来，学校党委始终坚持从党和国家事业发展全局的高度谋划和推进各项工作，坚持和加强党对学校工作的全面领导，履行把方向、管大局、作决策、抓班子、带队伍、保落实的领导职责，定期召开专题会议研究学校改革发展重大问题，组织落实"十三五"事业发展规划，全面推进"双一流"建设。

五年来，学校党委全面落实《中共中央关于加强党的政治建设的意见》，坚持加强制度建设，完善工作机制体制，推动将党的政治建设各项任务落实落细，制定学校《关于加强党的政治建设的任务清单》，形成了18个方面的46项任务，制定出台《关于进一步加强和改进基层党组织建设的若干意见》《北京理工大学基层党委党建和思想政治工作基本标准（试行）》等党建工作制度60余项，修订完善党委常委会会议、校长办公会议议事规则,以及院级党组织会议、党政联席会议议事管理规定等,持续完善落实党中央决策部署和上级工作要求的快速响应、扎实部署、督查问责工作机制。

五年来,学校还扎实开展了"三严三实"专题教育、"两学一做"学习教育和"不忘初心、牢记使命"主题教育,坚持问题导向,围绕落实中央巡视检查整改、工信部党组专项巡视检查整改,做好"后半篇文章",建立长效机制。

政治建设是根本性建设,思想建设是基础性建设。学校党委坚持用习近平新时代中国特色社会主义思想培根铸魂、凝心聚力,带动党员干部师生不断砥砺政治品格、坚定政治信仰、提升政治能力。

北京理工大学党委理论学习中心组开展扩大学习

五年来,学校党委始终保持向以习近平同志为核心的党中央看齐、向党的路线方针政策看齐的政治自觉,进一步完善学习制度、强化思想武装。党委常委会坚持将学习传达习近平总书记重要讲话和指示批示精神,贯彻落实党中央决策部署作为第一议题;同时,党委理论学习中心组学习聚焦习近平新时代中国特色社会主义思想,紧密围绕"双一流"建设实际,促进学校领导班子成员不断凝聚思想共识、提升能力水平。制定《北京理工大学党委理论学习中心组学习实施办法》,深化"校党委中心组、二级党委中心组、党支部"三级联动学习机制,引导党员干部师生自觉做习近平新时代中国特色社会主义思想的坚定信仰者、忠实实践者。

把好思想理论"定盘星",筑牢"四个自信"的"压舱石",不仅仅是对党员干部的要求,也是对广大师生的期待。近年来,为推进党的创新理论入脑入心,支持帮助师生真学真懂真信真用,学校党委创新思路、搭建平台,推进理论学习联网上线,建设"北理工思政理论网""北理工微理论"微信号,推行微课堂、微支部、微心声等"五微一体"理论学习新模式,依托北京市思想政治工作难点攻关计划研究推进师生理论学习全覆盖、实效性及长效机制建设,带动师生群体学起来、做起来。

"新思想大学习、时代新人标准大讨论……"2018年以来,学校党委每年面向全校学生开展的"担复兴大任、做时代新人"主题教育活动,把思想理论武装摆在突出重要位置,组织学生党支部、团支部、班集体共学共进,尤其注重抓住大学生成长的"拔节孕穗期",坚持在新生开学典礼、新生入学教育、新生军训等各个环节融入思想教育内容,抓紧抓好学生入党启蒙,引导学生筑牢信仰之基,补足精神之钙,把稳思想之舵。

筑强堡垒,建强队伍,党的建设提质增效

"在推进学院各项事业发展中,强化党委政治核心作用发挥,不断加强思想引领,使党建和思想政治工作成为推动学院新时代创新改革与蓬勃发展的强大引擎。"作为首批"全国党建工作标杆院系"培育创建单位、教育部"三全育人"综合改革试点院系的"带头人",机械与车辆学院党委书记冯慧华这样分享党建标杆院系的建设思路。

学校党委为首批建设的"党建工作室"颁牌

打造"党建榜样"群体,以"身边人讲身边事"。学校党委高度重视用典型榜样引领广大师生党员立足本职,服务一流、建设一流。机械与车辆学院党委、信息与电子学院党委获批全国党建标杆院系,机电学院无人飞航工程系党支部、光

电学院博士物电班党支部等 4 个党支部获批"全国党建工作样板支部"。近年来，学校党委坚持"对标争先"，分类建设具有示范性的基层党委"党建工作室"14 个，重点培育"双带头人"教师党支部书记工作室 9 个，培育建设学校"党建工作样板支部"51 个。

"以党建工作为引领，充分发挥党支部战斗堡垒作用，促进教师科研成果产出，推动学生科技创新。下一步，我们将走出校园、开展多层次支部共建，不断提升党支部工作的凝聚力和向心力。"2019 年 3 月 28 日，学校召开了首批"双带头人"教师党支部书记工作室建设推进会。全国"双带头人"工作室负责人、自动化学院宋春雷从发挥支部书记在"党建"和"业务"双带头作用角度介绍了如何凝聚教师力量开展岗位奋斗的思考。

"党建立得住，关键要看党支部。支部强不强，主要还看'领头羊'"。近年来，学校党委重视选优配强两级党组织书记队伍，强化"头雁效应"。在党支部书记队伍建设中大力选配思想政治素质好、党务工作能力强、教学科研水平高的学科带头人和学术骨干担任党支部书记，"双带头人"比例达到 100%，有效促进党建引领与业务发展的紧密融合。

为了提升组织建设的工作水平和工作质量，学校党委大力开展新时代党建理论与创新实践研究，实施党建研究和实践创新"双轮驱动"，注重打造基层党建工作品牌，不断挖掘"五个三比""一党委一品牌，一支部一活动"等党建品牌的新内涵，创建"党建云"网络党建载体，发挥党建创新成果集群效应，不断激发党建创新活力。

2017 年 7 月，学校组织中层领导人员 40 余人赴井冈山开展实践学习

"身临其境踏寻先辈足迹，一幕幕触动灵魂的历史场景，使我的思想深处一次次受到强烈的震撼和深刻的洗礼。"2017年7月，正值井冈山革命根据地创建90周年，学校组织中层领导人员40余人赴井冈山开展实践学习，光电学院党委书记邹锐感触颇多。

抓班子、带队伍，是高校党委的政治责任，也是凝聚人心、推动发展的基础性工作。近年来，学校党委贯彻新时代党的组织路线，持续打造符合新时代好干部标准、忠诚干净担当的高素质专业化干部队伍。完善"选育管用"的全链条机制，制定完善《中层领导人员管理办法》等制度文件；结合"大部制"机构改革，推进中层领导人员"能上能下"和分类管理；注重发现培养优秀年轻干部，夯实干部队伍建设基础；改革中层领导人员考核模式，建立班子调研常态化机制和关键业绩采集机制；建立健全干部监督体制机制，强化选任监督和日常监督；通过干部换届及届中调整，中层干部的年龄结构更趋合理、工作经历更趋丰富、专业结构更趋改善。

抓好干部队伍建设，教育培训是关键环节。五年来，学校党委聚焦干部党员培训，创新教学方式方法，积极拓展优质培训资源，依托12个签约和合作的校外党性教育基地持续开展暑期集中培训实践，实现中层领导干部三年全覆盖；积极推进主体班次，培训全校党员、干部6000余人次；统筹线上线下学习培训平台建设，打造"延河干部讲堂"培训品牌，分层分类抓好培训。学校党委还建立了"校党校—二级党校—党支部"三级联动培训体系，健全党校统筹、多部门协同推进、校内外资源融合的党校工作机制，实现了教育培训规模和质量同步提升。

警钟长鸣，常抓不懈，管党治党从严从实

五年来，学校党委持之以恒正风肃纪，推动全面从严治党向纵深发展。健全责任体系，深入推进党风廉政建设和反腐败斗争，落实全面从严治党责任制，党组织负责人履行第一责任人职责，领导班子成员落实"一岗双责"。发挥监督执纪综合效能，打好作风建设持久战，持之以恒落实中央八项规定精神，坚决反对"四风"，集中整治形式主义、官僚主义。

学校党委坚持以党内监督为主导，推动各类监督有机贯通、相互协调，构建了集中统一、全面覆盖、权威高效的"大监督"工作格局，进一步增强监督合力。2018年下半年，学校党委实施纪检、监察、巡察、审计部门合署办公的大部制改革，不断完善工作体系、创新工作方法，加强沟通协调和集体研判，发现问题的渠道不断拓宽、精度不断提高、能力不断增强。

2018年9月12日，学校党委组织党员干部赴北京市海淀区反腐倡廉警示教育基地开展廉政教育活动

"腐败的代价是惨痛的，作为党员干部要从这些违纪违法案件中吸取教训，警钟长鸣，要知敬畏、存戒惧、守底线。牢固树立正确的世界观、权力观、事业观，真正做到廉洁从政、廉洁用权、廉洁修身、廉洁齐家。"2018年9月12日，学校党委组织新提任中层领导人员、轮岗交流党员干部一行30余人赴北京市海淀区反腐倡廉警示教育基地开展廉政教育活动。听取警示教育基地工作人员的讲解，观看近年来查处的腐败案件，党员干部纷纷发出感慨。

全面从严治党，要抓实抓好纪律教育。学校党委将大力提高纪律教育质量作为工作重点，教育引导党员干部尊崇《中国共产党章程》，严格执行党规党纪，知敬畏、存戒惧、守底线。每年组织开展"党风廉政建设宣传教育月"活动，通过党课、校院两级党委中心组学习、专家廉政讲座、集体廉政学习等多种形式，加强党性党风党纪教育、廉洁从业教育，累计组织3000余人参加上级或学校组织的廉政考试和党规党纪考试，运用典型案例开展警示教育12次，印发内部刊物《廉政》8期，在学校微信企业号开设"廉政课堂"，月均发布推送3～5条，不断提高经常性纪律教育的质量和效果。

2018年3月13日，学校召开了学院职权清单制度建设工作会，对学院职权清单制度建设工作主要任务、进度安排以及工作要求等进行了安排，对各学院查找职权点、编制职权清单、绘制职权运行流程图、整理职权行使全过程资料目录等具体工作进行了部署。

全面从严治党，要把权力关进制度的笼子里。学校党委以职权清单制度建设为抓手不断完善权力配置和运行制约机制，用三年时间完成职权清单制度建设全覆盖。截至2020年12月底，管理服务部门梳理权力事项共计587个，权力运行风险点1298个，对应制定风险防控措施1892项；二级学院梳理制定13大类132项管理职权事项，全部对应制定风险点防控措施。通过明确权力事项、查找风险点、制定防控措施、加强权力运行全过程纪实，将廉政防控措施及监督机制融入各单位内部管理控制流程，动态更新完善，扎牢制度笼子，提高预防腐败的规范化制度化水平。

2020年6月15日，学校党委巡查组召开巡查机关党委情况反馈会议暨警示教育大会

"开展对机关党委、职能部门的巡察，是全面提高学校机关党的建设质量，推动学校'双一流'建设和综合改革，促进学校治理体系和治理能力现代化，推进全面从严治党向纵深发展的重要举措。"2020年6月15日，学校党委第三轮巡察工作动员会召开，与会人员对巡察工作形成了广泛共识。2020年夏季学期，学校党委对机关党委及组织关系在机关党委的32个职能部门进行了为期三个月的巡察。

近年来，学校党委全面贯彻"发现问题、形成震慑、推动改革、促进发展"中央巡视工作方针，坚守政治巡察定位，紧扣被巡察单位职能责任扎实开展校内巡察工作。建立健全巡察工作制度，制定了北京理工大学党委《巡察工作办法（试行）》《巡察工作实务手册》等，依规依纪开展巡察。两年中完成了对校内39家单位的巡察，并实现对学校机关职能部门的巡察全覆盖，巡察整改和专项整治取得了实实在在的成果。

　　拓路踏歌再出发，勠力同心启新篇。2021年，我们将迎来中国共产党成立100周年，党和国家正加快建设教育强国、科技强国、人才强国。作为党创办高等教育的亲历者、践行者和传承者，北理工党委将充分发挥全面从严治党引领保障作用，坚定政治方向，保持政治定力，把党的领导的强大优势更好地转化为立德树人的能力本领，为实现"两个一百年"奋斗目标、实现中华民族伟大复兴的中国梦作出新贡献！

厚植沃土，开创一流学科建设新局面
——北京理工大学学科发展建设纪实

（北京理工大学新闻网 2020 年 11 月 22 日）

学科是大学的基本单元，是人才培养、科学研究、社会服务、文化传承创新、国际交流合作的核心载体。建设一流大学必须要以一流学科为基础，而一流学科的重要标志就是培养一流的拔尖人才，汇聚一流的师资队伍，产出一流的学术成果，作出一流的卓越贡献。

在加快推进"双一流"建设过程中，面向世界科技前沿、面向经济主战场、面向国家重大需求、面向人民生命健康，北京理工大学坚持内涵发展、创新发展、特色发展和协同发展，形成了"优势工科引领带动、特色理科融合推动、精品文科辅助联动、前沿交叉创新互动"的学科建设思路。经过多年的努力，北理工的学科优势特色更加凸显，多个工科跻身世界一流；内生动力持续迸发，传统学科不断催育新兴方向；交叉融合卓有成效，主动服务国家急需、空白、尖端、前沿领域。

如果将学科比喻成树木，那么北京理工大学无疑是苍翠挺拔的大树与生机勃勃的树苗错落有致、疏密结合的繁茂森林。

大树参天，优势工科挺拔屹立

2020 年 1 月 10 日，国家科学技术奖励大会在北京召开，由项昌乐院士主持完成的"大功率高速机电复合传动技术与装置"项目获得国家技术发明奖一等奖。荣耀的背后，凝聚着无数的艰辛与汗水。上世纪 90 年代，因导师突然离世，项昌乐临危受命，开始投身特种车辆传动系统研发。三十年如一日，项昌乐带领团队"白+黑""五+二"，以"咬定青山不放松"的劲头，不断攻坚克难、开拓创新，针对国家重大战略需求，在特种车辆传动理论研究、技术创新、装备研制及应用等方面作出开拓性贡献，实现了我国特种车辆传动技术的两次技术跨越，获得授权发明专利近 200 项，研究成果主要技术指标达国际领先水平。

北理工机械学科特种车辆传动理论与技术创新团队的教授们在研究科研攻关方案

项昌乐院士团队多年来奋斗的足迹，正是机械学科发展的缩影。60多年来，一代代机械人攻坚克难、栉风沐雨，攻克了特种车辆传动系统一个又一个关键技术，推动机械学科不断奋勇向前，培养了苏哲子院士、毛明院士等一大批为国家发展建设作出突出贡献的杰出人才，同时造就了多项引领世界的重大科技成果，为特种车辆动力系统的跨代发展作出了卓越贡献。

"我们付出青春，努力追梦；我们兑现承诺，从不退缩；我们护航和平，赢得尊重！"这是来自北理工兵器人的独白。

北理工兵器学科2019年新生左铭朔同学与导师们在延安精神石前合影

兵器学科伴随着学校从抗战烽火中一路走来，整体水平始终保持国内第一。80年来，培养了火炸药泰斗徐更光院士，95式枪族的设计者、"中国枪王"朵英贤院士，现代引信系统分析与设计理论的奠基人马宝华教授，我国某领域领军人才杨树兴院士、冯顺山教授、黄风雷教授、王海福教授等一代又一代杰出人才。学科积极推行拔尖创新人才培养模式改革，2018年起开设本硕博贯通培养的"智能机电系统实验班"，吸引了全国大批矢志国防的优秀学子踊跃报考，极大地提升了学科的影响力。2019年7月，学校为北京市考生左铭朔同学现场颁发了第1940号录取通知书。作为工业和信息化部所属高校2019年北京录取最高分新生，左铭朔表示自己从小立志科技报国，进入北理工兵器专业学习让他梦想成真。

人才培养呈现蓬勃生机的背后，源自学科以学生为本、质量为重的建设理念，源自教师把教书育人作为师者根本的责任。兵器学科积极探索、勇于创新，将学习、实践、创新融为一体，注重塑造学生的科学精神和人文素养，着力培养学生从工程中提炼、解决科学问题的能力。兵器学科使命在肩、奋斗不辍，传承"红色基因"，砥砺"军工品格"，树立"报国志向"，全力朝着中国特色世界一流学科跨越前进。

在北京理工大学生机勃勃的学科森林中，兵器、机械、信息、控制、材料等众多优势学科，犹如一棵棵参天大树，直耸云天。她们始终与党和国家同呼吸、共命运，紧盯国家战略需求，为国家培养了一批又一批矢志报国的科技人才，成功突破了一个又一个掣肘国家发展的"卡脖子"难题，在传统学科优势方向上持续引领突破，始终保有强大的竞争力。

枝繁叶茂，基础学科方兴日盛

简单的桌椅，堆满书籍笔记稍显凌乱的办公桌……在北理工中心教学楼一间简朴的办公室里，处处显露出忙碌与勤奋。这间办公室的主人——物理学科的姚裕贵教授，凭借对固体材料中贝里相位效应这一原理的研究和发展，获得了2018年度国家自然科学奖物理天文组唯一的二等奖。

深耕细作，创新融合，勤奋探索，这是姚裕贵教授的学术之路，也是北理工理科发展的缩影。如果说传统优势工科的发展是持续打造学科高峰，那么理科等基础学科的发展则更注重凸显特色，形成新的活力，为工科的发展提供坚实的理论基础。

北理工物理学科姚裕贵教授获得2018年度国家自然科学奖二等奖

近年来,理科以重大需求、重大问题和重大项目为牵引,围绕基础科学问题,加强与工科的深度融合,已在多个领域形成了特色成果。

物理学科开展了含能材料物性及其演化过程细节的研究,有力支撑了教育部高能量物质前沿科学中心的发展;将量子成像理论创新应用到"太赫兹"波段的研究中,填补了该领域的研究空白;牵头制定《烟花爆竹作业场所接地电阻测量方法》等多项国家行业标准,并合作研制出了"双防工作服",降低静电事故伤亡率;设计极低功耗、极高灵敏度的光电探测器,拥有广阔的市场应用前景和可观的经济效益。

数学学科汇聚了一批具有国际水准的优秀中青年教师,获批两项优秀青年基金项目,形成了多个特色方向,在攻克宇航级智能配电系统可靠性优化设计、海上跨域无人集群一体化智能决策与控制等"卡脖子"技术上作出重要贡献。

化学学科发挥在MOF膜、石墨烯以及簇合物的基础研究优势,从大气污染物过滤膜,到有效杀灭病毒的"杀毒口罩",实现了科研原始创新和产研结合;与机械学科协同攻关,石墨烯材料化学助力突破了超快激光微纳制造的瓶颈,获得2016年度国家自然科学奖二等奖。

在学校建校之初,文科主要是为人才培养提供通识教育课程体系服务,随着学校办学水平的提升,文科的师资力量不断加强,同时也逐渐形成了特色研究方向,取得显著成绩并得到了业界的认可。

管理学科面向国家战略需求,结合学校机械、数学等理工学科的优势,形成了能源与气候经济、国民经济动员学等特色学科方向。能源与气候经济交叉学科为政府部门、学术界和国有大型企业培养了一批高层次复合型领导领军人才,在国家相关政策的制定中发挥智库作用,提供了强有力支撑。国民经济动员学最早在国内倡导国民经济动员预案标准化与规范化,积极承担国家委托的国民经济动员培训任务,为维护国家安全奠定了坚实的基础。

外语学科与计算机、信息、管理等多个学科深度交叉融合,建成语言工程与认知计算工信部重点实验室,开展理论语言学基础研究,计算机辅助语言教学、专门用途外语等应用研究,以及自然语言处理、多策略机器翻译、语音识别等跨学科交叉研究,成果丰硕。

法学学科以"一带一路"建设的法律需求为导向,为行业企业定制高水平的风险预防和争端管控方案,为社会培养国际争端预防和解决领域的高层次人才,为相关国际组织和国家提供高质量的智库支持,为学界构建开放的学术交流和国际合作平台。

近年来,学校紧密结合国家重大战略需求,瞄准世界科技前沿,加强智库建设,加快构建交叉融合创新平台体系,打造了电子政务研究院、中国工程科技前沿交叉战略研究中心和国际争端预防和解决研究院等一批"人文+"战略平台和高水平智库,不断增强文科服务国民经济主战场的能力。

北理工国际争端预防和解决研究院揭牌成立

固守不是优势,发展才是硬道理。各学科在凝练发展方向时充分考虑传统优势方向与新兴前沿方向,在巩固优势与特色的同时,面向未来形成新的学科增长点。经过多年的建设,学校已经形成了"传统优势方向+新兴前沿方向"的良好生态,为基础学科的茁壮成长提供了肥沃土壤。

欣荣争茂,交叉学科朝气蓬勃

2019年8月,中国图象图形学学会颁奖典礼在京召开,王涌天教授团队完成的"多模态图像引导手术导航关键技术及应用"项目获得唯一的一等奖,应用该技术的医工融合科技成果转化产品——颅底外科手术导航定位系统属国内首创,性能优于国外同类产品,目前已成功开展数十例临床试验,即将进入商品化和产业化,引领医工融合交叉学科的创新发展。

近年来,学校将新型学院、新型科研机构、学科前沿项目作为做强交叉学科的有力抓手,在激发内生动力的同时做强增量,实质推动"工理管文医"交叉融合发展,实现交叉学科水平快速提升。

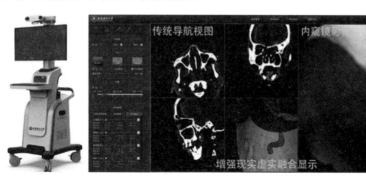

应用VR/AR技术、可实时进行手术导航定位的北理工医工融合科技成果
——颅底外科手术导航定位系统

1998年,学校就获批成立信息对抗专业,成为国家首批成立该专业的四所院校之一。20余年来,学科专业在不断的发展建设,面向国家需求、填补空白的责任和使命一直未变。2020年6月,以"支撑国家安全体系的'大信息安全',抢占服务国家安全战略的制高点,服务国家安全战略,支撑网络安全产业发展"为目标的北理工网络空间安全学院挂牌成立,标志着学校将面向新时代国家战略需求,充分释放基础优势,积极开展学科交叉融合。

微纳量子光子学研究不仅所需设备精密、环境要求严苛,而且从材料制备到表征分析,再到器件加工测试,要求平台必须具备全流程的"一站式服务"。学校决定利用校区功能优化调整出的资源优先保障新兴学科发展，为高层次人才的成长提供有力支撑。2019年建成的微纳量子光子实验中心，可以开展"新材料—新器件—新系统"全链条制备研究，成为继分析测试中心、先进材料实验中心之后学校又一高水平大型实验平台，为未来一流学科的建设打下坚实的基础。

"中心的建成，体现了学校在管理机制方面的改革创新，给我们青年教师事业发展提供了实实在在的有力支持。中心保障了包括10余项国家自然基金在内的多项科研任务的执行，极大拓展了校内外、国内外的科研合作。"谈及未来，中心主任王业亮充满希望。

除了网络空间安全、微纳量子结构与信息器件，学校在激光微纳制造、储能技术等新兴交叉方向建设成效同样显著。

继往开来，宜和生态。未来，北京理工大学将以有力支撑国家重大战略、服务经济社会发展为导向，瞄准国际学术前沿，以交叉融合为推进学科建设总体思路，以拓展新兴前沿方向为学科发展重要途径，遵循学科发展规律，激发学科内生动力，构建"顶尖工科、优质理科、精品文科、新兴医工"的"常青之林"，为建设中国特色世界一流大学提供更加强劲的"加速度"。

建设一流专业　培育一流人才
——北京理工大学一流专业建设工作纪实

（北京理工大学新闻网 2020 年 11 月 2 日）

近年来北理工专业建设部分成就

工程力学、机械工程等 18 个专业全部进入 2019 年国家级一流专业建设点；

计算机科学与技术、车辆工程、光电信息科学与工程三个专业获批北京市重点建设一流专业；

15 个专业通过中国工程教育专业认证，数量居北京市第一；

13 个专业入选教育部第二批新工科研究与实践项目，数量位列全国第三；

……

近年来，学校专业建设捷报频传，成果丰硕。

在全国教育大会上，习近平总书记提出"要努力构建德智体美劳全面培养的教育体系，形成更高水平的人才培养体系"。在学校"双一流"建设的征程中，如何面向世界一流大学目标建设高水平人才培养体系？专业建设无疑是架梁搭柱的重要一环。

专业是人才培养的基本单元，是建设高水平本科教育、培养一流人才的"四梁八柱"。自学校十四次党代会召开以来，学校贯彻落实全国教育大会精神和新时代高等学校本科教育工作会议精神，坚持"以本为本"，落实"四个回归"，以建设面向未来、适应需求、引领发展、理念先进、保障有力的一流专业为目标，着力加强人才培养体系和核心课程建设、面向新兴领域工程科技人才培养布局新工科，以"产出导向教育"为核心推动专业规范建设，有力促进了一流人才培养体系建设，全力书写了新时代人才培养的"奋进之笔"。

大家领衔，精彩课程，让专业更"生动"

"That's all for the course. Wish you have a great success in your final examination, and your future as well."中国科学院院士、北京理工大学原校长胡海岩教授用一句深情的祝福作为他讲授的本科生全英文课程"结构动力学基础"的结语,而学生们也用热烈的掌声表达了对老师的感谢和对课程的不舍。"工程力学"这个听上去有些晦涩和神秘的专业,通过这样生动的课堂,让学子们感受到其独特的魅力。

院士领衔课程建设与基层教学组织开展教研活动

近年来,在名师大家的带领下,工程力学专业完成了专业课程体系的重构。将原本较为零散的知识凝聚成6门专业核心课,帮助学生系统构建力学的理论基础,在课程整合时通过加强知识体系间的有机结合,凝练压缩课堂上的理论教学学时、增加实践和综合训练学时,并在课内为学生提供实践能力培训以及科研实践训练环节,从而实现理论知识与实践研究的有机结合,构建"螺旋式上升"的认知途径,这样的探索改革不仅获得了国内同行的好评,还获批了北京市重大教改创新项目《未来工程科学家的培养模式探索与实践——以工程力学专业为例》,未来将进行更深入的研究和实践。

"在我们上讲台之前,课程组会组织教学经验丰富的教师讲解教学内容、演示教学方法,也会组织我们进行课程试讲。这对我们尽快适应角色、讲好课程有很好的帮助。"青年教师刘铖说道。建设好一个专业,有"名师领衔"、打造好几门课程,是不够的,还必须要有完善的基层教学组织做支撑。"每学期开始上课之前,我都会组织课程组的老师召开教学准备和研讨会,总结和分析课程教学存在的不足,共同讨论解决办法。教学是需要精心研究的,教师既要传授知识,更要激发学生的学习兴趣和科研冲动，使之具有终身学习的能力，最终为国家和社会作出贡献。"工程力学课程主讲教授北京市教学名师水小平老师介绍道。

对于基层教学组织建设，基础力学课程组的做法非常典型，他们采取集体备课模式共同完成教学各环节，从备课、研讨、考试出题到批阅试卷都由授课教师共同完成。在拟定试题方面，由授课教师轮流就教学内容草拟三道试题，由主讲教授审核，根据考核内容、难易和严谨程度进行适当调整，最后形成试题。

教师是专业建设的主力军，教师对于教学的投入，对专业建设起着至关重要的作用。"王越院士领衔的信息类专业，20年磨一剑，全院总动员，课程体系改革始终走在前列；孙逢春院士、项昌乐院士领衔的车辆机械类专业，科研团队用最前沿的知识与技术带给学生最前瞻的思维……"像工程力学专业这样，既有名师引领，又有规范完善的基层教学组织作保障的专业，在北理工还有许多。

经验丰富的名家领衔，规范完善的教学体系、全体教师的倾情投入，使课堂分外精彩，让学生收获满满，同时也让专业变得更"生动鲜活"。

传统升级，布局前沿，新工科专业扎实成长

"作为学校人才培养综合改革试点单位，目前，我们学院开设了面向智能与新能源车辆、智能制造与高端装备、可再生能源与先进动力技术等前沿领域的课程，在强化学生数理力学基础的同时，更好地满足了学生学术发展需求，提升了职业竞争力。"在谈到如何面向基础前沿领域建设新专业和改造升级传统专业时，机械与车辆学院给出了自己的答案。

机械与车辆学院学生积极开展"双创"活动并赴海外交流

新一代科技革命与产业变革背景下，如何建设"新工科"以更好地满足时代对于创新人才的需求？近年来，学校统筹做好顶层设计，布局基础前沿领域，推进学科交叉融合，通过改造升级传统专业和创建瞄准前沿的新专业，推动新工科专业建设"从轰轰烈烈走向扎扎实实"。

"我们和德国 TU9 高校（优势工科大学联盟）、美国、法国、意大利以及俄罗斯的高水平大学都建立了实质性人才培养合作关系，每年本科生出国（境）外交流比例达 50%，其中近一半是一学期以上出国交流学习。"机械与车辆学院教学副院长黄彪介绍道。除了加强国际化建设，机械与车辆学院还设置了模块化的学科基础课程、专业基础课程和专业核心课程，展现先进车辆、高端装备、智能制造最新科研成果，课程体系与欧美一流机械专业无缝对接。

加强课程建设，筑牢学生理论根基的同时，如何提升学生的实践创新能力，也是学校在新工科专业建设上的发力点。2019 年，学校新工程训练中心正式投入使用，年均接待约 4000 名学生开展科技创新和实践活动。除正常的实践教学外，这里也成为学生创新实践的"新阵地"。"通过近距离接触实验仪器设备，我对数控加工产生了浓厚的兴趣。另外，工程训练中心还设有智能制造综合实训平台和机器人、3D 打印、激光加工、数控加工以及电火花线切割加工等创新实践平台，我的很多同学都在那里体验和实践。工程训练中心真是个很好的实践平台。"机械与车辆学院 2018 级本科生张宇龙满脸自豪和欣慰。

在改造升级传统专业的同时，面对未来技术领域人才的紧缺和迫切需求，新工科专业的建设必须突破常规。2019 年以来，学校先后开设了"人工智能""数据科学与大数据技术""智能制造工程""网络空间安全""智能无人系统技术"等新工科专业。作为新工科专业最集中的计算机学院，新专业采用"人工智能+X"的复合专业培养模式，从基础设施层、核心技术层、支撑技术层、系统平台层、应用层等 5 个层面来设计课程体系，旨在培养以人工智能为基础，以计算机技术、大数据技术、智能应用技术等知识领域为拓展的新型复合专业型人才。

优势工科的建设是北理工建设新工科、新文科、新农科、新医科"四新"专业的龙头和抓手，课程与课程体系的全面深入改革是新工科建设的重点也是难点。为了更好地打造面向工业界、面向世界、面向未来，主动应对新一轮科技革命和产业变革挑战的课程体系，服务制造强国等国家战略，培养学生自主学习、交叉融合的能力与素养，北理工一方面用新理念建设新专业，一方面将所有专业核心课程进行研究型教学改革，并探索建设项目制课程，力争建设有"担当"、能"应变"的新工科。

规范认证，校企协同，专业建设练内功

"专业认证，不仅仅是一次认证，更是我们不断深化工程教育理念，改进教育教学，推进专业持续建设的过程。"作为专业建设的"典型学院"，自动化学院所有专业都已通过中国工程教育认证，副院长杨毅这样谈及工程教育认证对专业建设的促进作用。

如何将"以学生为中心、成果导向和基于评价的持续改进"理念真正落在实处，是专业建设的核心要点也是难点。"秉承实事求是之风，找到专业建设的切入点和落脚点。"在这样的理念下，学校将工程教育认证作为促进工科专业建设的重要抓手。

"最初只是工程教育认证的要求做了字面理解。然而，随着工作的深入，我们逐步认识到认证理念、通用标准的真正意义所在。"自动化学院电气专业责任教授彭熙伟介绍，"就拿专业导论课来说，从前只是做简单的学科前沿介绍，粗线条地要求学生提交报告。经过专业认证之后，我们的导论课除了为学生介绍学科前沿知识，还会系统地关注到工程职业责任等内容，同时这些内容我们都会在考核中体现，对学生的学习效果进行更好的评价。"

自动化学院开展专业认证、光电学院与京东方公司开展学生联合培养

对电气专业来说，工程教育认证的"功效"还远不止如此，除了促进课程体系建设，还进一步加强专业"课程思政"建设，在工程与社会、环境保护、项目管理、职业责任、团队合作和沟通等非技术方面对学生能力的培养，有利于学生全面发展，并推动专业课程体系增加了工程经济学、工程伦理、工程导论、计算机现代工具应用实践等课程，加强了专业课程内容的整合，加强综合性实验等。

经过专业认证，自动化学院和电气专业课程团队带着更多的思考，不断总结经验、改进课程，成果也不断涌现。2018年，"面向工程实践能力、创新创业能力培养的自动化类专业实践教学改革研究与实践"项目获国家教学成果奖二等奖。近三年，学院培养的学生获国际级奖项9项42人次，国家级奖项46项215人次，获得省部级奖项21项84人次。

深入开展工程教育认证，实施规范化对标建设，有效推动了专业在课程设置上更加以学生有价值成长为目标，课程的内容、评价更符合产出导向，更具有可评测性，对于课程与专业建设的反馈与改进也更为规范和扎实。

如果说工程教育认证是促进工科专业建设的重要抓手，那么扎实的校企合作则是北理工科专业建设的一大特色。作为其中典型代表，光电学院开展了富有特色的校企合作。"我们在京东方做毕业设计的学生收获很多。企业要求他们写日报，校内外指导教师每日审阅，随时跟进。这样的工作模式，在我们专业认证时得到了专家的极大肯定，我们的校企合作是扎实而且卓有成效的。"光电学院教学副院长黄一帆感慨良多。

为了切实提高学生的工程实践和创新能力，近年来，光电学院打造了多个国家级和北京市级校外人才培养基地，切实承担了学生课外实习实践、校企联合课程、开展毕业设计等教学工作。为保证教学质量，发挥校企合作育人优势，学院建立了校内外协同育人机制，学院派出专业教师就实习实践内容与企业对接，保证实习实践内容支撑培养目标的达成；对于校企合作课程，采用校内外老师共同负责制，从教学大纲的编写到课程讲授，严格按照学校和专业的要求来实施；毕业设计则采用校内外双导师制，保证学生完成企业和科研院所源于实际科研生产的任务，也促进学生学术水平的提高，切实实现校企双方优势互补。

近年来，光电学院每年派出30%左右的本科四年级学生到国家气象中心、航天五院、京东方集团、中电集团十一所、公安部一所等单位开展毕业设计，学生们充分利用在企业实践的机会，大胆创新，所作出的成绩不仅达到了企业设定的目标，还产出了多篇学术论文和专利。

与行业企业的广泛合作，让更多的"大项目""真任务"进入学生的学习，以"大问题"促进"大科研"与"双创"教育融合互动,推动科研成果转化为实践育人资源,鼓励学生进入科研团队和国家重点实验室,形成全员参与的科技创新浓厚氛围。

持续发力,久久为功。"近年来,学校坚持'以本为本',落实'四个回归',主动对标国际一流,确保专业建设成效;以一流专业为标杆,提升专业建设水平;以课程改革为重点,促进专业内涵建设;以实践创新为特色,加强专业条件建设;以新工科建设为契机,推进工程教育改革;以评估认证为抓手,推动专业国际接轨。专业建设成效凸显,人才培养成果丰硕。"教务部部长栗苹总结道。

"'十四五'期间,北京理工大学专业的社会认可度将继续提升,专业综合实力进一步增强,若干专业将建设成为国际一流专业。"专业建设的目标已明确,发展蓝图已经绘就。击鼓催征,奋楫扬帆,面向"双一流"建设,一流专业必将为一流人才培养写就精彩篇章!

书写培养高层次人才的精彩答卷
——北京理工大学研究生教育纪实

（北京理工大学新闻网 2020 年 11 月 15 日）

我校博士生接受中央电视台《新闻联播》采访

"在研究生阶段，我参加了多项国内外创新实践竞赛和研究生科技创新项目，为科研打下了坚实基础。"2020 年 7 月 28 日，全国研究生教育会议召开前一天，在中央电视台《新闻联播》聚焦研究生教育服务国家重大战略需求的报道中，参与"天问一号"火星研究任务的北理工博士研究生闫策面对镜头这样说。

研究生教育肩负着高层次人才培养和创新创造的重要使命，是国家发展、社会进步的重要基石。创新人才培养体系，加快培养国家急需的高层次人才，面向党和国家需求，如何交出人民满意的答卷？

十四次党代会以来，北京理工大学始终坚持以习近平新时代中国特色社会主义思想为指引，以立德树人为根本，秉承"明德致远、宽厚基础、精深求是、包容创新"的研究生教育理念，深化改革，推进本硕博一体化人才培养，发挥多学科交叉、科研项目、平台、团队育人作用，进一步凸显科教融合、产教融合育人特色，高层次创新人才培养成效显著，服务国家战略需求和经济社会发展的能力不断提升。

本硕博一体化，为拔尖创新人才培养注入强劲动力

"这门课程给我最大的感受就是内容非常丰富，而且脉络清晰。课程融合了连续介质力学、固体力学、材料力学、结构力学、实验力学等多学科内容，知识面广，重点突出。虽然这是一门本科生课程，但当时学到的知识对我后来研究生阶段的研究有很大帮助。比如，连续介质力学中的张量分析，就是我科研中必不可少的工具。"徐特立学院 2015 级本科生、2019 年免试推荐为宇航学院博士生李展宇，对曾经学习过的学科核心贯通课"材料与结构力学"颇有感触。

2016 年，徐特立学院与宇航学院、机械与车辆学院、信息与电子学院、自动化学院 4 个专业学院面向本科生开设了学科核心贯通课程，拓展学生的学术视野，激发创新思维。2018 年，该类课程覆盖我校理工科专业学院。

我校研究生院负责人在《全国教育新闻联播》上介绍学校本硕博一体化拔尖创新人才培养体系

"本硕博一张课程表形成后，我校保研、直博的本科生在大四就可提前学习研究生课程，为研究生阶段挤出更多科研时间培养学生实践创新能力，产出更多高水平科研成果；对于跨学科专业或学科基础不强的研究生，可以选修本科专业核心课程，补充和强化学科专业基础知识，也可以根据研究方向需要跨学科、跨学院选修课程。同时，进入三年级的本科生就配备导师进行一对一指导，进行个性化培养。因此，本硕博贯通模式对创新人才培养具有良好的促进作用。"研究生院常务副院长王军政在接受中国教育电视台《全国教育新闻联播》采访时谈道。

本硕博一体化贯通培养，是学校面向新时代人才培养需求和"双一流"建设提出的重要举措，在顶层设计上，进一步优化了学科方向与专业基础的适应程度。本硕博一体化贯通培养体系包括一体化的课程学习、实践训练、素质教育、国际

化教育、科研创新能力培养；基于学生个人兴趣和能力，建立符合拔尖创新人才成长规律的"3+X"动态调整机制；构建激励学科和科研优势资源投入人才培养的内生动力机制；为拔尖创新人才提供科学的成长路径和富有生机的培养机制。经过多年的建设与实践，取得了丰硕成果。2018 年，"基于人才成长规律的本硕博一体化培养的探索与实践"获评国家教育教学成果二等奖。

中国汽车工程学会优博获得者黄琨（左一）与导师项昌乐院士（右一）合影

中国电子学会优博获得者刘凡（右一）与导师王小谟院士（左一）合影

中国材料研究学会优博获得者纪雅为（右一）与导师张加涛教授（左一）合影

中国光学学会优博获得者岑昕（左一）与导师王涌天教授（右一）合影

"我在本科期间，发表了 SCI 刊源录用论文 2 篇、EI 源录用论文 2 篇，申请发明专利 2 项。这得益于我能够较早地进入实验室，较早地接触到科研工作。2016 年大二期间，我在本科导师李震的指导下，进入实验室学习，看文献、写报告，与师兄师姐一起做实验、编程序，从一件件小事中慢慢熟悉科研过程。经过本科生期间两年多的科研实践，使我进一步明确了自己的研究方向，同时也为我博士期间科研奠定了坚实基础。"徐特立学院 2015 级本科生、自动化学院 2019 级博士生龚衡恒谈到本硕博一体化培养收获颇多。

2016 年以来，学校拔尖创新人才培养取得显著成效。研究生以第一作者发表 ESI 高被引论文 168 篇、Nature/Science 子刊论文 19 篇，授位博士人均发表 SCI/SSCI 论文从 1.4 篇提升至 2.7 篇，研究生获学会优秀学位论文 96 篇，数量位居全国高校第二。

科教融合、多学科交叉，为拔尖创新人才培养厚植沃土

"北理工，冠军！"热烈的欢呼声中，在阿联酋阿布扎比举办的2020穆罕默德·本·扎耶德国际机器人挑战赛（MBZIRC2020）落下帷幕。作为参赛的唯一一支中国队伍，北理工"飞鹰"队击败23支国际顶级高校和研究机构参赛队伍，以唯一满分的成绩夺得"多机协作自主空中夺球"项目冠军，继2017年获得"无人机移动目标侦测及自主起降"项目冠军后，再次夺得该赛事冠军。

"此次比赛在阿联酋国家展览中心举行，场地类似一个足球场，场内空中有一架无人机拖着一个黄色小球以'8'字形轨迹自由飞行。地面随机放有五个两米左右高的杆，杆上放着自由飘动的气球，用于干扰。要求参赛无人机用最短时间自主追踪目标机抓取黄色小球，同时刺破杆上放置的干扰气球。比赛着重考核复杂背景下机器视觉、自主控制、集群协同和突防等无人智能系统前沿技术。"提及比赛，宇航学院"飞鹰"队指导教师宋韬依然历历在目。

"飞鹰"队无人机在赛场上执行任务

目前，"飞鹰"队多项核心关键技术已实现成果转化，服务国家重大战略需求，解决"卡脖子"技术瓶颈。与此同时，他们还围绕国家脱贫攻坚的战略目标，研发了基于无人机集群的复杂地形果林农田精准管理系统，为地区经济转型发展提供了智力支撑。成绩满满的"飞鹰"队是一支主要由研究生组成的团队，2019年至今，研究生队员共发表SCI收录论文20余篇，其中顶级期刊8篇。在夺冠的背后，是飞行器、计算机、视觉、导航、控制、机械、信息等学科交叉融合、碰撞思维、创新突破，更是学校在多学科交叉大科研平台上培养高层次创新人才的有益尝试。

穆罕默德·本·扎耶德国际机器人挑战赛（MBZIRC）连续两届冠军，"RoboMaster"国际人工智能挑战赛冠军，全国"互联网+""挑战杯""创青春"大赛冠军及金奖，研究生机器人、人工智能、电子设计、数学建模竞赛一等奖……研究生在国内外重要赛事上屡屡夺魁、夺杯、夺金，这得益于学校科教融合的人才培养模式，得益于学科交叉大平台育人作用的有效发挥。近年来，学校坚持以国家重大需求为牵引，凝练科学问题，开展技术攻关，极大促进了前沿基础和关键领域技术创新，打造出科研优势转化为人才培养成果的特色育人模式。

我校博士生倪俊在第四届中国"互联网+"大学生创新创业大赛闭幕式作为学生代表发言

"无人车的理论、技术和产业链格局与传统汽车完全不一样,这是一个重要的历史机遇,在未来,让这一切都是我们中国人来定义。"在第四届中国"互联网+"大学生创新创业大赛上,荣获总冠军的北理工博士生倪俊激昂澎湃的发言,引发了在场观众和评审的共鸣。2019年,倪俊博士毕业留校任教。正是得益于北理工高水平的科研平台和矢志强国的拼搏氛围,倪俊立志求学报国,奋斗成长,成为中国汽车研究领域的拔尖青年人才。

新一轮科技革命和产业变革,催生了新兴学科、交叉学科,颠覆性技术不断涌现,以大数据、物联网、人工智能、新能源等为特征的新技术革命推动了产业深刻变革,对复合型创新人才的需求更加迫切。学校依托"2011协同创新中心"、"北京市高精尖中心"、国家或省部级重点实验室和工程中心等高水平平台,以新能源车辆、无人机、仿人机器人、飞秒激光加工技术、新体制雷达技术、数字表演仿真、地面无人平台、虚拟现实等大系统研究为导向,构建了本硕博纵向贯通、多学科横向交叉的知识体系。通过实施多学科交叉复合型创新人才培养模式,学生科技创新和实践能力得到大幅提升,2019年研究生获国内外高水平科技竞赛奖的数量达到232项,是2016年的3倍,四年来研究生参与获国家和省部级科技成果奖8项。同时,"大系统导向的多学科、校企融合复合型拔尖创新人才培养模式探索与实践"获2018年度中国学位与研究生教育学会教育教学成果奖一等奖。

产教融合、校企联合,为拔尖创新人才培养彰显特色

"课程采取讲授与案例教学相结合的方式,把学生带入具体、复杂情境中,形

成参与、开放、启发的课堂氛围。通过深入研讨,促进学生对复杂实践问题的思辨,提升学生学术伦理和职业伦理的敏感性,提升学术与职业素养,增强社会责任感。"作为"工程伦理"课程的主讲教师,全国模范教师薛庆教授这样介绍。

我校"工程伦理"课程的主讲教师薛庆教授为学生们授课

随着我国经济进入高质量发展阶段,产业转型升级加快,各行业对从业人员的职业素养、知识能力、专业程度提出了更高要求。为培养基础知识扎实、专业能力强、职业素养优,且具有解决行业应用技术难题和承担工程技术攻关项目能力的高层次复合型、应用型领军人才,解决学术型研究生与专业学位研究生培养同质化问题,自2016年起,学校开展了专业学位研究生课程教学改革,系统打造专业学位研究生课程体系。

"全国工程硕士专业学位研究生教育在线课程重大建设项目"课程"软件工程与软件自动化"

正是在这样的背景下，秉承"厚基础理论、重实践应用、拓前沿知识"的课程建设理念，坚持符合工程实际和工程人才成长规律的宽口径培养原则，学校相继建设了"工程伦理"等500余门专业学位课程，专业学位与学术型研究生课程体系区分度达50%以上。"汽车新能源应用技术""软件工程与软件自动化""数字媒体科学""CAD/CAM技术""高分子合成材料学""高等生物分离工程"等课程获批"全国工程硕士专业学位研究生教育在线课程重大建设项目"。

"单位的实际应用需求为我提供了明确的研究方向，在导师和项目组成员的指导和帮助下，我研发出可高效、实时解算系统动力学及约束力的新算法，设计了强抗扰、快收敛的空间机器人轨迹跟踪控制器。项目成果为合作单位提供了具有工程指导意义的仿真软件和控制策略，为空间机器人关键结构设计提供了重要依据和支撑，为空间机器人对大型航天器的在轨组装和维护问题提供了有效解决方案。"2016届航天工程专业学位硕士研究生刘菲，在硕士期间参与了中国空间技术研究院北京控制工程研究所"空间机器人多臂协同移动动力学与控制"实习实践项目研究。这次实践锻炼，给她留下了深刻印象，并且为后续研究提供了明确的方向。

我校应用型人才培养与创新实践基地获评"全国工程专业学位联合培养示范基地"

理论联系实践，是提高研究生培养质量的关键之一。因此，学校把实践教学作为专业学位研究生培养的重要环节，规定时间不少于半年，并且采用集中实践与分段实践相结合的方式。2016年以来，学校共建成175个专业学位实践基地。其中，与甘肃银光化学工业集团有限公司、内蒙古第一机械集团有限公司共建的应用型人才培养与创新实践基地、装甲车辆工程专业学位研究生实践创新地分别获评第二届和第三届"全国工程专业学位联合培养示范基地"；同时获批"工信部研究生拔尖创新人才培养基地"1个、"北京市产学研基地"32个。此外，还与兵器科学研究院、中国工程物理研究所等12个科研院所联合培养博士生。形成了以学校为主体，地方产业、知名企业、科研院所多方合作培养专业学位研究生的良好育人生态。

近年来，学校专业学位硕士研究生招生规模由2016年的1400人增长至2020年的1950人，占研究生总人数的50%以上；工程博士领域由原有的2个扩大到4个，工程博士招生规模由2016年的16人增长至2020年的216人。在规模大幅增长的同时，培养质量也得到有效保障。2016年以来，5人获"工程硕士实习实践优秀成果获得者"，29人获"做出突出贡献的工程硕士学位获得者"。

"时代是出卷人，我们是答卷人，人民是阅卷人。"研究生教育在培养创新人才、提高创新能力、服务经济社会发展、推动国家治理体系和治理能力现代化方面具有重要作用。面向新发展阶段，面向"双一流"建设，学校必将抖擞精神再出发，以更加昂扬的状态，为培养德才兼备的高层次人才而奋勇前进！

把论文写在祖国的大地上
——北京理工大学科研工作纪实

(北京理工大学新闻网 2020 年 11 月 9 日)

"嘀，嘀，嘀……"随着倒计时钟声的响起，晚六点，"Ku 波段高分辨全极化昆虫探测雷达"准时现身在 CCTV17 农业农村频道，为大家准点报时。该空中昆虫生物迁飞监测雷达由北京理工大学联合中国农业科学院历时三年研制完成，通过向空间辐射电磁波的方式开展全天候、全天时探测。当电磁波与昆虫"相遇"，昆虫的信息便可一清二楚，可有效预防虫害的发生。目前，两台 Ku 波段昆虫雷达已经部署于云南地区国境沿线，针对草地贪夜蛾等重大迁飞害虫入境，可提供第一手监测信息，把好空中国门。

近年来，在北理工，诸如昆虫探测雷达这样的重大科技成果不断涌现，科技工作蓬勃发展，这是新时代北理工科技发展理念的生动体现。

"扎根中国大地，建设世界一流大学"，学校以此为科技发展目标，不断优化"数理化文融为基，机信生材智为干，地信天海医为领"的科研体系，坚持"聚大团队，建大平台，担大项目，出大成果"的科技创新范式，大力强化基础研究和原始创新，聚焦关键核心技术的交叉融合，整合优质资源，推进重大创新平台建设，完善重大科研攻关的协同联动机制，持续提升服务国家战略能力，走出了一条科技创新的"北理工之路"，为服务国家安全、国计民生重大需求贡献北理工力量。

理工并重，做服务重大战略的国家队

"1994 年我参与研究的纯电动公交车'远望号'试车成功，这是我国首部纯电动公交车。准备批量生产之际，美国供应商却突然狮子大开口，零部件售价从一套 4 万美元提高到 10 万美元，这直接导致了中国首台电动公交车量产计划的搁置。"中国工程院院士、机械与车辆学院教授孙逢春因为这次打击，更加坚定了要掌握核心技术、自主研发电动车辆的决心和信念。此后，孙逢春带领团队，攻坚克难，终于研发出具有中国自主知识产权的纯电动大客车。2008 年北京奥运会期间，电动汽车首次大规模使用,实现了奥运中心区零排放。这套纯电动公交运营体系还服务于上海世博会、广州亚运会、APEC会议。2019年以来,孙逢春又带领团队攻克极寒等恶劣条件,使新能源汽车在北京冬奥会期间普及使用成为可能。

孙逢春院士团队是北理工众多科研团队的一个缩影。作为实施创新驱动发展战略的排头兵,北理工的科技团队紧紧围绕国家战略,扎根中国大地,着眼人类社会发展新需求、世界科技革命新趋势,始终秉持求真求实的科学精神,不断向未知领域挺进、向科技高峰进军,推动自主创新实现新突破,勇当科技报国的国家队。

北理工研发的电动车用于北京奥运会

《中国能源报告(2016):能源市场研究》获教育部高等学校科学研究优秀成果奖

"在相当长一段时期，国际主流的气候变化综合评估模型都是由发达国家开发的，包括中国在内的发展中国家的特征在这些模型中没有得到清晰刻画，有关发展中国家的气候影响与适应、成本与效益方面的评估比较粗略，这很不利于发展中国家参与全球气候治理并争取合理利益。"第二届全国创新争先奖获得者、管理与经济学院教授魏一鸣每一两个月就要参加一次联合国气候变化专门委员会（IPCC）评估报告工作会议，感触颇深。

为改变我国在气候变化综合评估建模方面相对滞后的状况，魏一鸣带领的国家自然科学基金创新研究群体深耕细作、矢志创新，自主研发了"中国气候变化综合评估模型（C3IAM）"，实现了地球系统模式与社会经济系统的双向耦合，打破了发达国家在全球气候治理路径设计中垄断的格局，所形成的一系列政策建议得到了国家相关部门的充分肯定，有力支撑了我国参与全球气候谈判。

科技成果的产出，不仅要有"大团队"，还要有"大平台"。近年来，学校瞄准世界科技前沿，加快建设交叉融合创新平台体系，获批立项建设如"多模态智能机器人及系统集成攻关大平台"等一批高水平国家级科研平台，启动建设了分子能源实验中心等13个先进平台，打造了电子政务研究院、中国工程科技前沿交叉战略研究中心和国际争端预防和解决研究院等一批"人文+"战略平台和高水平智库。

多年来，学校始终与党和国家同呼吸、共命运，坚持面向国家重大战略需求，在含能材料、制导控制、动力传动、雷达信息、指挥控制、人工智能、大数据、特种材料等领域取得了一系列关键突破与重大进展。"十三五"以来，学校牵头获国家科学技术奖16项，其中国家技术发明奖一等奖1项，国家科技进步奖一等奖1项；牵头承担国家重点研发计划8项；牵头承担"科技冬奥"重点项目，解决了一批"卡脖子"技术难题。

原始创新，做攻坚基础研究的主力军

做学问，既要枝繁叶茂，更要固本强基。物理学院姚裕贵教授自2001年访学开始深入研究反常霍尔效应，2004年他和研究伙伴创造性地将贝里曲率引入第一性原理计算的框架中，解决了国际物理学界"内禀机制贡献在反常霍尔效应中是否重要"这个长期悬而未决的科学难题。2010年，他又和研究伙伴另辟蹊径提出一系列材料设计的方案，将拓扑绝缘体材料从原有的"个案"变成"系列"。2011年他首次预言硅（锗、锡）烯是二维大能隙拓扑绝缘体，进一步推动了该领域的发展。深耕基础研究十数载，剥茧抽丝，追求创新，凭借着在计算物理领域的一系列重要成果，姚裕贵主持完成的"固体材料中贝里相位效应的第一性原理研究"项目于 2018 年荣获国家自然科学奖二等奖。

MOFilter 纳米晶膜材料相关研究成果在《Nature Communications》发表

基础研究不是"悬在空中""停在纸上"。2020 年新冠肺炎疫情肆虐，化学与化工学院王博教授带领团队，第一时间开展科研攻关，发挥在 MOFilter 纳米晶膜技术领域的基础研究优势，成功研制出可以有效灭杀病毒的 MOFilter 材料。"我经常想，作为一名学者，我要让自己的科研成果应用于国内产业发展上，我要为给国家发展注入一些新鲜的血液。"2011 年，为了心中的科研梦，王博拒绝了多个留在国外的机会，毅然选择回国到北京理工大学继续从事科研工作。多年来，王博长期致力于 MOF（金属有机框架）材料基础研究，带领团队解决了环保领域若干关键技术难题，并将先进的 MOF 材料广泛应用于空气过滤净化等国计民生领域，形成多种滤芯和工业产品。

如今，北理工已经汇集了一大批致力于基础研究的高水平学者。新冠肺炎疫情期间，学校依托长期积累的研究优势，聚焦疫情防控急需，用科技助力抗"疫"，展现了北理工厚积薄发的"硬核"实力。在抗病毒药物方面，前沿交叉科学研究院黄渊余课题组基于在核酸技术方面的多年积累和专长，积极与合作单位开展 mRNA 疫苗开发和新冠病毒核酸防治技术攻关。在应急装备方面，学校精准对接公共卫生事件应急需求，设计开发应急建设集装箱式医疗单元，实现了与移动

CT、移动 P3 实验室和检验设备的对接，并能针对疫情隔离要求以及其他公共卫生事件的需求进行迅速调整，为战胜疫情提供有力科技支撑。

面向人工组织构建的多机器人协同微操作系统

在造福人类健康的道路上，北理工不断探索前行，成绩斐然。把一个个最基本的细胞单元变作"积木"，组装起来去复制人类的组织和器官，已不是天方夜谭，而是发生在北京理工大学的校园中的真实事件。北理工智能机器人与系统高精尖创新中心科研团队用微纳机器人组装人体器官，使组织再造在未来成为可能。他们深耕微纳机器人核心技术研发，提出了微纳操作机器人在人体微组织重构中的应用理论，通过跨尺度多机器人的协同微组装，实现功能化人体组织与器官的体外仿制，搭建了一套先进的微纳机器人协同操作系统，在世界上首次实现了基于微纳机器人生物操作的 200 微米直径人工微血管的体外构建，"细胞组装、再造器官"的梦想在北理工落地生根。

近年来，学校大力推进传统工科与基础学科交叉融合，聚焦对人类社会发展进步产生突出影响的重大科技热点难点，提炼世界科技若干科学和前沿问题，力争产生一批具有国际影响的前瞻性、先导性、探索性、颠覆性的原始创新成果。此外，学校还在新兴方向开展核心技术攻关，解决"卡脖子"问题，突出智能科技的引领作用，逐步形成特色优势。

基础研究是学校科技工作持续发展的动力保障。"十三五"以来，学校瞄准具有颠覆性、探索性的前沿方向，凝练高能量物质、跨域变体飞行理论等重大科学问题,超前部署重大基础研究,成功申报了教育部高能量物质前沿科学中心;瞄准新兴技术领域,打造优势工科与特色理科融合的基础前沿交叉平台,在医工融合、先进材料、空间载荷等领域催生新兴研究方向,在计算物理和凝聚态理论、激光制造等方向取得重大突破,牵头获国家自然科学奖二等奖 2 项。

成果转化,做服务经济社会发展的先锋队

"雷达是人类眼睛的延伸,无论是军用还是民用都值得加快创新发展。大众也许会觉得这项科技离自己很遥远,但其实在生活中很多意想不到的地方,雷达都发挥着妙用。"谈及雷达研究的重要性,第二届全国创新争先奖获得者、信息与电子学院教授龙腾颇有感触。

本文开篇提及的正是龙腾所在的信息与电子学院毛二可院士团队研发的雷达辨虫技术,在"一只虫也别想逃"的背后,凝聚了这个"老牌"雷达团队始终瞄准社会经济发展需要的潜心追求。2017 年 8 月 28 日,贵州毕节纳雍发生山体崩塌。应贵州省国土资源厅邀请,学校雷达技术研究所联合理工雷科公司组建的"勇士"救援队,携带虎眼 AB21 型地质形变监测雷达系统(又称边坡雷达),第一时间到达滑坡现场,协助开展抢险工作。边坡雷达可实现对公路、边坡和桥梁的监测,对高速公路和公路两侧的山体滑坡、泥石流和崩塌等一系列地质灾害起到预防作用。

边坡雷达在金沙江白格滑坡开展监测

"我们请医生戴上一个光学透视式头盔,同时把病人的 CT 或核磁共振影像处

理成三维图像,给予了医生全新的视野。"光电学院王涌天教授团队为医生戴上"透视镜",利用增强现实技术进行手术导航。2016年神舟十一号飞船在太空遨游33天,航天员景海鹏、陈冬就借助我国首套登陆太空的VR眼镜,实现与家人隔空"团聚"。这套酷炫的设备正是由王涌天教授团队联合中国航天员科研训练中心共同研制完成的。近年来,他带领团队在混合现实领域取得丰硕的成果,相关研究成果已经广泛应用于教育、培训、文化、娱乐、医疗等领域。

"柔卫甲"柔性防爆装置

"在高速摄影记录下,1公斤TNT当量的炸药,套上北理工的'柔卫甲'后,爆炸瞬间不仅所有杀伤破片被拦截,实验房间内没有一片木板被炸飞或者掉落,小屋内的窗户、冰箱、电视机、绿植均完好无损……"在央视节目中,北理工机电学院黄广炎教授带领团队研制的"柔卫甲"大显身手,以柔制"爆"。这一装备已用于全国两会、青岛上合组织会议、"一带一路"国家外警培训、亚太维和等重要活动的安全保障中,并在国内外机场、地铁、高铁、银行等重要场所广泛应用。

争做服务社会经济建设的"先锋队"。近年来,学校积极搭建平台,促进新兴产业科技成果转化,面向"京津冀协同发展"和"长江经济带"等战略需求,围绕新一代信息技术、人工智能、大数据、新能源汽车、先进制造、先进材料、海洋科技、医工融合等方向,加快重庆创新中心、唐山研究院、前沿技术研究院(济南)等产学研合作平台建设,谋划论证与浙江、广东等地合作建设高水平研究机构,形成了以六大板块为主要支撑的对外合作崭新布局。近年来,学校不断深化科技成果转化体制机制改革,创新学科性公司新模式和成果转化服务新机制,创办学科性公司近 20 家，其中理工雷科、理工华创实现上市。

始终坚持把论文写在祖国大地上，把科技成果应用在实现中华民族伟大复兴的伟大事业中。"十三五"以来，学校谋划发展，紧抓落实，在科技发展的道路上写下了许多精彩篇章。面向未来，学校将继续扎根中国大地，想国家之所想、急国家之所急，紧紧围绕经济竞争力的核心关键、社会发展的瓶颈制约，不断提升创新能力，攀登创新高峰，为建设世界科技强国勇立新功！

三全育人、同向同行
——北京理工大学思想政治工作侧记

(北京理工大学新闻网 2021 年 1 月 27 日)

"高校思想政治工作关系高校培养什么样的人、如何培养人以及为谁培养人这个根本问题。要坚持把立德树人作为中心环节,把思想政治工作贯穿教育教学全过程,实现全程育人、全方位育人。"在 2016 年全国高校思想政治工作会议上,习近平总书记对高校思想政治工作与人才培养辩证关系的这一重要论述,掷地有声、意蕴深远。

培养什么人,是教育的首要问题。北理工自 1940 年在延安创校以来,坚持传承徐特立先生提出的"德育为首"教育思想,将培育又红又专人才的办学特色延续至今。十四次党代会以来,北理工党委着力建强思想政治工作"生命线",深入实施以"育人"为中心的综合改革,思想政治工作体系与人才培养体系加速贯通,风清气正的政治生态、崇尚真理的学术生态、和谐美丽的宜学生态加速构建。"人人讲育人、事事为育人、处处有育人"的校园氛围,展现着落实习近平总书记重要讲话精神的"北理工答卷"。

新思政观引领,聚焦育人"齐抓共管"

"43 岁的物理学院青年教师王菲'破格'了!"2019 年 7 月,物理学院青年教师、北京市首届青年教学名师奖获得者王菲,凭借其出色的课堂教学活动及丰硕的教学成果晋升为教授。这次晋升,是"意料之外",也是情理之中。

不再"一把尺子量所有人",转向"多元评价"。近年来,北理工党委回应师生期待,以教师评价机制改革为杠杆,撬动立德树人根本任务常态化落实,为教师安心教书、潜心育人提供制度支撑和激励保障。这正是学校党委在新思政观引领下做出的一项改革尝试。

新思政观以习近平总书记关于教育的重要论述为根本遵循，突出强调思想政治工作在高水平人才培养体系中的特殊地位和作用，倡导把要把立德树人内化到大学建设和管理各领域、各方面、各环节，做到以树人为核心，以立德为根本。全国高校思想政治工作会议召开后，北理工党委从新思政观出发，全面总结梳理学校建校以来一贯重视抓思想政治工作的优良传统，召开学校思想政治工作会议，先后出台《加强和改进新形势下学校思想政治工作实施方案》《学校思想政治工作质量提升工程推进计划（2018—2020）》《关于加快构建思想政治工作体系的实施方案》，围绕立德树人中心环节，一张蓝图干到底，分步骤、分层次推进思想政治工作提质增效，学校德智体美劳全面培养的教育体系日臻完善。

2020年9月，学校召开思想政治工作领导小组（扩大）会议暨"三全育人"工作推进会

"学生是教育的中心，促进学生健康成长是开展思想政治教育工作和教育教学工作的出发点和落脚点。我们结合已有的'致信'全系列学生发展支持计划等特色思政工作亮点，统筹优势资源，构建同心圆育人工作格局。"在2020年9月召开的学校"三全育人"工作推进会上，信息与电子学院党委书记薛正辉讲述了学院开展"三全育人"综合改革试点工作的特色经验。

2018年9月，在学校举办的"师缘·北理"庆祝第34个教师节暨教师表彰大会上，校领导为6个"三全育人"试点单位和7个"教师思想政治工作室"颁证授牌

2018年以来，北理工党委为进一步构建协同育人格局，探索建立思想政治工作改革试验区，在6个学院开展"三全育人"综合改革试点，培育7个"教师思政工作室"，选树34个工作品牌和创新项目，建设"三全导师"工作队伍，探索建立微观层面可转化、有操作性的一体化育人模式。到今天，对北理工教师来说，"三全育人"绝不仅仅是一句口号，更是"一切工作为育人"的生动氛围和具体实践。

"从教近二十年，从没因为出差调过一次课。"这是自动化学院教师王向周的教书育人写照。"有时赶上科研任务需要临时出差，上课的前一天，我就坐飞机回来上课，上完课，再飞回去。这些年没少'打飞的'。"他笑谈道。

在北理工，像王向周一样默默坚守立德树人初心的"人师"还有很多。近年来，学校党委紧抓教师队伍建设，成立党委教师工作部、教师发展中心，加强教师思想政治工作和师德师风建设，设立"懋恂终身成就奖"，完善教师荣誉体系……在以"全国高校黄大年式教师团队"信息安全与对抗教师团队、"全国模范教师"薛庆、"北京市师德先锋"王涌天等一批教师先进集体和个人的带动下，教师队伍践行以德立身、以德立学、以德施教，把教书育人的使命职责书写在诺言里，落实在行动中。

把立德树人作为检验学校一切工作的根本标准，把师德师风作为评价教师队伍的第一标准，"两个标准"成为北理工新时代思想政治工作创新发展的根本方法论依据，也经受住了实践的考验。2020年，面对新冠肺炎疫情冲击、供需矛盾加大和经济下行三重压力，北理工毕业生全员就业率较往年却稳中有增。到国家重点行业领域和世界500强企业就业人数占比稳定增长，到基层就业人数明显增加。

投身祖国最需要的行业和领域建功立业,已成为北理工人前赴后继以青春服务国家的生动写照。

理想信念铸魂,人才培养"德育为先"

"理想指引人生方向,信念决定事业成败。没有理想信念,就会导致精神上'缺钙'"。习近平总书记以"钙"为形象比喻,强调理想信念教育对于立德树人的重要意义,为高校培养担当民族复兴大任的时代新人提供了行动指引。

北理工党委在谋篇布局搭建育人"四梁八柱"的同时,始终牢牢把握理想信念教育"总开关""制高点",坚持用习近平新时代中国特色社会主义思想培根铸魂,引导师生把理想信念建立在对科学理论的理性认同上,建立在对历史规律的正确认识上,建立在对基本国情的准确把握上。

2020年12月31日,学校党委书记赵长禄就深入学习贯彻党的十九届五中全会精神为全体中层领导干部讲授专题党课

2020年10月26日,党的十九届五中全会隆重举行。学校党委第一时间组织师生收听收看,通过中心组领学、党团支部联学、专题培训导学、思政课师生共学、线上线下自学等方式将学习宣传贯彻十九届五中全会精神与落实立德树人根本任务、深化教育改革发展、加速推进"双一流"建设结合起来,带领师生把思想和行动统一到党中央的决策部署上来。一时间,话公报、谈体会、论思想、见行动……新发展阶段、新发展理念、新发展格局、系统观念、双循环等成为师生热议的词汇。

"如果第一粒扣子扣错了，剩余的扣子都会扣错。人生的扣子从一开始就要扣好。"近年来，北理工从价值观的内在发展逻辑和生成规律出发，着眼于青年群体特点和成长规律，坚持德育为先、以德塑魂，让社会主义核心价值观在学生心中落地生根，勤学、修德、明辨、笃实，逐渐内化为青年学生的思想自觉和行动自觉。

"当五星红旗冉冉升起，《义勇军进行曲》回荡在天安门广场时，骄傲和自豪充斥在心间，我感受到了前所未有的心灵与情感的震撼。"回忆起 2019 年 10 月 1 日当天，5058 名北理工师生在天安门广场光荣接受党和人民检阅时的场景，北理工外国语学院学生史铮不禁热泪盈眶。

在这次新中国成立 70 周年庆祝活动中，北理工参与人数创造了建校以来历次国庆活动之"最"，也在北理工历史上留下了浓墨重彩的一笔。学校党委将组织学生深度参与新中国成立 70 周年庆祝活动作为长期以来开展爱国主义教育和理想信念教育的有效检验，打造了一堂全方位、沉浸式的爱国主义教育大课。

自 2018 年以来，北理工党委坚持每年在全校开展"担复兴大任、做时代新人"主题教育活动，构建了抓在经常、融入日常、贯穿全年的思想引领长效机制。一面旗帜、一条道路、一个名字，一份信仰、一腔赤诚、一种担当……每年覆盖 900 多个团支部、2 万余名青年学生，随着主题教育活动在北理工如火如荼地开展，"时代新人"的名字在北理工青年中愈发响亮。"担复兴大任、做时代新人"主题教育活动荣获第六届首都大学生思想政治工作实效奖特等奖。

用社会主义核心价值观引领思想政治教育，既要在涵养品德修养上下真功夫，更要在锤炼使命担当上见真行动，不断强化"知情意信行"相统一。

怎样锤炼青年学生的使命责任担当？"到基层去、到艰苦的地方去、到鲜明体现中国国情的农村去！"2019 年暑期，北理工党委把学校有 40 年传统的青年马克思主义者培养项目——北戴河暑期学生骨干培训迁移到了山西省方山县，一个在北理工定点帮扶下刚刚脱贫摘帽的国家扶贫开发重点县。把田间地头、扶贫车间作课堂，请老乡农户、一线干部当老师，用自己的所见所闻加深对国情社情民情的所感，心灵受触动、使命在迸发。

"毕业后我要返回家乡、建设家乡，为改变农村面貌作贡献"，在小组交流讨论中，一位学员这样讲道。近年来，从推出"小康路上看中国"公开课，到组织扶贫专项实践团队"心"走在扶贫攻坚的第一线，北理工党委坚持理论育人和实践育人相统一，将"思政小课堂"与"社会大课堂"深度结合，建立校企、校地协同的校外实践育人基地 200 余个，把祖国广袤大地作为学生成长锻炼的最好平台，引导学生在躬行实践的过程中立鸿鹄志，做奋斗者。2020 年，超过 1500 支实践团队、10000名师生奔赴祖国大江南北开展社会实践，伴着习近平总书记"青春由磨砺而出彩，人生因奋斗而升华"的殷切嘱托，经风雨、见世面、受教育、长才干、作贡献。学生们也在更直观地认识中国共产党为什么"能"、马克思主义为什么"行"、中国特色社会主义为什么"好"。

13.5小时"云直播"，32个节目制作，220万人观看，"寻宝校史馆""老坦克漫游记""实验室故事"……一个个作品言之有情、言之有物……2020年9月19日，在北理工校庆日，这场网络思想盛宴为海内外北理工人留下了珍贵的记忆。

人在哪儿，阵地就在哪儿。近年来，随着"网生代"步入校园，思想政治教育实现从"三尺讲台"到"联网上线"的空间转变势在必行。鉴于此，北理工党委充分把握疫情防控常态化背景下创新学生教育管理模式的现实要求，加速推动传统育人平台与网络平台交互融合。完善学校官方微信号、北理工思政理论网、北理工微理论等融媒体矩阵，建立全媒体传播体系，组织师生创作原创音乐、短文、画作、短视频、H5等优秀作品，推出疫情防控专题"思政领航课"、青年战疫"精品微团课"，用一个个别出心裁、倾注心血的特殊教育形式传递昂扬奋进故事。

2020年，学校党委深化网上网下一体的主流舆论引导格局，新开通学习强国、今日头条和快手官方号，官方新媒体矩阵粉丝数增长70%；官微阅读量742万次，产生16篇"10万+"推送……线上线下互通共享、走近师生入脑入心，学校多层次、立体化的网络思想政治工作格局和育人场域不断拓展。

教学科研攻坚，价值塑造"如盐在肴"

整体推进，才能统筹协调，把握工作大局；重点突破，才能以点带面，激发改革动力。北理工党委在将思想政治工作体系贯通融入人才培养体系的过程中，面向课程育人、科研育人、实践育人、组织育人等"十育人"领域，坚持两点论和重点论相结合，把课堂育人和科研育人阵地作为主渠道主阵地来建设，以点带面带动老师们解决好各类课程和思政课、课程育人和各类育人的相互配合问题。

"小鬼，快跟上，别掉队。"北京理工大学马克思主义学院学生杨文倩正在小心翼翼地和"红军战友"攀爬雪山的悬崖峭壁，"老班长"的声音时不时地从耳边传来。衣衫褴褛的"红军战士"陆续从她身边走过，回头看，除了漫天飞雪，还有万丈悬崖。杨文倩戴着VR眼镜，和"红军战士"一起走在了二万五千里长征的漫漫征途中。这并不是科技馆的VR体验活动，而是北京理工大学智慧教室中的一节日常思政课。

"这样的思政课非常生动有趣。在虚拟现实技术中,全身的感官都被调动起来体验、接纳知识,我仿佛穿越回了过雪山的那一刻,新媒体新技术让书本上的内容更加生动鲜活了。"杨文倩分享道。

近年来,北理工党委不断加强思政课改革创新,依托入选北京市首批重点建设马克思主义学院契机,加强马克思主义理论学科建设培育,以建强学科赋能课程提质,以新媒体技术优化课程体验,让立德树人关键课程"活起来""强起来"。VR 技术用于思政课改革创新情况受到人民日报、光明日报、新闻联播、新华社等社会媒体纷纷关注。

"课程思政怎么上才能'如盐化水',而不是'米中掺沙'?"这是摆在不少老师面前的难题。对这个问题,"流体传动与控制基础"课教师彭熙伟教授有独到的"彭氏秘方"。

"液压传动技术对打造护国重器至关重要,一大批默默无闻的科技工作者,将全部精力投入应用研发中,解决了很多关键技术和核心问题,为国家科技事业发展奉献了毕生力量。"课堂上,彭熙伟结合新中国科技发展史、北理工校史校情讲专业沿革,紧扣国家重大战略布局谈实际应用,聚焦国计民生社会发展论技术革新。政治认同、家国情怀、品德修养、前辈榜样有机融入课堂讲授、教学研讨、实验实训、作业论文各环节,达到了润物无声的育人效果。

课程思政既要体现思想性,彰显育人目标,又要贴近学生、形成生动表达。2020 年春季学期,受疫情影响,学校决定开展网络授课。数学与统计学院"工科数学分析"教师闫晓霞给学生写了"课前一封信","人生处处微积分,万物皆可傅里叶。让我们一起默默耕耘,共克时艰!纵使相逢于江城夜雨时,必将收获在春暖花开日。""结合学生思想实际,'贴'着学生的需求进行思政教育,才是教书育人的最好注脚。"闫晓霞说。

聚焦"课堂教学质量提升",淘汰"水课"、打造"金课";开展"求是讲坛""鸿鹄学堂",通过名师引领、朋辈交流、咨询督导等方式促进教学能力提升……近年来,学校党委紧紧聚焦课堂主渠道主阵地建设,让所有教师、课程都承担好育人责任,守好一段渠,种好责任田。思政课程和课程思政改革同频共振、同向同行,更加契合学生特点特征,协同育人效应愈发彰显。

课堂上乐教善教、循循善诱,科研中名师垂范、催人向学。育人化人融入北理工"大先生"们的一言一行中。

"他把国家的需要作为自己的选择,在人生不同阶段的每一次转身,都始终朝向科学技术的发展前沿,奉献了毕生的聪明才智。"著名飞行器专家、北理工教授祁载康"四次选择"的故事，是宇航学院无人飞行器自主控制研究所实验室成员的"入门第一课"。

"祁载康教授的报国追求和感人事迹，是我们引导学生把论文写在祖国大地上，把科研成果应用在实现现代化的伟大事业中的鲜活素材和经典案例。"作为土生土长的"老北理工人"，研究所预聘助理研究员宋韬老师深有感触。传承祁老精神，用代代相传"国之大者"的科研品格感染教育学生，该研究所把握住学生理想信念"总开关"，坚持用切中要害的思想教育激发学生创新报国内生动力。近年来，该研究所立足"本硕博贯通"，培养航空航天领域未来领军人才，打造的北理工"飞鹰队"育人品牌捷报频传——继2017年在穆罕默德·本·扎耶德国际机器人挑战赛夺冠之后，2020年再次成功卫冕。

在北理工科研育人的"大氛围"中，这样的拔尖创新人才培养"小环境"并不是个案。近年来，学校积极探索构建科研育人长效机制，坚持"价值塑造、知识养成、实践能力"三位一体，构建高水平创新创业培养体系，尤其突出学校红色基因的铸魂育人作用、"大科研"的引领带动作用、雄厚办学资源的反哺支持作用。学校的思想政治优势、学科优势、科研优势、平台优势持续转化为培养高水平创新创业人才的育人优势。学生团队科创报国热情高涨，屡屡在国内外高水平赛事夺魁夺杯夺金。大学生创新创业的"北理工现象"在全国高校产生广泛影响。

所有工作都要为人才培养服务。在北理工，这个理念越来越深入人心。从课上课下，到网上网下，从校内到校外，目标围绕育人汇、资源围绕育人配，北理工党委从围绕学生、关照学生、服务学生成长成才出发，推进校内外、多维度育人资源深度融汇，"育人"的合力紧紧拧成了一股绳。

逆水行舟用力撑，一蒿松劲退千寻

"十四五"开局，进入新发展阶段、贯彻新发展理念、构建新发展格局，瞄准构建高质量教育体系，北理工一流人才培养迎来又一个充满希望的五年。不忘立德树人初心，牢记为党育人、为国育才使命，北理工党委将不断完善贯通高水平人才培养体系的思想政治工作体系，凝心聚力打造立德树人新高地！

让青春在党旗下闪光
——北京理工大学学生党建工作侧记

（北京理工大学新闻网 2020 年 10 月 12 日）

"2020 年 7 月 1 日，是中国共产党成立 99 周年的日子。回想起 3 年前在党旗下庄严宣誓，今天作为一名'90 后'的学生党员投身基层疫情防控工作中，保障村民的生命安全和身体健康，在抗疫一线，我更加坚定了共产党员的初心和使命。"面对突如其来的新冠肺炎疫情，北京理工大学化学与化工学院 2016 级博士第二党支部书记步同安，没有做旁观者，而是与北理工近 7000 名学生党员一样，在祖国各处、在基层一线发挥着大学生党员的光和热。

"树立远大理想，承担社会责任，肩负时代使命，立志登大舞台，为党和国家的事业作大贡献"，这是北理工学生党员的青春宣言，也转化为了实实在在的青春实践。近年来，在营造优良校风学风、奋发成长成才中当表率，在勇于担当使命、主动服务奉献中冲在前，在参与重大任务、发展进步中作贡献，北京理工大学大学生党员以实际行动践行着党旗下的誓言。

长期以来，学校党委始终围绕立德树人根本任务，面向培养青年马克思主义者、培养社会主义建设者和接班人，以严的精神、实的作风统筹推进学生基层党建工作，坚持组织主导、党员主体、先进导向、持续创新，有效激发学生党员先进性和学生党组织政治功能，推动学生党支部成为带领学生集体团结进步、开展学生思想政治工作的坚强战斗堡垒。

牢牢掌舵，建设坚强战斗堡垒

"这次述职是一次让我们系统梳理党支部工作情况，总结支部建设中的成绩和经验、分析存在问题、提出解决问题的办法和措施的很好契机，学院党委书记的点评也让我更加明确了自身的职责，为我今后开展支部工作指明了努力方向。"这是计算机学院 2017 级研究生第五党支部书记张久发，在参加学院 2019 年党支部重点工作述职考核会后的表达。

"纵到底、横到边、全覆盖",近年来,通过理顺运行机制,汇聚基层党建合力,北理工构建了校院两级党组织、基层党支部、党员"四位一体"的学生党建组织体系,形成了以学校党委统一领导,组织部门牵头抓总,学生工作部统筹,党委宣传部、共青团、教务部、人力资源部等部门协同配合,学院党组织负责实施、学生党支部具体落实的学生党建工作格局。学校将学生党建工作摆在突出位置,列入年度计划和重要议事日程,定期研究部署,定期督导检查,这不仅成为校院两级抓思想政治工作和党建的重要内容,也是基层党组织落实学生党建工作责任的具体举措。

"开展调研3批次,发放问卷2500余份,查阅党建资料412份,参加支部组织生活20次,覆盖各级各类党员干部221人……"2019年,在开展"不忘初心、牢记使命"主题教育中,学校党委把考察督促基层党委抓学生党建工作成效作为检验主题教育成效的重要内容,各学院党委深入开展自查自纠,针对发现的问题,列清单、定方案,提出相应的整改措施,力争实现学生党建工作"大变样"。

2019年11月,学校举行学生党支部书记集中轮训

抓发展重在质量、抓管理重在规范、抓教育重在效果。要想实现学生党建工作"大变样",就要落到"严"字上。做好学生党建工作,除了"同部署、同落实",学校党委还始终坚持通过"同督查"形成对学生党建的闭环管理机制,让全面从严治党向学生党支部延伸。严格学生党员发展程序、严审入党志愿书、严肃对待培养期间谈心谈话、严格组织党员发展转正、严格落实组织生活制度等重要事项,使思想教育严起来、工作标准严起来、工作措施严起来、各项制度严起来、正风肃纪严起来,把学生党支部同样要建成从严治党的坚强阵地。

"学生党支部书记作为高校学生思政工作和高校基层组织改革发展的排头兵、党支部的'领头羊',是基层组织的领导核心。"中央党校机关党委宣传处处长李跃华在授课中这样讲道。每年的11月份,全体学生党支部书记都会集合起来,参加专门培训,聆听党建专家学者的理论讲解和实务培训。

抓好学生党建,党支部书记是关键。多年来,为了不断提升学生党支部书记的党建业务工作水平,学校依托校院两级党校、学生党建学习教育平台、党员学习教育网络平台等,不断完善学生党员、党支部书记教育培训管理体系,坚持集中培训、集中学习、个人自学和组织生活、实践锻炼有机结合,分类指导、按需施教。

"通过'学',促进'思',继而学用结合、学以致用,将'学'与'思'之成果'践'于基层党支部工作的实践中,并在知行合一中践行初心与使命。"数学与统计学院2018级硕士第一党支部书记王泽平参加培训后写下这样的心得。

"辅导员岗位职责就是做好大学生思想政治教育工作,把我们编入学生党支部中,除了参加支部活动能够带动支部建设,还能进一步巩固我们做学生思想政治教育工作的阵地优势。"机械与车辆学院辅导员赵方这样介绍。为加强学生党建工作队伍建设,除了辅导员进支部,学校还聘请具有丰富党政工作经验、能够深入学生、热爱学生工作的离退休教职工作为学生党建组织员,为学生党支部配备理论导师,加强学生党员理论武装,提高学生党员党性修养,充实有力的工作力量为学生党建工作奠定了坚实的基础。

足足赋能,打通"最后一公里"

党支部是"神经末梢",为了激发学生党支部内在动力与活力,引导学生党支部发挥作用,学校党委为支部充分"赋能",指导带动学生党建创新,打通学生基层党建"最后一公里"。

校院两级领导干部带头深入学生党支部组织生活,对工作进行指导督导,将政治引领和价值引领同步推进。校党委书记每年为新生上"第一堂思政课",校长为毕业生上"最后一堂思政课",基层党政干部上讲台讲思政课,开办"名家领读经典""百家大讲堂"等高水平"思政公开课",强化名师大家引领带动。不仅如此,学校还积极抓住大学生成长的"拔节孕穗期",坚持在新生开学典礼、新生入学教育、新生军训等各个环节融入理想信念教育内容,抓紧抓好学生入党启蒙,壮大学生入党积极分子队伍。

"思想入党"主题交流会、"真辩明红趴馆"互动式党课、"党建+"主题党日、"党员服务师生"系列活动、"五微一体"基层党建新模式……近年来一系列丰富的学生党员教育活动走进学生党员中间,将党支部工作触角扩展到学生的成长发展各领域,有效提升学生党员学习实践的参与度和积极性,增强了学生党员教育的实效性。

"在共建活动开展过程中,我们不仅有幸聆听到老党员们的初心故事,进一步筑牢作为党员的使命意识,我们还发挥了专业优势,将所学的知识运用到了实践当中,承担了国家工业安全中心的导视系统设计任务。还为老党员们分享了在国庆庆祝活动中,学校数字表演与仿真技术保障的科技力量、'莲花绽放'澳门彩车设计的创新技术和'与时俱进'群众游行方阵的蓬勃朝气,实现了红色'1+1>2'的共建双赢效应。"设计与艺术学院2018级研究生第一党支部与国家工业安全中心退休党支部携手,探索建立红色"1+1+N"模式,深入开展共融共建活动。

人文学院举办"思想入党、先锋这样做"大学生思想入党主题交流会

近五年,学校已组织800余批次学生党支部积极参与到红色"1+1"共建活动中,通过开展理论宣讲、精准扶贫、志愿支教、就业帮扶等工作,引导广大学生党员深入基层、服务基层、服务群众,在实践中增强"四个意识",通过实践了解北京发展过程、感受北京发展成果、融入北京发展大势,自觉服务"四个中心"功能建设,切实增强学生党支部的创造力、凝聚力和战斗力。

"一党委一品牌、一支部一活动"。在学校党建品牌创建工程带动下,一批学习型、服务型、创新型党支部涌现出来,也推动着学生党建工作和学生成长成才紧密结合。"业务阵地红色+"模式，将支部建在实验室、课题组，建在重点学科、重要团队和重大项目上；"党员1+N"的帮扶结对模式，强化对学生群体的组织带动、工作带动、队伍带动和榜样带动作用，通过"党员在隔壁、助学零距离"等活动，学生党支部和学生党员深度融入、有效引领学生群体成长成才。

2018年以来，在全校性"担复兴大任 做时代新人"主题教育活动中，通过党支部、团支部协同参与学、讲、唱、做等形式多样的教育活动，带动学生党员不断强化党性锻炼，努力成长为坚定的青年马克思主义者。学生党建工作充分发挥在大学生思想政治教育工作的龙头作用。此外，学校还积极引导大学生党员参加专业学习、志愿服务、社会实践、就业创业等活动，通过设置学生党员示范项目、示范岗位，定期开展优秀学生党员及团队榜样选树，推动学生党员队伍成为各级组织团结进步的核心、成为开展思想政治工作的坚强堡垒。

"'云端行走'这种新形式党课，让在特殊时期的我们可以和同学们一同'行走'，线上参观革命纪念馆，瞻仰革命先辈，感受革命精神。"精工书院党支部预备党员齐翊深在参加支部"云端行走"党课后，写下自己的感受。疫情期间，"行走的党课"作为精工书院学生党建品牌，因势而新，书院利用直播平台、线上VR等形式推出"云端行走"系列线上教育活动，效果良好。

2020年，面对新冠肺炎疫情，学生党建工作主动创新"三会一课"形式，积极开展线上主题党日活动、创作主题作品，发挥党支部战斗堡垒作用，凝聚和教育广大学生党员勇担使命，引导学生党员正确面对、认识疫情，坚定"四个自信"。

高高飘扬，树立一面面鲜红旗帜

"今天，我参与国庆盛典的使命已经圆满完成，而人生的使命此刻刚刚开启，我比任何时候都更加充满斗志，更加想要为祖国的建设贡献自己的一份力量。"外国语学院2017级本科生党员史铮这样分享自己担任国庆70周年群众游行"与时俱进"方阵标兵的感受。

2019年，在新中国成立70周年庆祝活动中，5058名北理工师生在天安门广场光荣接受党和人民检阅。在训练过程中，学校成立临时党支部，树起了训练备战的第一面旗帜，在学生党员中举行重温入党誓词和佩戴党徽的庄严仪式，学生党员全程佩戴党徽，亮明身份，并在训练期间开展红色故事汇、"我是五星红旗护旗手""让汗水浸透党徽""青年的使命担当"等红色宣讲、思想汇报活动50余次。北理工的学生党员们，不仅在这次以爱国实践活动为主题的党性教育大课中，接受到了全方位、参与式、沉浸式的身心教育和洗礼,更是在其中发挥了先进模范作用。

"疫情发生以来,我一直希望尽自己微薄之力。虽然感觉有些累,也存在一定的风险,但我是一名学生党员,我应该冲锋在前!"2020年年初,信息与电子学院本科生第七党支部孙宇畅参与了家乡的抗击疫情党员志愿服务队,用行动守好"疫情"的大门,守住党员的责任。疫情期间,家住湖北省黄冈市红安县的自动化学院模式识别与智能系统博士生党支部书记李东,面对严重的疫情,他积极配合导师联系海内外资源,为红安等湖北地区募集了总价值15万人民币的医疗防护物资。

2020年初,我校学生党员在家乡投身防疫一线

面对突如其来的新冠肺炎疫情,北理工学生党员树立起一面面鲜红的旗帜,他们把投身防控疫情一线作为践行初心使命、体现责任担当的试金石和磨刀石,齐心协力、众志成城、共克时艰。

宇航学院2017级博士党员邵龙,在学术科研上潜心钻研,开拓创新,让机器人精准"刮骨疗毒",在学术科研中树起创新先锋的旗帜;自动化学院2017级硕士党员王健行,毕业之际拒绝30万年薪,毅然投身国家重点行业,树立矢志报国的旗帜……在北理工,学生党员们把初心落在行动上,把使命扛在肩膀上。他们将个人理想融入祖国的发展中,让青春在党和人民最需要的地方绽放绚丽之花,让鲜红的党旗高高飘扬。

初心耀耀,党徽闪亮,使命昭昭,党旗飘扬!砥砺奋进80年,面向"双一流"建设,培养坚定可靠的青年马克思主义者,培养担当民族复兴大任的时代新人,更需要建设一支彰显新时代昂扬风貌的学生党员队伍,带领广大北理工学子为实现中华民族伟大复兴贡献磅礴的青春力量,努力成长为"胸怀壮志,明德精工,创新包容,时代担当"的领军领导人才。

培引并举，汇聚一流人才队伍
——北京理工大学人才队伍建设纪实

（北京理工大学新闻网 2020 年 11 月 30 日）

机械与车辆学院教授周天丰为学生讲授专业知识

"能够回到母校工作，是我的荣幸。在工作起步阶段，学校给予了我极大的关心和帮助，我愿在北理工校园中深耕不辍，为学校发展、为国家建设贡献力量。"迎着清晨的阳光，机械与车辆学院教授周天丰来到实验室，准备开启一天的工作。近年来，像周天丰一样的众多海外高层次人才胸怀家国梦想，纷纷加入北理工，在这片充满生机和希望的校园中，锐意进取，砥砺创新，以实干业绩实现强国梦想。

"人才是第一资源"。世界竞争，从根本上说是人才的竞争。面对世界百年未有之大变局和中华民族伟大复兴的战略全局，面向建设世界一流大学的新征程，北京理工大学如何做好人才队伍建设，为"两个一百年"奋斗目标的实现提供源源不断的人才资源和科技支撑？

"要把我们的事业发展好，就要聚天下英才而用之。"十四次党代会以来，学校深入实施"人才强校"战略，瞄准国家重大战略需求和世界科技发展前沿，围绕服务"双一流"建设，实施海内外影响力提升计划，着力构建全球人才选聘体系，汇聚海内外一流人才，努力打造一支师德高尚、业务精湛、结构合理、充满活力的高素质专业化创新型师资队伍，为建设人民满意的中国特色世界一流大学汇聚磅礴力量。

深改机制，激发人才内生新动力

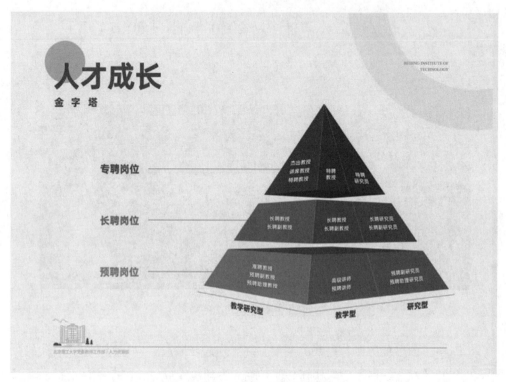

"预聘–长聘–专聘"教师聘任新体系

"得益于学校的柔性聘任制度，2016年在德国毕业后，我来到北理工工作。"在通过新体系进入北理工的四年里，宇航学院预聘助理研究员宋韬展现出了突出的学术能力，在科学研究、实践育人等方面都取得了不俗的成绩。不仅在2018年入选中国科协"青年人才托举工程"，还指导学生团队连续两届获得国际顶级创新赛事金奖，在无人飞行器建模与协同控制领域取得了具有国际先进水平的原创性成果……

2016年以来，学校探索构建并实施了与国际接轨、具有北理工特色的"预聘–长聘–专聘"教师聘任新体系，推进建立专兼职、双聘制、学衔制、博士后和项目聘用制等相结合的柔性人才聘用机制。聘用过程中，注重结合学科特点，避免所有学科"一把尺子"现象,突出品德、能力和发展潜力,引进了一批具有学术发展潜力的优秀青年教师,为一流大学建设提供坚实的人才支撑。

"从常规体系转入新体系,将绩效奖励与工作业绩、贡献充分挂钩,与此同时,新体系对教学科研也提出了更高的要求。这极大地激发了我的主动性和创造性。"2017年1月从常规体系转入新体系以来,机械与车辆学院教授李晓炜紧盯国家重大需求中激光微纳制造关键科学技术问题开展研究,近三年新获批国家重点研发计划课题等省部级课题4项,入选中国科协"青年人才托举工程",并获得国家级人才计划支持。

在对新进教师全面实施"预聘－长聘－专聘"制度的同时,学校对校内常规体系教师试点启动了并轨,加强对优秀人才的培养,实现人才良性流动,提升队伍整体水平与活力。

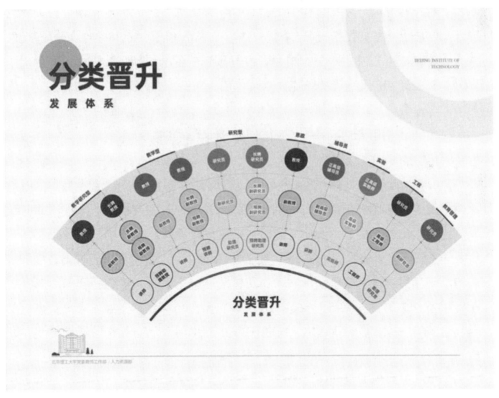

以"分类卓越"为目标的八大专业技术职务晋升体系

"新的职称评价体系对教学类的成绩成果给予充分肯定,我们教学比赛成绩、课堂教学效果等都可以作为职称评审的重要内容。职称评审的标准更加与我们的工作实际贴近,在北理工自己所作的努力被充分认可、被学生享受,我感觉做北理工的老师更加幸福、干劲十足！"2019年的职称评审中，物理学院教师王菲凭借引人入胜的课堂、工程训练中心教师付铁通过辅导学生科技创新的优秀表现，在职称评审中，双双脱颖而出。2020年10月29日，央视《新闻直播间》对北理工人才分类评价改革事迹进行了报道。

2016年以来，学校不断完善以"分类卓越"为目标的人才评价激励机制，构建教研型、教学型、研究型等八大专业技术职务晋升体系，实现"分类卓越"，形成"纵向畅通、横向互通"的发展模式。通过分类管理、分类评价、分类激励，让不同系列的人才都有展示价值、实现卓越的机会，最大限度地把广大教职工的报国情怀、奋斗精神、创造活力激发出来。

在职称评审过程中，坚决破除"五唯"，以品德、能力、业绩为导向，采用定量评价与定性评价相结合、个人贡献与团队评价相结合、阶段性成果与长期目标相结合、特殊领域人才单独评价等方式，科学设置人才评价标准，建立教师能进能出、岗位能上能下的工作机制。同时，建立以知识价值为导向的收入分配制度，探索人力资源成本校院两级分担机制，鼓励创新、激励贡献，教职员工展示出爱岗奉献、奋发有为的良好精神风貌。

厚植沃土，涵养人才成长新生态

"在科研起步阶段，科研团队的支持、科研方向的引领，对于青年教师的成长是非常重要的。在学校相关部门和前沿交叉科学研究院的支持下，入校不久，我就顺利组建了由博士后、博士生、硕士生搭配的研究队伍，并与同期入职的其他青年教师共同建立了公共基础实验平台。"2016年7月，黄佳琦以预聘副教授身份入职前沿交叉科学研究院。四年多来，黄佳琦在电化学储能系统固液界面形成和转化机制领域取得了一系列研究成果，2018年至2020年，连续3年入选科睿唯安材料科学领域全球高被引科学家，首聘期内，于2019年2月获得国家级人才计划支持。

为加快世界一流大学的建设步伐，打造学术交叉创新平台，学校于2015年6月成立了专门从事交叉科学和前沿科学研究的学术实体——前沿交叉科学研究院。作为"人才特区"，前沿交叉科学研究院以"培育学科方向""孵化优秀人才"为使命担当，用全新的体制机制汇聚和培育高端人才，发展新兴交叉学科方向，促进学科交叉融合，力求产生重大学术成果，提升学校国际学术影响力和服务国家战略的能力。

自建设以来，前沿交叉科学研究院已汇聚优秀人才近 70 人，通过搭建学术交流软平台，开展"交叉科学论坛""求是学术茶叙"等学术活动，促进交叉融合，繁荣学术氛围，催生新方向，形成了微纳器件、力学、能源动力、材料、大数据、智能机器人、先进制造、生命科学、物理化学等领域的多个交叉科学研究团队，在爆炸与冲击、前沿界面能源化学等领域已产生了一批高水平的科研成果。

"前沿交叉科学研究院大楼"效果图

"北理工是一个有爱有温度的地方。在我刚入职的时候，学校通过'人才入校通知单'等一系列政策，及时解决了我的办公用房、实验室条件以及招生资源等问题，让我能够快速地开展工作。"回想 2019 年刚入校时的情景，宇航学院教授陈亚彬感觉很温暖，"在实验条件方面，我和几位学科方向相近的青年教师共同申请获批建设分子能源公共实验平台，这样既提高了实验平台的使用率，同时也让我找到了志同道合的研究伙伴。"

在建设前沿交叉科学研究院"筑巢引凤"的同时，如何协调资源，完善高端人才引育"绿色通道"，是学校人才工作始终在探索和实践的问题。2018 年以来，学校实施综合资源改革，优化人才引进保障机制，以服务教职工为中心，建立"引进人才入校通知单"制度。建设"拎包入驻"标准化办公条件和公共实验轻平台，定制化解决人才入校后的燃眉之急；为人才资源配套实行账单式管理模式，打破制度藩篱，填平部门间"焊缝"，优化高端人才引进评价和保障机制，推动人才资源快速落实。提升人才保障工作效率的同时，也提升了引进人才入校后的幸福感、获得感。

近年来，学校厚植人才成长的沃土，注重为人才成长营造良好创新环境，开展"大部制"改革，加强部门协同，提升管理效能和工作效率，建设人才特区、落实"引进人才入校通知单"制度，通过"硬"和"软"两方面条件建设，使人才入校软着陆、发展加速度，让人才一茬接一茬茁壮成长。

创新举措，构建人才培引新模式

"在这里，有一流的科研条件，有广阔的发展空间；在这里，有细致完善的保障制度，有深厚的校园文化。"在2020年第五届特立论坛上，化学与化工学院教授金旭辉以《朴实无华，创新的沃土》为题分享了自己入职北理工的体会和感受。2018年，金旭辉通过"走进北理"活动与学校结缘。2019年入职后，在学校相关部门和学院的大力支持下，独立组建了有机半导体微纳材料研究团队，聚焦可控有机半导体微纳光电材料方向开展研究，同年入选海外高层次人才引进计划青年项目。

"特立论坛——国际青年学者论坛"已成为学校招才引智的重要平台

"构建世界一流人才全球化选聘体系，建立海外人才工作站，以学术为桥梁定期举办'特立论坛'——海外青年学者论坛，精准定位、长期追踪，有效构建了常态化、多形态的全球招聘信息网络。"2019年3月27日，在中国教育电视台《全国教育新闻联播》聚焦北理工特色人才引进工作报道时，校长助理兼党委教师工作部／人力资源部部长阎艳如是说。

近年来，学校主动出击，强化校院协同，落实以学院为责任主体的人才引育模式，签订培引目标任务书和引才对接协议，匹配学科引才重点方向及对接优势区域。坚持"走出去，引进来"，通过常态化开展"特立国际青年学者论坛""走进北理"等活动，吸引海内外优秀人才加盟，人才队伍呈现良好发展态势。前文提到的周天丰、金旭辉等入职学校，正是源于这一特色工作体系。2016年以来，学校通过特色人才选聘体系，吸引了530余名青年学者加盟，为人才队伍注入了新的活力；同时汇聚了200余名高层次人才，新增选两院院士5人，入选国家级人才计划的青年人才增长了5倍，高层次人才占专任教师比例达到12%，师资队伍结构进一步优化，质量显著提升。

2017年年初，先进结构技术研究院良乡实验楼正式启用。早在2015年，学校力邀材料力学领域专家、中国科学院院士方岱宁到校工作，领衔建设先进结构技术研究院新兴交叉融合大平台。在此后的5年中，平台汇聚了以学术领军人才为核心、青年拔尖人才为骨干的学术梯队40余人，实现规模"倍增"，突破轻质多功能复合材料的设计与制备关键技术。

2015年，智能机器人与系统高精尖创新中心成立，瞄准国家重大需求和紧跟国际科技前沿，围绕智能机器人与系统研究领域，以智能机器人与系统等作为高端科学研究的技术集成平台，开展原创性科学研究。吸引了10余名国际知名学者到校工作，联合了包括5名诺贝尔奖获得者在内的日本、美国等知名专家100余人进行合作研究。学校国际学术影响力不断提升，人才"集聚效应"正在形成。

近年来，学校系统谋划实施积极有效的人才培引政策，坚持以校引入、以业育人、以人聚人，逐步形成了特色鲜明的人才培引新模式。由方岱宁院士为领衔建设的先进结构技术研究院以及智能机器人与系统高精尖中心的发展壮大，就是学校大力推行"以业聚才、以人聚人"，注重依托大平台，汇集大团队、承接大项目、培育大成果的精彩实践。

人才工作不能止于"引"，更要注重"育"。引进与培育，如鸟之两翼、车之双轮，是人才队伍建设的重要抓手。十四次党代会以来，学校建立完善人才培养体系，打造多种形式的高层次人才培养平台，培育了一批领军人才和高水平创新团队。

以项昌乐院士为带头人的研究团队勇担强国使命，打造国之重器，2019年获得国家技术发明奖一等奖；毛二可院士带领团队在雷达系统及其信号处理领域深耕细作，不仅成果丰硕，还培养了以龙腾教授为代表的新一代北理工雷达人。学校注重发挥学术领军人才在承担国家重大专项中的带动作用，"头雁效应"不断凸显；注重学术传承和梯队建设，"师徒型人才链"正在汇聚，经过多年的探索与实践，学校已逐步形成了"大师+团队"的人才队伍建设典范模式。

北理工人才培引新模式培育了一批领军人才和高水平创新团队

站在新的历史起点，学校将继续坚持瞄准国家重大战略需求和世界科技发展前沿，锐意进取，涵养人才生态，积极造就一流师资队伍，扎根中国大地，朝着建设中国特色世界一流大学目标奋进！

传承红色基因，
建设特色鲜明的一流大学文化
——北京理工大学文化建设工作巡礼

（北京理工大学新闻网 2021 年 1 月 20 日）

"清清延河水，抚育你茁壮成长。悠悠岁月长，磨炼你意志如钢……"夜幕璀璨，廊桥环绕，亭台倒映，雄壮激昂的校歌，穿越优美的北湖，回荡在校园中，师生们自豪的歌声，传递出北理工人心中的红色力量。

2020 年 9 月 19 日，一场纪念北京理工大学建校 80 周年大型晚会《光荣与梦想》在学校良乡校区北湖之畔上演，这场全部由师生校友演绎的"史诗级"演出，精彩呈现了北理工砥砺奋进 80 载的"红色育人路"，令人震撼，久久难忘。

建设一流大学，培养一流人才，必须要有一流的大学文化。近年来，学校党委围绕"举旗帜、聚民心、育新人、兴文化、展形象"使命任务，始终高度重视大学文化建设，谋篇布局，制定发布"十三五"文化建设规划等指导意见，坚持高位推动、基层导向，把大学文化作为"双一流"建设的重要内容，做到同规划、同部署、同落实、同检查，设立精神文明与文化建设领导小组，成立文化建设办公室，并通过抓好红色基因传承引领、文化设施提格提质、文化品牌培育凝练和文化传播融合高效等"四个维度"，使大学文化建设与办学发展高度"粘合"。

五年来，学校精神文化体系不断丰富完善，引领示范作用明显；校园文化景观群落初步形成，文化基础设施较为齐全；校园文化气息日渐浓厚，文化品牌的知名度和影响力稳步提升，文化传播体系运行高效；现代大学制度日益完备，崇尚文明成为师生的自觉行为；师生文化素养明显提升，师生校友的文化获得感、幸福感日益增加，学校文化软实力显著增强。

传承红色基因，北理精神引领师生

"这里是北京理工大学的红色源点，我们的'延安根'就在这里诞生……"在革命圣地延安的杜甫川畔，75 名北理工 2020 年新入职的教师正在自然科学院办学旧址开展情景教学，他们参加的"觅寻延安根，熔铸军工魂"新入职教师培训已经连续开展了 6 期。"延安根、军工魂"，六个字简短有力，深入人心。

底蕴深厚、特色鲜明的精神文化，能为一流大学建设凝聚起强大的精神力量，更是大学落实立德树人根本任务不可或缺的思想基石。多年来，学校党委始终将精神文化体系建设和完善作为大学文化建设的重中之重。2016 年，在广泛调研论证的基础上，学校党委凝练出"延安根、军工魂"精神文化内核，这一红色基因的内涵获得了师生校友的广泛认同。2019 年，一场"北京理工大学精神"大讨论在全校上下深入展开，学校精神文化核心轮廓日益清晰。伴随着精神文化体系的不断深化、完善，红色基因已经成为北理工文化的鲜明特色，为学校办学发展注入不竭的精神动力。

在此基础上，学校党委还高度重视用红色文化涵育一流人才，不仅全面覆盖新生入学教育、新教师上岗培训，使之成为师生干部教育培训"必修课"，还通过思政课融入第一课堂。近年来，北京理工大学已经初步建立了覆盖全体北理工人的校史校情教育体系，传承红色基因也已经成为北理工人的自觉行动，落实、落细在办学发展方方面面。

《奋进在红色征程上——北理工精神笔谈》《口述北理》《阅读北理》《待到山花烂漫时——丁敬传》等 8 部校庆文化丛书，《兵之利器》《力学笃行》《信系寰宇》《经管征程》等 7 部学科专业史，《北京理工大学志（第三辑）》《利剑长空——"505"探空火箭发射成功 60 周年纪念文集》……2020 年，在建校 80 周年之际，一大批红色基因鲜明、内涵蕴意深刻的文化丛书和校史丛书一经推出，广受师生好评。正是通过一批这样的优秀文化作品，北理工的那抹"红色"源源不断注入师生的心灵深处。

学科（专业）发展史丛书

而这抹红色愈发鲜亮的底蕴背后，离不开近年来学校党委聚焦红色基因传承，大力实施的三大"校史工程"，通过扎实开展珍贵校史资料数字化、办学媒体资源数字化和校史"口述史"采集等工作，为一流文化内涵建设打下坚实基础。依托信息化、专业化的技术手段，学校不仅完成了25000余张办学图片资料、12万分钟视频资料和一批珍贵的校史资料的数字化抢救，还以此为基础建设了"媒体资源中心站"，通过互联网为广大师生提供便捷的文化服务。在此基础上，策划推出"京工岁月图片展""纪念改革开放40周年图片展""画报北理"等一系列文化展览，出版了《京工岁月稠——"画报"北理工1955—1960》史料画册，并创新"展览延伸"等工作模式，完成对全部教学楼公共空间的大规模文化提升。

2020年，学校举办"红色育人路"高等教育论坛

通过系统化的实施"校史工程"，学校探索形成了包括口述史采集、学科专业史编研等工作模式，提升了红色基因传承工作的科学化、规范化水平，构建了校院两级校史采集和研究的工作格局，并积极运用新媒体等现代传播手段，推出9期"北理故事"系列新媒体报道。同时，加强红色基因传承载体的抢救与保护，修复了8辆珍贵历史坦克、"新中国第一辆伞兵突击车"和珍贵历史机床等一批办学历史文物。

"阐明一条道路、传承一种传统、宣示一种精神、树立一种形象"。2020年，抓住纪念建校80周年的重要契机，学校党委立足近年来在延安精神、徐特立教育思想和国防文化等方面的研究优势，面向新时代，推动实施了"红色育人路——中国共产党创办和领导中国特色高等教育之路"文化专项，举办高端论坛，拍摄了三集电视纪录片《红色育人路》，取得了一批高水平的研究成果，推动大学文化建设掀起新的高潮、达到新的高峰，形成了精神文化新成果。

提质文化设施，北理品格融入校园

"在北理工校史馆中，有这样两件珍贵的镇馆之宝，一份是1940年党中央批准自然科学院成立的文件，另一份是1952年重工业部调整北京工业学院办学方向的文件，它们印证着我们熠熠生辉的'两个第一'光荣传统！"面对徜徉在现代化展厅中的参观者，校史馆讲解员宋逸鸥总爱这样自豪地介绍。2017年9月，面积达到1500余平方米的新校史馆、500余平方米的数字化科技成果展厅；2018年，面积300余平方米的国防科技历史成就展厅，相继在全新的国防科技园大楼中落成，成为北理工最具特色的新文化地标。

北京理工大学校史馆

文化从来不是空中楼阁，必须要有高水平的设施孕育承载，学校党委始终把建设高水平的文化设施作为大学文化建设的重中之重，并在学校整体发展建设的过程中着力推动落实。中关村校区新校史馆、艺术馆，良乡校区国防文化主题广场、新体育馆、大学生媒体中心、社团文化广场……近五年来，一处处设计现代、功能先进、底蕴深厚的大型文化设施落成启用，总面积达到24000余平方米，学校文化设施水平得到全面提升。

"在我们的展厅中，有两座大师半身像，一位是爆炸学科泰斗丁敬先生，另一位是火炸药领域泰斗徐更光院士。"在机电学院"兵器精神"爱国主义教育展厅中，大师雕像、实物展品……都在向来访者讲述着厚重的"兵器精神"。

基层特色文化空间

机械与车辆学院"追梦者"赛车文化创意空间、物理学院"博约"文化驿站……自2018年起，学校每年设立专项经费，共支持建成18个基层特色文化空间，直接服务于基层文化建设、人才培养、学科建设、党建思政等工作，让文化空间走近师生、融入学习工作之中。

"您好，我们预约了这个时间的讨论空间。"周末的晚上，良乡校区渐入夜色，但是位于疏桐园E栋地下一层的求是书院社区文化空间里却灯火通明，精心设计的空间里，上演着思维的碰撞、灵感的交流，学子们正争分夺秒地勤奋学习、健康成长。

"一步一品质，一院一精品"。结合学校书院制改革的深入推进，构建宜学宜居的书院社区，打造服务一流人才培养的书院文化，成为学校文化基础设施建设的重点，通过划拨空间资源等重点投入，已经初步建成覆盖九大书院的社区空间格局，特色鲜明的书院文化之花含苞待放。

无论是新校史馆等大型文化设施，还是点缀楼宇之中的学院文化空间，或者是宿舍楼下的书院社区空间，它们都在悄然间提升着校园文化品质，润物细无声地为师生们带来持续不断的文化滋养。

在北理工中关村校区，矗立着这样一座融历史感与科技感于一体的大型青铜雕塑——"大型天象仪"，作为以学校"新中国第一"科技成就为主题的校园景观，每当二月兰花开，雕塑昂首问天的挺拔身姿吸引着新时代的北理工人驻足、沉思，精神的丰碑在师生心中树起。不仅如此，80周年校庆徐特立铜像再展新颜，北湖拱桥廊亭点缀一池秀水，"我爱你中国""BIT80""北理工欢迎你"等创意文化地标精彩呈现……一处处风物景观,点亮美丽校园。

如今在北理工,大学文化不是"水中月""镜中花",而是可以走进使用的美丽空间,也是可以感受享受的优美环境。通过持续不断地推动校院两级文化空间、平台和校园文化景观建设,北理工校园文化设施群落初步形成,特色鲜明的大学文化融入其中,讲述着北理工的奋斗故事,展示着北理工的气质品格。

今天,中关村校区文化"中轴线"、中心花园精神文化核心区愈发鲜明,良乡校区北湖生态文化区逐渐成形,国防文化主题教育基地落子布局,学校办学旧址精神文化传承教育基地启动规划。面向未来,"一轴两基"的北理工红色文化生态圈的格局日渐清晰。

打造文化品牌,北理气质浸润心脾

"忆往昔,中国弹星箭船的每一次升空、每一次飞行,无不是在挑战中实现跨越,在艰辛中铸就辉煌。"2018 年 5 月,"英雄航天员"张晓光做客北理工百家大讲堂,与 300 余名学子共话理想信念与时代担当。自 2018 年以来,为培养一流人才,学校整合资源重点打造的"百家大讲堂"高端讲座品牌,共邀请了 330 余位名家大师来到校园,与学子们分享自己的思想与学识。

立足师生文化需求和成长发展需要,学校党委统筹谋划,积极将文化建设与学校各项工作打通、联通、畅通,通过积极培育、凝练校园文化品牌,使其显现规模效应,不仅推动校园文化活动蓬勃开展,更让优秀文化浸润美丽校园,涵育广大师生。

"英雄航天员"张晓光做客北理工"百家大讲堂"

"学起来、论起来、讲起来、唱起来、做起来",2019 年,作为覆盖全校学生的思政类文化品牌,"担复兴大任,做时代新人"主题教育活动因形式创新、成果丰硕、成效显著,荣获首都大学生思想政治工作实效奖特等奖。

"时代新人说"文化品牌活动

校园文化品牌的不断涌现,不仅实现文化辐射的规模化和全覆盖,更推动文化建设注重内涵质量发展,聚合成多元化的文化品牌矩阵,形成了以"时代新人说"、青春榜样、心理健康节、"一二·九"歌咏比赛为代表的思政类文化品牌;以"百家大讲堂"、特立论坛为代表的学术类文化品牌,以"师缘北理""我爱我师"为代表的师德类文化品牌,以世纪杯、科技文化周为代表的科技类文化品牌,以深秋歌会、北湖音乐节、"大影赛"为代表的文艺类文化品牌,以体育文化节、"延河杯"为代表的体育文化品牌,以国际文化节为代表的国际文化品牌,以"百团大战"、社团文化节为代表的社团文化品牌。同时,学校与时俱进,把握师生特点,积极培育"北理故事""阅读北理""聆听北理"、延河星火一分钟等一大批网络文化品牌,打造了开学典礼、毕业典礼、毕业季婚礼等校园典仪文化品牌。

"揉泥、拉坯、晾干、修坯、磨底、修饰、施釉、烧制",在"陶瓷艺术欣赏与制作"课堂上,来自不同专业的学生正专注地学习着传统制陶手工艺,像这样面向全校开设的陶瓷、染织、金属工艺、漆艺、木版年画、剪纸、首饰、雕塑等传统手工艺课程,多年来已让数万北理工学子感受了中华优秀传统文化的魅力,也形成了培养理工科大学生文化艺术素质的传统文化实践教学体系。2019 年,作为当年北京市唯一高校,学校获评"全国普通高校中华优秀传统文化传承基地"。

弘扬中华优秀传统文化,始终是北理工大学文化建设的重要组成,学校通过建引结合、创新实践和制度保障等办法,推动中华优秀传统文化更好地融入教育教学。除了持续加强特色课程建设,还建设了"名家论坛——文化艺术系列讲座"

等通识课程群和网络课程，投入运行的课程达到 30 余门，打造了"经典诵读"等具有北理工特色的传统文化活动品牌，将中华优秀传统文化的传承融入书院社区、融入学生生活，滋养一流人才。

优秀的文化如同空气，伴随着在北理工校园中的每一次吐纳，浸润心脾，文化认同和文化自信在每一个北理工人心中深深扎根，茁壮生长。

讲好奋进故事，北理文化声传致远

"南北间，北湖边，时代天骄创新篇。肩上担当复兴，吾辈何惧艰险？铸长箭，上九天，不忘初心和誓言，看今朝中华少年！"2020 年 5 月，适逢疫情防控严峻时期，一首《理所当燃》刷爆北理工人的朋友圈，师生校友纷纷点赞转载，这首由学生原创的建校 80 周年献礼歌曲，经学校官微推送，一天就冲破"10 万+"阅读量，为广大师生校友带来那份属于北理工人特有的振奋。

如何让大学文化形成有力传播，实现弘扬主旋律、传播正能量，始终是学校党委思考谋划和抓实抓牢的工作重点。近年来，学校党委着力加强宣传体系建设，不断壮大校园主流舆论，讲好北理工故事、传播北理工文化成为工作常态。

"全新的校园网主页真是高大上！"2019 年夏，体现媒体融合理念的新版学校官方网站、新闻网等全面改版上线，获得师生广泛好评。抓住新时代媒体传播特点，学校构建了由官方微信、微博、抖音、B 站、央视频、强国号等为核心的官方新媒体矩阵，创新推出"融媒聚焦"专题，构建了内外联合发力、线上线下协同、传统媒体与新媒体融合发展的有效传播格局。

北京理工大学融媒体矩阵

"聚焦中心工作、聚焦基层一线、聚焦榜样人物",在紧跟时代脉搏的发展中,变化的是宣传的形式和途径,不变的是坚持以师生为中心的创作导向。正是坚持在师生身边创作、到师生身边宣传,优秀的作品才不断涌现,文化传播的"最后一公里"才畅通无阻。近年来,学校依托网站"首页大图"栏目发布深度报道300余篇,汇编出版《阅读北理》5册,主流媒体报道2000余篇,网络优秀文化作品不断涌现,官微"10万+"推送达28篇,让北理工的声音传得更开、传得更广、传得更深入。

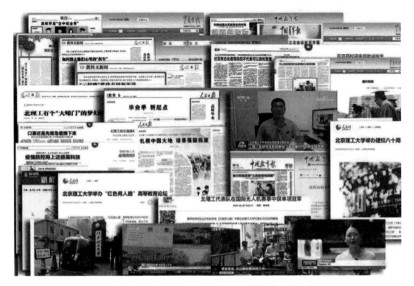

近年来,学校工作得到主流媒体广泛报道

《精工》《盛典》《回家》,80周年校庆期间,校庆专题片"三部曲"为师生津津乐道,从不同角度唤起广大师生校友的情感共鸣,反响热烈;官微推送《亲爱的北理工,生日快乐》阅读量达"45万+";校庆日推出32个节目,完成全天13.5小时的超长直播,在14个平台同步直播,220余万人在线观看;策划直播文化互动,向师生校友赠送1000份校庆文创产品……虽然有新冠疫情的不利影响,但是凭借学校在传播能力建设方面积累的优势,变挑战为机遇,为广大师生校友呈现了一场校庆文化盛宴,点燃北理工人的爱校荣校情怀,也让北理工文化声传致远。

新时代,新使命,新征程,建设一流大学文化任重道远。面向未来,北京理工大学将坚持和加强党对大学文化建设的领导,坚定传承红色基因,奋力建设格调高雅、底蕴深厚、催人奋进、特色鲜明的大学文化,给予广大师生充实的文化获得感和幸福感,以一流的文化成果和文化格局,为建设中国特色世界一流大学新征程注入源源不断的文化动力。

逐梦寰宇浩歌行　驿路梨花处处开
——北京理工大学国际交流合作工作纪实

(北京理工大学新闻网 2020 年 12 月 15 日)

"中俄联合创办深圳北理莫斯科大学是我和普京总统达成的重要共识,也是两国人文合作深入发展的重要成果,具有重要示范意义。"2017 年 9 月 13 日,国家主席习近平向深圳北理莫斯科大学开学典礼致贺辞。深圳北理莫斯科大学由深圳市人民政府、北京理工大学和莫斯科国立罗蒙诺索夫大学合作设立,是中俄两国高校合作举办的第一所大学。

高校肩负着人才培养、科学研究、社会服务、文化传承创新、国际交流合作的重要使命。在全力推进"双一流"建设的进程中,对标世界,开放办学,既是建设世界一流大学的应有之义,亦是必由之路。

"从开放办学到国际化办学转变",自十四次党代会提出国际化战略以来,北京理工大学将自身发展与实现中华民族伟大复兴和进一步推动构建人类命运共同体的时代要求紧密结合,以更加开放包容的态度开展国际交流合作,使世界更多地感受到北理工形象,聆听到北理工声音,受益于北理工智慧。

开放包容逐梦寰宇,打造全球合作社区

"三周的'一带一路'夏令营让我收获颇多。北理工展示的智能汽车、智能制造、新能源车辆等前沿技术领域的最新成果,让我很受震撼。周天丰、贾博儒等几位青年教师的分享,让我很受启发。"2018 年暑假,斯洛伐克技术大学的埃里克·斯塔克等 120 名来自"一带一路"沿线国家及中国多所高校的师生共同参加了由学校参与承办的北京市"一带一路"国家大学生科技创新训练营。

2018 年、2019 年,学校连续两年承办这一国际大学生科技创新训练营,充分展示了学校在新能源汽车、智能制造等领域的先进技术研发水平,有效促进了"一带一路"国家高校之间的交流与合作,同时也进一步提升了学校的国际影响力。

2018年，北京市"一带一路"国家大学生科技创新训练营在北理工开营

"中俄合作是国家战略，加强对俄合作对国家建设和学校发展具有非常重要的意义。作为相关部门和学院，我们将精心谋划，切实把工作做深做实，推动学校对俄合作的深入开展。"2019年，学校成立中俄学院，设立车辆工程、能源与动力工程、机械工程等7个传统优势工科专业，在随后召开的中俄学院工作会议上，参会人员形成一致共识。中俄学院的成立，标志着学校在培养工程领域的国际化领军人才之路上又迈出了坚实一步。

值得一提的是，中俄学院并非横空出世。在此之前，学校已经同莫斯科国立鲍曼技术大学、莫斯科核能研究大学等17所俄语区顶尖工科大学建立了交流项目，在多学科领域培养国家战略急需的拔尖人才。近年来，在国家留学基金委支持下，学校又设立了"对俄专项"学生交流项目，2014年到2019年间，共派出攻读硕士、博士的学位生146人，各类长短期学生年派出总人数超过100人。目前，北理工已经成为国内派出留俄学生人数最多的高校。

与国际民航组织共同建设全球航空发展研究院，与白俄罗斯科学院、白俄罗斯基础研究基金会共同资助教师和白俄罗斯学者申请科研合作项目，与日本京都大学、东北大学等共同实施中日青少年科技交流计划，支持坦桑尼亚政府进行电子政务人才培养……在积极承接各类国际教育交流活动的同时，学校还积极走向国际，与多个国家的组织和机构建立起了平等信任、相互支持的合作伙伴关系，实施了多个国际人才和科研交流合作项目。建设研究院、签署合作基金、实施合作项目……学校构建国际交流大社区的开拓实践，精彩上演。

2019年12月，隆冬时节，寒气袭人，学校中关村体育馆里却热闹非凡。一曲《梦"响"北理》拉开了2019年度优秀外国留学生表彰会暨2020年新年联欢会的序幕。在一个多小时的时间里，来自50余个国家的150余名国际学子奉献了一场极具国际风格和异域特色、兼具思想深度和情感温度的视听盛宴。

近年来，学校高度重视来华留学工作，来华留学生规模保持稳定增长、生源质量持续提升。目前，在校留学生已达2560人，学历生占55%，生源国别近150个，其中，40%博士生是所在国高校的青年教师，80%交换生来自欧美知名院校。在70余所海内外一流高中建立优质本科生源基地，在百余所海外知名高校建立硕博生、交换生招生平台。随着全球合作网络持续拓展，"留学北理"已成为推进学校国际化办学进程、高质量服务"双一流"建设的一支"生力军"。

2019年，学校第六期"海外计划"西班牙访学项目

十四次党代会以来，学校提出了全面打造全球交流合作大社区的国际化工作思路，构建了以"学院为主体、学生为中心、项目为载体"的国际化运行机制，重点打造了德国、俄罗斯等九大区域合作交流平台，同步实施了海外战略伙伴计划、学科专业实质等效计划等五大专项国际合作计划，不断拓展和丰富国际合作深度和广度，构筑了良好的国际化办学氛围和环境，有效提升了学校的国际竞争力、影响力和知名度。

截至2020年6月，学校已与75个国家和地区的346所高校建立了校际合作伙伴关系，其中包含与国家签订共建"一带一路"合作的48个国家的149所高校。遍布全球的北理工国际伙伴关系网络日渐稳固。

拓宽渠道汇聚资源,深化国际人才培养

"得益于学校开展智能制造与新能源车辆创新项目,我能够有机会到国际一流高校交流学习。三年的学习生活,让我开阔了视野,进一步了解了学科发展前沿,也坚定了我投身行业前沿研究的决心和信心。"2017年,机械与车辆学院本科生陈舒在学校资助下,前往德国卡尔斯鲁厄理工学院交流学习。"学校国际交流合作的广阔空间,为我们创新能力的培养提供了广阔舞台。"

近年来,学校坚持以项目为基准,将联合培养、教师互访、科研合作三者有机结合,确保国际合作始终服务于高水平人才培养体系。以国家留学基金委创新型人才国际合作培养项目为例,2015年以来,学校前后获批9个项目,选派了多个专业的学生和教师赴荷兰、美国、法国等国家一流高校进行攻读学位、联合培养以及访问研究。

"参加博士生双学位项目,使我有机会在高水平的平台上交流学习。国内外的学习、工作经历对我来说,是一个认识自我的过程,启发我从一个求知若渴的学生逐渐成长为一名独立的科研工作者。"管理与经济学院助理教授陈虹枢曾是首批参加学校与澳大利亚悉尼科技大学博士生双学位项目的学生之一,在顺利完成博士阶段的学习之后,2019年她决定回到母校工作,继续在技术创新管理与科研评价领域深入研究。

2004年以来,学校开始实施博士双学位项目,致力于培养具有广阔国际视野、坚实理论基础、突出创新能力的工程领军型人才。博士联合项目的运行以教授间紧密的科研合作为基础。为开拓博士生联合培养渠道,学校创新开展了中英大学工程教育研究联盟"中英未来工程领袖与创新训练营"等活动。

2019届会计学(中外合作办学)专业毕业典礼

引入麻省理工学院等世界一流高校线上国际课程，国际组织人才培养创新实践基地成立并运行……面对全球治理格局和国际形势的变化，近年来，学校以新工科改革等举措为契机，通过"在地国际化"方式，开设国际线上课程，对学生的科学素质、国际理解力、包容力、国际行业竞争力等方面进行养成实践训练。

"我在北理工学的中文。"2019年8月，《王毅夸奖外国记者中文好》《国外，王毅给一所中国高校'打广告'？》等报道受到社会广泛关注。在泰国曼谷的记者会上，曾在北理工留学的学生、英国路透社记者马凯琳用中文就南海局势进行提问。会后，马凯琳的表现得到了国务委员兼外交部部长王毅的夸赞。

近年来，学校来华留学生的教育培养水平不断提升，涌现出一批具有知华友华情感和爱校荣校情怀的优秀国际人才。伊克拉姆家族两代六口人先后"留学北理"的故事在巴基斯坦广为传颂，在战"疫"艰难时刻，国际学生纷纷捐款捐物表达支持和祝福。在来华留学生教育管理的全过程中，学校始终厚植中国情怀、坚持质量为先，努力培养具有全球领导力与全球胜任力的国际杰出人才，为"双一流"建设添砖加瓦，为构建全球教育共同体贡献北理智慧和方案。

深化国际办学合作，勇担使命创建一流

"当高考后为填报志愿犹豫不决时，深圳北理莫斯科大学的招生宣讲会让我变得无比坚定，我清楚地知道了它的创办过程和历史使命，也了解了它的师资力量和教学模式，所以我选择了这所崭新的大学。"深圳北理莫斯科大学2017年首批录取的数学与应用数学专业新生韩东雨在代表新生发言时自豪地说。

深圳北理莫斯科大学首届研究生毕业典礼暨学位授予仪式

"努力建设高水平大学,培养高素质人才,为深化中俄教育合作、增进两国人民友谊作出贡献"。如前文所提到的,深圳北理莫斯科大学是中俄两国高校合作举办的第一所大学,习近平总书记对深圳北理莫斯科大学提出了殷切期望。

建好"深北莫"是一项面向"一带一路"的国家任务。始终坚持面向国家重大战略需要的北理工勇挑重担,精心统筹协调,认真对接俄方,出色地完成了这一重要的国家使命。2017年9月,深圳北理莫斯科大学举行首次开学典礼,时任中共中央政治局委员、国务院副总理刘延东和俄罗斯副总理戈罗杰茨出席,国家主席习近平和俄罗斯总统普京致贺辞。

在具体的办学实践中,学校派出的管理团队立足中俄两国教育之所长,推动"深北莫"既注重学生扎实厚重的理论功底的塑造,又注重动手能力的培养。两年来,学生在美国大学生数学建模竞赛、第30届门捷列夫化学竞赛等高水平创新竞赛中屡获佳绩。

"北京理工大学与拉各斯大学共建的拉各斯大学孔子学院获评'全球先进孔子学院',授予北京理工大学与萨斯喀彻温大学共建的萨斯喀彻温大学孔子学院加方理事Karen Chad '2019全球孔子学院先进个人奖'。"在2019年国际中文教育大会上,北理工广受关注。

近年来,尼日利亚拉各斯大学孔子学院和加拿大萨斯喀彻温大学孔子学院成为北理工在非洲和北美洲"走出去"合作办学的成功范例。目前,拉各斯大学孔子学院已设立18个教学点,开设了16门汉语课程,有6030名在读学员,累计招收25000余名汉语学员。加拿大萨斯喀彻温大学孔子学院除了圆满完成既定的国际中文教

北京理工大学与尼日利亚拉各斯大学共建孔子学院获2019年度全球"先进孔子学院"称号

育各项任务,还聚焦加拿大原住民研究和中加比较研究开展特色研究,目前已出版加拿大原住民特色文化教材1本、学术论文集2本。北理工共建孔子学院已经成为联结中国与世界各国人民的"友谊之桥""学习之桥""合作之桥",这两所孔

子学院也成为扩大学校海外声誉的桥头堡。

"不知不觉，离开北理已经有两年的时间了。在瑞丁会计学合作办学项目度过的四年，是我成长路上最为宝贵的四年。母校赋予的会计学专业知识奠定了我职业规划的基础，国际化教育培养了我包容的心态；在这里，我遇见了宽容的老师、优秀的同学，遇见了更好的自己。"2018届会计学（中外合作办学）专业毕业生武暄琮回忆在学校学习生活的点点滴滴，感触颇深。

积极开展对外合作办学，不仅有效扩大了学校的国际影响力，更为重要的是为学校一流人才培养注入强劲动力。目前，学校与英国瑞丁大学合办的会计学专业本科教育项目、与美国犹他州立大学合办的国际经济专业学士学位教育项目等四个教育部批准的合作办学项目（北京理工大学）都取得了良好收效。其中，与英国瑞丁大学合办的会计学专业本科双学位教育项目，毕业生就业率连续三年达到96%以上，国内外深造率连续三年保持在65%以上，学生先后被多所国内外知名高校录取为研究生。

新发展、新挑战、新使命，面向即将开启的全面建设社会主义现代化国家的新征程，北京理工大学将始终坚持服务国家、贡献世界，注重内涵发展，不断创新模式，持续拓展国际教育合作，进一步提升学校全球声誉度、国际显示度和话语权，扎根中国大地，建设世界一流大学！

改革创新，提升大学治理效能
——北京理工大学推进治理体系和治理能力现代化建设工作纪实

（北京理工大学新闻网 2021 年 1 月 26 日）

大学治理体系现代化是国家治理体系现代化的有机组成部分，同时也是实现高等教育现代化、建设教育强国的坚实保障。实现大学治理体系现代化，要始终坚持社会主义办学方向，遵循高等教育和人才成长规律，按照新时代要求探索具有中国特色的大学治理体系现代化的有效路径。

五年来，北京理工大学党委深入贯彻党的十九大和十九届二中、三中、四中、五中全会精神，始终以习近平新时代中国特色社会主义思想为指导，全面落实新时代党的建设总要求，自觉把维护党中央权威和集中统一领导的要求落实到行动上，将党的领导贯穿办学治校全过程、各方面，扎实推进"双一流"建设，完善现代大学制度，积极打造更具活力、更富效率的管理体制和运行机制，大学治理体系和治理能力现代化水平持续提升，学校整体事业发展活力显著增强。

科学统筹，"大部制"推动机构协同高效运行

为优化机构职能，建立与一流大学相适应的管理体制，构建系统完备、科学规范、协同高效的运行机制，学校党委于 2018 年 8 月启动实施"大部制"机构改革。本着统筹任务、统筹资源、统筹机制的目标，在本次机构改革中，学校设置管理机构、教学科研机构、教学科研辅助机构和服务支撑机构 4 类机构；梳理整合相关职能，针对人才培养、师资队伍、学术科研、计划财务、资产实设、合作发展、后勤基建、监督执纪 8 个板块，实现人、财、物等资源的"大统筹"，推动形成"管服分离"，实现机构协同高效运行。在深化改革过程中，学校党委聚焦重点领域和关键环节，不断优化体制机制，真正做到了为师生办实事、解难题，不断推进改革向纵深发展。

学校近年来建成的现代化教学科研和服务平台

"实施机构改革后,部门之间的联动进一步加强,逐步形成教学、科研、平台等资源向人才优先保障的工作机制,高层次人才队伍建设成效显著。"人力资源部副部长杨静说道。"大部制"改革将人才引育、平台建设、资源配置等各方面工作进行统筹,有效解决了部门协同中的"焊缝""枷锁",大大提升了工作效能。以队伍建设工作为例,"大部制"改革有利于站在学校全局的高度谋划工作,使其更好地与人才培养、学科建设、科技创新等同频共振。五年来,学校新增选两院院士5名,"四青"人才数增长7.6倍,人才集聚效应和倍增效应凸显。

"改革后,学校构建形成全口径预算体系,资金链形成闭环,全校预算执行进程加速,资金使用效率大幅提高。"计划财务部综合室主任韩兴杰谈道。推进"大部制"建设,并非传统意义上对部门的简单合并,而是以加强党的全面领导为统领,以大学治理体系和治理能力现代化为导向,以推进部门机构职能优化协同高效为着力点,统筹职能配置、提高运行效能,使机构设置更加科学、职能更加优化、权责更加清晰、监督监管更加有力,从而为"双一流"建设提供更加坚实的制度保障。自2018年成立计划财务部以来,学校推进整合式创新,聚焦资金的统筹、计划、募集、执行等关键环节,完善工作机制,实现了"双一流"建设、学科发展、财务、教育基金会、招标采购等各板块的深度融合、协同推进,大大提高了资金的使用效益，为各项事业高质量发展提供了可靠的资金保障。

"我们已累计为 11 个专业学院、研究院和中心的百余个课题组、研究团队提供了 20 多万个机时、12 万个样品的分析测试服务，年均支持实验课程和培训 30 余门次……"谈到分析测试中心为学校发展作出的贡献时，中心综合室主任高培峰如数家珍，自豪满满。在这场大改革中，不仅是管理部门，教学科研机构也因职能统筹而焕发出了新的活力。

为推动存量资源优化调整，避免形成科研资源"碎片化"和"孤岛现象"，学校有效整合了教学科研资源，于 2016 年成立分析测试中心，并于 2019 年 12 月将原微纳技术中心并入，进一步提升公共实验平台的专业化服务保障能力。五年来，围绕学科发展新方向，学校还前瞻布局建设了微纳量子光子实验中心、先进材料实验中心等高水平实验平台，持续构建分层分类的实验平台体系，为人才培养和科学研究提供了强有力的平台支撑。

数据治理，以信息化赋能"智慧校园"建设

随着教育信息化 2.0 时代的到来，建设"智慧校园"已成为支撑教育现代化发展、实现教育管理模式变革的重要途径。五年来，学校党委高度重视将信息技术与学校管理、教育教学、科学研究等工作深度融合，充分应用大数据、云计算、人工智能、移动互联等新兴技术手段，助力信息化建设转段升级，"智慧校园"初具雏形。

"做好信息化建设，首先要做好数据治理，要从学校发展战略需求出发，通过融通人才培养、师资队伍、资产管理、计划财务等业务工作，服务学校科学管理和决策。"信息化办公室副主任康慨说道。当前，学校以数据治理为牵引，针对主要业务开展"一数一源"的数据确权工作，已经形成涵盖学校 8 大板块 500 余张表格的较为完备的数据标准体系。

通过深入开展数据治理，学校各项业务流程进一步简化优化，以信息化推动管理流程再造的成效日益凸显，"智慧化"逐渐成为学校信息化建设的显著特征。公文处理、会议组织、督办工作、出国审批等事项的线上办理，大大提高了各项事务的处理效率，减轻了师生在校园中的"奔波劳累之苦"，各环节工作人员在线实时处理签批流程，真正实现了让"信息多跑路，师生少跑腿"。

"它解决了传统考核工作中的难点和痛点，极大简化了教师填报工作量和核对数据的流程，极大方便了学院掌握教师工作情况，实现了数据的智能查询与统计，为管理工作精细化提供了重要保障。"对于绩效考核平台，数学与统计学院副院长

衡靖用了两个"极大"予以评价。近年来，学校还建立了一站式数据填报平台，构建了"一次采集、多业务共享"和"以确认代替填报"的数据采集和使用模式，已成功应用于研究生奖学金申报，服务部分试点学院开展绩效考核，取得了较好效果。

"这是我第六年在教学中使用'乐学'平台了，但这次的感觉完全不同。"谈起疫情期间使用"乐学"平台开展课程教学，机械与车辆学院教师胡耀光感触颇深。除了对业务流程的"再造"，信息化建设也为人才培养工作提供了有力支撑。2020年年初，新冠肺炎疫情暴发，学校不仅以最快的速度开发上线了用于师生健康信息填报的应用程序，服务校园疫情防控，还采用自主开发的"乐学"平台进行网络授课，有效保证学生的课程学习不受影响。正是得益于学校对信息化建设工作的重视，在接到在线开课的通知后，广大教师才能够第一时间响应，依托在"乐学"平台上积累的教学经验，很快做好了春季学期课程教学的各项准备工作。自疫情暴发以来，"乐学"平台新增近4000个教学班，基本涵盖了本科、研究生全部课程，服务了30000多名学生。

2020年以来，学校抓住疫情期间大规模开展网络教学的新契机，加快推进教学信息化、智慧化建设，整合"乐学"与"云录播"等多个平台，全新打造"延河课堂"，并与新上线的"i北理"APP深度融合，支撑构建"数据共享、知识互联、群智协同、教育智学"的育人新体系。未来，学校将进一步加快推进"智慧校园"建设，统筹各类资源，实现校园空间与数字空间无缝衔接，构建高效、便捷、智能的信息化体系。

重心下移，"校院两级管理体制改革"激发内生动力

校院两级管理体制改革是进一步深化综合改革、完善中国特色现代大学制度的重要内容，是推进大学治理体系和治理能力现代化的关键切入点。2019年5月，学校党委结合"双一流"建设发展实际，正式出台《关于推进校院两级管理体制改革的若干意见》，以五大改革举措为重点推进管理重心下移，充分激发学院的办学活力。

瞄准"优质理科"建设目标，学校与化学与化工学院、数学与统计学院和物理学院3个试点学院，签订校院两级管理体制改革责任书，正式启动改革试点工作。在充分考虑试点学院发展的差异性、特色性基础上，实施"一院一策"，学校与学院共同研究制定综合改革方案,提出切实可行的个性化"放管服"举措。在下放学科、

人事、教学和科研等事权的同时，学校同步下放财权，强化监督指导，为校院两级管理体制改革保驾护航。

2020年7月10日，学校举行学院领导班子任期目标责任书、校院两级管理体制改革责任书签订仪式

"多年来，高层次人才引进一直是制约学校理科发展的瓶颈。实施校院两级改革以后，学院在人才引进方面更有底气，条件支撑方面更有话语权，学科优质化发展取得显著成效，学院办学主动性和积极性空前高涨。"物理学院院长姚裕贵谈道。在此次改革中，物理学院立足发展实际，以人才队伍建设为抓手，强化资源统筹与协同联动，2020年完成19人次新体系教师招聘，新增6名"四青"人才，获得学校年度"队伍建设专项奖励"，成为改革的受益者。

"改革有力整合了学院优势资源，也帮助相关老师更好地树立科研信心，以高水平的科研成果服务国家战略需求。"化学与化工学院青年教师冯旭东这样表示。在校院两级管理体制改革中，基层教学组织的活力也得到进一步激发。"将教改项目下放到学院评审，可以更高效地开展同行评议，不但能让学院充分发挥专业性、自主性和灵活性，还进一步提高了学院的资源调配能力。"在谈及改革带来的影响时，北京市青年教学名师、物理学院教授王菲认为在同一专业领域开展评审，能够更准确地把握教改的实质内容，有利于发现可能产生重要成果的教改项目并实现精准支持。

"一年来，学院着力推动制度体系建设，管理能力和治理效能明显提升，学院二级管理机构发挥的作用更实了，教学科研团队等基层学术组织越来越有活力。"

数学与统计学院党委书记陈珂对改革带来的活力释放深有感悟。校院两级管理体制改革加快推进了学院事业发展,这其中的关键是推动了学院治理体系和治理能力现代化水平的提升。化学与化工学院院长张加涛也表示,"改革进一步巩固了人才培养在学院工作的中心地位,教学科研融合互促的格局已初步形成,'医药分子科学与制剂工程'工信部重点实验室顺利获批,在'拓医'方向形成新的学科增长点。学院取得的成绩,更加坚定了我们进一步深化改革的决心。"

校院两级管理体制改革实现了为学院"松绑",学院的办学主体地位得到进一步凸显,内部治理体系和治理能力得到持续完善提升,在人才培养、队伍建设、科技创新等方面走上了发展的"快车道"。在此基础上,学校党委将进一步总结经验、扩大试点,将校院两级管理体制改革推向深处、落到实处,持续完善大学治理体系,提升治理效能,推动"双一流"建设内涵式发展。

面向未来,学校党委将坚持以习近平新时代中国特色社会主义思想为指导,坚持和加强党的全面领导,不忘初心、牢记使命,努力将制度优势转化为治理效能,切实推进大学治理体系和治理能力现代化,为加快建设中国特色世界一流大学提供坚实保障。

第四篇章
立德树人

面向世界一流大学目标
建设高水平人才培养体系

赵长禄

(《中国高等教育》2019 年 Z1 期)

[摘　要] 如何面向世界一流大学目标建设高水平人才培养体系？要主动适应国家战略发展新要求和世界高等教育发展新趋势，以加强党的领导把方向，以构建教育教学体系为核心，以融合科技创新体系为互动支撑，以管理服务体系为保障，建立思想政治工作体系贯通其中的一流人才培养体系。

[关键词] 世界一流大学；高水平人才；培养体系

在全国教育大会上，习近平总书记提出的"要努力构建德智体美劳全面培养的教育体系，形成更高水平的人才培养体系"，形成了对在北京大学师生座谈会上讲到的"三项基础性工作"的深化和发展。习近平总书记关于建设高水平人才培养体系的重要论断，坚持了目标导向与问题导向相统一，是当前我国高校建设世界一流大学必须抓紧解决的关键性、基础性问题。如何面向世界一流大学目标建设高水平人才培养体系？总的来说，既要吸收借鉴国外一流大学的经验，又要扎根中国大地结合中国实际，从"培养人"的根本要求出发，优化办学育人的组织机制和工作模式，以加强党的领导把方向，以构建教育教学体系为核心，以融合科技创新体系为互动支撑，以管理服务体系为保障，建立思想政治工作体系贯通其中的一流人才培养体系。

加强党的领导，建立高水平的党建工作体系

习近平总书记指出，"加强党对高校的领导，加强和改进高校党的建设，是办好中国特色社会主义大学的根本保证"。在全国教育大会上，他还要求各级各类学校党组织要把抓好学校党建工作作为办学治校的基本功，把党的教育方针全面贯彻到学校工作各方面。近年来，我国高等教育取得举世瞩目的成就，逐渐走出了

中国特色高等教育发展道路，其鲜明特点就是坚持党的领导。坚持党的领导是扎根中国大地办大学的前提和根本，是最大的中国特色。

建设高水平的党建工作体系，就要按照新时代党的建设总要求加强和改进高校党的领导和党的建设。一是突出抓好政治建设这一根本点。要不断提升政治站位，牢固树立"四个意识"，坚定"四个自信"，做到"两个坚决维护"，全面贯彻党的教育方针，坚持社会主义办学方向，坚持"四个服务"发展面向，把高校努力建设成为党的领导的坚强阵地，建设成为培养社会主义事业建设者和接班人的坚强阵地。二是紧紧抓住学校党委领导力建设这一关键点。扎实落实学校党委管党治党、办学治校的政治责任和主体责任，贯彻落实党委领导下的校长负责制，切实把握"集体领导、党政合作、科学决策"三个关键点，建设政治坚定、作风过硬、清正廉洁、师生信赖的领导集体。坚持学校党委领导核心地位不动摇，提升把方向、管大局、作决策、保落实的能力水平，形成对人才培养中心工作的坚强领导和积极带动。三是着力把握加强基层组织建设这一着力点。加强基层组织党的领导和党的建设，重点落实好学院级党组织会议和党政联席会议制度，提升基层事务决策的科学化水平；重视激发学院基层党组织活力，抓好基层学术组织和教学组织建设，推动基层党组织建设与基层治理有机结合，将党的领导深入到基层、体现在基层，打造教书育人事业发展的桥头堡。四是始终坚守落实立德树人根本任务、培养社会主义建设者和接班人这一落脚点。一流大学要将培养社会主义建设者和接班人作为根本政治担当，将一切工作的重心落到育人上，严格落实意识形态工作责任，牢牢把握意识形态工作领导权管理权话语权，建设风清气正的教书育人空间；抓干部队伍作风建设，严明党的纪律，强化党内监督，发展积极健康的党内政治文化，全面净化党内政治生态，以良好的政治生态为基础打造良好的育人生态。

筑牢基础支撑，建立高水平的教育教学体系

习近平总书记讲，大学是立德树人、培养人才的地方，是青年人学习知识、增长才干、放飞梦想的地方。这一重要论断形象概括了高校的根本任务、第一使命和重要职能。高等教育从单一人才培养到人才培养、科学研究并重再到人才培养、科学研究、社会服务三位一体，成为社会发展的引擎，首先源于培养好学生；如果大学不重视人才培养，则和研究机构无异，就失去了大学的本质属性。高水平的教育教学体系一定是把教育学生学知识与学做人有机结合起来的体系，并能适应学生各个阶段的成长特点和发展需求。

建设高水平的教育教学体系，就要遵循高等教育规律和人才成长规律，既注重"教得好"，更注重"学得好"，激发学生学习兴趣和潜能，带动人才培养能力的全面提升。一是不断强化教育、知识、能力的系统性。深化"价值塑造、知识教育、实践能力"三位一体的人才培养模式，深入推进大类培养大类管理改革，建立健全专业动态调整机制，不断优化专业布局，完善厚基础、宽口径、重特色的培养方案，形成通识教育与专业教育互为补充的素质教育体系。二是有效确保教育教学内容的前瞻性。适应新时代对人才的多样化需求，瞄准学科前沿动态，加强对教育教学内容的超前布局和设计，动态调整课程设置和教学内容，定期更新教学大纲，适时修订专业教材，科学构建课程体系，努力实现教学内容、课程体系更新与知识技术和经济社会发展同向同行，提升优质教育资源供给质量。三是统筹兼顾高等教育的社会性。高校有条件有资源在服务经济社会发展方面发挥特殊重要作用，提供强有力的智力支持和人才支撑。高校更好地服务经济社会发展，既是使命所在，也是自身发展的源头活水。教育教学体系设计要坚持开放性、国际化的原则，在扎根中国大地的基础上借鉴世界一流办学经验，着重培养学生的创新实践能力和国家社会责任感，培养担当民族复兴大任的时代新人。四是灵活把握教与学的能动性。要深化教师评价考核制度改革，建立健全多种形式的基层教学组织，鼓励常态化开展教育教学研究活动，不断提升教师教育教学能力水平；要围绕激发学生学习兴趣和潜能深化教学改革，深入推进书院制、导师制，引入智慧教室、翻转课堂等新颖教学组织模式，推进研讨式教育、思辨式教育、启发式教育，培养学习主动性，激发学习兴趣与责任，实现教与学的良性互动，达到教学相长、学学相长。

拓展育人潜力，强化科技创新体系与教育教学体系的融合互动

习近平总书记高度重视大学在科技创新成果产出和科技创新人才培养中的特殊功能和作用，提出研究型大学是我国科技发展的主要基础所在，也是科技创新人才的摇篮。一流大学以一流的学科为基础，而一流学科的重要标志是汇聚一流的师资队伍，产出一流的学术成果，培养一流的人才，为社会提供一流的服务。因此，强化教育教学体系与科技创新体系的融合互动既是一流学科建设的内在要求，也是有效提升科技创新水平和人才培养质量的必由之路。

"两个体系"的融合互动将学科建设、师资队伍、科学研究、教育教学等融

为一体开展综合性建设，有助于从整体上提高人才培养和科技创新的核心竞争力。一是建立健全科教融合机制，将科技创新能力实时转化为人才培养能力。依托科研实力和学科优势，将"大科研"与学生创新实践活动深度融合，建立科教融合、学科交叉的协同创新机制，纵向建立科技创新梯队，强化本硕博不同学历学生的贯通"传帮带"；横向建立跨院系、跨学科创新团队，强化学科交叉融合和协同，促进学生积极参与科研项目、科研活动反哺学生创新素质提升的"大科研"互动。二是将教师的学术水平实时转化为教育教学水平。以教师评价体系改革为抓手，下力气扭转"重科研、轻教学"的倾向，加大教师尤其是学术骨干的教学投入；加强对教师教学技能的培训，持续提升教师教育教学能力，引导教师从科研成果中提炼学术前沿动态，转化为课堂教学资源，增强课堂教学的知识广度、深度和前瞻性，全面提升课堂教学质量；完善制度和条件保障，鼓励教师指导学生开展课外创新实践活动，对于参与学生课外辅导热情高、成果显著的教师，要结合教师荣誉体系的建立进行表彰。三是把产教融合培养作为重要路径，推动人才培养供给侧改革。以国家战略与社会发展需求为服务面向，创新产学研协同育人机制，与企业联合建设大学生创新创业平台、制定培养方案、设立人才培养专项计划，既突出与学校人才培养主导体系的相辅兼容，又坚持特色培养，提升学生融入社会能力和创新创业能力，培养交叉融合、一专多能型人才。四是建设融合互动的长效机制。加强顶层设计和统筹谋划，确保教育教学与科学研究目标一致、举措共振、平台共享；完善配套机制，整合校内外优势资源，加强与校外行业企业深度合作，深化校校、校企、校地协同育人；将"科研育人"理念贯穿始终，营造尊重学术成就、尊师重教的氛围，引导师生树立正确的政治方向、价值取向、学术导向，培养师生至诚报国的理想追求、敢为人先的科学精神、开拓创新的进取意识和严谨求实的科研作风。

增进组织认同，建立高水平的管理服务体系

习近平总书记谈道，"办好我们的高校，必须坚持以马克思主义为指导，全面贯彻党的教育方针"，并具体提出了"四个坚持不懈"的方法论指导。其中，他专门提出，"要坚持不懈培育优良校风和学风，使高校发展做到治理有方、管理到位、风清气正"。一流管理是建设世界一流大学的应有之义，是学校推进科学决策、保证有序运转的需要。

建设高水平的管理服务体系，除了硬件条件保障，还应对标世界一流大学已

有的成熟管理服务标准,努力提升管理效能,更好地服务师生的学习工作和成长发展需要。一是聚焦中心工作,深化学校管理服务体制机制改革。立足"双一流"建设需要,围绕人才培养中心工作,以人才培养改革带动学校管理体制机制改革和资源配置改革,不断解放思想,优化管理体系,注重管理能力再造,形成现代化高效率的管理服务体系。积极构建系统完备、科学规范、运行高效的运行机制,坚持"小机关、大服务"推进机构改革,确保学校管理服务体系更好地服务中心工作、服务师生,促进执行力提升,推进大学治理体系和治理能力现代化。二是聚焦服务师生,不断提升保障教师学生创新学习活动的水平能力。要树立师生为本的意识,为师生营造良好环境、及时响应师生合理诉求。把握学业、就业、心理、资助和日常事务服务等基本点,开展专业化的规划设计,增强优质服务资源供给质量;面向师生在学习工作中的实际需求,做好"一站式"服务,加强信息化手段和大数据运用,不断优化服务体验,提升服务效率。三是聚焦提升执行力,崇尚一切工作抓落实的文化氛围,进一步深化高效运行机制。将科学管理的思想引入管理体系建设中,推进扁平化管理,强化块状管理,打破条状约束,减少管理服务环节的冗余环节和层次,提高管理服务质量和效率。四是聚焦长效机制,不断深化机关作风建设。围绕营造一流文化环境、构建科学治理体系、推进管理体制和运行机制改革创新、打造过硬素质干部队伍等重要方面,进一步建立健全深化作风建设长效机制,提升师生的满意度和获得感。

汇聚全员合力,建立高水平的思想政治工作体系

习近平总书记在全国教育大会上指出,思想政治工作是学校各项工作的生命线。习近平总书记反复就学校思想政治工作作重要指示,表明了党中央在新时代从党和国家生死存亡的战略高度出发,在"培养人"这一根本问题上的极大的忧患意识。高校思想政治工作不是可有可无的,绝不是可管可不管的,这一共识越来越深入人心。

建设高水平的思想政治工作体系,就要从坚持和加强党的领导出发,把立德树人作为检验学校一切工作的根本标准,建立健全全员全过程全方位育人体系。一是深化"大思政"工作格局,系统完善"十育人"工作体系。实施思想政治工作质量提升工程,开展"三全育人"综合改革试点,全面统筹办学治校各领域、教育教学各环节、人才培养各方面的育人资源和育人力量,在课程育人、科研育人、实践育人、文化育人、心理育人、资助育人、网络育人、管理育人、服务育

人、组织育人各个方面梳理育人要素，明确育人责任，进行路径设计，一体化系统构建十育人工作体系，促进德智体美劳全面培养，帮助青年学生全面提升素质，全面成长成才。二是强化"细耕作"工作创新，促进思想政治工作由入眼入耳向入脑入心转变。把理想信念教育作为重中之重，着力打造"互联网＋思政"新模式，建强网络学习阵地，增强思想政治教育感召力和实效性。加强青年学生群体和青年教师群体的特征研判分析，把握师生思想特点和发展需求，优化内容供给、改进工作方法、创新工作载体，激活高校思想政治工作内生动力，不断提高师生的获得感。将解决思想问题与解决实际问题结合起来，把思想政治工作落到实处、做在日常、做到个人。三是坚持"重融入"拓展路径，加强思想政治工作与学校各领域工作的融合贯通。将思想政治工作融入课堂教学、融入课外实践、融入日常教育引导、融入校史校情教育，贯穿教育教学管理服务各方面、全过程。四是推进"长效度"队伍建设，着力提升教师教书育人能力。要建立教师思想政治工作室，积极强化教师思想引领，特别是青年教师、海归教师思想引领，探索教师理论学习全覆盖、实效性和长效机制建设，带动教师教书育人和自我修养相结合，更好地担负起学生健康成长指导者和引路人的责任。要整体推进高校思想政治工作队伍建设，建设学术导师、学育导师、德育导师、朋辈导师、通识导师以及校外导师等六类人员的"三全导师"队伍，加强专业化的教育培训和锻炼，提升整体战斗力。

总的来看，加快建设高水平人才培养体系是推进"双一流"建设，实现高校内涵式发展的关键一步。要主动适应国家战略发展新要求和世界高等教育发展新趋势，牢牢抓住全面提高人才培养能力这个核心点，高起点定位、高标准推进、高质量落实，为一流人才培养奠定坚实保障。

（赵长禄：北京理工大学党委书记）

建构中国特色世界一流大学人才培养新范式

张 军

(《中国高等教育》2020年第15期)

[摘 要] 马克思主义是指导我们改造客观世界和主观世界的锐利思想武器。高校要运用马克思主义哲学分析和认识改革发展面临的现实任务,用系统思维、人本思维、矛盾思维、全球思维解决人才培养工作中面临的现实问题,建构一流人才培养新范式。

[关键词] 一流大学;一流人才培养;马克思主义哲学

习近平总书记指出:"马克思主义哲学深刻揭示了客观世界特别是人类社会发展一般规律,在当今时代依然有着强大生命力,依然是指导我们共产党人前进的强大思想武器。"当前,在我国高等教育内涵发展、质量提升、改革攻坚的关键时期,高校要善于运用马克思主义哲学这一强大思想武器分析和认识改革发展面临的现实任务,准确把握高等教育规律、人才成长规律,更好地立足教育本质、面向工作实际,系统解决好培养什么人、怎样培养人、为谁培养人这一根本问题。

一流人才培养的马克思主义哲学审视

高校立身之本在于立德树人,只有培养出一流人才的高校,才能够成为世界一流大学。适应新形势新任务,扎根中国大地建设中国特色世界一流大学,要从马克思主义哲学视角对一流人才培养进行审视,让高等教育更好地"回归常识、回归本分、回归初心、回归梦想"。

系统思维下对高校人才培养的认识。系统思维是在确认事物普遍联系的基础上,具体揭示对象的系统存在、系统关系及其规律的观点和方法。运用系统思维分析和认识问题，要坚持统筹兼顾的方法。习近平总书记指出："坚持把优先发展教育事业作为推动党和国家各项事业发展的重要先手棋，不断使教育同党和国家事业发展要求相适应、同人民群众期待相契合、同我国综合国力和国际地位相匹配。"这一重要论述充分肯定了教育事业的地位作用，凸显了高校一流人才培养的重要性。在系统思维下培养一流人才，一方面，要对标中央要求，构建德智体美劳全面培养的教育体系，把立德树人融入教育教学各方面、全过程；另一方面，要统筹本硕博不同学历层次群体，既把握特殊属性、特殊规律，又注重做好顶层设计，强化一流人才培养的系统设计、贯通思考。

人本思维下对高等教育本质属性的把握。马克思主义人本思维主要表现在始终坚持以人为本，强调实现"人的自由全面发展"。以学生成长为本、为学生成长成才服务，是教育领域坚持马克思主义人本思维的重要体现。就高校人才培养而言，人本思维一方面体现为对本科教育的精准定位，即坚持"以本为本"，坚持人才培养为本、本科教育是根，把本科教育放在人才培养的核心地位、教育教学的基础地位、新时代教育发展的前沿地位，加大本科人才培养的投入、支持和保障力度；另一方面体现为牢牢坚持以学生为中心的理念，在拔节育穗的关键时期，强化思想引领、打好思想底色，帮助学生扣好人生第一粒扣子，促进学生有价值地成长，同时围绕学生、关照学生、服务学生，推进供给侧改革，进行全方位、全链条设计，强化内容供给、队伍支持、政策保障、环境熏育，营造一流的育人生态。

矛盾思维下对办学育人能力的解读。矛盾是事物发展的根本动力。运用矛盾思维研究和解决问题，根本在于把握矛盾的普遍性和特殊性、共性和个性的关系，做到具体问题具体分析。《习近平新时代中国特色社会主义思想学习纲要》指出，辩证思维能力，就是承认矛盾、分析矛盾、解决矛盾，善于抓住关键、找准重点、洞察事物发展规律的能力。当前，中国特色世界一流大学建设进入攻坚期、深水区，从规模扩张、质量提升到内涵式发展，推动一流大学建设"高位突围"，要在系统思维、人本思维的基础上坚持矛盾思维，正视问题不足、精准发力突破。一方面，要把握主要矛盾，即一流人才培养的目标与现行人才培养体系之间存在不平衡。因此，要坚持中国特色、树立世界眼光，在借鉴、融合、吸收的基础上推进创新发展，构建更高水平的人才培养体系。另一方面，要把握矛盾的主要方面，深刻查找现有人才培养模式中需要解决的问题。比如，在观念认识上，"以本为本"不牢；在教学模式上，博专结合、课堂革命不深入不彻底等。因此，要进一步深化以人才培养改革为牵引的高校综合改革。

全球思维下对世界高等教育发展的分析。马克思主义的全球思维表现在着眼世界范围内不同国家和地区的普遍联系、相互作用来分析认识问题。习近平总书记指出"交流互鉴是文明发展的本质要求",并高瞻远瞩地面向势不可当的全球化大潮提出了构建人类命运共同体的观点。开放发展一直是中国高等教育坚持的一项重要原则。做好新形势下人才培养工作,一方面,要积极融入世界,加快和扩大新时代教育对外开放,参与国际竞争,培养具有全球视野的国际化人才;另一方面,要致力于引领世界,培养学生的世界眼光、中国情怀,培养引领未来的领军领导人才,为世界科技发展和人类文明进步作贡献。

当前高校一流人才培养存在的问题

  高等教育所处的内外部环境在变化,大学生的代际特征在变化,教育生态及教育的载体、平台、手段在变化,导致高等教育在实现内涵式发展过程中不可避免地出现一些问题,这些问题直接体现在一流人才培养体系中。

  观念层面,崇教尚学的氛围不够浓厚。从教师主体来看,健康的教育教学文化尚未完全形成。重科研、轻教学的现象仍然不同程度地存在,教师高质量开展教学的主动性不足,在教学设计、教学改革、教学发展三个方面,没有落实好以学生为中心的理念,不能很好地激发学生的学习动力。从学生主体来看,学生学习的使命感责任感有待增强,学生关注个人发展、经济收益等现实问题多,对国家发展、人类命运关注比较少,高等教育立大志、树大德、启大智的作用发挥不够。

  理念层面,教育理念与一流人才培养的目标还有不适应的地方。面对扑面而来、汹涌澎湃的新一轮世界范围的科技革命和产业变革,一些高校仍然因循守旧,办学治校的理念思路跟不上时代的步伐,模式和方法创新不够,内容更新不及时,滞后于时代变革。一流教育应当把促进学生有价值地成长作为重要使命,建立以学生为中心的教育教学文化,推动形成卓越的教学制度和教学行为。然而在一流大学建设中,我们还存在认识与行动不一致的问题。此外,我们对"教"与"学"规律的认识和把握还有待深化。现行的评学评教机制还没有让教师真正体会到来自"学"的压力和挑战,师生"教"与"学"的互动互促不足。

  实施层面,教学改革有待进一步深化。一方面,人才培养模式和机制的改革有待进一步深化。当下,高校德育、智育、体育、美育、劳育协同不够,博专结合的博雅化、高质量全人教育还需探索。另一方面,教育教学资源供给有待进一步加强。当下,高校教育教学还存在以下问题:课程体系"碎",基础课、核心课、前沿交叉课的体系化设计不够,核心课程群建设相对滞后;教学模式"旧",探究式、启发式、互动式方法运用不够多，教学效果有待提升；创新创业教育"窄"，与专业教育结合不够紧密，未能全方位、深层次融入人才培养全过程。

马克思主义哲学视角下一流人才培养的关键着力点

面对世界百年未有之大变局，面对建设教育强国的时代使命，面对学生思维方式深刻重构的现实，一流大学要从教育的本质出发，以系统思维找差距、以人本思维找初心、以开放思维找路径，努力打造更高水平的人才培养体系。

聚焦立志立德，引导价值追求。从系统思维来理解，立志立德缘于高等教育在党和国家建设发展中的特殊重要地位和作用；从人本思维来理解，立志立德能够解决部分学生使命感责任感不强的问题，引导学生培养积极的志趣，坚定正确的价值选择和人生追求，把实现个人价值与国家、社会、人类发展紧密联系起来。因此，一流人才培养要把立志立德作为首要任务。立志立德重在把握责任使命、领袖精神、领导素质、大家风范四个关键要素。首先，要找准当代青年成长发展的新时代坐标定位，从青年"是国家的、也是世界的"视角来认识和把握当代大学生所肩负的时代责任和历史使命，面向国家战略、人类福祉，引导青年树立家国情怀和人类关怀，激励青年学生为建设社会主义现代化强国、为推动全球治理体系变革贡献力量。其次，要进一步强化卓越意识和目标驱动，从领军领导人才目标要求出发，培养青年学生应对人类未来重大挑战的领袖精神，思辨批判、交流合作的领导素质，鼓励青年响应时代召唤，到国家和经济社会发展的关键领域、急需行业中去建功立业。再次，要立足"一流中的一流"，围绕培养基础学科拔尖人才的重要目标，着重塑造青年学术骨干的大眼界、大情怀，为涵养大师品格、大家风范奠定基础。

聚焦博雅学术，培育发展潜能。大学自诞生以来，就承担着教授知识、研究学术的职能。发展到今天，现代大学功能不断拓展完善，但大学所有功能都是建立在培养具有宽厚知识基础的学生尤其是本科学生之上的。当前，全球新一轮科技革命蓄势待发，科技与经济社会发展呼唤更多高层次复合型人才，呼唤更多跨学科、跨领域、跨学校、跨国界协同创新。这客观上要求一流大学进一步丰富博雅学术的内涵，帮助学生建构"底宽顶尖"的金字塔型知识结构。因此，新时代一流大学要聚焦博雅学术，打好知识基础，全力打造一流"教"与"学"的统一体。博雅学术重在把握博专相济、课程体系、前沿创新、探索实践四个关键要素。首先，要对照德智体美劳全面培养的要求，深化"价值塑造、知识养成、实践能力"三位一体人才培养模式改革,一体化推进专业体系、培养模式、"双创"教育改革。其次,要围绕学生成长发展诉求,以高质量课程建设为抓手,完善博雅课程、名师课程、研究课程、前沿课程相互促进的"金课"体系,推动构建"学科专业一体、教学科研互动、同伴互助成长"的培养生态。再次,要紧跟时代发展步伐,充分借助信息技术优势,强化"教"与"学"的互动,进一步推进教学模式改革、教学手段创新,有步骤地推进名师名课上网上线,规范线上教学,打造翻转课堂,建设智联教室,并探索与之相适应的"教"与"学"新型评价激励机制,提升教育教学质量和育人实效。

聚焦优师引领,强化精准指导。当前,我国已建成世界上规模最大的高等教育体系。2019 年,我国各类高等教育在学总规模达 4002 万人,高等教育毛入学率达到 51.6%,高等教育迈入普及化阶段。在学生大量入学的同时,我们在一定程度上面临着师资队伍建设与高质量教育教学需要不相适应的问题。因此,高校要进一步深化改革攻坚,努力打造高素质专业化创新型师资队伍,以一流教师队伍支撑一流人才培养。优师引领重在把握大师领衔、名师荟萃、导学精育、深度浸润四个关键要素。首先,要以教师考核评价制度改革倒逼高素质教师队伍建设,进一步深化教师分类管理、分岗位管理,有重点地建设专任教师队伍、专职科研队伍、专业化管理队伍,促进"适合的人"在教学、科研、管理、服务各个岗位做"适合的事",尤其要让适合教学、能教好学的教师安心从事高质量教学工作。其次,要进一步完善"教授上讲台""名师进课堂"有关制度办法,激励名师大家上讲台讲课、深入学生,提高名师大家培养学生的主动性、积极性,在教育教学一线建设大师领衔、名师荟萃的优秀专任教师队伍。再次,要深入实施导师制,搭建一流平台,强化支持保障,吸引国内外学术大师、行业精英、教学名师、高层次人才参与一流人才培养,营造教师深度关注学生的良好环境,让学生有机会在一流科研平台中接触最前沿的科学技术和思想文化,接受大师名师优师的言传身教,通过深度浸润涵养学生的求学志趣和创新潜力。

聚焦内在驱动,激发内生动力。内驱力对大学生成长发展具有特殊重要意义。当前高校人才培养存在的问题,从学生主体看,多数是内在驱动不足所致。因此,一流人才培养要尊重教育规律,尊重学生成长发展规律,激发大学生强大的内生动力。内在驱动重在把握好奇追求、坚毅自信、个性激发、环境熏育四个关键要素。首先,要落实以学生为中心的理念,以学设教、以学改教、以学促教,根据学生特点和需求推进教学供给侧改革,完善学生学习激励和约束机制,促进学生主动而有使命地学习、有兴趣地学习、有收获地学习。其次,要拓宽特长学生成长发展平台，尊重个体差异，完善主修、辅修专业灵活选择机制，完善学分制，营造宽松环境，既培养通才、全才，也培养奇才、怪才，让特长学生保持发展个性和潜力。再次，要进一步营造全方位支持学生创新创造的良好环境，着力打造"全链条、多协同、凸特色、大平台"一体化创新创业教育体系，打通"优质生源、课程培养、实践培养、社团活动、创新竞赛、产业转移、市场转化"的"双创"人才培养链条，拓展学客与创客、自主与团队、教学与科研、国内与国外、课上与课下相结合的学习创造空间。

（张军：北京理工大学校长、中国工程院院士）

提升新时代高校思政工作质量应处理好四个关系

王晓锋

（2018年2月28日）

党的十九大报告指出，要落实立德树人根本任务，发展素质教育，推进教育公平，培养德智体美全面发展的社会主义建设者和接班人。立德树人是高校的立身之本，是高校培养能够担当民族复兴大任时代新人的根本任务。习近平指出，高校思想政治工作关系高校培养什么样的人、如何培养人以及为谁培养人这个根本问题。提高思想政治工作质量是高校推进立德树人的必然要求，有助于实现思想政治工作目标导向与问题导向并重、内涵提升与方式创新并抓、协同联动与责任措施并举的工作要求，切实把思想政治工作贯穿到教育教学全过程，实现全程育人、全方位育人。提升新时代高校思想政治工作质量，应当着力处理好四个关系。

处理好学深悟透与践行创新的关系

提升新时代高校思想工作质量，既要深刻领会习近平新时代中国特色社会主义思想和十九大精神，做到学深悟透，又要不断创新体制机制和方式方法，做到践行创新，切实把思想动力转化为思想政治工作的重要保障和力量支撑，使得师生员工始终凝聚在党的周围，成为马克思主义的坚定信仰者、积极传播者、模范践行者。

一是要精准领会精神实质和丰富内涵。思想引领路径，目标决定高度。新思想引领时代，新时代开启新征程。高校要坚持把新时代中国特色社会主义思想和十九大精神作为最高指引，紧紧围绕统筹推进"五位一体"总体布局和协调推进"四个全面"战略布局，牢牢掌握党对高校的领导权，增强政治意识、大局意识、核心意识、看齐意识，切实把思想和行动统一到习近平新时代新中国特色社会主义思想上来，全面贯彻党的教育方针。要将高等教育发展方向与我国发展的现实目标和未来方向紧密联系在一起，为人民服务，为中国共产党治国执政服务，为巩固和发展中国特色社会主义制度服务，为改革开放和社会主义现代化建设服务。高校立身之本在于立德树人。只有培养出一流人才的高校，才能够成为世界一流大学。办出世界一流大学，必须充分发挥中国特色社会主义教育的育人优势，以立德树人为根本，以理想信念教育为核心，以社会主义核心价值观为引领，切实全面提高人才培养能力。高校党委要利用中心组学习、宣讲会、座谈会和党员干部集中培训，对中央关于教育现代化、高校立德树人等部署和要求进行系统化学习传达，确保对上级精神的解读"无延迟""无衰减"。党员领导要干部带头示范，校、院两级党委理论学习中心组成员带头学、带头讲、带头做，充分发挥示范作用，引导师生学深悟透、入脑入心。广泛组织发动，要结合"两学一做"常态化制度化要求，充分调动师生的主动性和积极性，确保上级精神宣贯到每一个党支部、每一个系（教研室）、每一个学生班级以及每一位师生员工。

二是要科学做好顶层设计。顶层决定底层，高端决定低端。顶层设计具有方向性引领作用、方法论指导作用和全盘统筹的规划作用。在新时代提升高校思政工作质量，坚持用党的创新理论成果引领思想政治工作，坚持问题导向，强化基础、突出重点、建立规范、落实责任，一体化构建内容完善、标准健全、运行科学、保障有力、成效显著的高校思想政治工作质量体系，形成全员全过程全方位育人的工作格局。高校应成立相应的领导小组和工作小组，加强顶层设计，负责研究决定贯彻落实中央要求和部委方案中的重大事项，监督指导贯彻落实工作的全面开展。党委应当对照上级要求和各项部署做好学校落实工作的顶层设计，明确学校提升思想政治工作质量的具体任务，力戒虚话、空话、套话，每一项任务都做到事项明确、目标明确和责任分工明确，为全面加强和改进学校思想政治工作提供了根本依据。

三是扎实做好方案实施。按照《高校思想政治工作质量提升工程实施纲要》的要求，充分发挥课程、科研、实践、文化、网络、心理、管理、服务、资助、组织等方面工作的育人功能，挖掘育人要素，完善育人机制，优化评价激励，强化实施保障构建"十大"育人体系。学校党委应广泛调研，倾听学生心声，有针对性地主动谋划，在实践中创新，在创新中实践。要制定具体落实方案，召开专门工作推进会，对各责任单位贯彻落实相关事项的任务书、时间表等逐一进行明确和强调。特别是要做好找差达标，通过听取专题汇报、召开专题会议、开展调研督导全面推进实施方案中各项任务的落细做实、提质增效。

处理好各司其职与紧密协同融入的关系

当前，高校思想政治工作还不同程度存在着重分工、轻协同现象，尚未形成强劲的全员育人合力。学生是学校办学的主体，全员育人就是要以学生为核心整合学校、家庭、社会多方面的力量。长期以来，高校的思想政治工作取得了很多成绩，但还普遍存在着分工明确、各自为阵的现象。从2014年底出台的《关于进一步加强和改进新形势下高校宣传思想工作的意见》到2016年中发31号文件，都在强调对思想政治工作大格局的建构，最主要的就是打破各自为阵的割裂现象。

在新时代加强和改进高校思想政治工作，关键是各个单位、各门课程都要做到"守好一段渠、种好责任田"。高校党委在提升思政工作质量的过程中，要着力处理好各司其职与紧密协同的关系，努力构建思政共同体。各司其职就是要求学校各单位、各部门都要坚守各自的工作职责，做到不越位、不缺位、不错位。体现在育人方面，就是各单位的职责是统一的而不是割裂的，是一致的而不是相反的，是聚焦的而不是分散的。部门在做好分内之事的同时，要加强部门之间协同联动，形成教育合力。党委应发挥统领全局工作的作用，落实主体责任，建立党委统一领导、部门分工负责、全员协同参与的责任体系。

在推进紧密协同方面，一是要兼顾"主渠"与"支渠"，思想政治理论课、哲学社会科学课程和其他各门各类课程要同向同行，都要立足中国实践，讲好中国故事，深入推动习近平新时代中国特色社会主义思想进教材、进课堂、进头脑。二是要抓好"教育者"和"受教育"两个主体，坚持传道者要先明道、信道，教育者要先受教育的原则，思想政治工作不仅仅是对学生讲，同时还要对教师讲，甚至比对学生讲还重要。学校成立了党委教师工作部，加强对各类教师的管理，积极引导全体教师参与思政教育教学工作，形成一体化的思政育人格局。三是要拓展社会教育资源。一方面是教育者的多样化，邀请院士、将军、专家、学者、劳模走上讲台为学生上思政课；另一方面是教育实践多样化，引导学生到对口支援单位、定点扶贫地方、政府、企事业单位、社区开展社会实践，使思政教学更有社会温度。

处理好追求高位和坚守底线的关系

提升新时代高校思想政治工作质量，在全方位育人方面，要追求高位引领，着力培养德智体美全面发展的社会主义建设者和接班人，着力培养担当民族复兴大任的时代新人。高位引领是指在理想信念教育方面，占据道德的制高点，在日常的学习和生活实践中坚持培养和践行社会主义核心价值观，对学生进行先进思想和主流价值的引领。高位引领必须加强师生理想信念教育，牢牢掌握高校意识形态工作领导权，积极培养和践行社会主义核心价值观。高校要创造性地将中华优秀传统文化和革命文化、社会主义先进文化融入育人实践，推动中国特色社会主义文化繁荣兴盛，践行和弘扬社会主义核心价值观，优化校风学风，繁荣校园文化，培育大学精神，树立家国情怀。高校的立德树人工作是涉及方方面面的工作，新时代的高等教育肩负"人才培养、科学研究、社会服务、文化传承创新、国际交流合作"的重要使命，将人才培养渗透于科学研究、社会服务、文化传承创新、国际交流合作的过程之中是高校思想政治工作的应有之义。

提升新时代思想政治工作质量，既要追求高位引领，也要坚守底线。底线是事物质变的分界线、做人做事的警戒线，不可踩、更不可越，比如意识形态的底线、法律的底线、道德的底线、纪律的底线等等。对哲学社会科学的成果发布和学术交流要加强管理，坚守意识形态安全的阵地。高校既要把培养学生成为一个有道德、讲文明的社会主义建设者和接班人，同时也要敦促学生守牢法律的底线、纪律的底线和做人的底线。

处理好重点突破和持续发力的关系

做好新时期高校思想政治工作使命光荣、任务艰巨，不可能一蹴而就，必须守正笃实、久久为功。要打赢高校思想政治工作这场攻坚战和持久战，就要正确处理好重点突破和持续发力的关系。

1996年，全国教育工会提出"教书育人、管理育人、服务育人"的"三育人"目标以来，全方位育人理念已逐渐渗透到学校各项工作之中。2016年中发31号文件精神进一步指出，把思想价值引领贯穿教育教学各环节，形成高校"七育人"长效机制，即教书育人、科研育人、实践育人、管理育人、服务育人、文化育人、组织育人，实现全方位育人。2017年年底，教育部党组印发《高校思想政治工作质量提升工程实施纲要》，提出要构建课程、科研、实践、文化、网络、心理、管理、服务、资助、组织等"十大育人"体系。从"三育人"扩展到"七育人"，再扩展到"十育人"，是针对高校实际提出的具体、有针对性的举措。为此，高校要在巩固现有工作方式、方法的基础上，有针对性地进行点上突破和面上提升。从长远的角度看，面对互联网+、大数据时代的到来，我们现有的思想政治工作方式方法还有些不适应,存在老办法不管用、新办法不会用的情况。为此,要激励思想政治工作者不断学习历练,进一步提升能力素质。同时,更要健全机制,将提升思政工作质量纳入全面从严治党范畴,确保每一个单位都履行思想政治工作主体责任,每一位教职员工都紧绷思想政治工作这根弦,为办好人民满意的高等教育、实现伟大复兴中国梦贡献智慧和力量。

(王晓锋:北京理工大学副校长)

面向一流大学之道的
大学素质教育担当

李和章

(《国家教育行政学院学报》2017年第6期)

[摘　要] 新时期,大学素质教育工作的推进,必须与一流大学建设这一时代主题紧密联系。大学素质教育既应成为一流大学建设的有力抓手,也应成为一流大学建成的关键表征。当下,夯实大学素质教育基础,培养符合国家社会需要、具备本土文化品格的一流人才,关键是要营造符合一流大学之道的大学素质教育育人场域,形成符合一流大学之道的大学素质教育基本理念,重塑符合一流大学之道的大学素质教育师生共同体关系。

[关键词] 大学之道;一流大学;大学素质教育;立德树人

习近平总书记指出,只有培养出一流人才的高校,才能够成为世界一流大学。在新的时期,一流大学建设突出人才培养的核心地位、提升输出人才的综合素质,关键在于夯实大学素质教育的各项工作。对于一流大学建设与素质教育关系的准确理解,应建立在对"一流大学之道"的深刻分析基础上。当前,学界对大学素质教育的内涵外延界定较为宽泛,涉及思想品德素质、文化素质、专业素质、身心素质等不同方面。本研究认为,未来一段时期内,一流大学素质教育的工作重点应在于解决好大学生的德行养成与文化传承问题,在于抓紧抓实思想政治教育和文化素质教育的相关工作。

一流大学之道与大学素质教育的基本联系

中国的一流大学之道探寻具有传承性、开创性和本土性特征,其核心之一在于夯实素质教育基础，培养符合国家社会需要、具备本土文化品格的一流人才。

第一，中西方既有的大学之道是中国一流大学之道探寻的重要基础。探寻大学之道，即探索"大学办学的道理、规律"或寻找"大学之理念，大学之目的"。其核心，是要在理论和实践层面就如何举办好大学做出回答。探寻"一流大学之道"，则是面向"双一流"建设的时代背景下，国内高水平大学为实现世界一流大学建设目标而进行的深入探索。中西方已有的大学之道理论与实践成果，对于中国一流大学之道的探寻提供了基础参考。西方关于高等教育运行规律性和规定性的系列研究成果，可视为西方"大学之道"的前期成果，以《大学的理念》《高等教育哲学》等一批高等教育研究著作为核心代表，这些成果也形成了全球学术界延续至今的研究大学之道的主流话语体系。西方大学之道对中国高等教育办学理念与实践的影响是客观而深远的。这既体现在研究的学术话语体系中，更体现在大学的办学实践中。近现代以来，中国高等教育办学取得的若干成功，很多都源于对西方大学之道的模仿借鉴。比如，德国的"大学之道"使洪堡教育理念在中国广为流行。美国的"大学之道"使大学的社会服务理念在中国凸显，其重视研究生教育等传统也被广泛运用到了中国的高等教育实践中。中国本土大学之道对中国高等教育办学的理念与实践也具有重要影响。这主要包含两方面内容：一是传统文化中各类教育理念尤其是高等教育理念，经过发展成熟逐步演变为中国本土的大学之道，如以孔子等著名思想家为代表、以《大学》等经典文献为代表的对教育基本规律的阐述，再如以书院制等为代表的中国本土高等教育实践的总结等；二是近代以来中国本土大学举办的理论与实践经验逐步演变为中国本土的大学之道，比如，民国时期的自主招生制度、改革开放以来高等教育办学的大量本土经验等，都可认为是较为成功的本土大学之道。

第二，汲取西方大学之道的营养，传承中国大学之道的瑰宝，改革创新，凸显特色，将是中国一流大学之道探寻的基本路径。大学诞生至今，西方大学之道的变迁从未停止，而历次变迁，无不建立在对先进大学之道的借鉴吸收与改革创新、对本土特色文化的凝练彰显的基础之上。比如，"二战"后世界高等教育中心从德国转向美国的过程中，美国全面借鉴吸收了德国的教学科研并重等理念，与此同时，又紧密结合本土需求进行了改革创新，凸显了高等教育社会服务等理念，因此实现了对德国大学之道的超越。未来中国一流大学之道的形成，也将建立在对西方大学之道营养的充分汲取之上，但同时要力求开拓创新、凸显本土特色。一方面，中国的一流大学之道是高度开创性的工作，"人均 GDP 远低于世界平均水平的中国建设世界一流大学，是人类历史上的一次伟大探索"。另一方面，中国的一流大学之道必须凸显本土特色，"办好中国的世界一流大学，必须有中国特色"。中国的一流大学建设进程本质上也是本土一流大学之道"生长"出来的过程，中国的一流大学之道不可能完全依靠模仿借鉴。尤其是经过一段时间的飞速发展，中国高等教育正逐渐实现对欧美大学的追赶甚至局部超越，未来要真正实现中国的一流大学建设目标，只能面向自己、面向本土、面向中国高等教育和国家建设实际来寻求突破。

第三，夯实大学素质教育基础，培养出思想政治过硬、具备本土文化品格的一流人才，是中国一流大学之道的题中要义。一方面，大学素质教育要坚持立德树人，夯实思想政治教育相关工作，确保所培养的人才符合国家和社会发展需要。大学所承载的，是人类知识和德行的进步。中世纪至今，大学发展一直以教化合格社会公民为主要目标。而所谓的"合格公民"，则是牢牢打上本国价值符号、文化符号、政治符号等的"高等教育产品"。中国特色社会主义建设正步入新阶段，既需要专业知识过硬的"有才之人"，更需要有正确价值观的"有德之人"。在这个过程中，大学培养什么人、为谁培养人、在什么思想下培养人、培养出具有什么思想的人愈发重要。因此，中国要真正建成世界一流大学，大学素质教育应切实做好思想政治教育的各项工作，坚持立德树人，把思想政治工作贯穿教育教学全过程，实现全程育人、全方位育人，真正培养出符合本国需要、具备正确思想政治品格的社会主义接班人。可以认为，立德树人是一流大学自身建设的规律性要求，是马克思主义中国化在高等教育领域长期经验的总结和升华，其既形成了长期以来中国大学人才培养的目标规定性，也法古通今，将中华传统文化的精华纳入其中。立德树人也是经过实践检验的中国大学之道，是中国"一流大学建设之道"的重要内容。

另一方面，面向更高阶段高等教育质量提升的一流大学建设，大学素质教育在德行养成、文化传承方面不仅不能放松，反而更要加强。大学素质教育要密切关注未来高等教育人才培养知识学习趋弱、德行与文化学习趋强的总体趋势。随着新的学习技术的进步，受教育者获得知识的途径显著拓宽，学习能力和效率不断增强，通过知识影响世界的可能性大为增加，一旦道德滑坡、文化缺失，所可能带来的"危害"将显著增大。未来的人类学习，在知识层面的学习很可能被人工智能等所取代，但关于道德的教化与传统文化的传承，却仍依赖于人类自身，而且愈发重要。人类有了互联网，所以"黑客"应运而生。而人类有了人工智能，如果不加强德行和文化的学习，一旦突破"人工智能三定律"，则可能给人类自身带来毁灭性后果。因此，未来的大学素质教育尤其是道德教化和文化传承要持续加强，因为如果"先进的思想文化不去占领，各种错误的思想观点和腐朽落后的东西就会去占领"。

大学素质教育在一流大学建设中的有效担当

中国独特的历史、独特的文化、独特的国情，决定了我国必须走自己独特的高等教育发展道路，扎实中国大地办世界一流大学、育国际一流英才。素质教育作为富有中国特色的教育思想，自20世纪八九十年代一呼而起、久盛不衰，引发了中国高等教育深刻而全面的变化，从教育思想、育人观念、课程体系、教学方法到人才培养模式改革，影响深远，意义巨大。未来，高等教育的知识性还会不断弱化，学习科学的不断进步还会进一步丰富学生的学习方式，解放学生的大脑。与此同时，技术的进步对人的道德自律提出更高的要求，未来的中国大学素质教育工作仍将任重而道远。此种背景下，大学素质教育在中国一流大学建设过程中有主动担当、有效作为，这至少体现在三个方面。

第一，明晰地位，形成抓手，营造符合一流大学之道的大学素质教育育人场域。一方面，应明确大学素质教育在一流人才培养中的核心地位。一流大学建设的关键是一流人才的培养，而大学素质教育是一流人才培养的核心保证。应突出大学素质教育在一流大学建设中的中心地位。应将大学素质教育打造成为高等学校教育教学活动的主阵地，而不是辅助阵地、不是游击阵地。在此方面，教育主管部门、高等教育管理者和具体办学者应加强认识、形成共识、明确方向，应进一步开展一流人才培养规律的大讨论，进一步开展大学素质教育对于一流人才培养影响的深入研究，进一步扩大宣传、增进影响、形成规范，真正让大学素质教育成为一流大学人才培养的基本指导思想。

另一方面，应切实将大学素质教育工作落实到课程体系中。要明确大学素质教育概念的内涵外延，规范大学素质教育相关概念的使用，促进大学素质教育相关概念的具体化、统一化，避免过度扩大大学素质教育的概念边界，避免出现概念过多、概念模糊、概念重叠等问题而使教育管理者具体工作开展无所适从。要明确形成大学素质教育概念的现实抓手，将大学素质教育相关工作落实到教学计划、课程体系之中。避免因没有教学计划、课程体系保障，出现激情式、口号式、点缀式、临时性的各类大学素质教育活动。此外，还要特别注意营造氛围浓厚的大学素质教育育人场域。要在各高校营造重视大学素质教育、支持大学素质教育的环境氛围。要切实按照习近平总书记要求，更加注重以文化人、以文育人，广泛开展文明校园创建，开展形式多样、健康向上、格调高雅的校园文化活动。大学文化素质教育也要形成常态化的，多线课堂相互交织融合的，有效的、立体的育人场域。

第二，突出自信，凸显特色，形成符合一流大学之道的大学素质教育基本理念。《统筹推进世界一流大学和一流学科建设总体方案》中特别指出，要"坚持以中国特色为核心，创造性地传承中华民族优秀传统文化""做到扬弃继承、转化创新，并充分发挥其教化育人作用，推动社会主义先进文化建设。"这其中，大学素质教育关键是要做好两个方面的工作。一方面，要突出文化自信，形成文化自觉。习近平总书记在传统的"三个自信"之外，特别增加了"文化自信"，这为中国世界一流大学建设指明了方向。没有文化自信，就会盲目追随全球化和国际化浪潮，盲目推崇西方的科学技术和文化，出现"失根"现象，跟在别人后面"照葫芦画瓢"，无法真正办成世界一流大学。中国一流大学的大学素质教育工作更应增强自信，尤其是涉及政治制度、思想品德、文化传承等方面，应凸显自信，有效探索社会主义大学的素质教育办学路径。此外，应逐渐将文化自信有意识地上升为文化自觉，大学素质教育在此过程中要发挥核心引领作用。比如，日本一流大学建设也经历过从模仿借鉴到本土文化自信、文化自觉形成的重要过程。当前，很多日本年轻人甚至并不愿意到海外求学，他们认为东京大学、京都大学等甚至要好于国外大学，这可以认为是文化自信、文化自觉形成的表现之一。

另一方面，要寻求本土突破，办出本土特色。如果只有本土自信，但办学质量不高、创新能力不强，那就可能变成盲目自信甚至夜郎自大。中国的大学素质教育，在一流大学建设过程，必须在文化自信的基础上，寻求本土突破，办出本土特色。其核心，一是继续从马克思主义理论体系汲取营养，二是继续向深厚的历史文化寻求支持。同时，尤其要注意对改革开放以来中国高等教育的办学实践及时进行总结发掘。

当前中国正式开启世界一流大学建设进程，源于经过改革开放至今的不懈奋斗，中国高等教育已经建起了"高原"，这其中也必然有大量本土经验和特色值得探究。下一步，大学素质教育在树立文化自信、形成文化自觉、深挖本土特色方面责无旁贷。习近平总书记指出,在传统国际发展的赛场上,规则别人都制定好,我们可以加入,但必须按照已经设定的规则来赛,没有更多的主动权,抓住新一轮科技革命和产业变革的重大机遇,就是要在新赛场建设之初,就加入其中,甚至主导一些赛场的建设,从而使我们成为新的竞赛规则的重要制定者、新的竞赛场地的重要主导者。2017年,大学素质教育研究学会上首次提出了素质教育的中国化翻译方案,这是本土自信逐渐形成的体现。未来,应加强研究,继续深挖中华传统文化,深入探究与一流大学相匹配的本土大学素质教育理论、方法和课程体系。正如谢维和教授所认为的,"双一流"建设背景下,中国教育学的责任"就是形成和总结出我们中国独特的办学思想和理念"。

第三,质量监控,教学相长,重塑符合一流大学之道的大学素质教育师生共同体关系。一流大学之道以一流人才培养为核心。一段时间以来,随着中国高等教育规模的迅速扩张,以及重科研轻教学等错误理念的甚嚣尘上,传统的较好的师生共同体关系被破坏。与此同时,传统的师生共同体关系也存在并不完全适应中国一流大学建设的某些方面,需要重新改造。重塑符合一流大学之道的师生共同体关系,关键是做好两个方面。一方面要严把师资质量关。既要注重教师教学能力、科研能力的甄别,也要注重教师德行的把握。在中外高等教育办学历史上,良好的师生关系是大学之道的核心要义。孔子说,"三人行必有我师""教学相长",一些新的学术思想往往就发端于师生对话碰撞和深层互动。但近年来,一些功利性目标逐渐取代了教与学的基本原理,并占据了上风。一些学校中"课堂危机"出现了,师生关系问题出现了,师生共同体关系破坏了,教学学术的文化也破坏了。这些问题需要引起足够的重视和警惕。必须加强教师队伍建设,尤其是要加强教师队伍自身的文化素质与品德素养建设。要求学生要德才兼备,那教师则更要"有理想信念、有道德情操、有扎实学识、有仁爱之心",这样才可能以上率下,推动大学素质教育相关工作的开展。同时,要采取多种手段扭转重科研、轻教学的不良倾向。要出重拳切实改革各类功利性指标,把教师从评估的枷锁甚至囚笼中放出来,给他们充分按照自己所学、所长、所想施展育人才华的机会。

另一方面要营造更为融洽的师生共同体关系。大学素质教育尤其要理顺关系,改变传统学生单纯"受教育者"的被动地位。大学是知识的海洋,学生们要在知识海洋里自由徜徉。但海洋也有暗礁、也有风浪。真正的知识海洋应该是师生一起下海,一起畅游,而且教师要带头下水。绝不能教师在岸上,学生在海里。比如，对于大学生创新创业素质提升的各类课程，教师自身如果没有创新创业经验，单纯鼓励和指导学生去创新创业则可能效果不佳。而且，相比于专业课程，大学素质教育往往偏软偏柔性，师生共同体关系则更难建立和维系，既需要教师更加用心和投入，也需要高等学校提供更多制度和政策保障。

（李和章：北京理工大学原副校长，深圳北理莫斯科大学校长）

时代新人的责任教育论析

包丽颖

(《思想教育研究》2021 年第 10 期)

[摘 要] 中国特色社会主义大学的根本目标在于培养社会主义建设者和接班人,在现阶段表现为培育时代新人,而时代新人的重要标准在于堪当民族复兴大任。新时代青年大学生要成长为时代新人,应具备的核心素养是有理想、有本领、有担当,这就要求高校在培养时代新人时必须加强责任教育。责任教育是教育者运用理论教育、实践锻炼、榜样示范等教育途径和方式,促使责任主体以知责明责为起点,在"情""意""信"等因素的综合作用下守责尽责,最后转化为履责践责的实际行动的过程。

[关键词] 时代新人;堪当大任;大学生;责任教育

党的十九大提出了"培养担当民族复兴大任的时代新人"的战略任务,这是党对新时代我国教育目标作出的新表述。这一新表述与我国高等教育法规定的把受教育者培养成"具有社会责任感、创新精神和实践能力的高级专门人才"以及 2018 年全国教育大会提出的"培养德智体美劳全面发展的社会主义建设者和接班人"的教育任务具有内在一致性。在党的十九届五中全会提出的"建设高质量教育体系"中,也明确要求"增强学生文明素养、社会责任意识、实践本领"。可见,无论是培养时代新人还是社会主义建设者和接班人,都是对"教育应该培养什么样的人"这个问题的集中回答。而责任教育则是作为强国一代的青年大学生成长成才、堪当大任的必然需求。中国特色社会主义大学要培养时代新人,就必须加强责任教育,在引导责任认知、提升责任情感、淬炼责任意志、坚定责任信念上下功夫,增强担责能力,激发青年大学生以实际行动担负起民族复兴大任。

堪当民族复兴大任是培育时代新人的核心意涵

近代以来,"实现中华民族伟大复兴,就成为中国人民和中华民族最伟大的梦想……一百年来,中国共产党团结带领中国人民进行的一切奋斗、一切牺牲、一切创造,归结起来就是一个主题:实现中华民族伟大复兴。""这个梦想,凝聚了几代中国人的夙愿,体现了中华民族和中国人民的整体利益,是每一个中华儿女的共同期盼。"当前,实现中华民族伟大复兴已经进入了不可逆转的历史进程,历史的重任已经落在了这一代青年大学生的肩上。"船到中流浪更急、人到半山路更陡",越是接近目标,遇到的困难也必定越大。新时代,中国特色社会主义大学培育时代新人,其核心意涵就在于"堪当民族复兴大任",这就要求青年大学生不仅能意识到自己所肩负的历史使命,而且能够勇于担当,善于担当。

第一,能否担当起民族复兴大任是时代新人的重要评价标准。从词组组成看,担当民族复兴大任是时代新人的定语,意味着我们的高等教育所要培养的时代新人是与担当民族复兴大任紧密联系在一起的。那么,不担当民族复兴大任行不行呢?还算不算时代新人呢?从入学时间来看,2021年9月入学的本科生多为2003年出生,其本科、硕士、博士毕业时间在2025—2032年,在这个时间段他们将踏上各自的工作岗位,到2050年他们将为祖国工作了18~25年,他们将把自己人生最好的年华投入建设中国特色社会主义伟大事业的实践之中,中华民族伟大复兴的中国梦将真真切切地在这一代青年手中实现,他们不仅是实现这个伟大梦想的见证者,而且是直接参与者、主力军。到那时,他们正值壮年,事业发展正处于黄金期,还将继续投入社会主义建设。一代人有一代人的长征路,一代人有一代人的使命担当。中国特色社会主义教育发展道路最大的特征就是观照现实,要与我们"正在做的事情"相结合。培育时代新人,就是要将当代青年大学生培育成中国特色社会主义伟大事业的忠诚拥护者和积极实践者,就是要引导当代青年大学生成长为实现中华民族伟大复兴的参与者和主力军。如果说担当民族复兴大任是时代赋予青年大学生的使命,那么,能否担当起民族复兴大任则是对中国特色社会主义大学培养人才的根本要求和检验标准,也是对时代新人提出的一个重要评价标准。只有那些能够担当民族复兴大任、有能力为民族复兴作出贡献的人才称得上是时代新人。

第二,堪当民族复兴大任是新时代中国特色社会主义大学培养人才的必然要求。"培养什么人,是教育的首要问题。我国是中国共产党领导的社会主义国家,这就决定了我们的教育必须把培养社会主义建设者和接班人作为根本任务，培养一代又一代拥护中国共产党领导和我国社会主义制度、立志为中国特色社会主义奋斗终身的有用人才。这是教育工作的根本任务，也是教育现代化的方向目标。"扎根中国大地办大学，就是要办具有中国特色的社会主义大学。落实立德树人根本任务，首先就是指培养德智体美劳全面发展的社会主义建设者和接班人。"建设者和接班人"在新时代又具体指代能够担当民族复兴大任的时代新人。社会主义建设者和接班人深刻地揭示了时代新人的政治内涵和政治要求，时代新人又从一定程度上规定了社会主义建设者和接班人在新时代应该担负的历史使命，即担当民族复兴大任。因此，堪当民族复兴大任是新时代中国特色社会主义大学培养人的必然要求，这就对中国特色社会主义大学提出了开展责任教育的客观要求。

责任教育是青年大学生成长为时代新人的关键

责任不是一个抽象的概念，总是相对于某种具体关系而言的，是主体与客观世界交往中所产生的现实关系的总和。马克思指出："人的本质不是单个人所固有的抽象物，在其现实性上，它是一切社会关系的总和。"只要你处于人类社会之中，就无法脱离社会关系之网，这是我们思考责任问题的根本出发点，也是社会个体责任意识的客观来源。马克思恩格斯从历史唯物主义的高度说明了社会个体在历史进程中承担相应责任的历史必然性，他们在唯物史观的奠基之作《德意志意识形态》中指出："作为确定的人、现实的人，你就有规定，就有使命，就有任务，至于你是否意识到这一点，那都是无所谓的。"社会赋予个体的历史责任，是不以个体意志为转移的，在现实的社会关系中，每个人都必然因其所扮演的社会角色而承担相应的历史责任。但要担当责任，就要对自己的责任有所认识，具备担责的能力，进而自觉履责践责。那么，对青年大学生开展责任教育就是促使新时代青年大学生认知责任、担当责任，这是培育其成长为时代新人的关键所在。

责任教育不是简单地告知教育对象责任是什么的问题，其教育过程是一个引导责任认知并促成主体践行责任行为的过程。而从责任认知到责任行为的转化过程内在地蕴含着一个责任教育的赋能过程。这种赋能过程，就是通过责任教育赋予责任主体履责践责的意识和能力，进一步强化主体的责任认知，提升责任情感，淬炼责任意志，坚定责任信念，最终促成责任行为的过程。

引导责任认知。责任认知就是认识责任，具体是指主体在众多社会关系中确认自身身份或角色，并对其应当承担的任务的理解和认识。人总是处于一定的社会关系之中，而责任就根源于其所处的社会关系。总体来讲，一个人所承担的责任，大致包括对自身、家庭、社会、国家民族、人类及自然的责任。具体来讲，从个体层面，引导责任认知就是要引导青年大学生对自己负责，树立正确的人生观，对人生目的、人生态度、人生价值有客观判断，能正确对待人生矛盾，树立正确的得失观、幸福观、生死观，学会用科学高尚的人生观指引人生，反对拜金主义、享乐主义、极端个人主义。从社会层面，要引导青年大学生理解劳动和奉献才是评价人生价值的根本尺度。当前形势下，中国特色社会主义大学开展责任教育，重点就是要引导青年大学生将个人成长发展置身于实现中华民族伟大复兴的战略全局与世界百年未有之大变局中，认清个人与国家、时与势的辩证关系，勇于承担起属于"强国一代"的历史使命，把"小我"融入"大我"，激励新时代青年大学生在实现中华民族伟大复兴中国梦的历史进程中实现自己的人生价值。

提升责任情感。责任情感是指主体对其应当承担的责任所表现出来的或喜或恶的情感态度。责任情感是责任认知转化为责任行为的催化剂，如果主体喜欢某种职责，必然会全身心投入、自觉主动地履责践责；反之，则会抵触排斥，甚至产生逆反，进而阻碍责任行为的转化。新时代，中国特色社会主义大学培育时代新人，加强责任教育必然要求提升青年大学生的责任情感，这也是培养时代新人的客观要求。而提升责任情感，就要在帮助大学生建立责任认知的基础上，通过体验、观察、文化、艺术等多元化手段，唤醒青年大学生对责任内容（如家国责任、社会责任）发自内心的情感认同，在情感上引发共鸣，提升责任情感，强化责任行为。当前形势下，中国特色社会主义大学开展责任教育，在提升责任情感方面，要重视培养学生的爱国主义情感，引导学生将爱党、爱国与爱社会主义统一起来，既建立对爱国主义的理性认识，又以实际行动形成爱国主义的情感表达，做到爱国的深厚情感、理性认识与实际行动相一致。引导青年大学生增进爱国主义情感，促进青年大学生将自身前途命运融入国家、民族的发展之中，激励青年大学生以青春力量助力国家实现伟大复兴。

淬炼责任意志。责任意志是指主体为践行责任而敢于克服困难、突破障碍的勇气、决心和毅力。责任意志是一种重要的精神力量，在责任认知到责任行为的转化过程中始终起着调节作用。责任意志是否坚定关涉到责任主体在面对困难和障碍时其责任行为能否顺利产生以及产生后又能否持久的问题。因此，责任意志可以被视作责任认知向责任行为转化过程中的杠杆。意志越坚定，这个责任认知到责任行为的转化过程就越省力,越能促使主体克服困难,承担责任。意志越脆弱,责任认知到责任行为的转化过程就越费力,主体要么被困难吓退,毫无行动,要么有所行动,但又必定缺乏持久性。新时代,实现中华民族伟大复兴进入了不可逆转的历史进程,越接近这个目标,面临的干扰甚至破坏就越大。中国特色社会主义大学要培育时代新人,不仅要引导青年大学生认识到自己所肩负的责任,而且要促使青年大学生认清国际国内发展大势,做好克服困难、勇担重任的心理准备,最为重要的是对中国特色社会主义伟大事业充满信心,听党话、跟党走。具体来讲,新形势下淬炼责任意志就是要根据新时代青年大学生群体的代际特征,具体组织开展挫折教育,增强抗压能力,锤炼大学生在身心健康、学业成长、创新创业等方面的坚强意志品质,提升克服困难风险的能力。

坚定责任信念。责任信念是指主体对自身所承担的责任的认同和信仰,既包括主体对责任的理解和认同过程,又包括主体愿意将责任当作信仰去追求的一种状态。责任信念建立在责任认知基础之上,是一种被主体认识和理解并高度认同的责任,是在知、情、意综合作用下形成的一种内心坚定而执着的心理状态,这种心理状态在知行转化的过程中始终处于中心枢纽位置。具备了责任认知,并在责任情感和责任意志的影响下,形成了责任信念的主体,必定对责任真懂、真信,并愿意为之付出努力。坚定责任信念是促使主体从责任认知转化为责任行为的关键环节。中国特色社会主义大学在培育时代新人过程中坚定青年大学生责任信念,最重要的就是通过强化"四个正确认识",教育引导青年大学生坚定"四个自信",坚持马克思主义,牢固树立共产主义远大理想和中国特色社会主义共同理想,坚定实现中华民族伟大复兴中国梦的信心,始终坚信自己是实现中华民族伟大复兴的一分子,并为之而努力。

促成责任行为。责任行为是指责任主体对自身责任的认知在其情、意、信等因素的共同推动下,进而外化形成的履责践责的实际行动。从责任认知转化为责任行为的全过程来看,责任行为不是指某一个具体的、偶然的行动,而是在知、情、意、信等因素的综合作用下,反复锤炼、不断强化,融入主体品格,成为行为习惯的一种稳定性、持久性的行为。促成责任行为是责任教育的最终目标,中国特色社会主义大学培育时代新人,就要面向青年大学生促成责任行为,培育其担当时代大任的能力。一方面要通过"引人以大道,启人以大智",促进青年大学生聚焦主责主业,在自身所处的成长发展阶段能有效地自我管理,矫正行为偏差,沿着向上向善的道路成长;另一方面又要促使青年大学生在面临是非判断、价值选择等原则性、发展性问题时，能作出正确选择，彰显责任担当。

开展责任教育的途径和方式

新时代，中国特色社会主义大学要培养能够堪当民族复兴大任的时代新人，不是简单地引导青年大学生认识其所肩负的历史使命，而是要认识到，培养时代新人，开展责任教育是一个在知、情、意、信等多种因素的综合作用下最终持续产生责任行为的过程，要综合运用多种教育途径和方式，才能促使责任主体知责明责、守责尽责、履责践责。

第一，开展理论教育引导青年大学生知责明责。责任教育的起点是认知，只有责任主体认清自身所处的时代背景和社会关系，以及自身所扮演的角色和与角色相对应的责任，才能进一步把责任认知转化为责任行为。首先，对青年大学生加强形势与政策教育，引导青年大学生认清国际国内形势，明确中国特色社会主义的历史方位。党的十九大庄严宣告："经过长期努力，中国特色社会主义进入了新时代，这是我国发展新的历史方位。"中国特色社会主义进入新时代，一方面，意味着中国特色社会主义伟大实践取得了巨大成就，实现中华民族伟大复兴进入不可逆转的历史进程；另一方面，面对"两个大局"，我们建设社会主义现代化国家必然会面临巨大挑战。开展形势与政策教育，就是要引导青年大学生理解国家发展所面临的历史机遇与现实挑战，明确自身所肩负的历史责任。其次，对青年大学生加强马克思主义理论教育。从广义上来讲，马克思主义理论教育，是指思想理论教育既以马克思、恩格斯、列宁等经典作家的思想理论为内容，又以经由毛泽东、邓小平等中国共产党人发展了的中国化马克思主义理论为内容，新时代马克思主义理论教育的重中之重就是习近平新时代中国特色社会主义思想。马克思主义以其科学的世界观揭示了人类社会发展的客观规律，具有科学性、革命性、价值性等特点。对青年大学生开展马克思主义理论教育，既是对其进行科学的世界观、方法论教育，又是对其进行科学的价值观教育。熟练掌握马克思主义理论，就能以科学的世界观、方法论看待中国特色社会主义伟大事业，进而增进政治认同、情感认同，促使青年大学生进一步理解为实现中华民族伟大复兴而努力奋斗的使命担当。再次，对青年大学生加强爱国主义教育。爱国主义是中华民族最为深厚的历史情感，是我们国家和民族自立自强的强大精神动力，是凝聚和鼓舞全国各族人民团结奋斗的一面旗帜。当代青年大学生要在复杂多变的国际国内形势中克服万难、勇挑重担，敢于担当民族复兴大任，爱国主义是推动其克服困难的强大精神力量。最后，对青年大学生加强社会主义核心价值观教育。社会主义核心价值观从价值观层面阐释了社会主义的本质，加强社会主义核心价值观教育有利于青年大学生理解社会主义本质，特别是理解中国特色社会主义伟大事业要干什么、向何处去，也更有利于当代青年大学生在明大德守公德严私德的过程中践行使命担当。

第二，运用榜样示范激发青年大学生守责尽责。从某种角度讲，教育是一个模仿过程。对青年大学生开展责任教育就应该为其提供一个可供模仿的榜样，简言之，就要充分发挥特定榜样和典型人物在责任教育中的示范作用，以榜样的躬身示范，引导青年大学生的情感认同，锻造青年大学生的坚强意志，进而强化青年大学生守责尽责的牢固信念。首先，教育者自身就是青年大学生接受教育过程中第一时间接触到的榜样。教育过程是传递知识的过程，更是教育者以自己的学品、人品等对受教育者产生影响的过程，如果教育者在自己的工作中表现出敷衍、推诿甚至造假等不负责任行为，那么即使教育者嘴上说的道理再正确，都注定不可能对受教育者产生良好的教育效果。因此，要坚持教育者先受教育，打造高素质教师队伍，强化全员全过程全方位育人理念，倡导人人都有育人职责的教育责任意识，让教职工队伍承担起育人职责。其次，要通过选树优秀典型、发掘榜样等，以榜样的典型事迹教育引导青年大学生守责尽责。习近平总书记曾指出："实践证明，抓什么样的典型，就能体现什么样的导向，就会收到什么样的效果。"新时代，对青年大学生开展责任教育，一方面，要结合大学生的生理心理特点和生活实际，选择身边的优秀教师、优秀学生，以具有现实感和亲和力的人和事来教育人、感动人；另一方面，要善于从历史中挖掘教育资源，特别是从党史、新中国史、改革开放史、社会主义发展史中挖掘革命烈士、英雄人物、改革先驱、道德模范等典型形象，用厚重历史中彰显的高尚精神感染教育当代大学生，引导青年大学生以史鉴今、学史明志，努力成长为新时代担当民族复兴大任的时代新人。

第三，通过实践锻炼促使青年大学生履责践责。责任教育的最终目标是促成责任主体履责践责。而要达此目标，最为关键的环节就是要大力引导青年大学生投身社会实践，提升履责践责能力，最终将责任认知转化为责任行为。社会实践对于青年大学生的责任教育意义非凡，在社会实践活动中既能巩固责任认知又能培育责任情感，还能适当运用实践中的困难和障碍磨炼青年大学生的责任意志，进而树立责任信念，促使青年大学生在社会实践过程中强化认知、提升情感、淬炼意志、坚定信念等。为此，对青年大学生进行责任教育必须充分开展实践教学，利用多种实践形式，引导大学生积极参加社会实践，学以致用，用所学观察社会、回馈社会，在社会实践中认识社会、了解国情，致力于在解决现实问题中践行社会责任。北京理工大学在运用实践锻炼方法培养时代新人的过程中，发挥北京理工大学"延安根、军工魂"红色基因的独特育人优势，将"四史"教育与红色校史校情教育相结合，组织开展"重走长征路"等社会实践，参加支教、支农、扶贫、多样化志愿者服务等，以问题为导向，面向党和国家重大需求，引导新时代青年大学生树牢理想信念，砥砺使命担当，促使其履责践责。

（包丽颖：北京理工大学党委副书记）

高校要上好新时代爱国主义教育大课

包丽颖

(《光明日报》2019年12月31日教育周刊版)

初心和使命,激励着党领导中国革命和建设事业从胜利走向胜利。党创办的中国特色社会主义大学同样要牢记精神源点,肩负起党赋予高校的特殊使命任务。在长期的办学实践中,北京理工大学传承红色基因,对标立德树人根本任务要求,把爱国主义教育作为人才培养的重中之重,坚持上好新时代爱国主义教育大课,为青年学生打好思想底色,奠定成才之基,为一流大学建设发展注入强大动力。

立足"教什么",高度聚焦教育内容

《新时代爱国主义教育实施纲要》提出了八项基本内容,从我国独特的历史和国情出发,确立了新时代爱国主义教育内容的内在规定性和基本遵循。北理工在开展爱国主义教育实践中,紧紧围绕八项基本内容,把习近平新时代中国特色社会主义思想作为根本遵循,把中国特色社会主义和中国梦教育作为贯穿始终的主题主线,把国情教育和形势政策教育、民族精神和时代精神教育、党史国史改革开放史教育、中华优秀传统文化教育、祖国统一和民族团结进步教育、国家安全教育和国防教育六个方面作为历史维度与现实维度协同教育的主要面向,通过融合课内课外、线上线下、学校社会各个方面的资源力量,在历史与现实、国际与国内的对比中,引导大学生深刻认识中国共产党为什么"能"、马克思主义为什么"行"、中国特色社会主义为什么"好",牢记红色政权是从哪里来的、新中国是怎么建立起来的,帮助大学生实现"四个正确认识",坚定"四个自信"。

"不忘初心、牢记使命"主题教育开展以来,北理工把爱国主义教育纳入学习教育重点内容,加强党史、新中国史与北理工校史"三部历史教育",抓好典型选树与宣传、宣讲"三项宣传教育",着力党员领导干部、党员教师和学生骨干"三大群体教育",不断放大爱国主义教育辐射效应。

探索"怎样育",系统建构教育体系

爱国主义教育作为高校思想政治教育的一项重要内容,要遵循教育规律、思想政治工作规律和大学生成长成才规律,坚持因事而化、因时而进、因势而新,运用科学有效的方式方法手段创造性开展,让教育行为直达内心、形成共鸣。北理工在推进新时代爱国主义教育过程中,着力抓课堂教学的主渠道主阵地作用,建好思政课这一立德树人关键课程,推动思政课程、课程思政同向同行,强化"价值塑造、知识养成、能力锻炼"三位一体人才培养实践;着力打造高素质教师队伍,把好教师入口关,建立师德师风建设长效机制,系统提升教师思想政治素质,让懂信仰的人讲信仰,让有爱国奋斗精神的教师讲爱国。

同时,着力提升第二课堂爱国主义教育的亲和力感召力,创新教育形式载体方法手段,形成对第一课堂的积极补充和生动呼应,让第二课堂成为爱国主义教育的价值高地。比如,值新中国成立70周年之际,北理工在师生中广泛讲述"新中国第一个国庆日的北理工故事"——1948年底至1949年初,华北大学工学院150名师生参与平津解放接收工作,这是北理工政治可靠的鲜明体现。之后,伴随新中国成立,北理工随党中央由河北迁入北平办学。为了保障开国大典顺利举行,学校师生积极参加天安门广场清理工作,在劳动竞赛中荣获第1名。1949年10月1日,师生光荣参加开国大典,在天安门金水桥边接受党中央检阅,并参加了阅兵仪式之后的群众游行活动。北理工通过讲好这个故事,为师生标定新时代北理工人同庆国庆的精神源点,激扬学生爱国奋斗精神,系起共同的价值纽带。

把握"如何爱",不断提升教育实效

爱国主义不是空洞的口号,不是虚无缥缈的海市蜃楼。爱国主义教育的过程是培养爱国之情、砥砺强国之志、实践报国之行相统一的过程,是用教育启迪青年学生坚定理想信念、振奋报国之志的过程。因此,在开展爱国主义教育实践中,北理工首要引导青年学生深刻准确把握爱国主义之"爱",是爱党爱国爱社会主义三者的有机统一,青年学生理性爱国就要坚定不移坚持党的领导这一中国特色社会主义最本质特征和最大制度优势,坚定不移坚持走中国特色社会主义道路这一实现国家富强的根本保障和必由之路,以坚定的信念、真挚的情感把新时代中国特色社会主义事业一以贯之进行下去。

同时，北理工重视教育青年学生用实际行动践行"爱国"，表达"爱国"，拿出实质性举措带动青年学生把自己的理想同祖国的前途、把自己的人生同民族的命运紧密联系在一起，扎根人民、奉献国家。比如，学校制定一系列文件制度、出台相应支持保障政策鼓励和引导毕业生到国防、到基层、到西部、到祖国最需要的地方建功立业，毕业生到国防系统就业人数占直接就业人数的三分之一，到基层就业人数逐年攀升。基于对爱国主义之"爱"的系统思考和把握，北理工还注重引导学生既关注我们的民族和国家，又尊重世界各国的历史特点、文化传统，鼓励师生致力于构建人类命运共同体。

坚持用新时代爱国主义精神铸魂育人，是建设中国特色世界一流大学的根本要求和应有之义。高校要把新时代爱国主义教育贯穿一流人才教育培养全过程，让新时代爱国主义精神焕发新活力。

（包丽颖：北京理工大学党委副书记）

以思政课为中心画好高校育人"同心圆"

包丽颖

(《光明日报》2019年5月29日 学习贯彻习近平新时代中国特色社会主义思想特刊)

习近平总书记在学校思想政治理论课教师座谈会上的重要讲话，与全国高校思想政治工作会议、全国宣传思想工作会议、全国教育大会上的重要讲话一脉相承，围绕落实立德树人根本任务，对"培养什么人、怎样培养人、为谁培养人"这个根本问题进行了生动阐释和精准指导。一流大学人才培养要善于抓住"牛鼻子"，突出思想政治理论课的中心地位，同时统筹兼顾，推动其他课程建设与之同向同行，全力打造高校育人"同心圆"。

习近平总书记强调，"思想政治理论课是落实立德树人根本任务的关键课程"。大学生的世界观人生观价值观尚未完全定型，开设思想政治理论课，给大学生以科学化、规律化、系统化的教育引导，恰好契合大学生成长过程的迫切需求。当前，高校思想政治理论课教育教学在一些方面仍然存在一些问题。如，有的课程教学中出现片面机械讲课、不关心教育效果的现象，课堂教学与学生思想政治教育脱节，育人实效性弱；有的课程授课内容政治性、时代性欠缺，说服力、吸引力不强，不能有效引导学生形成正确认识；有的课程考核过于强调背诵记忆，对学生融会贯通理解运用的能力考察不足；有的思政课教师深入学生群体、精准把握学生思想动态的能力不够，与学生对话的能力不强。

面对这些现实问题，立足新时代新任务新要求，思想政治理论课要进一步解决好培养什么人、怎样培养人、为谁培养人这个根本问题，从引导学生树立正确的理想信念、学会正确的思维方法出发，讲原理、讲方法，将理论与实践相统一，将课程真正建设成为为学生成长导航的一盏明灯。思想政治理论课教师要端正角色定位，不仅要履行好课程授课教师的职责，还要扮演好具有专业学科背景的思想政治工作者的角色，强化思想政治理论课与思想政治工作的相互贯通。

具体而言,高校思想政治理论课要树立"开门办课"的意识,进一步推进课程改革创新。首先,课程内容上要实现"开门"。在已有教材体系、教学大纲的基础上求新求进,做到和时代贴近、与发展同步,并结合国内外热点、师生关注焦点及时丰富教材内容。其次,教育方式上要实现"开门"。除传统的课堂教学模式,还要注重上好"国情大课""社会大课",加大现场教学、实践教学、讨论式教学等开放性课程的组织力度,倡导教师全程参与开放式教学过程。再次,评价方式上要实现"开门"。尝试改变单一的期末试卷答题考核评价方式,加大学习过程考核评价比重,引入读书心得评价、参与式学习评价等方式,带动学生更加主动地学习思考。最后,师资力量上要实现"开门"。统筹高校党委书记校长、院(系)党政负责人、名师大家和专业课骨干教师、日常思想政治教育骨干、地方党政领导干部、企事业单位负责人、社科理论界专家、各行业先进模范等力量,组织大家共同上讲台,多角度、多侧面地讲授思政课。"开门办课"变的是思路、方法、手段,不变的是思想政治理论课的正确政治方向和立德树人的根本任务,要坚持理论尺度与实践向度有机统一,确保课程始终传播真理,给学生心灵埋下真善美的种子,引导学生扣好人生第一粒扣子。

习近平总书记强调,"要用好课堂教学这个主渠道"。当前,各类课程都要与思想政治理论课同向同行,形成协同效应。要注重以思想政治理论课为龙头,推动其他专业课程与思想政治理论课齐头并进,多点发力。要强化各类专业课程普遍育人的功能,始终坚持大学课堂育人与育才相统一的属性,克服重学术、轻思想,重智育、轻德育的问题,坚持德才兼备的育人标准;要按照"四个相统一""四个引路人"的要求,强化对专业课教师教书育人能力本领的培训、评价和激励,引导专业课教师将教书育人作为第一使命;要以学科专业前沿课、概论课及通识课为依托,挖掘各个学科领域的特殊育人资源,打造课程思政的重点科目。

习近平总书记指出,"思想政治工作从根本上说是做人的工作,必须围绕学生、关照学生、服务学生"。为此,要积极开展形式多样、内容丰富的第二课堂,形成协同育人的良好机制,让学生成为德才兼备、全面发展的人才。首先要提炼社会实践、创新创业、志愿服务、成长支持等第二课堂深刻的育人内涵,厚培大学生成长发展沃土。其次要发挥第二课堂的特殊优势,拓展大学生教育引导的空间、载体、方法和手段。如,北京理工大学在加强思想政治理论课建设中,通过强化"四个贯通",即与大学生日常教育相贯通、与学生社会实践相贯通、与校史校情教育相贯通、与学生党建相贯通,丰富了教育内涵,拓展了教育手段。最后要让越来越多的教师以不同形式参与到第二课堂的活动中来,将第二课堂变成"第二讲台""第二教室""第二学校",促进教师更好地陪伴和帮助学生成长。

　　立德树人是一项系统工程,以思想政治理论课为中心画好高校育人"同心圆",深化"大思政"工作体系,建立全员全过程全方位育人格局,才能真正构筑起一流大学的主旋律正能量高地,引领大学生成长为担当民族复兴大任的时代新人,成长为中国特色社会主义事业的建设者和接班人。

（包丽颖：北京理工大学党委副书记）

高校"三全育人"的逻辑诠释与实践

蔺 伟

(《中国高等教育》2021 年第 18 期)

[摘 要] 推动高校"三全育人",要坚持学理逻辑、实践逻辑和管理逻辑相统一,不断深化"大思政"工作格局,持续深入开展思想引领和价值引领,加强师资保障和育人队伍建设,加强"三全育人"考核评价,把思想政治工作体系贯穿高水平人才培养体系,培养德智体美劳全面发展的社会主义建设者和接班人。

[关键词] 高校;三全育人;思想政治工作

加强和改进高校思想政治工作要坚持全员全过程全方位育人,要把思想价值引领贯穿教育教学全过程和各环节。"三全育人"是高等教育面对党和国家建设发展对人才的迫切需求,落实立德树人根本任务,回应"培养什么人、怎样培养人、为谁培养人"时代课题的重大举措,有着严密的生成逻辑、精准的核心要义,在实践的过程中积累了丰富的经验,对推动新时代高校思想政治工作改革创新、建立并完善贯通高水平人才培养体系的思想政治工作体系具有重大意义。

高校"三全育人"的理论与现实依据

高校"三全育人"工作以马克思主义系统观、矛盾论、人的全面发展理论为价值基点,以破解高校思想政治工作不平衡不充分问题为目标指向,充分彰显了中国特色社会主义教育的育人优势。

1. 理论依据:马克思主义基本原理在高等教育领域的当代延展

系统观、矛盾论、人的全面发展理论为"三全育人"理念的形成、发展提供了理论基础。首先,系统观揭示了"三全育人"的结构规律。马克思主义系统观认为任何系统都不是固定的、一成不变的，而是处于一定环境中，与外界环境有着千丝万缕的联系，随着时间推移不断发生变化，始终处于动态平衡过程之中。"三全育人"是一项对高校育人体系进行整体设计的系统工程，从系统论的角度把握其整体性特征，既要将系统内部的各育人要素、育人环节充分整合起来，使其相互作用、相互制约，形成"全员""全过程"育人合力；又要充分调动系统内、外部力量，充分发挥学校、家庭、社会联动作用，形成"全方位"育人格局。其次，矛盾论揭示了"三全育人"的工作方法。"三全育人"是改造人的主观世界和客观世界的特殊实践活动，其对象是人，人在不同阶段的变化和发展决定了其必须是相互联系和不断变化发展的过程，要把握矛盾的普遍性和特殊性，要针对大学生在不同年龄阶段出现的新思想、新特点开展工作，贯穿大学生成长成才"全过程"。再次，人的全面发展理论揭示了"三全育人"的目标要求，即要培养身心健康、人格健全、全面发展的人。高校"三全育人"工作围绕落实立德树人根本任务，有力回应新时代大学生全面成长的现实诉求，致力于培养德智体美劳全面发展的社会主义建设者和接班人，是高校在马克思主义世界观方法论指导下开展思想政治工作的探索和实践。

2. 现实依据：破解高校思想政治工作不平衡不充分问题的重要抓手

当前，经济社会发展新形势、高等教育改革发展新趋势和大学生成长发展新诉求对高校思想政治工作提出了新的更高挑战。高校是意识形态领域斗争的前沿阵地，大学生处在价值观成长发展的关键时期，极易受到各种社会思潮的冲击，亟需开展精准有效的思想引领和价值引领。高校"三全育人"工作要坚持问题导向，聚焦短板弱项，坚持把破解高校思想政治工作不平衡不充分问题作为目标指向，真正引导各高校把各项工作的重音和目标落在育人效果上，不断提高思想政治工作的科学化精细化水平，使高校思想政治工作更好地适应和满足学生成长诉求、时代发展要求、社会进步需求。

高校"三全育人"的核心要义

"三全育人"即全员、全过程、全方位育人。实现"三全育人"，就是要牢牢把握人才培养的主体维度、价值维度和方法维度，通过体制机制的有效设计，实现各项育人工作的协同协作、同向同行、互联互通。

1. 主体维度:"三全育人"是做人的工作

高校立身之本在于立德树人,思想政治工作则是高等教育为党和国家培养人才的重要手段。作为高校思想政治工作创新发展、质量提升的重要举措,"三全育人"旨在通过形成全员全过程全方位育人格局,切实提高思想政治工作的亲和力和针对性,以对马克思主义和共产主义的信仰、对中国特色社会主义的信念、对中国共产党带领人民实现中华民族伟大复兴的信心为学生筑牢信仰之基,以习近平新时代中国特色社会主义思想为学生把稳思想之舵,以社会主义核心价值观为学生补足精神之钙,引导学生立大志、明大德、成大才、担大任,努力成为堪当民族复兴重任的时代新人,让青春在为祖国、为民族、为人民、为人类的不懈奋斗中绽放绚丽之花。这是高校的根本任务,也是坚持社会主义办学方向的具体实践。

2. 价值维度:"三全育人"紧紧贯穿育人主线

高校要成为育人的沃土,为人才成长提供充足的养分,必须要从"教"走向"育",构建育人新模式,营造育人新生态,全面提升人才培养水平。"三全育人"一方面要立足"教",遵循教书育人规律、遵循思想政治工作规律,紧紧围绕"育人"设计教育教学和管理服务过程,不断完善学科教学体系和日常教育体系,以"大先生"为标准加强教师思想政治教育和师德师风建设,建设一支以德立身、以德立学、以德施教、以德育德的高素质教师队伍;另一方面要立足"学",遵循大学生成长成才规律,坚持围绕学生、关照学生、服务学生,想学生之所想、急学生之所急,不断提高学生思想水平、政治觉悟、道德品质、文化素养,让学生成为德才兼备、全面发展的人才,在学习的过程中有更多的获得感和幸福感。

3. 方法维度:"三全育人"致力打造立体化育人体系

"三全育人"立足系统观念,将高校育人生态看成有机的整体,通过丰富拓展校内和校外两个方面的育人力量,建立健全人才培养体制机制,构建"三全育人"大格局,打通高校思想政治工作的断点、盲区,营造以育人为核心的良好生态。一方面是在"空间"维度上把握"全方位",要从课内课外、线上线下、德智体美劳等各个方面出发,充分挖掘课程、科研、实践、文化、网络、心理、管理、服务、资助、组织等各个方面的育人职责,调动家庭、学校、政府、社会各方力量,并通过对各类教育资源的有效整合,实现育人效果最大化;另一方面是在"时间"维度上把握"全过程",兼顾德育和智育,兼顾课上和课下,兼顾思政课程和课程思政,把育人元素融入"教育教学全过程"和"学生成长成才全过程",让教育过程形成入学到毕业、成才到成人的完整闭环。

高校实现"三全育人"应把握的关键环节

"三全育人"将立德树人根本任务与思想政治教育活动深度融合，在推进的过程中，应该重点把握学理逻辑、实践逻辑和管理逻辑相统一，全面统筹办学治校各领域、教育教学各环节、人才培养各方面的育人资源和育人力量，构建全员、全过程、全方位的育人格局。

1. 如何以学理逻辑引领教育内容，凝聚广泛育人共识

遵循学理逻辑，传递科学理论的魅力，增强思想理论的说服力，才能让理论入脑入心，转化为指导实践的强大力量。青少年阶段是人生的"拔节孕穗期"，最需要精心引导和栽培。如何以透彻的学理分析回应学生，以彻底的思想理论说服学生，引导师生建立价值共识，自觉成为先进思想文化的传播者、党执政的坚定支持者，成为高校"三全育人"工作中要破解的首要难题。

2. 如何以实践逻辑带动教育对象，协同个人成长和国家社会进步

遵循实践逻辑，综合运用马克思主义唯物论、辩证法、认识论的指导，坚持理论与实践的辩证统一，让科学的理论既成为学生成长成才的指导思想，又成为行动指引，推动学生把小我融入大我，在集体中成长，在与国家社会发展同频共振中实现自身价值。思想政治工作的对象是人，要做好这项工作必须具备科学的对象意识，深入把握高校教学和科研规律，深入把握青年学生的成长规律、心理特征和思维方式，既要解决"思想问题"，又要解决"实际问题"。如何坚持以学生为本，以德立人、以情感人、以理服人，关心学生的成长，促进学生的进步，在潜移默化中做好思想政治教育工作，既考验高校党委对思想政治教育工作顶层设计和整体谋划，又考验思想政治教育工作者因事而化、因时而进、因势而新的工作水平和能力。

3. 如何以管理逻辑优化教育行为，形成协同育人合力

遵循管理逻辑，综合考虑计划、组织、指挥、协调和控制等管理活动的基本要素，形成开展工作的基本规范，以组织实施的规范化促进教育行为的科学化，才能让"三全育人"工作更加科学、严谨，实现教育的实效性。如何建立合理运行的"大思政"工作机制，动员学校各方育人力量协同演奏好"三全育人"工作的大乐章，构建贯通高水平人才培养体系的思想政治工作体系，真正实现全员、全过程、全方位

育人，需要高校思想政治工作者持续深度思考与实践。

高校推进"三全育人"的实践进路

党的十八大以来，各高校在推动实现"三全育人"，一体化构建内容完善、标准健全、运行科学、保障有力、成效显著的思想政治工作体系方面开展了卓有成效的实践探索，为推动高校思想政治工作在新时代创新发展积累了有益经验。

1. 深化"大思政"工作格局

建立健全"十育人"工作机制，深化"三全育人"，离不开学校党委的顶层设计和统筹谋划。一方面，要持续加强党对学校思想政治工作的领导，通过建立党委统一领导，党政工团齐抓共管，党委宣传部牵头协调、统筹推进，各学院各部门各单位主动参与、通力配合的"大思政"工作格局；另一方面，要明确各岗位育人职责，推动"三全育人"工作责任体系落地落实。系统梳理归纳各个群体、各个岗位的育人要求，通过挖掘育人元素、建立责任清单、强化工作举措，将其作为职责要求和考核内容融入整体制度设计和具体操作环节，切实把师德规范和育人实绩作为党政干部、全体教师日常管理的首要内容，作为考核、分配、评聘、晋升机制的核心指标。

2. 持续深入开展思想引领和价值引领

新时代孕育新思想，新思想引领新青年。用习近平新时代中国特色社会主义思想武装青年学生，既是新时代的呼唤，又是高校思想政治工作的历史责任和使命担当。一方面，要在坚定理想信念上下功夫、在厚植爱国主义情怀上下功夫、在加强品德修养上下功夫、在增长知识见识上下功夫、在培养奋斗精神上下功夫、在增强综合素质上下功夫，引导学生增强中国特色社会主义道路自信、理论自信、制度自信、文化自信，立志肩负起民族复兴的时代重任；另一方面，要加强工作方式手段创新，针对价值多元、思想多变、传播方式多样的时代变化，结合实际探索适应新形势的新方式、新方法、新手段和新机制，努力形成师生参与度高、适用性推广性强、工作实效性突出的模式或成果，发挥示范引领、辐射带动作用，促进思想政治工作针对性和实效性的整体提升。

3. 加强师资保障和育人队伍建设

高校教师要努力成为先进思想文化的传播者、党执政的坚定支持者，才能更好担起学生健康成长指导者和引路人的责任。一方面，要坚持教育者先受教育，传道者自己首先要明道、信道，抓住"专任教师"这一关键，将全体教师纳入政治理论学习范围，通过多种方式确保理论学习全覆盖，并将学习成效体现在教师实施"课程思政"过程中；另一方面，要加强"三全育人"工作专门力量建设，建立由专任教师、思政课教师、专兼职辅导员、管理服务人员等共同组成的"三全导师"工作队伍，将优秀师资力量转换成实现"全人教育"的关键力量。

4. 加强育人实效和工作质量考核评价

高校"三全育人"工作评价要立足新时代的新形势、新任务、新要求，科学评价与判断高校思想政治工作质量效果。一方面，要完善考核评价体制机制，把开展"三全育人"工作作为领导班子和领导干部、各级党组织和党员干部工作考核的重要内容，加强监督考核，严肃追责问责，把"软指标"变成"硬约束"；另一方面，要量化评价指标体系，坚持政治评价与业务评价相统一、客观评价与主观评价相统一、结果评价与过程评价相统一、定性评价与定量评价相统一的方式，针对学生、教师等不同主体设计指标体系，为高校思想政治工作质量评价理论与实践推进形成有益参照。

（蔺伟：北京理工大学党委常委、党委宣传部部长）

加强新时代高校思政工作的辩证法审视

蔺 伟

(《中国教育报》2021年12月6日10版)

在中国共产党成立100周年之际,中共中央、国务院印发了《关于新时代加强和改进思想政治工作的意见》(以下简称《意见》),高度肯定思想政治工作在党和国家各项工作中发挥的重要作用,强调思想政治工作是党的优良传统、鲜明特色和突出政治优势,是一切工作的生命线,并从指导思想、方针原则和实践路径等方面为加强和改进新时代思想政治工作指明了发展方向、提供了根本遵循。

高校学习贯彻落实《意见》,要自觉运用辩证唯物主义原理,坚持"两点论"和"重点论"相统一的原则,以全局观念、系统思维分析当前高校思想政治工作面临的形势,既注重总体谋划,又注重牵住"牛鼻子",抓住培养德智体美劳全面发展的社会主义建设者和接班人这一根本,聚焦加快构建学校思想政治工作体系这一主线,扭住实施时代新人培育工程这一关键,完善青少年理想信念教育齐抓共管机制这一保障,推动新时代高校思想政治工作守正创新、不断发展。

抓住培养德智体美劳全面发展的社会主义建设者和接班人这一根本。《意见》指出,新时代思想政治工作要"自觉承担起举旗帜、聚民心、育新人、兴文化、展形象的职责使命"。这一表述与习近平总书记在2018年全国宣传思想工作会议上的重要论述是一以贯之的。其中"育新人",指的是培养堪当民族复兴重任、德智体美劳全面发展的社会主义建设者和接班人。"培养什么人、怎样培养人、为谁培养人"是我国高等教育事业发展必须回答的根本问题。立德树人是学校教育的根本任务,立德树人的成效是检验学校一切工作的根本标准。这就要求高校在开展思想政治工作的过程中,一方面想国家之所想、急国家之所急、应国家之所需,牢牢抓住全面提高人才培养能力这个核心点,引导学生立大志、明大德、成大才、担大任,不断增强做中国人的志气、骨气、底气。另一方面要坚持围绕学生、关照学生、服务学生,把显性教育与隐性教育、解决思想问题与解决实际问题、广泛覆盖与分类指导结合起来，因地、因人、因事、因时制宜开展工作，引导学生成长为德才兼备、全面发展的人才。

聚焦加快构建学校思想政治工作体系这一主线。《意见》强调，要"坚持系统观念，把思想政治工作与经济建设和其他各项工作结合起来，为党和国家中心工作提供有力政治和思想保障"。这一论述再次呼应了思想政治工作在各项工作中的"生命线"地位和重要作用。对高校而言，加强思想政治工作体系建设，是形成高水平人才培养体系的应有之义和重要内容。思想政治工作体系要与学科体系、教学体系、教材体系、管理体系等相贯通，使立德树人通过卓有成效的思想政治工作内化到大学建设和管理的各领域、各方面、各环节，不能让思想政治工作和人才培养工作变成彼此孤立的"两张皮"。为此，必须深化全员、全过程、全方位育人体制机制，深入推进"三全育人"综合改革，按照强化党的领导、优化育人协同、完善评价机制、落实精准思政的总体目标推动思想政治工作质量提升，将思想政治工作与学校事业发展融合起来，与学生成长过程结合起来，与广大教师的教书育人实践综合起来，构建目标明确、内容完善、标准健全、运行科学、保障有力、成效显著的学校思想政治工作体系，全面提升育人成效。

扭住实施时代新人培育工程这一关键。《意见》强调，要"健全用党的创新理论武装全党、教育人民工作体系""推动理想信念教育常态化制度化""培育和践行社会主义核心价值观""更加注重以文化人以文育人"等，这些举措是对在时代新人培育工程中，坚持育人育才相统一人才培养辩证法的有力印证和彰显。对高校来说，实施时代新人培育工程就是要健全立德树人落实机制。要坚持用习近平新时代中国特色社会主义思想武装师生头脑，充分运用中国共产党百年奋斗的光辉历程和伟大成就教育师生，以坚定理想信念、筑牢精神之基。要用好课堂教学主阵地，坚持思政课程和课程思政、第一课堂和第二课堂同向同行，充分挖掘各学科专业、各类课程的思想政治教育资源，确保各类课程与思政课同向同行、协同发力。要以人才培养改革为牵引，加强思想政治工作改革创新，从教育引导、实践养成、制度保障等各环节推动理念创新、手段创新、机制创新，不断提升思想政治工作的针对性和实效性。

完善青少年理想信念教育齐抓共管机制这一保障。从思想政治工作规律看，坚定理想信念既需要理直气壮的教育和润物无声的熏陶，又需要体制机制等方面的支撑与保障。《意见》强调，要"完善领导体制和工作机制，完善党委统一领导、党政齐抓共管、宣传部门组织协调、有关部门和人民团体分工负责、全党全社会共同参与的思想政治工作大格局"，就是从"大思政"格局的理念出发，要求将学校各部门、各单位的育人力量和各领域、各方面的育人资源都纳入思想政治工作的范围之中,形成时时、事事、处处的良好育人氛围和育人合力。为此,必须切实加强党对高校思想政治工作的全面领导,统筹把握办学治校和思想政治工作的发展方向,切实把思想政治工作作为一项重大的政治任务和战略工程抓紧抓实抓好。必须加强思想政治工作队伍建设,配齐建强思想政治工作骨干队伍,充实优化兼职工作队伍,让教学、科研、行政、管理等各部门、各育人主体都自觉承担起立德树人的责任,切实形成齐抓共管的工作格局。

(蔺伟:北京理工大学党委常委、党委宣传部部长)

北京理工大学：
红色基因淬炼"精工之心"

周世祥　晋浩天　王　征　刘晓俏
(《光明日报》2020年9月21日头版)

2020年9月19日，参加北京理工大学建校80周年纪念大会的学生代表（新华社记者 任超摄）

9月19日，北京理工大学迎来建校80周年。

王越、毛二可、周立伟、朵英贤4位院士收到一份特殊礼物——一把精致的"80周年校庆"小锤子。

车、铣、刨、钳、磨、铸、锻、焊……金工实习，是大多数北理工学子都要完成的必修课。将一块铁坯按照规范流程加工成一把"金工锤"，是每个人的结课作业。

每把小锤子，从无到有，磨砺着学生们的匠人精神，也见证着难忘的大学时光。80 周年校庆之际送上这份特殊的礼物，激荡起一代代北理工人的共同回忆。

1940 年 9 月，北京理工大学的前身自然科学院在延安南门外的杜甫川畔成立，这是中国共产党创建的第一所理工科大学。

从为陕甘宁边区培养急需人才，到受命成为新中国第一所国防工业大学，为国铸剑、矢志强国，再到实施"由单一工科向以工为主，工、理、管、文多学科发展转变"等"五个历史性转变"，从自然科学院到华北大学工学院、北京工业学院，再到北京理工大学，80 年来，时代变迁，校名更迭，北京理工大学始终走在"红色育人路"的征程上。

孕育报国英才

2 月 25 日，在全国人民抗击新冠肺炎疫情之时，作为代表中国参赛的唯一队伍，北理工"飞鹰队"在阿布扎比国际机器人挑战赛上成功卫冕。

站上世界最高领奖台的那一刻，他们齐声宣示："我们来自北理工，我们代表中国。"

在北京理工大学中关村校区中心教学楼的显著位置，矗立着一块石碑，碑上"德以明理、学以精工"的校训，是北京理工大学建校 80 年来几代师生员工崇德尚行、学术报国的真实写照。

零下 40 摄氏度的海拉尔，62 岁的孙逢春院士已经和团队在室外工作了 4 个小时。

"在没有外援的情况下，全世界没有一辆纯电动车在零下三四十摄氏度条件下放 72 小时还能自己发动的。只有我们现在能做到。"孙逢春说。

孙逢春在北理工学习、工作了 38 年，抱着"新能源汽车电动车在中国行驶无禁区"的报国之志，带领团队创造了很多中国新能源汽车的"第一"。

"中国第一个电视信号接收发射装置，是毛二可院士本科阶段参与的毕业设计。"北理工广为流传这样一段佳话。

20 世纪 50 年代，北京工业学院先后成立了 100 余个学生课外研究小组。其中，雷达专业学生毛二可所在小组成功研制出一个初级的电视发射和显示装置，并将此作为本科毕业设计。研制成功后，学校特别向国家申请了新中国第一个用于电视信号发射的无线电频率 49.75 兆赫。

已是耄耋之年的毛二可，现在仍然战斗在我国雷达领域教学科研的第一线，践行着自己"为国家做事"的诺言。"我们当前的科技相对国外强国还有差距。"他寄语年轻人，"弥补科技上的差距，年轻人要责无旁贷，一定要让我们国家强盛起来。"

北理工师生的故事，生动诠释了"德以明理、学以精工"校训精神的滋养：德以明理，是道德高尚，达到以探索客观真理作为己任之境界；学以精工，是治学严谨，实现以掌握精深学术造福人类之理想。

这种精神在北理工有着深厚的历史土壤。

"蓝天是我们的屋顶，高山是我们的围墙……为了祖国的新生、为了民族的解放，任何困难也不能把我们阻挡！"这首自然科学院师生编创的诗歌洋溢着革命乐观主义精神。

这得益于自然科学院老院长徐特立倡导的"德育为首"思想。他强调，教育首先就是要"塑造人"。为开展好德育工作，学校每周安排一天政治理论教育，周恩来、朱德、陈云、叶剑英等领导同志经常来校为师生上课。延安时期，学校明确提出了培养"革命通人、业务专家"的目标。

从"德育为首"到"以智养德、以德养才、德育为首、全面发展"，从"学术为基、育人为本、德育为先"到"价值塑造、知识养成、实践能力"三位一体，80年来，北理工人才培养始终紧紧围绕"育人"这一主线，培养又红又专、德才兼备、全面发展的可靠人才。

"自然科学院是中国共产党创办并组织高等教育的一次生动实践，也是马克思主义同中国实践相结合，在高等教育领域的一次重要尝试和创举。此后不同阶段，学校运用马克思主义的立场观点方法，在办学实践中不断诠释'红色育人路'的深刻内涵。"北理工党委书记赵长禄说。

而今，北理工30余万毕业生中走出了国家最高科学技术奖获得者、"现代预警机事业的奠基人和开拓者"王小谟等50余位院士，一批批学子投身国防、扎根"三线"，用青春甚至生命为祖国富强贡献力量。

投身强国伟业

2020年6月23日9时43分，我国北斗三号全球卫星导航系统最后一颗组网卫星搭载长征三号乙运载火箭在西昌卫星发射中心发射成功。中国北斗系统"独步天下"的一大优势就是短报文系统，可不依靠任何系统实现北斗终端之间的通信，这一功能领先全球。在这背后，是北理工作为核心单位从 2013 年起承担的 MEO 报文通信接收处理机的研制工作，学校先后突破了多项关键技术，让北斗卫星实现了自如"发短信"。

1958 年 9 月 9 日，河北宣化某靶场。伴随巨响，新中国第一枚二级固体高空探测火箭成功升空。这背后，凝聚的是北京工业学院师生的付出和心血。

"做火箭推力实验没有实验室，我们就挖个坑，底下弄平，垫层铁板，上面有 3 个铜柱垫着，再放一块铁板，发动机再放上去，当时就是这么做实验的。"北理工宇航学院教授万春熙回忆。

射向中华苍穹的火箭，是学校发展壮大的一个小小缩影。这所从革命圣地走来的大学，在服务党和国家重大需求中培养人才、历练队伍，是学校办学探索中一以贯之的主线。

"教育必须为国家建设服务"，在这样的办学理念的驱动下，学校创造了新中国科技史上若干"第一"：第一枚二级固体高空探测火箭、第一台大型天象仪、第一套电视发射接收设备、第一辆轻型坦克、第一部低空探测雷达、第一台 20 公里远程照相机……

"习近平总书记强调要把论文写在祖国的大地上，对我们来说，祖国的大地就是国家急需的特种车辆装备。"中国工程院院士项昌乐说。

20 世纪 90 年代初，机械与车辆学院项昌乐团队毅然挑起了我国第三代特种车辆传动关键技术专项研究重担。30 年来，团队在特种车辆传动理论研究、技术创新、装备研发及应用等方面做出开拓性工作，实现了我国特种车辆传动技术的两次技术跨越。

载人航天、探月工程、卫星导航、特种装备……把尖端科技书写在祖国大地上，把一流成果应用在国民经济建设和社会发展中。北理工的"红色育人路"在与党和国家同向同行中，迸发生机活力。

传续奋斗新程

1949 年，当新中国成立的消息传到美国，正在美国旧金山堪萨斯大学留学的吴大昌振奋不已。当他得知，由重工业部领导的华北大学工学院正急需大批教师时，本来立志投身农业的他毅然改变了决定，加入其中。

为了为新中国培养优秀工业建设人才，学校在全国广揽名师大家，力学专家张翼军、化学专家周发岐、物理专家马士修等知名专家相继加入，吴大昌等一批刚从海外归来的优秀青年学者也慕名而来。

这是学校家国使命感召有志青年的结果。老中青三代、"六世同堂",北京理工大学机电学院,有这样一支教师队伍,老师们毕业参加工作的时间,从20世纪50年代持续到今天。20世纪50年代毕业的"中国枪王"朵英贤院士、六七十年代毕业的国家突出贡献专家、80年代毕业的长江学者特聘教授、90年代和21世纪毕业的教育部新世纪优秀人才……

2017年8月,一篇题为《胶体纳米晶的异价掺杂:阳离子交换提供掺杂发光和掺杂能级调控新途径》的论文,在国际知名物理化学学术期刊《美国物理化学快报》发表,并受邀以视频形式在美国化学会网站进行专题报道。该杂志主动约稿的封面文章,来自北京理工大学材料学院教授张加涛团队,也代表了国际业界对北理工在纳米级半导体研究领域成果的积极评价。

"世上无难事,只要敢想敢做、坚持去做、努力去做,一定会有所收获。""科研工作不能有半点儿'杂质'。"张加涛的话体现了他对科研的忘我执着。2011年,刚刚结束海外学习的张加涛,被北理工聘为首位徐特立特聘教授,在学校有力支持下,张加涛投入他所热爱的研究中,不断取得研究突破。

张加涛的成长轨迹,是近年来北理工青年人才成长的一个缩影。北理工校长张军表示:"北理工青年教师职业发展离不开三个元素——家国、沃土、梦想,这是我们代代传续的红色基因、不变使命。在这个前提下,我们坚持识才、爱才、用才、容才、聚才的理念,为青年教师尽全力营造学习、工作、成才的绿色生态环境,助力大家的事业发展。"

说起北理工的今天,期颐之年的吴大昌满怀欣慰:"学校的传统好,教的学生很好,学风很好,前途很好。这个学校发展是有潜力的,现在看我们的估计没有错。"

(周世祥、晋浩天:《光明日报》全媒体记者;王征:北京理工大学党委宣传部副部长、新闻中心主任;刘晓俏:北京理工大学党委宣传部副部长)

五周年！在"红色育人路"上精彩作答
——北京理工大学思想政治工作综述

纪惠文

（北京理工大学新闻网 2021 年 12 月 8 日）

育才造士，为国之本。"培养什么样的人、怎样培养人、为谁培养人"是教育的根本问题。党的十八大特别是全国高校思想政治工作会议召开以来，北京理工大学党委聚焦建立健全新时代立德树人落实机制，推动新时代高校思想政治工作守正创新，坚持举旗定向谋篇布局、引领思想培根铸魂、改革创新贯通融入、旗帜鲜明守好阵地、多措并举强基固本，为学校思想政治工作蓄足源头活水、注入不竭动力。2020 年，学校获评第二届"全国文明校园"。2021 年，学校获评"北京市党的建设和思想政治工作先进高等学校"，"坚持走红色育人之路，涵育又红又专一流人才"项目入选第一批北京高校党建和思想政治工作特色项目。

北理工传承红色基因、涵育时代新人的特色实践发出了高校"请党放心、强国有我"的时代强音！

谋篇布局，筑牢思想政治工作生命线

2020 年 9 月 18 日，北京理工大学中心教学楼报告厅，会场氛围热烈浓厚——来自中国高等教育学会、中国社会科学院以及"延河九校"联盟的 30 余名专家、学者，围绕"如何传承红色基因、扎根中国大地办好世界一流大学"这一高等教育的核心命题开展了热烈讨论。

作为中国共产党创办的第一所理工科大学，五年来，北理工抓住学校办学发展是马克思主义中国化在中国高等教育领域的生动实践这一理论关键，持续深化中国共产党创办和领导中国特色高等教育的"红色育人路"专项研究，并于建校 80 周年之际举办高端论坛，从理论和实践上充分论证思想政治工作这一党的优良传统和政治优势在落实立德树人根本任务中的重要作用。

2020年9月18日,北京理工大学举办"红色育人路"高等教育论坛

在长期探索中,学校党委深刻认识到,以立德树人为核心的人才培养是大学的本体功能、第一使命。要牢固树立人才培养的中心地位,强化科学研究、社会服务、文化传承创新、国际交流合作等高校其他职能对人才培养的反哺作用,形成牵一发而动全身的联动效应。

一切工作为了育人——

所有工作都要为人才培养服务!在北理工,"全员、全程、全方位"育人的理念愈发深入人心。深入实施以"育人"为中心的"三全育人"综合改革,建立思想政治工作改革试验区,培育"教师思政工作室",选树工作品牌和创新项目,建设"三全导师"工作队伍,探索建立微观层面可转化、有操作性的一体化育人模式……

2021年3月16日,在延河高校人才培养联盟成立两周年之际,"延河联盟"红色育人基地揭牌仪式暨党史学习教育在延安大学举行

从课上课下到网上网下，从校内到校外，目标围绕育人汇，资源围绕育人配，北理工党委从围绕学生、关照学生、服务学生成长成才出发，推进校内外、多维度育人资源深度融汇，"育人"合力充分汇聚。

系统谋划、全面部署——

成立全面贯彻落实全国高校思想政治工作会议精神领导小组，党委书记和校长一起担任组长；构建"大思政"工作格局，召开学校思想政治工作会议，研究出台《关于加强和改进新形势下学校思想政治工作的实施方案》《思想政治工作质量提升工程推进计划》《关于加快构建学校思想政治工作体系的实施方案》等一系列制度；按照德智体美劳全面发展的要求建立健全"十育人"工作机制；牵头成立延河高校人才培养联盟，推动九所高校携手"育新人"；贯彻落实中共中央、国务院《关于新时代加强和改进思想政治工作的意见》，在建党百年的新征程上全面实施时代新人培育工程……

通过一系列掷地有声、影响深远的政策"组合拳"，学校党委着力打造思想政治工作"北理工升级版"，在助力师生成长成才的"新长征"路上，充分发挥"大思政"工作格局下的协同育人效应，推动立德树人更好地形成全校"一盘棋"。

培根铸魂，健全理想信念教育长效机制

冬日，新落成的文科教学大楼里，一场由学校党委书记赵长禄主持的"党的十九届六中全会精神进课堂"集体备课会，让北京理工大学马克思主义学院的思政课教师们意犹未尽。

2021年11月18日，学校党委组织召开"党的十九届六中全会精神进课堂"集体备课会

"在思政课中诠释好党的伟大成就和伟大精神,教育青年学生把个人发展的'工笔画'融入国家战略的'大写意'中去。"马克思主义学院青年教师张虹表示。

第一时间将党的创新理论成果融入思政课、形势与政策课以及课程思政有关内容,寓价值观引导于知识传授和能力培养之中,这是北理工坚持用党的创新理论成果固本培元,巩固师生团结奋斗共同思想基础的生动缩影。

守好一段渠,种好责任田——

学校从用好课堂教学"主渠道"、建强教师队伍"主力军"两方面协同发力,建立思政课程和课程思政同向同行、协同发力的长效机制。

思想政治理论课是落实立德树人根本任务的关键课程!学校大力加强马克思主义理论学科建设,增列马克思主义理论一级学科博士点,青年教师获批国家社科基金重大项目、获评"青年长江学者"高层次人才称号;树立重视教学质量的鲜明导向,持续推动思政课改革创新,出台《关于进一步提升思政课教学质量的若干措施》,两门课程获评国家一流本科课程;形成包括职称单评单列、人才引进优先等在内的多项队伍建设长效机制……2019 年,马克思主义学院成功入选北京市重点马克思主义学院。2021 年,获批建设全国高校思政课虚拟仿真体验教学中心。

"怎样把课程建设目标与制造强国建设相结合,引导学生在专业学习的过程中树立强国之志,心怀'国之大者'?"2021 年度北京市高等学校教学名师奖获得者、机械与车辆学院胡耀光教授在教书育人的实践中一直思考着、实践着。

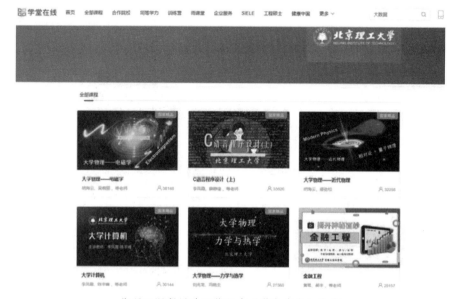

北理工课程思政示范课在"学堂在线"发布

基于兵器类、材料类、机械类等特色优势学科，充分挖掘和运用相关学科专业课程所承载的思想政治教育功能，将北理工服务党和国家重大战略和支持保障重要任务的典型案例生动融入课堂讲授重点内容；面向全校所有一级学科和主要二级学科点，重点打造100门课程思政示范课，并陆续在新华思政、学堂在线等平台推出……一大批突出"延安根、军工魂"红色基因的课程思政示范课，求真、触情、传神，助力学生在"专业成才"的同时实现"精神成人"。

各门课都上出"思政味儿"，需要全体教师都挑起"育人担"——

"人人热爱育人、时时践行育人、事事落实育人。"2021年9月，5名标兵、59名先进个人和10个先进集体在北京理工大学首届"三全育人"先进典型评选表彰中脱颖而出，他们立足岗位无私奉献、坚守初心育人育才的实际行动，诠释了北理工"四有"好老师的内涵真谛。

成立党委教师工作部、教师发展中心，建立健全教师思想政治工作和师德建设长效机制；设立人才培养最高荣誉"懋恂终身成就奖"，开展"做新时代'四有'好老师和'四个引路人'"学习实践活动，举办新入职教师"延安寻根"培训……在全面加强新时代教师思想政治工作和师德师风建设的大环境下，广大教师以德立身、以德立学、以德施教、以德育德，致力于培养具有北理工特质、堪当民族复兴重任的领军领导人才。

"思政课不仅应该在课堂上讲，也应该在社会生活中来讲"——

为了落实习近平总书记提出的"大思政课"命题，北理工党委抓住服务保障重大活动和深入开展党史学习教育契机，引导学生上好"大思政课"。

2021年5月，北理工"摆渡人工作室"获评教育部全国首批职业生涯咨询特色工作室

将服务保障新中国成立 70 周年、中国共产党成立 100 周年等重大活动打造为行走的"大思政课",实现学校"小课堂"与社会"大课堂"同频共振;统筹"百年党史"和"红色校史",面向全体学生开展线上线下贯通、课内课外结合的"四史"教育;在深入总结连续 3 年开展"担复兴大任,做时代新人"主题教育活动实践经验的基础上,精心组织开展"永远跟党走、奋进新征程"主题教育活动;抓住新生教育、入学教育契机,开展"北理工精神我来讲"优秀学生报告会……

学校还注重把对毕业生的就业教育、创业教育和毕业教育作为思想政治教育的重要内容,建成国内高校首家职涯体验中心,依托"摆渡人工作室""职心工作室""职美工作室"等开展团体辅导、讲座培训,年均服务学生 9000 余人次。2021 年,北理工获评首批全国高校毕业生就业能力培训基地,"摆渡人工作室"获评教育部"全国首批职业生涯咨询特色工作室"。

实践证明,坚持用习近平新时代中国特色社会主义思想教育人,用党的理想信念凝聚人,用社会主义核心价值观培育人,用中华民族伟大复兴历史使命激励人,推动理想信念教育常态化制度化,才能更好地培养德智体美劳全面发展的社会主义建设者和接班人。

改革创新,思想政治工作贯通融入高水平人才培养体系

"院士上讲台啦!"

在一堂别开生面的专业导论课上,北理工未来精工技术学院的本科生在与中国工程院院士张军、樊邦奎,中国科学院院士胡海岩等六位重量级院士面对面畅谈"智能无人+"领域"卡脖子"关键核心技术的过程中,开启了奋力攀登新时代科研高峰的"求真"路。

"院士们用他们的亲身经历告诉我们,青年只有将个人命运融入国家命运,以个人梦想推动国家梦想,才能成长为'胸怀壮志、明德精工、创新包容、时代担当'的领军领导人才。"一名精工书院本科生兴奋地说道。

价值塑造、知识养成、实践能力"三位一体"!学校坚持将立德树人作为高水平人才培养体系建设的核心,找准人才培养的定位和特色,以系统思维深化教育教学改革,推进本研一体拔尖创新人才培养,拓展优质育人资源供给,着力把国家重大战略需求和世界科技前沿方向转化为师生坚定的行动指南,转化为重要的研究内容,转化为鲜活的教学资源,不断提升人才培养质量,高水平拔尖创新

人才持续涌现。

既要培养"专才",也要培养"通才"——

"拔尖创新人才的培养,不仅在于传授专业知识和技能,更在于培养他们的家国情怀与强国责任。"中国工程院院士、院士导师代表吴锋说。

北理工高标准建设六大书院社区,打造"一书院一社区、一社区一文化"格局

"通识化筑基""个性化培养""小班化教学""导师制互动"……近年来,北理工将思想政治工作与高水平拔尖创新人才培养相结合,强化供给侧改革,自2018年起实行书院制,推动大类培养、大类管理,实现通识教育和专业教育的"同频共振";建设精工、睿信、求是等六大书院社区,打造"一书院一社区、一社区一文化"格局,为学生营造"在书院发现更好的自己、成就更好的自己"的氛围。

科研与育人水乳交融——

北理工"智慧"踏上火星!2021年5月15日,我国首次火星探测任务"天问一号"探测器在火星成功着陆,迈出了中国星际探测征程的重要一步。"'天问一号'顺利着陆的背后有北理工人为它保驾护航!"深空探测研究团队的师生兴奋地说。

宇宙浩瀚,星辰璀璨,砥砺前行,逐梦九天。一代代北理工人以严谨科学的态度和自立自强的勇气勇闯创新"无人区",走"地信天"集成特色发展路径,迈出了矢志强国、追求卓越的坚实脚步。

急国家之所急,解发展之所需!五年来,学校党委把发展科技第一生产力,培养人才第一资源，增强创新第一动力紧密结合起来，推动思想政治工作优势、学科优势、科研优势持续转化为培养高水平创新创业人才的育人优势。五年来，北理工师生将国家的需要作为奋斗方向，瞄准"卡脖子"难题攻坚克难，牵头获21项国家级科学技术奖励，连续3年一等奖"不断线"，在全国"挑战杯"竞赛、中国国际"互联网+"总决赛等重要大学生科技创新赛事上屡屡夺魁、夺杯、夺金。

2020年11月18日，北京理工大学学子夺得第六届中国国际"互联网+"大学生创新创业大赛全国总冠军

旗帜鲜明，站稳守好校园阵地

"一本经典教材的背后，蕴含着老中青三代人的心血。"

《电路分析基础》——新中国成立后出版的第一部介绍电路分析的工程基础课教材，已经伴随新中国走过了70年历程。它的主编者李瀚荪老先生，带领电路基础课老中青三代团队潜心耕耘教材编纂，与时俱进丰富教材内容，打造了一本权威、厚重的经典教材。自20世纪50年代起，该教材累计发行量达430万册，被110余所高校选作教材或参考书，2021年获评"全国优秀教材二等奖"。

尺寸课本、国之大者！教材，是培根铸魂、启智增慧的重要阵地。打造适应时代要求、有家国山河、有信念追求的精品课堂和精品教材，这是北理工坚持马克思主义在意识形态领域的指导地位，用马克思主义理论创新成果和健康向上的思想文化占领学校宣传思想阵地的一个生动缩影。

北京理工大学7种教材入选首届全国优秀教材

延安精神点亮信仰之光——

"负伤算什么,不过是蚊子叮了一口,快告诉同志们那里有鬼子!"在北京理工大学"中国近现代史纲要"的课堂上,71岁的王太和正在生动讲述着自己的父亲、开国少将王耀南亲历过的灵石遭遇战。

"延安精神"特色思政课是"延安精神进校园"中最为师生津津乐道的一项内容。马克思主义理论家、政论家和社会科学家胡乔木之女胡木英,开国少将王耀南之子王太和,中国现代作家、历史学家、考古学家郭沫若之女郭平英等8位主讲嘉宾,走进思政科课堂,面对面为学子们讲述"红色故事",在"情理"交融中推动红色基因入脑入心。

2021年10月22日,延安精神与中国青年研究中心第一次会议暨学术委员会聘任仪式在北京理工大学举行

为更好地在全国广大青年中研究、宣传、践行中国共产党在长期奋斗中铸就的伟大精神，着力培养担当民族复兴大任的时代新人，北理工与中国延安精神研究会共同成立延安精神与中国青年研究中心，深入推进延安精神"进马克思主义学院、进校史馆、进学生社团"。

校园空间充盈红色文化——

"到北理工，看坦克！"

2020年9月2日下午，北京理工大学国防文化主题广场正式落成。国产新中国第一辆轮式突击车，苏制T34坦克，在抗美援朝战争中缴获的美制"谢尔曼"坦克、"巴顿"坦克等多型坦克，让参观的师生在现场感受到了奔跑起来的陆战之王的雄风。

坚持以红色初心照亮办学方向，用红色文化滋养入学精神，用红色情怀夯实"四个服务"。五年来，北理工聚焦"延安根、军工魂"红色基因这一学校精神文化体系的固有内核和不变根本，建立健全厚植历史传统、特色鲜明凸显的文化育人体系，营造出以红色文化铸魂育人的浓厚氛围。凝练宣贯"北京理工大学精神"，深入开展大讨论活动，不断深化、完善学校精神文化谱系；聚力打造"一轴两基"红色文化生态圈；设立专项经费支持基层特色文化空间建设；打造思政类、学术类、师德类、科技类、典仪类等十类校园文化品牌，形成校园红色文化品牌矩阵，实现红色文化辐射的规模化和全覆盖……

学校大力推动校园媒体融合发展，不断提高新闻舆论传播力、引导力、影响力、公信力。官方微信公众号自2018年开通以来累计打造38个"10万+"。近年来，北理工传承红色基因、涵育时代新人、建设一流大学的典型经验和特色做法多次被中央广播电视总台新闻联播节目以及人民日报、光明日报、中国教育报等重要媒体报道，汇聚了引领师生团结奋进的强大思想舆论力量，激发了师生团结奋进的不竭动力。

强基固本，打造良好育人生态

"红色学习点亮'东方星'、师德传承点亮'北斗星'、匠心育人点亮'启明星'、创新融合点亮'智慧星'、党员先锋点亮'定盘星'"。在北理工党支部工作法交流展示会上，自动化学院智能信息处理与控制教工党支部总结凝练出的"点亮五颗星"服务型党支部工作法获得师生一致好评。

基层党组织建设是高校思想政治工作的"基"和"本"——

学校党委清醒认识到,做好新时代高校党建和思想政治工作,必须围绕全面贯彻党的教育方针、坚持正确办学方向、落实立德树人根本任务来展开,围绕"为谁培养人、培养什么人、如何培养人"这个重大问题来谋划推进。高校基层党组织是党在高校全部工作和战斗力的基础。夯实高校党建工作基础,增强基层党组织的创造力凝聚力战斗力,这是高质量开展党建和思想政治工作的关键所在。

为此,学校党委坚持"对标争先"加强师生党支部建设,选取百个党支部,集中展示开展"三会一课"、主题党日、暑期社会实践、"红色1+1"中的优秀做法;组织开展"支部赋能驿站"基层党建实务指导系列活动,集中推出"送党课到基层"专项活动;分类建设具有示范性的基层党委"党建工作室",重点培育"双带头人"教师党支部书记工作室,培育建设学校"党建工作样板支部"……党的建设深入党的肌体的"神经末梢",切实打通基层党建"最后一公里"。

2021年10月28日,北理工召开党支部工作法交流展示会

党的领导是高校思想政治工作的"根"和"魂"——

参天之木必有其根,怀山之水必有其源。五年来,学校党委将思想政治工作作为坚持党领导高校工作的具体体现和加强高校党的建设的重要抓手,坚持用习近平新时代中国特色社会主义思想培根铸魂、凝心聚力,带动党员干部不断砥砺政治品格、坚定政治信仰、提升政治能力，自觉把坚持和加强党的全面领导落实到办学治校全过程、各方面。

以《中国共产党普通高等学校基层组织工作条例》为根本遵循，健全学校党建工作制度体系；持续完善落实党中央决策部署和上级工作要求的快速响应、扎实部署、督查问责工作机制；扎实开展"三严三实"专题教育、"两学一做"学习教育、"不忘初心、牢记使命"主题教育和党史学习教育；压实脱贫攻坚责任，扎实推进脱贫攻坚工作；围绕落实中央巡视整改，做好"后半篇文章"，建立长效机制……在学校党委的坚强领导下，党建思政工作与整体事业发展深度融合，引领保障学校为党育人、为国育才，实现高质量发展。

2021年3月12日，北京理工大学召开党史学习教育动员大会暨专题报告会

号角已吹响，击鼓又催征。满怀光荣梦想，肩负使命重任，北京理工大学将全面贯彻落实中共中央、国务院《关于新时代加强和改进思想政治工作的意见》，全面实施时代新人培育工程，进一步筑牢思想政治工作"生命线"，加快构建贯通高水平人才培养体系的思想政治工作体系，在新的起点上取得新进展新突破，为实现"两个一百年"奋斗目标、实现中华民族伟大复兴的中国梦提供有力人才支撑！

（纪惠文：北京理工大学党委宣传部思想理论办公室主任）

军工文化在高校思政育人中的功能和特色

刘存福 周思彤

(《高校马克思主义理论研究》2020年第6卷第4期)

[摘　要] 军工文化是伴随中国共产党领导的人民军工事业的建设发展而形成的红色文化。它为高校思政育人工作提供了宝贵资源，为上好思政课提供了正确的思想支持和积极的精神感召力量。军工文化是军工类高校建设发展的"根"和"魂"，将军工文化融于高校思政课建设中，发挥着政治导向、价值引领、精神激励和人格注塑的育人功能，呈现出增强高校思政育人的生动性、创新性、实践性的特色。军工类高校致力于传承好、创新好、发展好军工文化，积极开展军工文化思政育人的探索实践活动，为培养既具有忠诚担当和敬业奉献精神、又具有攻坚克难与精益求精品质的军工新人，开创了一条卓有成效的思政育人之路。

[关键词] 军工文化；军工类高校；思政育人；思政课建设

军工文化是中国共产党在革命时期、建设时期和改革开放时期等各个历史时期，独立自主、自力更生地建设、发展人民军工事业和国防科技工业的历程中，积淀下来的光荣历史传统和宝贵精神财富。军工文化在军工类高校的思政育人工作中，发挥着特有的重要作用，对其他各类高校的思政育人工作也有着积极有益的影响。习近平总书记在学校思想政治理论课教师座谈会上的讲话中强调："思想政治理论课是落实立德树人根本任务的关键课程"，"我们党带领人民在革命、建设、改革过程中锻造的革命文化和社会主义先进文化，为思政课建设提供了深厚力量。"军工文化就是这样的"革命文化"和"先进文化"的重要体现。将军工文化融入高校思政课教学与建设中，具有思政育人的重要功能和鲜明特色。

军工文化是高校思政育人的宝贵资源

军工文化根植于国防科技工业的生产建设、科学研究、技术攻关等伟大实践中，以丰富的内容、多样的形式，传递着博大精深的中华优秀传统文化的精髓，蕴含着丰富的精神内涵，承载着强大的精神力量，彰显着中国共产党人在国防科技工业战线上的爱国主义、集体主义、社会主义和革命英雄主义精神。

军工文化是在中国共产党领导的军工事业长期发展的历程中孕育而成的。1931年，中国共产党在江西兴国县创办了"官田兵工厂"，这是我们党领导的军工事业的开始，也是军工文化的发端。在之后的90年时间里，特别是在新中国成立后大力建设与发展国防科技工业的壮伟实践中，创造性地形成了富有红色基因和鲜明特色的军工文化。军工文化的核心是"国家利益至上"。在新民主主义革命时期，军工战线的先辈们在极其艰苦的条件下，竭诚奉献，奋力生产，用热血和生命铸就了军工文化的灵魂。"黄崖洞精神"就是抗日战争时期形成的军工文化的鲜明体现。1939年7月，八路军总部在山西省黎城县境内太行山中部的黄崖洞，开办了当时规模最大、生产能力最强的兵工厂，成为抗日战争时期人民军工事业的一面旗帜，朱德总司令曾将其誉为八路军的"掌上明珠"。黄崖洞兵工厂在极其艰难困苦的环境里，不仅为抗击日寇制造了大量武器装备，而且锤炼出了一支优秀人民军工队伍，铸就了弥足珍贵的黄崖洞精神。黄崖洞精神主要表现为：以国家安危为己任的爱国主义精神，以理想信念为核心的自觉奉献精神，以民族图强为特质的艰苦奋斗精神，以集成攻关为实践的科技创新精神。这种精神为我国军工文化奠定了基础。

在新中国国防科技工业的发展中，革命战争年代形成的军工文化得以传承和弘扬，有了新的发展和提升。在20世纪五六十年代，中国处于极为严峻的国际环境中，遭遇到帝国主义核讹诈、核垄断的严重威胁，为了打破敌对势力颠覆、侵犯中国的图谋，增强我国的国防实力，维护国家安全并为保卫世界和平作贡献，在毛泽东和党中央的英明决策和坚定领导下，开始了研制"两弹一星"的艰巨工作。军工战线的科学家和工作人员在物质技术基础十分薄弱的情况下，克服重重艰难险阻，在较短时间内创造了成功研制"两弹一星"的卓越业绩，同时也铸就了"热爱祖国、无私奉献，自力更生、艰苦奋斗，大力协同、勇于登攀"的"两弹一星"精神。

进入改革开放新时期，为提升我国在世界高科技领域的地位和作用，更好地开发太空资源从而为地球人类造福，我国又开始了大力推进载人航天工程的壮举。

从事这一宏伟事业的建设者们,以奋力拼搏的信心和斗志,攻坚克难,使我国载人航天事业不断捷报频传。在这一伟大实践过程中,也育成了"特别能吃苦、特别能战斗、特别能攻关、特别能奉献"的载人航天精神。在中国特色社会主义新时代,我国的国防科技工业又不断取得骄人成就,其中"北斗三号"全球卫星导航系统的建成开通,成为我国攀登科技高峰、迈向航天强国的重要里程碑。又孕育出了"自主创新、开放融合、万众一心、追求卓越"的新时代北斗精神。这是与"两弹一星"精神、载人航天精神既血脉赓续、又具有鲜明时代特质的宝贵精神财富,为我国的军工文化增添了新的亮丽色彩。

军工文化为高校做好思政育人工作提供了宝贵资源,为上好思想政治理论课提供了正确的思想支持、积极的精神感召、鲜活的英模榜样。这对于培养学生忠诚担当的素质、敬业奉献的德行、创新攻坚的精神、精研细作的风范、纪律严明的品行都是至关重要的。

军工文化在高校思政育人中的功能

我国高等教育要高度重视并利用好军工文化这笔宝贵精神资源,使之在办校兴学、立德树人中发挥特有的教育功能,以更好地解决高校培养什么人、怎样培养人、为谁培养人这个根本问题。这在军工类高校中更有着突出的必要性和重大意义。

(一)政治导向功能

习近平总书记指出:"我国高等教育肩负着培养德智体美全面发展的社会主义事业建设者和接班人的重大任务,必须坚持正确政治方向。高校立身之本在于立德树人。"他还强调说:"在这个根本问题上,必须旗帜鲜明、毫不含糊。"这是我国高等教育的基本政治定位。军工类高校承担着培养国家高科技领域、高涉密行业专门人才的重大任务,无论对学校还是对学生,都提出了更高的政治要求。军工文化完全契合了培养高政治素质军工人才的要求。它作为军工行业的特色文化,具有鲜明的政治底色,突出彰显着对党忠诚、为国效力的坚定政治特质,这是军工文化与其他行业文化不同的鲜明特点。军工文化对军工类高校的人才培养有着重要的政治导向功能。军工类高校坚持以军工文化育人,能够有效引导学生树立正确的政治理念和政治立场,增强学生强烈的政治责任感和政治担当精神,使学生真正具有爱党报国、强军兴邦的政治素养。军工类高校大学生只有将高尚的政治情操践行于人生奋斗旅程中,才能够真正成为为实现中华民族伟大复兴中国梦、维护国家核心利益而坚定不移跟党走、专心致志于军工事业的专门人才。

(二)价值引领功能

军工文化是军工战线创造的先进文化,与人民军队有着天然的联系,汲取了人民军队的先进性因素,凝聚了中国共产党人的革命精神与崇高的价值观,是社会主义先进文化的重要组成部分。军工文化所蕴含的基本精神与社会主义核心价值观是相融相通的,都是层层递进地从公民个人层面、社会层面、国家层面中凝练出共同的价值观念与取向,将个人发展与国家、社会的发展融为一体,发挥着引领人生价值取向的重要功能。每个人都会有自我价值的追求,这有其合理性与必要性,但是人的自我价值不可能脱离国家和社会而孤立地实现。一个人自我价值的最好体现,就是为国家和社会作出了贡献,从而得到国家的肯定和社会的赞誉。从这一意义上来说,国家和社会的价值高于、重于自我价值,自我价值的实现应体现国家和社会价值的需要。军工文化突显为实现国家和社会价值而竭诚奉献的精神,这对正处于人生"拔节孕穗期"的高校学子来说,具有积极的引导与塑造作用,能使之树立起正确的世界观、人生观、价值观,把"爱国情、强国志、报国行"自觉融入建设和发展中国特色社会主义事业之中,使自己的人生价值更充实而精彩。

(三)精神激励功能

军工文化铸就于中国共产党领导人民群众建设军工的典型事迹中,体现着不畏艰难险阻、无私奉献、砥砺向前的家国情怀,激励着一代又一代军工人竭诚奋斗,在国防科技工业战线上作出了卓越贡献。军工类高校在办学育人中坚持传承和弘扬军工文化,积极探索用军工文化引领学生心路、启迪学生心智、滋养学生心灵,有效激发了学生奉献国防、立志成才的积极性和主动性。以军工文化育人,能够增进高校学子的爱国热情和社会责任感,提高其民族自尊心、自信心和自豪感,激励高校学子奋发向上,鼓舞其为中国特色社会主义事业作贡献,对于引导军工类学子扣对、扣好人生第一粒扣子具有深刻的意义。在实现中华民族伟大复兴的征程中,军工文化以其独具一格的文化魅力激励高校学子们向先进的军工榜样、典型的军工事迹学习,使其能够以无畏忘我的精神、顽强拼搏的斗志为祖国的发展努力奋斗,培育出专业技术过硬且军工情怀深刻的新时代军工人才。

（四）人格注塑功能

军工行业具有研发攻坚性、试制危险性、严格保密性的特点。安全高效、品质一流是军工文化的鲜明特征。这就要求从事军工事业的人们具备忠诚担当、无私奉献、攻坚克难、精益求精的特殊人格品质。翻开中国共产党领导的人民军工发展的红色画卷，不乏具有这种特殊人格的英模典型。被誉为"中国的保尔·柯察金"的吴运铎，作为我国抗战时期革命根据地兵工事业的开拓者，用生命践行了自己"把一切献给党"的铮铮誓言。他一生多次负伤，经历过20余次手术，身上遍布100多处伤痕，体内留有几十块弹片，但他置生死于不顾，凭借顽强毅力，始终坚持战斗在军工生产科研第一线，用实际行动诠释了军工人应有的高尚品格。"两弹一星"元勋郭永怀在飞机失事的危难之际，用自己的血肉之躯完好保护了装有绝密资料的公文包。中国核潜艇之父黄旭华，隐姓埋名30年，终生报国不言悔。像这样的诸多军工英雄如群星灿烂，书写了为国竭诚奉献的瑰丽人生，谱就了一曲催人泪下、激人奋进的英雄赞歌，为我国的军工文化注入了高尚感人的人格魅力。将这样的军工文化融入高校思政育人工作中，能够对莘莘学子发挥出巨大人格感染力，起到注塑高尚人格的重要作用。

军工文化在高校思政育人中的特色

军工类高校致力于将军工文化与思政育人工作相结合，力求将军工文化内化于心、外践于行，形成了一系列具有军工类高校品牌特色的育人理念，呈现出了独具一格的军工文化思政育人特色。

（一）增强高校思政育人的生动性

军工文化为高校思政育人工作注入了具象而生动的要素。军工类高校更要大力弘扬军工办学的优良传统，以传承军工文化为主线扎实开展思政育人工作，通过以军工文化研究为特色方向，将马克思主义理论学科建设成为具有军工风格和气质的特色学科。马克思主义学院应通过在全校范围内举办军工文化主题讲座，不断引导学生做新时代军工文化的认同者、军工核心价值的践行者、军工精神的传承者。开设具有军工文化特色的思政课，要在保证课堂教学的理论性的前提下，为学生们讲授军工发展史、军工英雄事迹、军工建校史，从而有效避免思政课的直白讲述和简单灌输。通过深入挖掘军工文化中蕴含的思想政治教育资源，实现思想政治教育与国防科技人才培育的有机融合，使学生们在潜移默化中受到启迪与教育，实现全员全程全方位育人。如北京理工大学马克思主义学院的 VR 仿真《重走长征路》，为学生提供身临其境的参与式学习氛围，以更高效益、更丰富多彩、更形象直观的教学来发挥军工文化的育人功能，不仅大大激发了学生的学习热情，而且也增强了学生的学习体验。

（二）体现高校思政育人的创新性

军工文化的传承离不开创新，创新才能致远。军工类高校在注重传承的长期办学过程中积淀形成军工文化的"根"与"魂"。同时，也注重推动军工文化的创新性发展、创造性运用，从而使学生既透彻了解军工文化的内涵和精神，致力于传承效法，又继往开来，在新时代条件下践行和优化军工文化，更好地发挥其思政育人的作用。军工类高校除着力上好思政理论课外，还通过开设以军工文化为主题的品牌讲座，邀请军工领域的专家学者或杰出校友来校讲课，围绕着国防科技的理论问题、发展趋势或自己充满军工情感的成长故事，丰富学生的军工理论知识，以军工文化的精神感染学生，使军工类大学生能够更加体悟到学校的办学特色，更加明确自身的求学身份，更加心怀强国强军之梦。打造以军工文化为主题的特色校园环境，也会起到思政育人的特殊功效。让学生每天都置于浓厚的军工文化校园之中，使军工文化像空气一样时常浸润着学生的身心，这不仅为学校增加浓郁的军工文化底蕴，也能够展现军工文化的育人特色，达到思政育人的良好效果。军工类高校要不断开创广大学生喜闻乐见的思政育人方式，与时俱进地做好以军工文化启迪学生、引导学生、感染学生这篇大文章，以军工文化武装学生头脑，巩固军工类高校的文化传统，促发军工文化的生命力。

（三）彰显高校思政育人的实践性

军工类高校将军工文化融入思政育人的过程中，有助于理论与实践相结合地培养军工新人，使学生既提高思想水平和政治觉悟，又能致力于掌握军工技能，练就军工报国的过硬本领。习近平总书记要求："要高度重视思政课的实践性，把思政小课堂同社会大课堂结合起来，在理论和实践的结合中，教育引导学生把人生抱负落实到脚踏实地的实际行动中来，把学习奋斗的具体目标同民族复兴的伟大目标结合起来，立鸿鹄志，做奋斗者。"军工类高校在开展国防社会实践活动中，都配备从事思想政治理论课教学的指导教师，通过组织学生走进军工企业、游览军工博物馆、与军工科学技术人员深入交流等活动，使学生实时实地感受军工文化的魅力、军工人的独有气质，使学生从传统的课堂环境中"走出去"，在有温度、有深度、有思想的实践中将军工文化的价值取向"引进来"。学生从中能够充分地领悟到军工文化的价值内核，增强"爱党爱国，服务国防""无私奉献，服从全局"的思想意识。军工类高校通过做实做深以军工文化为主题的系列实践活动，在实践中进行特色思政教育，大力提升思政育人的实效。

加强高校军工文化的思政育人建设

鉴于军工文化在高校思政育人中具有重要功能和特色，所以传承和弘扬好军工文化，加强高校军工文化的思政育人建设是十分必要的。国防科工委 2007 年 1 月发布《国防科工委关于加强军工文化建设的指导意见》，其中就高校军工文化建设提出了明确要求："军工高校作为国防科技高层次人才培养、武器装备研究和服务社会的基地，要结合军工发展的总体要求和高等教育发展形势，进一步凝练办学理念，构筑大学精神，建设大学文化。鼓励自由探索和原始创新，搞好学术道德教育，教育师生树立正确的世界观、人生观、价值观和荣辱观，培养热爱军工、奉献军工的高素质创新人才。"按照这种精神，军工类高校把传承好、创新好、发展好军工文化融入高校思政育人的办学实践中，进行积极探索创新，取得了良好成效。

（一）擦亮学校军工办学底色，讲好军工感人故事

军工文化为思政课的建设与发展提供了深厚力量。军工类高校要通过讲好军工感人故事的途径来发挥军工文化的育人功能，弘扬军工精神，传承军工核心价值观。2019 年 8 月，中共中央办公厅、国务院办公厅印发了《关于深化新时代学校思想政治理论课改革创新的若干意见》，其中要求："研究编制中华优秀传统文化、革命文化、社会主义先进文化、科技创新文化及总体国家安全观等进课程教材指南，编制中华民族古代历史和革命建设改革时期英雄人物、先进模范进课程教材图谱。"发挥好军工文化的思政育人功能，便能很好地体现这一文件要求的基本精神。军工类高校就此做出了积极的探索实践。南京理工大学与中国新四军和华中抗日根据地研究会联合推出"将军讲思政课"系列讲座，营造出学习习近平强军思想、了解中国人民解放军军史和战史、研究国防形势、牢记初心使命的浓厚氛围，是推动军工文化与高校思政课程相结合的有益尝试。北京航空航天大学创立"北航大讲堂"，通过举办以航空航天为主题的高层次系列讲座，将学校的特色军工校园文化融入思政课堂，帮助学生们开阔视野，激发爱国情怀，坚定理想信念，巩

固"空天报国"的北航精神。

（二）发挥学校军工办学优势，建设军工文化宣传阵地

军工类高校立足于自身办学特色，建设具有教育性、观赏性、宣传性的军工类型场馆，以此作为重要的文化宣传与育人阵地，进而能够更详尽、更直观、更生动地弘扬军工文化，强化育人效果。如北京理工大学建设的国防文化主题广场，共陈列展示了六台参加过第二次世界大战或抗美援朝战争的国产、苏制、美制和日制坦克车辆，不仅是北理工科技强国的重要历史见证，更是面向师生开展国防教育和爱国主义教育的全新平台。哈尔滨工业大学坚持航天梦教育"全覆盖"工作目标，集中打造了以哈工大博物馆、哈工大航天馆、哈工大航天园为主体的"两馆一园"航天特色文化育人阵地，以深厚的文化底蕴与鲜明的内涵特色使之成为开展军工文化教育、传播军工精神的重要场所。这些具有军工特色的场馆都使军工类高校思政育人工作的展开更具特色、更有品牌化，是弘扬和创新军工文化的重要载体，也是发挥军工文化思政育人功能的重要形式。

（三）追溯学校军工办学历史，开展军工文化理论研究

军工类高校对自身的军工文化资源进行深入挖掘、研究，不断提炼蕴含其中的思想政治教育资源，使其转化为育人的生动教材，实现全员全过程全方位育人。北京理工大学军工文化教育研究中心不断挖掘"延安根、军工魂"红色基因内涵，深入开展军工文化的理论与实践研究，及时将最新研究成果补充进课堂、教材和社会实践教育活动中，把研究中心建设成为培养军工文化专业人才的课堂、举办军工文化学术活动的载体。

南京理工大学成立国防工业文化研究中心，以"存史、资政、育人"为目标，以国防工业史与军工文化为重点，开展高质量的学术研究、文化推广、思政教育，助力军工文化育人工作的展开，提高了军工文化的研究质量，繁荣了军工文化的发展。

（四）走进军工文化社会课堂，开展"沉浸式"思政育人活动

军工类高校为推动思想政治理论课改革创新，更加高效地发挥军工文化的思政育人功能，围绕军工文化组织开展了丰富多样的社会体验活动，激发全校师生的参与性与积极性，使军工文化更有温度、更有深度、更高效地发挥育人功能。南京航空航天大学的"军工记忆"实践团队，为了将军工文化更好地融入学校的思

政育人工作，分赴北京、西安、成都三地，围绕"载人航天精神"开展了专项社会体验活动，通过实地参观、专题讲座、访谈交流等活动，挖掘军工史的感人事迹，弘扬军工文化，培育学生的军工报国精神。西北工业大学"重温航天史，铸我军工魂"社会实践队，到北京开展近代军工精神的演进与发展调研活动，考察调研了中国人民革命军事博物馆、中国空间技术研究院、中国航天科工集团第三研究院等单位，深刻地了解航天发展史、军工文化精髓，很好地达到了"沉浸式"思政育人的目的。概言之，将军工文化引入高校思想政治教育工作的实践，充分发挥军工文化的思政育人功能，有助于传承和弘扬以黄崖洞精神、"两弹一星"精神、载人航天精神、新时代北斗精神为代表的优秀军工文化，培育具有爱国奉献、自强敬业等军工精神的高校学子。军工类高校开展的思政育人工作始终贯穿军工文化这条主线，呈现了显性和隐性相结合、理论与实践相结合、继承与创新相结合的思政育人特色，不仅有助于创新高校思政工作的发展，落实立德树人的根本任务，也有助于军工类高校打造具有自身特色的思政品牌，开辟一条专属于我国军工类高校的思政育人建设与发展之路。

（刘存福：北京理工大学马克思主义学院党委书记、研究员；周思彤：北京理工大学马克思主义学院研究生）

新时代高校思想政治理论课教师的使命担当

张毅翔　刘兴华

(《思想教育研究》2019年第5期)

[摘　要] 新时代加强思想政治理论课建设具有重要战略意义，这是提升人们"精神生产力"的需要，是加强党在高校领导地位的需要，是巩固马克思主义在高校意识形态领域指导地位的需要。"办好思想政治理论课关键在教师"，高校思想政治理论课教师应谨遵习近平总书记在学校思想政治理论课教师座谈会上提到的"六点要求"和"八个相统一"，以培养担当民族复兴大任的"时代新人"为神圣使命，提升自身内在综合素养和外在业务能力，回归思想政治理论课教学初心与本分，培养出拥护党的领导和我国社会主义制度、立志为中国特色社会事业奋斗终身的有用人才。

[关键词] 新时代；高校思想政治理论课教师；使命担当；时代新人

思想政治理论课是落实立德树人根本任务的核心课程、灵魂课程和关键课程，是办好中国特色社会主义教育的重要保障。"办好思想政治理论课关键在教师，关键在发挥教师的积极性、主动性、创造性。"作为思想政治理论课教学任务的承担者和执行者，思想政治理论课教师是完成教学目标任务的关键，既决定着思想政治理论课教学的水准，也决定着落实立德树人根本任务的质量。广大思想政治理论课教师应认真领悟习近平总书记在学校思想政治理论课教师座谈会（以下简称"座谈会"）上的重要讲话精神，提高使命意识、责任意识、担当意识，遵循"六点要求"和"八个相统一"，自觉、自信、自豪地完成党中央和新时代赋予的神圣使命，培养出担当民族复兴大任的"时代新人"。

新时代加强高校思想政治理论课建设的战略意义

新时代加强思想政治理论课建设有着深远的战略意义、实践意义和长远意义。

（一）实现中华民族伟大复兴迫切需要提升人们的"精神生产力"

人是主要生产力，"一切生产力即物质生产力和精神生产力"，而后者是劳动力或劳动能力的重要构成，是实现中华民族伟大复兴的精神推动力。在实践活动中，人们的政治认识、价值取向、理想信念、道德品质、爱国情怀等精神要素影响主体选择的正确性，影响民族凝聚力和向心力，进而影响社会历史进程。正是由于全国各族人民凝聚了强大的中国精神，汇集了磅礴的中国力量，中国特色社会主义才能快速进入新时代。新时代中国共产党的历史使命"绝不是轻轻松松、敲锣打鼓就能实现的。""两个一百年"伟大目标的实现，依赖全体人民激发强劲的"精神生产力"，在政治上达成共识、在价值上形成认同、在实践上汇聚合力。因而高校不仅要培养"有本领"的专业人才，更应通过思想政治理论课塑造"有理想""有担当"的时代青年，将理想、担当、责任、爱国等精神要素汇入新时代中国特色社会主义建设中。

"精神生产力"具有丰富的内涵，人们政治认识、价值认同、道德品格等的形成和发展离不开社会有意识的教育，教育内容的科学性和正确性决定了"精神生产力"的性质和方向。正确的教育内容使人们正确认识社会发展规律和自身追求目标；错误的教育内容使人们价值观迷失，导致行为与社会发展方向相背。思想政治理论课承担对大学生进行马克思主义理论教育的任务，马克思主义的科学性、实践性和人民性，保证了"精神生产力"的性质方向，为学生心灵埋下真善美的种子，使大学生自觉地将个人理想融入中国特色社会主义共同理想之中，为中华民族伟大复兴中国梦的实现储备强大的精神能量。

（二）加强思想政治理论课建设是加强党对高校领导的基础性工程

"党政军民学，东西南北中，党是领导一切的……各个领域、各个方面都必须坚定自觉坚持党的领导。""学"是党的领导的重要领域，党的领导包括对全国范围内各类学校的领导。高校作为"学"的更高机构，是社会主义人才培养的重要阵地，是坚持党对一切工作领导的重要领域，更应加强党对高校的绝对领导。忽视、轻视、无视高校思想政治工作及思想政治理论课，就是削弱、淡化、放弃党对高校的领导。"坚持党对教育事业的全面领导，首先是思想政治领导。"加强思想政治领导，主要是对广大师生进行马克思列宁主义、毛泽东思想、邓小平理论、"三个代表"重要思想、科学发展观、习近平新时代中国特色社会主义思想的教育，实现这种思想政治领导的重要渠道就是思想政治理论课，它不仅是启发学生心智的"灵魂课程"，更是深入落实党的思想领导、加强党在高校全面领导的"关键课程"。

青年是国家的希望、民族的未来，关注思想政治工作对象中的青年，就关注了思想政治教育对象的重点。大学生是即将投身社会主义现代化强国建设的生力军，把握了青年对象中的大学生群体，也就把握了重点中的重点。通过思想政治理论课教学，要使学生深知党的领导是历史和人民的选择、是实现中华民族伟大复兴的根本保障、是中国特色社会主义最本质的特征，"没有中国共产党的领导，民族复兴必然是空想"。因而要使学生在学习及未来的工作中自觉维护党中央权威和集中统一领导。

（三）世界各国都通过专门课程对本国大学生进行意识形态教育

"国家作为第一个支配人的意识形态力量出现在我们面前。"统治阶级为了确立自己的统治，在支配生产资料分配的同时，支配着精神产品的生产和分配，通过施加"意识形态力量"支配人们的思想意识。大学是意识形态的前沿阵地，各国都不可回避大学生意识形态教育，这种教育的主要形式就是思想政治理论课。思想政治理论课不是中国专有，许多国家也有思想政治理论课，虽然名称、形式有所差异，但本质、性质、功能具有一致性，即对大学生进行政治观、价值观、道德观和历史观教育。作为中国共产党领导的社会主义国家，我国的思想政治理论课必须讲好中国的道路、理论、制度和文化，用习近平新时代中国特色社会主义思想铸魂育人，使大学生牢固树立"四个自信"和"四个意识"。

个别国家的敌对势力为了保护"自己的共同利益"，不仅对本国进行意识形态支配，还对其他国家进行意识形态渗透，妄图瓦解别国的文化安全。"国际上，西方敌对势力一直把我国发展壮大视为对西方价值观和制度模式的威胁，一刻也没有停止对我国进行意识形态渗透，千方百计利用一些热点难点问题进行炒作，煽动基层群众对党委和政府的不满，挑动党群干群对立情绪，企图把人心搞乱。"这些敌对势力将意识形态的触手探及我国高校，利用互联网、教材、论坛等载体在意识形态领域争夺我们的大学生。高校需充分发挥思想政治理论课的重要作用，用马克思主义巩固意识形态前沿阵地，向各种西方所谓的"普世价值"亮剑，使渗透于高校学科、学术、教材、论坛、网络等各个领域的西方意识形态原形毕露、无处藏身。

培养"时代新人"是新时代思想政治理论课教师的使命担当

新时代实现中华民族伟大复兴目标的艰巨性、加强思想政治理论课建设的重要性、增强党的意识形态工作的紧迫性等强化着新时代高校思想政治理论课教师的使命担当：通过思想政治理论课教学实践，培养担当民族复兴大任的"时代新人"，使他们成为建设"两个一百年"伟业的主力军。

（一）"时代新人"是党在教育本质规律认识基础上逐渐形成的新时代表达

党历来优先发展教育事业，在教育实践和规律把握中逐渐明确了中国特色社会主义教育的根本问题和根本任务。1991年国家教育委员会《关于加强和改进高等学校马克思主义理论教育的若干意见》提到"社会主义教育的根本任务，是用马克思主义育人，培养有社会主义觉悟的有文化的建设者和接班人……"1993年《中国教育改革和发展纲要》提到"培养有理想、有道德、有文化、有纪律的社会主义新人，是学校德育即思想政治和品德教育的根本任务"。1995年国家教育委员会《关于颁发试行〈中国普通高等学校德育大纲〉的通知》指出"高等学校的根本任务是培养德智体等方面全面发展的社会主义事业的建设者和接班人"。2005年中共中央宣传部、教育部《关于进一步加强和改进高等学校思想政治理论课的意见》指出充分发挥思想政治理论课的作用，是社会主义大学的本质特征。2008年中共教育部党组《关于学习贯彻胡锦涛总书记在北京大学师生代表座谈会上重要讲话精神的通知》中指出，"要坚持育人为本，德育为先，把立德树人作为教育的根本任务"。2011年中共教育部党组《关于教育战线学习贯彻胡锦涛总书记在庆祝清华大学建校100周年大会上重要讲话精神的通知》中指出，胡锦涛总书记的重要讲话进一步回答了"'培养什么人，怎样培养人'和'办什么样的大学，怎样办好大学'这两个根本问题"。2014年教育部《关于全面深化课程改革落实立德树人根本任务的意见》指出"立德树人是发展中国特色社会主义教育事业的核心所在"。2016年，习近平总书记强调高校教育的根本问题是"培养什么样的人、如何培养人以及为谁培养人""高校立身之本在于立德树人"。2018年，习近平总书记在全国教育大会上3次提到"根本任务"："立德树人"根本任务、"社会主义建设者和接班人"根本任务、"拥护中国共产党领导和我国社会主义制度、立志为中国特色社会主义奋斗终身的有用人才"根本任务。2019年，习近平总书记在座谈会上多次强调立德树人根本任务，提出"解决好培养什么人、怎样培养人、为谁培养人这个根本问题"，要"努力培养担当民族复兴大任的时代新人，培养德智体美劳全面发展的社会主义建设者和接班人。"党的十八大以来，党进一步明确了教育的根本任务、根本问题、中心环节、办学方向等重大问题，这些重大问题共同指向"人"，在新时代集中表现为培养出能够担当民族复兴大任的"时代新人"。

（二）培养"时代新人"是"培养什么样的人、如何培养人以及为谁培养人"的直接应答

"培养什么样的人、如何培养人以及为谁培养人"这一教育根本问题具有普遍意义，任何国家在制定教育方针政策时都要考虑这一根本问题，培养出符合国家利益、民族利益和政党利益的学生。而思想政治理论课是解决这一根本问题的重要方略。我国是共产党领导的社会主义国家，决定了我国教育培养的是"为人民服务、为中国共产党治国理政服务、为巩固和发展中国特色社会主义制度服务、为改革开放和社会主义现代化建设服务"的人，决定了我们"立德树人"所"树"的"人"是担当民族复兴大任的"时代新人"。

我国的思想政治理论课是通过马克思主义理论教育（即"如何培养人"），为党、国家和人民（即"为谁培养"）培养"时代新人"（即"培养什么样的人"）。具体来说，是通过系统的马克思主义理论、社会主义核心价值体系，尤其是习近平新时代中国特色社会主义思想教育，使学生树立正确的世界观、人生观、价值观、政治观、道德观和法治观，培养出符合党、国家和人民需要的政治坚定、思想过硬的社会主义现代化建设者和接班人。高校思想政治理论课教师应旗帜鲜明地贯彻习近平新时代中国特色社会主义思想，落实立德树人的根本任务，"培养一代又一代拥护中国共产党领导和我国社会主义制度、立志为中国特色社会主义事业奋斗终身的有用人才。"

（三）培养"时代新人"即为实现新时代伟大事业培养社会主义建设人才

1995年国家教育委员会《关于试行〈中国普通高等学校德育大纲〉的通知》提到把学生培养成"一代新人"，习近平总书记在党的十九大和"座谈会"上提到"时代新人"。"时代新人"不同于"一代新人"的重要区别体现在"时代"上，它特指在新时代中华民族伟大复兴的历程中，一代代青年人以此为共同奋斗目标，形成延绵不绝、雄浑厚重的合力，持续推进伟大目标的实现。同时，"时代"的发

展性也预示着当"新时代"的历史使命完成后,中国共产党带领人民实现共产主义的更高理想和最终目标,那将成为更高层级的奋斗目标,那时的"时代新人"将以实现共产主义为更高奋斗目标,以更强大的斗争精神实现人类社会发展的最高目标。无论是完成"新时代"中华民族伟大复兴的历史使命,还是完成实现共产主义的最高目标,都要在中国共产党的领导下完成,这是"时代新人"形成和发展的根本前提,也是"时代新人"的前提性特征。没有中国共产党的领导,中华民族伟大复兴和共产主义的实现就是空谈。中国共产党的领导是中国人民的选择和历史的必然,是中国特色社会主义制度的最大优势,是中国特色社会主义最本质的特征,是实现中华民族伟大复兴的根本保证。培养实现中华民族伟大复兴的"时代新人",使他们致力中华民族伟大复兴,重要的政治前提和根本保障是坚持和拥护中国共产党的领导。只有在这个前提下,大学生才能成为"时代新人",新时代伟大历史目标才能实现。

高校思想政治理论课教师培养"时代新人"的实践遵循

培养"时代新人"是高校思想政治理论课教师义不容辞的崇高使命。思想政治理论课教师必须认清新时代思想政治理论课的战略地位和意义,全面把握党对高校思想政治理论课的总体要求,遵循习近平总书记在"座谈会"上提到的"六点要求"和"八个相统一",提高政治觉悟、思想认识、学术水平、师德人格和业务能力。

(一)以培养"时代新人"为本,引导大学生顺利"拔节孕穗"

"思想政治工作从根本上说是做人的工作,必须围绕学生、关照学生、服务学生",思想政治理论课作为高校思想政治工作的主渠道,必须围绕学生、关照学生、服务学生。首先,思想政治理论课教师应"爱"学生,充分尊重与关爱学生,认识其在思想政治理论课教学中的主体性地位。大学生是即将奔赴全国各个工作岗位从事社会主义建设的主力军,他们是祖国的未来和希望,是致力于中华民族伟大复兴的"时代新人",因此应对他们格外关心和照顾,向他们讲清新时代的重要历史意义和他们的使命担当,使他们保持愉悦的心情、饱满的信心、坚定的意志,主动承担属于他们的历史使命。其次,思想政治理论课教师应"懂"学生,了解和把握"00"后大学生的"认知规律和心理特点",了解他们的所知、所需、所想、所为，有针对性地对他们进行引导培养。"青少年阶段是人生的'拔节孕穗期'，最需要精心引导和栽培。"做到精心引导和栽培，必须了解大学生"拔节孕穗期"的生长特点，根据大学生所处这一特殊阶段的特点和规律，有针对性地"追肥施料""化学除草""病害防治"。再次，思想政治理论课教师应"育"学生，发挥教师的主体和主导作用。"发挥学生主体性作用"，不是取消教师的主体地位，而是在整个思想政治理论课教学过程中激发学生参与的主体能动性，教师依然发挥主体作用，主导学生认同社会主义核心价值观和中国特色社会主义理论体系，没有教师的主导，学生很难自觉形成新时代中国特色社会主义建设目标所需要的思想认识、价值取向和政治觉悟。

（二）提高综合素养和业务能力，增强思想政治理论课的思想性、理论性和亲和力、针对性

习近平总书记提出的"六点要求"是对思想政治理论课教师的内在综合素养要求，思想政治理论课教师只有做到"政治要强、情怀要深、思维要新、视野要广、自律要严、人格要正"，才能胜任新时代思想政治理论课教学重任。习近平总书记提出的"八个相统一"是对思想政治理论课教师的外在业务能力要求。为完成习近平总书记对思想政治理论课教师提出的内在综合素养要求和外在业务能力要求，思想政治理论课教师必须全面提升自己的职业能力。首先，思想政治理论课教师要具备政治能力，"不断提高政治觉悟和政治能力，把对党忠诚、为党分忧、为党尽职、为民造福作为根本政治担当，永葆共产党人政治本色"。思想政治理论课教师必须坚定政治立场、确立政治理想、把握政治方向、严守政治纪律、保持政治定力，永葆政治本色。其次，思想政治理论教师要增强理论能力，包括理论理解能力、讲解能力等。2016年，习近平总书记在全国高校思想政治工作会议上提到"提升思想政治教育亲和力和针对性"，而在"座谈会"上则强调"要不断增强思政课的思想性、理论性和亲和力、针对性"。增加"思想性""理论性"并置前，突显了思想政治理论课的属性特征，其价值体现在思想性、政治性、理论性上，思想政治理论课教师应提高理论水平和研究能力，以高超的理论能力阐释教学难点、理论热点和社会思潮。再次，思想政治理论课教师应增强教学能力，包括课堂管理能力、组织能力、方法运用能力等，在教学内容的规定下，丰富教学载体和形式，调动学生的主体性和参与性，使教与学、师与生、道与术融为教育过程的有机整体。

（三）各高校专设思想政治理论课教学研究方向，教师回归教学初心与本分

思想政治理论课是科学，思想政治理论课教学也是科学，每位思想政治理论课教师都应研究这一科学，将思想政治理论课教学作为必须的研究方向，不断提高教学能力和教学质量。近年来，作为思想政治理论课支撑的"学科体系"和"教材体系"建设成效显著，但"教学体系"发展略显不足，个别思想政治理论课教师并未围绕马克思主义理论一级学科所属的相应二级学科开展科学研究，科研方向与教学内容关联不大。为解决这种"学科—教学""科研—教学"脱节现象，广大思想政治理论课教师应将工作和研究重心回归下移到培养"时代新人"的使命担当上，坚守四个"回归"，回归教学初心与使命，认真研究教学规律，总结教学经验，提高教学水平，提升教学效果。目前，高校本科生思想政治理论课与马克思主义理论一级学科的各个二级学科严格对应："马克思主义基本原理概论""毛泽东思想和中国特色社会主义理论体系概论""中国近现代史纲要""思想道德修养与法律基础"课程分别对应"马克思主义基本原理""马克思主义中国化研究""中国近现代史基本问题研究""思想政治教育"学科。这种"分而治之"严密对应的形式有利于各方向教师深入研究各自所属的学科领域，深入细致地开展本课程教学，但都忽视了思想政治理论课教学法的共性研究。各门思想政治理论课的教学内容虽然不同，但面对的教育对象、教育环境、教育政策和教育目标相同，作为马克思主义理论一级学科下的二级学科，很多教学内容也具有交融共通性，因此，各高校需要专设思想政治理论课教学研究方向，构建适合本校特色及学生特点的思想政治理论课教学方法论，对思想政治理论课教学中的一般问题和特殊问题进行整体性统一研究。

（张毅翔：北京理工大学马克思主义学院副院长、教授；刘兴华：郑州轻工业大学马克思主义学院教师）

在高校校训文化中传承并发扬延安精神

张尔葭

(《中国高等教育》2020年第19期)

[摘　要] 校训展现着学校的精神传统和文化气质，具有鲜明的历史性和时代性。在新时代不断赋予校训文化新的价值内涵，是大学校园文化建设的题中应有之义。在高校校训文化中传承并发扬延安精神，要以学校历史发展为基础，发挥榜样力量，通过新角度解读，多渠道推进，打造校训品牌，使校训深入人心。

[关键词] 延安精神；大学校训；校园文化

延安精神是中国共产党在延安时期创造出的具有中国特色的无产阶级革命精神，具体表现为坚定正确的政治方向，解放思想实事求是的思想路线，全心全意为人民服务的根本宗旨，自力更生艰苦奋斗的创业精神。习近平总书记指出，"延安精神是中华民族优良传统的继承和发展，是我们党的性质和宗旨的集中体现。弘扬延安精神，对于推进中国特色社会主义事业、实现中华民族伟大复兴具有重要意义。"我国高等院校是培养德智体美劳全面发展的社会主义建设者和接班人的重要场所，是传承中华民族优良传统的重要基地。校训是高等院校的"座右铭"，是校园文化的重要组成部分，体现着学校的文化积淀、育人理念、精神风貌和情怀境界，对规范勉励青年学生，引导他们成长成才至关重要。本文通过研究北京理工大学等具有延安精神基因的高校校训文化建设，分析如何在高校校训文化中传承并发扬延安精神，以期对新时代中国高校的文化建设提供参考。

挖掘学校历史传承延安精神

校训是大学在长期发展过程中自然形成的办学理念精华，承袭大学之精神，体现大学文化之深厚底蕴。一个学校的校训,是对学校历史的提炼和升华。纵观当下我国高校校训,不少学校都在追求美学意蕴的同时,努力展现文化底蕴,多是引经据典,聚焦我国教育事业的悠久历史。中国人民大学、北京理工大学、中国农业大学等具有延安基因的高校校训从酝酿到正式确定经过了一番艰辛探索,与中国特色高等教育的改革和发展同步。中国人民大学的前身是1937年诞生于抗日战争烽火中的陕北公学院,80多年来始终保持、继承并发扬"实事求是"优良传统,并赋予了其新的时代内涵。成立于1941年的延安大学最初由泽东青年干校、中国女子大学、陕北公学院三校合并而成,校训为"立身为公,学以致用",既承袭了陕北公学之"公"的所有含义,也蕴含着人格品质、道德学养等意义,而"学以致用"与延安精神"理论联系实际"更是一脉相承。

北京理工大学的前身则是1940年中共中央为"培养抗战建国的技术干部和专门技术人才"而创建的延安自然科学院,是中国共产党创立的第一所理工科高等学府。当时学校虽没有成文规范的校训,但实事求是、理论联系实际、全心全意为人民服务和自力更生艰苦奋斗的延安精神成为师生的精神坐标和行动准则,实际上充当着校训的角色,为以后学校的校训文化建设树立了榜样。2010年,北京理工大学在建校70周年之际,将校训正式确定为"德以明理,学以精工"。这一校训在继承和尊重学校的红色历史和革命传统中积蓄力量,传承了学校"延安根,军工魂"的红色基因,凸显了学校的学科背景和师生个性,蕴含着学校的历史使命和时代责任。与此同时,"团结、勤奋、求实、创新"被确定为校风,"实事求是,不自以为是"被确定为学风。学校校园文化建设向着系统完备、规范科学的方向迈进。

以榜样的力量助推延安精神

在校训文化建设的过程中,树立榜样有助于师生察己思齐,使学习实践校训事半功倍。经过历史沉淀和精心设计的校训,只有通过师生践行才能鲜活起来,真正发挥育人作用。北京理工大学在解释和推广校训"德以明理,学以精工"的过程中,坚持通过榜样的力量感染人、鼓舞人和教育人,注重及时发现和宣传学校个人和团队的先进事迹,号召师生向榜样学习,八字校训成为传统经典的"北理工诠释"。

老校长徐特立身上体现出的延安精神,是学校永远的精神标杆。徐特立是著名的革命家和教育家,被毛泽东同志赞为"革命第一,工作第一,他人第一"。徐特立担任延安自然科学院院长期间以身作则，言传身教何为"德以明理，学以精工"，为学校留下了宝贵的思想文化财富。

在担任延安自然科学院院长前，徐特立作为老战士"牵着马尾巴行军"的故事在青年学生中广为流传。担任院长后，徐特立躬身垂范，教导师生要树立牢固的共产主义理想，要有集体主义观念，鼓励学生艰苦奋斗。他给学生上的第一节课就是"自己动手，克服困难，吃苦耐劳，艰苦奋斗"，在古稀之年带领师生打窑洞、修道路、开荒种地、背运物资等。新中国成立以后，学校秉承徐特立的德育思想，提出培养"红色国防工程师"口号，着力加强德育工作建设，被授予全国党建和思想政治工作先进高等学校荣誉称号。

北京理工大学将对徐特立的宣传和学习纳入学校校园文化建设的长期规划中。在北京理工大学校园文化景观中，矗立有徐特立的雕像和他的题字石。1984年12月，北京理工大学设立了最高荣誉级别的"徐特立奖学金"。2013年，学校成立徐特立学院，致力培养"担当民族复兴大任、具有扎实的数理化科学基础、优良的人文素养、宽广的国际视野、敏锐的学术前沿意识、卓越的研究能力的领军领导人才"。

以新角度解读新时代的延安精神

延安精神全心全意为人民服务的根本宗旨要求我们要办好人民满意的教育。新时代的新历史方位，对大学教育提出了更高更新的要求。习近平总书记要求广大教师要做"四有"好老师，做学生的"四个引路人"，师德师风建设要做到"四个相统一"。所以，及时有效地赋予校训以新的时代内涵，不仅是我国高校校训自我演进升华的必然结果，也是推动落实新时代大学教育要求的必然选择。北京理工大学对照党和国家的重要部署，以时代发展为契机，从新角度表达和实践校训，促其能历久弥新。

一是强调要不忘初心，矢志报国。校训不仅会伴随人的学生时代，更将跟随其走入社会。所以，"德以明理，学以精工"不应只是对个人的关怀和希望，还应是对师生服务国家和人民的明确要求。为中国人民谋幸福，为中华民族谋复兴，是中国共产党人的初心和使命，也是激励北理工人艰苦奋斗、科技报国的根本动力。被誉为"国防工程师的摇篮"的北京理工大学与共和国共同成长，曾创造了新中国历史上的诸多"第一"：第一台电视发射接收装备、第一枚固体高空探测火箭、第一辆轻型坦克等，这些成果体现了一代代师生投身抗战建国、献身国防科技、服务国家发展的光荣历史和高尚品格。新中国成立后,北理工人热爱国防,献身国防,甘当无名英雄。1958年9月8日,两枚代号为"505"的"东方1号"二级高空火箭由学校的前身北京工业学院的师生发射成功。成就的背后,是百余名师生在缺乏实践经验的背景下,在工厂、实验室、野外靶场的艰苦环境中反复试验。1981年,化学工程系77级19名共产党员致信党组织,"到祖国最需要的地方去"成为北理工人心系国防、报效祖国的真诚誓言。几十年来,北理工人以满腔热血和辛勤汗水信守师长们对祖国的诺言。在祖国的边疆、深山、高原、大漠、海洋,处处都有北理工人的身影。他们默默无闻,将自己的"青春梦"融入祖国的"航天梦""强军梦"中,为中华民族的振兴立下了不朽功勋。

二是坚持求真务实,自主创新。习近平总书记在庆祝中国人民解放军建军90周年大会上的讲话中强调指出,"要全面实施科技兴军战略,坚持自主创新的战略基点,瞄准世界军事科技前沿,加强前瞻谋划设计,加快战略性、前沿性、颠覆性技术发展,不断提高科技创新对人民军队建设和战斗力发展的贡献率。"进入新时代,北京理工大学进一步探索"德以明理,学以精工"与国家发展的契合点,力求使学校在走中国特色自主创新道路、实现建设世界科技强国的奋斗目标中继续发挥重要作用。学校坚持创新驱动,锐意进取,牵头的成果多次获国家科学技术奖,学生团队在海内外创新创业比赛中屡创佳绩。2019年,学校牵头获得国家科学技术奖5项,其中国家技术发明一等奖1项;牵头承担国家重点研发计划8项;"高能量物质前沿科学中心""多模态智能机器人及系统集成攻关大平台"获批立项;"北理工1号"卫星成功发射;学生获中国"互联网"大学生创新创业大赛两项金奖,获"人工智能国际挑战赛"总冠军。北京理工大学坚定助力军民融合,争当创新发展排头兵。学校于2018年成立了军民融合创新研究院,研究院围绕新型交叉前沿和未来战略需求,聚焦新能源、新材料、新型信息、高端制造以及太空网络空间、人工智能等重点领域,力求培育一批优秀的军民融合创新成果,带动构建军民深度融合要素齐全的军民融合大体系。

三是发挥自身优势,助力国家关键时刻。北京理工大学始终与党和国家同呼吸、共命运,勇担时代责任。延安时期,学校曾充分发挥科学技术优势,制造"丰足牌"火柴、玻璃、肥皂和几百万枚军装用铜纽扣,指导炼铁厂、火药厂生产,探明开采油井、气井,设计修建边区水坝,安装了水轮机等,及时有效地解决了边区军民的燃眉之急。新中国成立后,学校以发展壮大国家的军工国防力量为己任,艰苦奋斗,开拓创新,为国家安全提供了强有力的支撑。新时期以来,学校师生牢记使命担当,在国家发展的关键时期发光发热。"北理牌"电动车实现了2008年北京奥运会场区"零排放",奥运会开闭幕式中令人印象深刻的烟花背后是北京理工大学科技团队的技术支持。此外,平昌冬奥会"北京八分钟"、国庆群众游行和联欢晚会、中央电视台春节联欢晚会等系列重大项目和任务的顺利完成,都离不开北京理工大学团队多年来研发的数字表演与仿真高科技成果。

通过多渠道共推延安精神

北京理工大学的校训文化建设坚持以延安精神为抓手,坚持师生的主体性和学校的主导性相统一。学校通过加强顶层设计,推动校训文化建设长效化、制度化,打造校训特色品牌,使之发挥强大的影响力、号召力和凝聚力。

一是将校训精神与对人才的培养考核紧密对接。校训被写入学校章程,成为学校制定政策和规划发展的精神航标。2006年起,学校规定应届本科生必须进行德育答辩。答辩要求学生总结本科期间自己的道德观、法律和纪律观念、心理素质、思想素质、政治观念、文化素质、择业观、社会工作情况、重大事件期间的思想和具体表现,撰写个人德育状况论文,以班级为单位,通过答辩会的形式,向班级的同学、答辩委员会成员宣读,同时接受提问,回答问题,由同学和答辩委员会就其德育表现做出评价。2012年,学校推出旨在培养创新人才的"明精计划",该计划优化整合学校优势资源,重点支持高端交叉课程建设。2018年,为贯彻落实"以本为本"的要求,夯实建设世界一流大学的基础,学校启动了新时期最大规模最深层次的人才培养改革,正式实施"书院制"。其中,"明德书院"和"精工书院"的名称直接取自学校校训。九个书院的新生在学术导师、学育导师、专业导师、德育导师、朋辈导师、通识导师、校外导师等各类导师的帮助下,素质全面发展。北京理工大学的青年学子,正接过师长们的接力棒,朝着"胸怀壮志、明德精工、创新包容、时代担当"的领军领导人才坚定迈进,成为新时代的新青年和追梦人。此外,针对教师队伍建设,学校表彰奖励政治素质过硬、业务能力精湛、育人水平高超的教师,严格教师考核制度,对教师实施师德"一票否决制"。

二是将校训精神融入学校思想政治教育工作。近年来,北京理工大学扎实推进育人过程中的"德学统一"和人才培养的"德才兼备"。学校领导带头讲授思政课,并将校训精神作为关键部分;策划部署新生入学教育和军训,组织红色故事新生宣讲团,引导学生在激昂的号角声中磨砺意志品格,勇担社会责任;将校训精神引进思政课堂,努力宣传和弘扬延安精神;结合重大事件和关键时间有针对性地开展多层次、多元化的活动,包括教育教学、社会实践、志愿服务等,使校训文化贯穿学校立德树人的全过程；通过表彰大会、"我爱我师"评选活动，加强师生对活动的参与感和关注度，扩大对师生道德楷模的宣传，营造文化育人的良好氛围。为凝聚青春正能量，加强理想信念教育，2018年，学校开展了"担复兴大任，做时代新人"主题教育活动。在演讲比赛、宣讲团轮讲、新生团支部授课并录制课程视频等丰富多彩的方式中，学生们树立远大理想、向身边榜样看齐的决心生根发芽。此外，学校积极开展校训精神特色活动，以校训引领校园文化。学校举办人文知识竞赛、国防知识竞赛、校史知识竞赛、相关主题的演讲比赛和征文比赛；校报开辟"我与校训"专栏，刊载学生对校训的理解与思考；学院召开贯彻校训精神研讨会。在学校的精心部署和各部门的全力配合下，师生对校训耳熟能详，并将其作为自己奋斗的座右铭。

（张尔葭：北京理工大学马克思主义学院讲师）

一流大学培育和践行社会主义核心价值观的路径探索
——以北京理工大学为例

苟曼莉　董学敏

(《北京理工大学学报(社会科学版)》增刊 2020 年 S1 期)

[摘　要] 党的十八大以来，我国高等教育领域全面深化改革，围绕立德树人根本任务，加强党的领导，加强和改进思想政治工作，坚持在高校中培育和践行社会主义核心价值观，提高学生思想觉悟、道德水准、文明素养，取得了较明显的效果。然而，面对新时代新形势，高校在培育和践行社会主义核心价值观的过程中，还存在融入的全面性、深入性不够，路径体系不明晰、不充分、不到位等问题。通过从教育引导、实践养成、舆论宣传、文化熏陶、制度保障等方面进行实践探究，提出在一流大学中培育和践行社会主义核心价值观的路径方向，进而为加强思想政治工作贯通高校人才培养改革提供科学性、有效性的指导。

[关键词] 高等教育；思想政治工作；社会主义核心价值观

高校培育和践行社会主义核心价值观重要意义

习近平总书记指出，人类社会发展的历史表明，对一个民族、一个国家来说，最持久、最深层的力量是全社会共同认可的核心价值观。核心价值观，承载着一个民族、一个国家的精神追求，体现着一个社会评判是非曲直的价值标准。古人说："大学之道，在明明德，在亲民，在止于至善。"核心价值观，其实就是一种德，既是个人的德，也是一种大德，就是国家的德、社会的德。国无德不兴，人无德不立。习近平总书记在北京大学师生座谈会上讲到，青年的价值取向决定了未来整个社会的价值取向,而青年又处在价值观形成和确立的时期,抓好这一时期的价值观养成十分重要。这就像穿衣服扣扣子一样,如果第一粒扣子扣错了,剩余的扣子都会扣错。人生的扣子从一开始就要扣好。青年要使社会主义核心价值观成为自己的基本遵循,并身体力行大力将其推广到全社会去。

大学是立德树人、培养人才的地方,是青年人学习知识、增长才干、放飞梦想的地方。党的十九大报告中提出要"加快一流大学和一流学科建设,实现高等教育内涵式发展"。一流大学要走好内涵式发展道路,办出中国特色世界一流大学,最根本的是要全面贯彻党的教育方针,解决好培养什么样的人、如何培养人以及为谁培养人这个根本问题,加强党的领导和党的建设,加强思想政治工作体系建设,坚持不懈培育和弘扬社会主义核心价值观,引导广大师生做社会主义核心价值观的坚定信仰者、积极传播者、模范践行者,把中国特色社会主义道路自信、理论自信、制度自信、文化自信转化为办好中国特色世界一流大学的自信,努力培养担当民族复兴大任的时代新人,培养德智体美劳全面发展的社会主义建设者和接班人。

高校培育和践行社会主义核心价值观现状及问题

党的十八大以来,我国高等教育领域全面深化改革,围绕立德树人根本任务,加强党的领导,加强和改进思想政治工作,坚持在高校中培育和践行社会主义核心价值观,提高学生思想觉悟、道德水准、文明素养,取得了较明显的效果。各高校结合自身特色,遵循贴近实际、贴近生活、贴近学生的原则,统筹学校各部门及各类教学资源,基本形成了培育和践行社会主义核心价值观的工作机制。在实践中探索将社会主义核心价值观教育的培养目标融入一些专业核心课程中,打造"课程思政"。在日常思想政治教育过程中,通过校园新媒体平台、社会实践、社团活动、校园文化活动等途径融入社会主义核心价值观教育,在这些课程活动中,既展示了新时代青年学子践行社会主义核心价值观的青春风采,又坚定了大学生的价值观自信。

然而,面对新时代新形势,高校在培育和践行社会主义核心价值观的过程中,还存在融入的全面性、深入性不够,在新时代一流人才培养过程中培育和践行社会主义核心价值观路径体系不明晰、不充分、不到位等问题。因此,我们需要进一步推进和深化社会主义核心价值观融入高等教育全过程,在人才培养各环节中形成有利于社会主义核心价值观培育的育人氛围。

一流大学培育和践行社会主义
核心价值观的路径探索

在进行"双一流"建设过程中,要坚持问题导向与目标导向相统一,深入推进人才培养综合改革,不断建立适应"双一流"建设目标的高水平人才培养体系,以改革实践解决一个一个具体问题,进而一步一步实现人才培养目标。笔者结合北京理工大学培育和践行社会主义核心价值观的具体实践,对一流大学培育和践行社会主义核心价值观的实施路径提出如下思考和建议。

(一)将社会主义核心价值观融入教育教学

用社会主义核心价值观引领知识教育。大力培育和践行社会主义核心价值观,将社会主义核心价值观全程贯穿于思想政治理论课堂、巧妙贯穿于专业课堂、柔性贯穿于通识课堂。加强和改进思想政治教育,充分发挥"思政课"课堂在教育中的主渠道作用,用新时代中国特色社会主义思想铸魂育人,积极推进社会主义核心价值观进教材、进课堂、进头脑,深入挖掘科学有效的教学理念和教学模式,培养一支高素质的思政课教师队伍。专业学院结合课程实际,发掘和运用各学科蕴含的思想政治教育资源,把做人做事做学问的基本道理、社会主义核心价值观的要求、实现民族复兴的理想和责任融入各类课程教学之中,使各类课程与思想政治理论课同向同行,形成育人合力。

用社会主义核心价值观引领德育和思想政治教育。坚持以马克思主义为指导,凸显大学生思想道德建设的思想引导力,加强社会主义先进文化教育,将社会主义核心价值观融入德育和思想政治教育过程中,重点开展以爱国主义为核心的民族精神教育、以改革创新为核心的时代精神教育。以北京理工大学为例,结合中华人民共和国成立70周年、纪念五四运动100周年等重要时间节点,广泛开展"我的中国梦""我的祖国我奋斗""担复兴大任、做时代新人"等主题教育活动。在学习讨论、实践、选树、深化等压茬推进的各环节,将社会主义核心价值观贯穿始终,构建起"学思践悟"相统一的教育体系,建立了抓在经常融入日常的大学生思想引领长效机制。同时,结合"德育答辩""大学 青春 人生""青春榜样"等品牌活动,选树推广展示一批青春奋进、爱国奋斗的典型案例,发挥青春榜样的示范作用。

(二) 社会主义核心价值观的实践养成

明确社会实践目标，确保社会主义核心价值观教育导向。充分认识社会实践的重要意义，支持鼓励大学生开展校园实践活动，将参与、服务、保障重大政治活动作为培育和践行社会主义核心价值观教育的重要内容。如以中华人民共和国成立70周年、五四运动100周年、首都大型国际国家会议活动等重大事件为契机，组织开展面向扶贫一线、新农村、军工企业以及"一带一路"沿线国家的社会实践行动，组织开展"红色筑梦"创新创业行动，通过开展社会实践和志愿服务活动，帮助青年学生在重大事件历练中受教育、长才干、作贡献，把社会实践在核心价值观教育中的优势发挥出来，在构成教育活动完整性的同时，也服务于社会主义核心价值观目标的实现。社会实践中确保社会主义核心价值观教育的导向，是高校履行立德树人时代使命的基础。

丰富社会实践内容，完善社会实践载体，开拓社会主义核心价值观教育空间。将社会主义核心价值观融入各种学术活动、教学活动、校园文化活动和社会实践中，在体验式实践活动中开展社会主义核心价值观教育，通过亲自经历社会实践，将实际问题抽象成价值理念，通过多种不同形式和内容的社会调查、参观访问和社会考察活动，让大学生切身感受祖国改革开放以来翻天覆地的变迁，并在具体实践活动中结合社会主义核心价值观所倡导的内容，拓展思想认识深度，坚定对祖国和人民的热爱，使大学生在实践中学会正确处理个人、集体、社会三者之间的关系，把握好个体和社会的辩证关系，培养大学生的服务意识、奉献精神和爱国情怀。通过大力开辟农村、社区、企业等不同类别实践载体，为大学生投身社会、服务社会、塑造健康人格提供物质保障和社会环境。加强大学生自愿服务团队建设，如成立支教团、青年志愿者协会等，发挥社会主义核心价值观的引导力，大力弘扬奉献精神，努力形成社会主义核心价值观教育自愿服务的品牌。

(三) 做好社会主义核心价值观舆论宣传

创新改进舆论宣传方式，遵循网络传播规律，弘扬主旋律，激发正能量。把握好网上舆论引导的时、度、效，着力增强舆论宣传的思想性、教育性、服务性、互动性。例如，北京理工大学实施社会主义核心价值观校园传播计划，把握新媒体的传播规律，贴近时代特点，紧扣年度主题，走进校园生活，于新媒体校园传播内容中深入开展爱国主义、中国特色社会主义教育，于精彩丰富的新媒体载体中讲好校园故事，以文化人、以文育人、以情感人，培育优良校风学风，于网上网下相连接的作品和活动中开展全方位育人工作，做到新媒体作品内容有事可讲、有情可依、有理可据。

搭建平台组织创作高质量的新媒体作品。例如，北京理工大学不断优化网络新媒体阵地建设，建设新媒体工作室，打造百余支学生新媒体团队，依托"延河星火"短视频、辅导员随笔、学工系统新媒体重点团队、"瞭望杯"大学生新媒体文化节等平台发挥学校学科和人才优势，紧贴社会主义核心价值观教育主题内容，将社会主义核心价值观内容成功引入大学生的学习、生活、求职、交往等方面，引导大学生形成健康向上的学习方式和生活观念，推出一批网络文化精品力作，推进社会主义核心价值观内化于心、外化于行。

（四）做好社会主义核心价值观文化熏陶

将社会主义核心价值观融入高校精神文化，充分发挥大学文化的内在支撑力和驱动力。例如，北京理工大学凝练"北京理工大学精神"，以"延安根、军工魂"为精神文化内核，将社会主义核心价值观融入大学精神与办学理念的凝练中、思想宣传活动的强化中、学风教风校风精神文化体系中、中华优秀传统文化的弘扬中以及国情、党史、校史教育中。此外，把日常管理与价值导向有机统一，以推动师生价值观养成为着力点，引导师生在日常教学科研、管理服务各个环节践行、传承大学精神，形成符合社会主义核心价值观基本要求的思想观念和行为方式。

加强校园文化活动建设，用校园文化涵育核心价值观。以丰富积极健康的校园文化活动，充分发挥各级党团组织的组织领导作用，重视发挥学生会、学生社团和班级的主体作用，形成学校、学院、班级、社团多层次、多方位、立体化的校园文化发展格局。例如，北京理工大学积极打造校园文化活动品牌，结合学校办学历史、办学定位和文化传统，举办"百家大讲堂"，打造深秋歌会、"一二·九"合唱、纪念"一二·九"运动校园长跑、新年音乐会等校园文体活动"十大品牌"，用社会主义核心价值观占领校园文化阵地，支持师生原创歌剧、舞蹈、音乐、影视等文艺精品创作，鼓励师生讲述身边人、身边事，在潜移默化中达到"润物细无声"的效果。

（五）完善培育和践行社会主义核心价值观保障机制

在组织保障方面，建立有效的"宏观"组织保障，做好学校层面的顶层设计；建立有力的"中观"组织保障，明确学校有关部门、学院这一层次的"融入"工作中的工作职责和要求；建立有用的"微观"组织保障，抓好党支部和班级、团支部、社团、宿舍这些基层单元的工作落实。在队伍保障方面，打造一支有力的党政领导干部队伍、培养一支敬业的专业课教师队伍、塑造一支专业的后勤服务队伍，充分发挥"三全导师"育人力量，让这些骨干队伍成为学校践行社会主义核心价值观的模范。在物质保障方面，做到有充足的资金投入、丰富的图书设备、必要的场地场所和全面的网络覆盖，让社会主义核心价值观融入高等教育全过程有可靠的资源支撑。在考核保障方面，通过清晰明确考核的原则、科学制定考核的内容、规范操作考核的实施、有效利用考核的结果，建立起一套科学、有效的社会主义核心价值观融入高等教育全过程的考核体系，以保证学校把相关工作扎实有效地落到实处。

结　语

一流大学培养担当民族复兴大任的时代新人，要坚持把立德树人作为中心环节，把思想政治工作贯穿教育教学全过程，把培育和践行社会主义核心价值观融入教育教学全过程，实现全员全过程全方位育人。

（苟曼莉：北京理工大学学生工作部副部长；董学敏：北京理工大学校团委副书记）

附　录

附录一：
红色校史故事文字脚本

原创纪录片《红色育人路》
第一集 烽火中的青春

【解说】

又是一年开学季，来自天南海北的莘莘学子汇聚到这里，即将开始人生中一段崭新的航程，这里是中国共产党创办的第一所理工科大学——北京理工大学。

一样的青春、热血，一样的朝气蓬勃，一如八十年前那段激情燃烧的岁月；所不同的是，那时没有现代化的校园，也没有设施齐备的教室，但却有天高云淡下自由挥洒的广阔天地。

【解说】

1939年的五一劳动节，一场别开生面的边区工业展览会在陕甘宁边区首府延安的桥儿沟大礼堂开幕。展览会展出近千种产品，参观者达到数万，展示出边区工业发展的新面貌，但也让更多人认识到边区的科技力量的薄弱，科技人才的缺乏。

【孙丽萍 中共中央党史和文献研究院第二研究部一级巡视员】

当时的科技或者说工业，实际上就是我们的传统意义上的手工业，就是能满足人们的基本的生活需求；就那么几口油井，生产一些少量的汽油、煤油、蜡烛这类的东西。

【解说】

1939年，抗日战争进入相持阶段，由于国民党政府经济封锁，陕甘宁边区处于最困难时期。毛泽东在总结这一时期的困难时说过："我们曾经弄得几乎没有衣穿，没有纸，没有菜，战士没有鞋袜，工作人员在冬天没有被盖。"

为了扭转这种局面，党中央在要求边区机关人员和部队节衣缩食的同时，也号召大力发展生产，并意识到需要有更多的科技人员参与边区建设，来提高生产力，这成为当时摆在中共中央面前亟待解决的问题。

【解说】

陈康白，留学德国的化学博士，也是当时延安学历最高的海归科学家。

1937年底，为了实现科技报国的愿望，他带着成箱的化学资料，投奔红色圣地——延安。

【陈晓阳　自然科学院院长陈康白之子】

当时毛主席、朱总司令都非常重视，因为他是科学家参加革命，那是以前没有过的，所以找他谈话。然后当时毛主席亲口跟他说："战士一个月只有一块五，你来了延安了，我给你两万块钱。看你能干些什么事儿。"

【解说】

1939年，在受命筹办陕甘宁边区工业展览会的同时，陈康白接受了另一项重要任务——筹建自然科学研究院。

【宋荐戈　中国教育科学研究院副研究员】

专门就搞个自然科学研究院，把这些人集中起来，集中起来干什么呢？搞研究，搞发明创造，过去的东西我们根据地不会造，那现在呢我们可以自己造。

【解说】

这座当年延安少有的两层砖楼曾是边区银行的所在地。

1939年5月30日，自然科学研究院在这里正式成立，为边区生产提供了有效的科技支持，解决了中央的燃眉之急，也使得边区上下迫切期望能从根本上解决科技力量薄弱的问题。

【孙丽萍　中共中央党史和文献研究院第二研究部一级巡视员】

在那个时代，手工业是比较发达的，但是大机器生产是没有的。从手工业转化到这个工业的生产，进入一定规模的生产，需要很多的专业技术人员。

【解说】

1939年12月，党中央责成中央财经部召开自然科学讨论会。正是在这次讨论会上，大家建议将自然科学研究院改为自然科学院，目的是在原有从事科学研究与实验的基础上，增加培养自己的科学技术人才的任务，这一建议得到党中央的大力支持。

李富春在会议总结时宣布："党中央同意大家的建议，决定把自然科学研究院改为自然科学院，同时成立自然科学研究会。"

两字之差，意义深远，开创了中国共产党领导和组织高等理工科教育的先河。

【解说】

1940年9月1日，自然科学院举行开学典礼，首任院长李富春向师生传达中共中央服务"抗战建国"的办学要求，明确学校的任务是培养"革命通人、业务专家"。党亲手创办的第一所理工科大学从此走上了中国高等教育的历史舞台。

自然科学院的建设发展得到党中央的极大关怀。毛泽东同志亲自为学校题写了校名，周恩来、朱德、任弼时、叶剑英、贺龙等都曾到学校视察。

【王民　北京理工大学校史馆馆长】

自然科学院在成立之初，就受到党中央格外的重视和关怀，边区政府的主席（林伯渠）、副主席（高自立），亲自为自然科学院勘察校址，最后就定址在延安杜甫川的东口。

【解说】

虽然只有 50 多个窑洞，30 多间平房，但当时的自然科学院无论是院系两级设置，还是学科分布，都充分体现出党创办正规化大学的深思远虑。

为了解决师资来源问题，中央组织部除将中央财经部原有的一部分科技人员抽到学校外，还向各党政军机关和学校抽调一部分有理工科和农业方面知识的人员到校任教，并通过后方地下党组织推选人员。

当时学校集合了一批延安的高级知识分子，其中不乏海外归来的专家和各科技领域的佼佼者。

【王民　北京理工大学校史馆馆长】

李苏是金陵大学的；杨作才是武汉大学的；包括华寿俊、王士珍，他们都是杭州之江大学的。屈伯川是留德回来的化学博士，刘咸一也是留德回来的化学博士。

【谢绍明　95 岁，自然科学院校友（自然科学院时期）、科技部原副部长】

教我们课程的老师都是大学的教授，那时候我们这些老师都是很有知识的，都是外边来的，有的是外面的知识青年，有的是外边来的知识分子老师。

【解说】

为筹措办学经费和改善办学条件，党中央在财政经济十分困难的情况下，将国际友人路易·艾黎送到延安的捐款大部分给了自然科学院，还专门为学校修建了当时延安唯一的科学馆。

这本由量子力学和原子物理学鼻祖，德国物理学家阿诺德·索末菲撰写的《流体力学》是当年自然科学院的藏书。可以看出，虽然条件艰苦，但对学生的培养和知识的传授，自然科学院却瞄准了那个时代的最高标准。

在周恩来同志亲切关怀下，重庆八路军办事处为学校搜集到了一批国统区大学经典英文原版课本，如谈明的《化学》、达夫的《物理学》和克兰威尔的《微积分》之类。后来，由宋庆龄领导的保卫中国大同盟，也给学校运来了 80 多箱化学药品和仪器。

【解说】

1940年底，教育家徐特立接任院长。

徐特立，湖南人，"延安五老"之一，既是革命家，也是一位杰出教育家，他是毛泽东、田汉等革命者的老师。

徐特立上任后，为加强学校的正规化建设倾注了大量的心血。但在这一过程中，到底如何培养学生的讨论出现了。

【储朝晖　中国教育科学研究院研究员】

一种意见是办成一个规范的、标准的大学研究院，但是这样办条件跟不上；另外一种意见，认为在延安这个地方，完全没有必要办自然科学学院，因为这里的条件、师资、生源可能都不好。

【解说】

针对不同的意见，徐特立站在为党培养独立工作的科学技术干部的立场上，先后在《解放日报》上发表了《抗战五个年头中的教育》《具体地分析自然科学的阶级性》等文章。

【戴永增　81岁，北京理工大学退休教师／徐特立教育思想研究专家】

其中一个核心就是驳斥那些不主张办正规大学，就是办个技术学校，解决当时的一些具体问题。他说这样不行，这个技术都是从理论来的，既然培养人才，为抗战建国，将来为建国，所以必须要有理论课，理论跟实际相结合。

【解说】

此时，延安自然科学院的正规化建设已经取得了一定成效。1941年年初以后，相继成立了地质系、化学系、物理系、生物系，培养本科生。

经过讨论，取得共识。自然科学院正规化办学是符合党培养科技人才的需要的，是党在革命斗争时期探索发展高等教育的宝贵实践。

【解说】

为了培养党需要的科技人才，以马克思主义为指导，徐特立领导自然科学院开展了大量党办高等教育早期的探索和实践。

在徐老的思想体系和办学探索中，"德育为首"是主线和灵魂。他特别强调，教育首先要塑造人。因此，自然科学院坚持开设政治理论课。既有党史、哲学、形势任务等课程，又专门增加自然科学概论、自然科学史等内容，引导学生掌握和运用自然辩证法。学校还开设了《革命人生观》课程，引导学生从社会发展规律上认识并确立革命人生观。周恩来、叶剑英、李富春、徐特立以及当时的中组部、中宣部等领导同志都曾站在自然科学院的讲台上，为师生们作形势报告。

【贺光辉　91岁，延安自然科学院校友（自然科学院时期）、原国家体改委副主任、党组书记】

因为周围的环境，我们一直都受党的教育，所以周围生活再苦，精神上一点不苦！

【解说】

做党的"革命通人、业务专家"！在学校的精心培养下，带着崇高的理念，即使是身处最困难的时期，自然科学院的学员们始终信念如磐、意志如钢。

【黄毅诚　94岁，延安自然科学院校友（自然科学院时期）、原国家能源部部长】

延安生活真困难，但是精神状态挺好。

【解说】

在自然科学院师生中广泛传颂着这样一首诗：

我们的生活艰苦而又紧张，我们的革命热情却日益高涨；谁说我们没有课堂？我们有世界上最大的课堂。蓝天是我们的屋顶，高山是我们的围墙……我们的信心比泰山还稳固，我们的意志比钢铁还坚强。为了祖国的新生，为了民族的解放，任何困难也不能把我们阻挡！

【解说】

自然科学院的师生们除了上课学习，还在为边区解决生产实际问题中教学相长。在徐特立的倡导下，自然科学院的教学增加不少实践环节，学院先后办起来机械实习工厂、化工实习工厂、玻璃厂等。

【解说】

纸，曾是陕北民众眼中非常稀罕的东西。1937年，到延安采访的美国记者海伦·斯诺曾感叹道："哪怕是一张最普通的纸都是最奢侈的东西。"在纸张最困难的时候，有些单位用桦树皮记笔记，甚至连医生开处方也用桦树皮。

为了打破敌人在物资上的封锁，自然科学研究院的华寿俊、王士珍夫妇对造纸技术进行了攻关。经过对多种原料的反复实验，最终他们把目光投向了陕北高原随处可见的马兰草。

【王民　北京理工大学校史馆馆长】

华寿俊、王士珍夫妇，在开荒的过程当中，王士珍觉得：边区有一种草，平常拿锄头刨，非常非常累，这种东西肯定纤维好，能不能造纸呢？她把这个想法，跟自己的爱人华寿俊说了。

【解说】

经过了两个月的反复试验，生产效率高、成本低的马兰草纸终于研制成功，从此被广泛地用于边区报纸、办公用纸和印制钞票等，解决了边区的一大难题。

"花篮的花儿香，听我来唱一唱，唱呀一唱。来到了南泥湾，南泥湾好地方，好呀地方……"这首清新优美的《南泥湾》数十年来传唱大江南北，让中国人都知道在陕北有个"好江南"。

1940年，自然科学院生物系主任乐天宇组织师生对边区进行地理生物环境考察向毛主席当面汇报了考察情况，并向中央建议进驻固林镇，既可屯兵又可发展生产。后又陪同朱德同志进行了实地考察，考察过程中朱总司令欣然命名"南泥湾"，从此诞生了陕北的好江南。1941年春天，八路军高唱着"一把镢头一支枪，生产建设保卫党中央"的战歌，浩浩荡荡开进了南泥湾。

一直以来，自然科学院的教与学，坚持"自力更生、扎根土地"，与根据地建设和抗战现实需要紧密相连，是中国高等教育史上具有鲜明特色的教育实践，也是解放思想、实事求是、理论联系实际的重要体现。

【张军　北京理工大学校长】

理论联系实际，实际上我们现在也在提，要把我们的科学知识跟我们的实际相结合。当时提的叫作"学术统一"，就等于是要把科学和技术实际相关，要紧密结合，所以优良传统这80年来一直都传承下来，甚至可以说流进了每一位北理工人的血液之中。

【解说】

这是现在难得一见的徐特立在延安时期的活动影像，他列席的这次会议是中国共产党第七次全国代表大会。这次大会是在由自然科学院教师杨作才设计并指导建设的中央大礼堂里举行的，朱德曾风趣地说："这是我们党第一次在自己修建的房子里召开代表大会。"

自然科学院时期，陈康白带领盐民用新方法大幅提高盐的产量，师生们生产出玻璃、肥皂、酒精等生活必需品，制造黄色炸药、为手榴弹研制灰生铁，探明并开掘油井、气井等，为边区提供能源。

教育、科技、经济"三位一体"的教育发展方式也正是徐特立教育思想的精髓。

【戴永增　81岁，北京理工大学退休教师、徐特立教育思想研究专家】

他这三个关系式：教育是社会的中心，科学是国力的灵魂，经济是社会的基础。到现在，这个仍然适用。

【吴大兰　92岁，自然科学院校友（自然科学院时期）、原国家科委预测局局长】

延安的气氛还是革命的气氛，就是学生要劳动，劳动创造世界。

【解说】

1943年，徐特立调回中宣部，随后接替他工作的有陈康白、李强、恽子强等人。李强曾担任当时中央军委军事工业局副局长，是著名的无线电专家，他根据党的革命事业需要，将学校的教学与军工生产实践更紧密地结合在一起。

【李延明　自然科学院院长李强之子】

我父亲邀请军工局的沈鸿、徐驰、钱志道到学校来讲课。同时，给学生开设了兵器学、爆破学、炼铁原理、金属工艺学的课，以及制图、炸药和爆破等军工课程。同时，就是让延安自然科学院的学生，走出课堂，到军工局的各个工厂去参加实践，提高实战的本领。

【解说】

如今走进北京理工大学校史馆，从一件件文物一张张展板，人们能够真切地感受到学校创建时期那段令人难忘的激情岁月。

自然科学院培养的500余名学员大都成为建设新中国的中流砥柱，其中走出了李鹏、叶选平两位党和国家领导人，彭士禄等8位院士，以及22位省部级以上领导和4位将军。

他们是中国共产党自己培养的第一代科学技术人才，自然科学院不辱使命。

【解说】

1945年抗战胜利后，党中央为夺取全国胜利做准备，决定将自然科学院等院校向东北转移，创办"新型的东北大学"。

在出发前一个寂静的夜晚，自然科学院的领导和老师们来到陕甘宁边区交际处。毛主席在这里接见了大家，他叮嘱道："军队要建设一个团或师比较容易，要建设一个大学从领导到队伍很不容易，在行军过程中各地可能找你们要干部，不能把班子人员轻易搞散，要千方百计地把建校的班子建设好。"

11月15日，自然科学院师生120多人从延安出发，沿黄河行进，经过雁北，向东北迁移。到达张家口时，国民党军队占领承德、锦州，东北已不能去。中央根据晋察冀边区领导人聂荣臻的建议，决定把自然科学院留下来参与到当地的工业建设中去。

【解说】

1946年起，自然科学院在战火硝烟中，辗转华北办学。辗转办学中，师生们亲身经历了新中国诞生的艰辛历程，跟党走、建立新中国的信念愈发坚定。

1948年，学校与北方大学工学院合并成立为华北大学工学院。

【解说】

如今井陉这处书声琅琅的教室，当年正是华北大学工学院所在地。

1948年7月，21岁的匡吉完成了在北方大学文学院的政治学习，跟随原北方大学工学院副院长曾毅一同参加了华北大学工学院的建设工作。

【匡吉　92岁，原华北大学工学院教师、北京理工大学离休教师】

战争的条件下，不可能长期培养某一专业人才，而且很多都是今天我需要这样人我就培养这个专业。但是实际上这时候学校已经准备了进城之后为祖国建设培养高质量人才的实力。

【解说】

1948年12月，华北大学工学院应华北人民政府要求，派出150名学生参加平津接管工作。

【解说】

1949年7月至9月间，学校跟随着党中央的脚步，从河北迁入北平。历经坎坷，转战千里，从"抗战建国"到"为新中国建设服务"，不变的是始终坚持为党培养科技人才的使命责任。

【赵长禄　北京理工大学党委书记】

共产党办高等教育鲜明的一个特征就是精准地培养人才，精准地解决为谁培养人的问题，所以把握政治方向是这个大学一直以来办学的根本保证，也是我们根本上的坚守。应该说，在世界高等教育的发展历程当中，延安时期的自然科学院是中国共产党创办、支持并组织高等教育的一次伟大实践，从我们自身的感觉来讲，也是马克思主义同中国实践相结合，在高等教育领域的一次尝试和伟大的创举。

【解说】

在2016年全国高校思想政治工作会议上，习近平总书记曾明确指出："我国有独特的历史、独特的文化、独特的国情，决定了我国必须走自己的高等教育发展道路。"80年筚路蓝缕，80年风雨兼程，从延安自然科学院一路走来的北京理工大学，始终在探索和实践党创办和领导中国特色高等教育的"红色育人路"。

第二集　与共和国同行

【解说】

此刻是晚上十一点半，北京理工大学 4002 教室里仍旧灯火通明。

一位老者行走在勤奋学习的学生中间，他就是北京理工大学光电创新教育实验基地的创始人，如今已经 85 岁的张忠廉教授。

1956 年，21 岁的张忠廉以优异成绩考入北京理工大学的前身——北京工业学院。伴随共和国的发展壮大，他在校园中求知成长，也在这里躬身耕耘。青丝变白发，张忠廉始终坚守着一种信念，他要将学校给予他的品格和知识，传递给一代代学生们。

【张忠廉　85 岁，北京理工大学教授】

在教学和自己成长过程当中研究我们延安的传统精神，跟着党走，按照党的方针政策和教育方针去教育学生，这种精神让我们在新时期培养人才满足国家的需要，培养一批有能力、创大业的学生。

【解说】

80 载风雨沧桑、砥砺前行，在与共和国同向同行的斑斓岁月里，北京理工大学的红色基因代代传续……

【解说】

1949 年 10 月 1 日，300 多名华北大学工学院师生列队在天安门城楼前的金水桥边，见证了"开国大典"的光辉时刻。此时的华北大学工学院刚刚随着党中央从河北迁址北京。

【地名】

北京东皇城根北街 中法大学旧址

【解说】

这里是北京中法大学旧址。这所建立于 1920 年的大学，由李石曾、蔡元培、吴稚晖等人倡导创办。1950 年 10 月，中法大学停办后，其校本部、图书馆和数学、物理、化学三个系并入华北大学工学院，加强了学校基础课的教学力量，增强了学校的办学实力，为学校理工并重发展提供了条件。

1950 年 9 月 16 日，在原中法大学的礼堂，华北大学工学院举行了新中国成立后的第一次开学典礼。这所发端于延安，由中国共产党创建的第一所理工科大学，从这里开始了全力以赴为社会主义新中国培养栋梁之材的崭新征程。

此时的新中国百业待兴，亟需大批工业建设人才。华北大学工学院在中央人民政府重工业部的领导下建立起航空工程、机器制造、汽车工程、冶金工程等科系，并发扬延安办学传统，坚持"政治与技术结合""通才与专才结合""理论与实际一致"的学生培养理念。

培养人才，教师队伍是关键。学校在全国范围内广揽名师大家，力学专家张翼军、化学专家周发岐、物理专家马士修等知名专家相继加入，一批满怀报国热情，刚从海外归来的优秀青年学者也慕名而来。

1950年，刚刚在美国获得农业工程硕士学位的吴大昌学成归国，选择留在了华北大学工学院。

【吴大昌　102岁，北京理工大学教授、车辆技术专家】

这个学校是老区来的，对我来讲是有吸引力的，这个学校是重工业部领导的，为重工业部培养人才，前程远大。

【解说】

1950年，刚刚从上海交大毕业的李瀚荪也远离家乡，怀揣建设新中国的梦想，从上海来到北京，在华北大学工学院担任助教。

【李瀚荪　93岁，北京理工大学教授、电路理论教学研究专家】

我觉得（如果）没有那股热情，学校是没有这样快进展的，尤其是初期，那个初期很关键，真叫一无所有。

【解说】

除了迅速汇聚一批优秀的教师队伍，华北大学工学院，这所流淌着红色基因的新型工科大学，也吸引了一大批满怀理想与壮志的优秀青年学生纷至沓来。

【匡吉　92岁，原华北大学工学院教师、北京理工大学退休教师】

当时我们有个号召力，第一，是解放区来的学校，青年学生对党、对解放区（有）感情，所以这有吸引力。第二，我们学校还执行供给制。

【解说】

在1951年全国高校统一招生中，华北大学工学院的录取成绩位列全国高校首位。被誉为"中国枪王"的中国工程院院士朵英贤，雷达专家、中国工程院院士毛二可就是在这一年，以优异的成绩考入学校的。

【朵英贤　88岁，北京理工大学教授、中国工程院院士、中国小口径自动武器的奠基人】

这五个志愿我都报了华北大学工学院，华北大学工学院来自延安的自然科学研究院，在我的心目中，延安是圣地。

【毛二可　86岁，北京理工大学教授、中国工程院院士、雷达技术专家】

搞建设就要有知识，所以觉得我们学完了就可以参加国家建设，有一个很美好的前景。当时大家都对国家抱有很大的信心。

【解说】

面对这些摩拳擦掌要学出一番成绩、干出一番天地的年轻人，华北大学工学院发扬老区办学传统，精心培养浇灌着这些未来的参天大树。学校把德育教育放在突出重要位置，进一步明确了这样的教学观——"一个新中国的工程技术干部必须具有正确的人生观、全心全意为人民服务的思想和良好的道德品质"。学校强调"我们的教学方针是教人而不是教书""每个先生对学生都要进行政治教育。我们要培养学生成为新社会有用人才，每个先生都有责任"。为此，学校有计划地组织教职工开展学习活动，强调华北大学工学院要办成新型学校，首先是以理论联系实际的教学方法，培养国家建设所需要的干部，反对"教书不教人"。

1949年到1951年，时间虽然短暂，但在学校的发展历史上却是一个承上启下的重要时期。学校发展成为一所具有我党光荣传统完全新型的工科大学，奠定了今天北京理工大学这一高等学府的重要基础。

【解说】

1951年，在朝鲜战场上，武器装备和后勤运输均处于劣势的中国人民志愿军，正和敌人激战。建立起一支强大的现代化军队，建设强大的国防科技工业，成为保卫国家的当务之急。培养国防科技工业人才刻不容缓。

1952年1月1日，华北大学工学院正式更名为北京工业学院。3月8日，学校接到重工业部命令，要求学校由为重工业服务转向为国防工业服务，建设新中国第一所国防工业院校，逐步发展成为国防工业建设中新的高级技术骨干的重要来源。

【李瀚荪　93岁，北京理工大学教授、电路理论教学研究专家】

我们感觉到就是一百八十度大转弯。整个军工系统（要干的事）多着呢，飞机大炮，都是重要的，哪一个不是从无到有啊。

【解说】

条件弱、底子薄，转型困难重重。"党的旗帜就是奋斗方向"，学校一方面坚决响应号召，将航空系调出组建北京航空学院（今北京航空航天大学），冶金系、采矿系调出组建北京钢铁学院（今北京科技大学）和中南矿冶学院（今中南大学）；一方面下定决心加强兵工专业建设，并入东北兵工专门学校的专业办学力量，咬紧牙关大踏步地向国防科技现代化进军！

【张俊九　80岁，北京理工大学校友（北京工业学院时期）、原国防科工委副主任、党组副书记】

我理解军工魂，工业兴国、军工卫国、专业强国。我们工业基础差，我们的国防军工更薄弱，如果要实现工业现代化，实现国防现代化，必须有专业人才，而北理工在培养专业人才方面，应该说做了非常大的贡献。

【赵长禄　北京理工大学党委书记】

学校到北京办学，定位为国防第一所工业院校，恰逢中华人民共和国成立，要建设完整的工业体系，尤其是国防工业体系，当时的北京工业学院，在学科专业设置、人才培养模式、教学方案的制定等等方面，都体现出学校紧紧围绕国防工业体系的建立需求培养人才。

【解说】

从1952年开始，包括坦克专业在内的新中国亟需的第一批常规兵器专业在北京工业学院逐步建立。

吴大昌所在的汽车工程系，承担了建设坦克与发动机专业任务，但是当时整个系里几乎没有人见过坦克。为培养出中国自己的坦克人才，教师们想尽了各种办法。

【吴大昌　103岁，北京理工大学退休教师、车辆技术专家】

我们当时突击俄文，从俄文教材来翻译成中文这样学习，后来就自编教材，自编教材就是不光（使用）俄文的了，英文的材料里面有好的东西，也给它吸收进去。

【解说】

李瀚荪所在电机制造专业，此时也转型为雷达专业，由于国外对雷达技术封锁保密，教师们就凭借国民党时期美军的雷达说明书，开始从头编写教材。

【李瀚荪　93岁，北京理工大学教授、电路理论教学研究专家】

每一种型号的雷达都有一厚本（资料），我们就凭那个（学习），那个在资料室里，上班的时候去借用，下班时候要交回。我们就这么白手起家，后来慢慢慢慢一步一步，就开始了。

【解说】

人才培养是第一使命、教书育人是第一天职。教书和育人是不可分割的。正是在学校一直以来秉承的这种教育思想的感染下，极端困难条件下的老师们仍然躬耕不辍、潜心育人。以中国含能材料领域为例，董海山、徐更光和崔国良三位院士皆毕业于当时北京工业学院的火炸药专业。

这个孕育了中国火炸药领域"国家队"的学科，离不开一个重要人物——北京工业学院副院长，著名化学家周发岐先生。

这位曾经留学法国，师从诺贝尔奖得主格林纳达教授的有机化学家，1952年毅然响应国家号召，调整自己的研究方向，扛起了筹建新中国第一个火炸药专业的重任。

如今已是耄耋之年的火炸药著名专家欧育湘教授，1954年考入北京工业学院，就曾经受教于周发岐先生。

【欧育湘　84岁，北京理工大学教授、火炸药技术专家】

一方面他爱国，另外一方面他对个人名利不是这么斤斤计较，他总说，我在旧社会已经待了这么多日子，新旧对比，现在新中国叫我出来干事儿，那我绝对是愿意出来干。

【解说】

从1953年底到1957年，学校先后聘请了4批30多位苏联专家到校工作，在他们的帮助下，建成了"火炮设计及工艺"等新中国第一批常规配套的14个兵工专业，奠定了中国兵工院校专业的基本结构，北京工业学院成为新中国兵工人才培养和科研的领先院校。1956年，北京工业学院培养的第一批五年制兵工高等工程技术本科生以及第一批研究生顺利毕业走向工作岗位，极大地缓解了当时高级军工人才严重短缺的困难。

【字幕】1958年"八一献礼活动"资料

1958年8月1日上午9时，在国防部大楼里，一场特殊的展会正在进行。展会上，刘少奇、周恩来、朱德、邓小平、彭德怀、叶剑英等党中央和中央军委的领导同志饶有兴致地观看了北京工业学院展出的轻型坦克、反坦克火箭等27项科技成果，各位领导对参展成果给出了高度的评价。中央的肯定，让全校上下为之振奋。

【解说】

20世纪50年代以来，火箭、导弹等尖端武器装备就成为世界军事科技竞争的新趋势。当时，美制U2高空侦察机频繁入侵，拥有自己的导弹成为新中国国防的亟需。

在这样的背景下，北京工业学院又为自己立下了新的目标：一方面要把常规武器自动化、电子化和喷气化；另一方面要致力于国防科学方面的尖端技术研究，开启建设国防尖端专业的战略转型。

1958年，根据国家未来发展建设的需要，党中央作出建立导弹部队的决定。

10月，北京工业学院弹药系的炮弹专业正式调整为火箭导弹专业，并得到钱学森关心指导，这也是新中国第一批火箭导弹专业。

【解说】

1958年八一献礼之后，北京工业学院的师生们便投入了一项特殊的科研会战之中。万春熙也有幸参加了这次代号为"505"的科研项目，也见证了中国火箭事业和火箭专业人才培养的艰难起步。

【万春熙　87岁，北京理工大学教授、火箭导弹技术专家、505探空火箭核心参与者】

地上挖个坑，把那火箭发动机，喷管朝上，坐在坑里面，就这么点火试验。

【字幕】"505"探空火箭发射实况资料

【解说】

1958年9月9日，由北京工业学院师生研制的中国第一枚二级固体探空火箭"东方-1号"发射成功，成为中国航天事业的初探索。此后的两年多时间里，"505"项目先后组织了大小一万多次实验，七次发射飞行试验，共发射试验固体燃料二级火箭14枚。

在为国报效、攻坚克难的过程中，师生们在探索中教学相长，也得到了精神上的洗礼，甚至不畏牺牲，用生命诠释了矢志国防、坚韧无我的誓言。1958年9月24日，在山西太原"505"火箭固体燃料实验突然发生爆燃，于家蓉、杨润昌、方修文、王世荣、丁玉峰五名学生不幸牺牲。

【张军　北京理工大学校长】

我们有五位学生就牺牲了，他们的牺牲实际上是带来了我们国家的安全和我们民族的复兴，所以这种大无畏的精神，这种奉献精神，这种牺牲精神实际上也是贯穿在我们每一个北理工人的血液之中。

【解说】

在重重困难面前，北京工业学院的师生们尊重科学，实事求是，从零起步，敢为人先。到1960年底，学校初步建立起了13个火箭导弹类专业。到1961年5月，聂荣臻明确肯定了"北京工业学院以导弹为主，同时设置与尖端密切联系的常规专业"。

从上世纪50年代后期，苏联专家撤走，国家处于困难时期，北京工业学院传承延安办学的光荣传统，艰苦奋斗，自力更生，努力探索着为党和国家培养尖端国防人才的道路。

【文仲辉　86岁，北京理工大学教授、导弹技术专家】

那个时候就有一股劲,我们一定要为国家增光,要为国家出气,要把我们这个教学搞上去,把科研搞上去。

【解说】

凭着这股要为国争光的劲头,北京工业学院不断创造出一个又一个"新中国第一",培养出一批批矢志强国的青年学子。

【赵长禄　北京理工大学党委书记】

教育科研生产一体化的这个教育思想,在当时的办学实践当中就体现在红色国防工程师培养。学校针对国防工业的这个需求,建立了一批针对国防高端技术攻关的研究所,所有的研究所都是广大师生一起承担起国防科研任务。北京理工大学若干个新中国"第一"集中产生在这个时期,而在这个时期,学生是广泛介入的。

【字幕】北京天文馆

【解说】

在北京天文馆的地下二层展厅,这台由北京工业学院设计研制的国产大型天象仪已成为北京天文馆的"镇馆之宝"。

1957年10月,苏联人造卫星上天,此时我国航天事业刚刚起步,在"向科学进军"的号召下,仪器系的师生将目光锁定在了制造"大型天象仪"上,并发出了"我们要在宇宙空间占一个位置"的雄音伟志。

【伍少昊　88岁,北京理工大学教授、光电技术专家、大型天象仪核心参与者】

让三个月做出来就得做出来啊。那个场面真是热火朝天。根本就没有休息的时间。累了就躺一会儿,在车间里头眯一会儿。碰头的时候,有人站在那儿就打瞌睡,实在太累了。

【解说】

师生们不眠不休地奋战了一百天,终于把天象仪研制了出来,这在中国光学仪器研制历史上,是一件开天辟地的大事。

【解说】

在此之后,天象仪研制不断完善。1973年,北京工业学院牵头为北京天文馆研制了一台采用全新理念,能够达到世界最高精度的大型天象仪,在鉴定意见中光学泰斗王大珩给予了高度评价。

【解说】

在那段"自力更生,高速度、攀尖端"的时期,北京工业学院不仅取得了一批"新中国第一"科技成果,更通过这些敢于创新的科学探索,为国家建设培养了一批高质量的亟需人才。

【解说】

1964年10月16日，中国第一颗原子弹爆炸成功；1967年6月17日，中国第一颗氢弹爆炸成功。

在"两弹一星"的研制道路上，也留下了北京工业学院师生的光辉足迹。1953年，跟随东北兵工专来到北京工业学院学习的徐更光，毕业后留校任教。1962年，徐更光接到导师丁敬交给的任务：参加"032工程科研组"，为中国第一枚氢弹研制新型高能炸药。陈熙蓉教授也是当时研究团队的成员之一。

【陈熙蓉　88岁，北京理工大学教授、火工装药技术专家】

什么炸药？高爆速、高能的、高威力的炸药，要有爆炸性能、使用性能、安全性能，还要有储存性能。炸药装药、模具设计……一直到检验，这都是新课题。

【解说】

经过三年的艰苦努力，徐更光团队终于攻克了关键技术，但是由于保密的需要，徐更光和同事们直到三十年后才知道自己的技术为国家作出了重大贡献。在北理工，师生们对默默奉献习以为常，淡泊名利、鞠躬尽瘁的精神已注入一代代学子的品格气质中。

【字幕】苏联　莫斯科

【解说】

1953年，周立伟考入北京工业学院军用光学仪器专业，大学毕业后，他顺利留校工作，负责筹建夜视技术专业。

1962年，周立伟带着教研室前辈马士修教授的嘱托，立下为国家攻克成像电子光学系统设计难关的志向，赴苏联留学。但苏联导师看中周立伟的专业和良好的数理基础，竭力劝说他调整专业方向。

【周立伟　88岁，北京理工大学教授、中国工程院院士、成像电子光学专家】

导师说，希望我跟他合作，然后，回去以后，就是大拿了，中国谁也弄不过你。但是我当时一想，我觉得我出来的任务就是要学夜视，我将来回去以后，我要在夜视上要做事情，所以我不同意改专业。

【解说】

此时正值中苏关系恶化，拒绝更改专业的周立伟，只能独自坚守在学校图书馆里，怀着一股报国的志向，开始自学夜视专业。

有志者事竟成。1966年初，经过艰苦的学习，周立伟如期完成了苏联物理数学副博士学位论文，回到北京工业学院，投入服务国家的事业中。

【解说】

从"革命通人、业务专家"到"红色国防工程师",不同的时代,同样的追求,坚定不移跟党走,求学报国的天然使命在这条"红色育人路"上代代传承。

【冰燕高 北京理工大学校友(北京工业学院时期)、深圳广宇工业集团原党委书记】

我们在理工大学学习,不只是学到了技术、知识,不只是学这个,非常重要的,这是北京理工大学的特点,就是一种革命传统精神的传承,延安精神的传承,这是最重要的。

【解说】

从1956年到1963年期间,学校6500余名毕业生,有91%分配到部队、国防行业的企业、科研院所和院校工作。他们在祖国的边疆、深山、高原、大漠、海洋,发扬延安精神,熔铸军工品格,默默奉献、无畏牺牲。在他们当中,走出了国家最高科学技术奖获得者、中国现代预警机事业的奠基人和开拓者王小谟院士等一大批中国现代国防科技的开拓者和坚守者。

【解说】

当历史的车轮转动到1978年,改革的春风吹拂中国大地,我国科学史上空前的盛会——全国科学大会召开,北京工业学院成果斐然,34个科研成果获奖,有些项目已经达到国际先进水平,填补了中国科技史上的空白。

【毛二可 86岁,北京理工大学教授、中国工程院院士、雷达技术专家】

我们感觉国家要抓科技,当时就是说觉得,对今后搞科研,就充满了信心。

【解说】

作为学校培养的第一代红色国防工程师,70年来,毛二可在北理工成长为中国雷达领域的领军人物。从培养第一代红色国防工程师到如今30余万学子桃李满天下,学校不辱使命,向党和国家交出人才培养的合格答卷!

【解说】

带着累累硕果,在春风中,北京工业学院也揭开了为党和国家培育人才的新篇章。

【同期】

80年来,春华秋实,时代更替、学人更迭,北理工传承"延安根、军工魂",始终在"红色育人路"上行稳致远。一代代优秀的北理工学子,从这里出发,成长为国之栋梁。

第三集　育时代新人

【解说】

2019年10月1日上午,庆祝中华人民共和国成立70周年大会在天安门广场举行。在庆典幕后,有这样一支身怀绝技的队伍,为国庆阅兵、群众游行到联欢活动的盛典全流程打造卓越的"科技大脑",这支队伍正是北京理工大学丁刚毅教授带领的数字表演与仿真技术团队。

【解说】

从2008年北京奥运会到2019年国庆盛典,丁刚毅带领他的学生们多次在世界与国家盛典中担当数字仿真重大任务,在服务国家的重大科研任务中淬炼人才已经成为北理工人才培养的一个重要特色。

【丁刚毅　北京理工大学教授、计算机仿真技术专家】

你能不能做出不可替代的东西来?这都是我们经常鼓励学生的一些话。"延安根,军工魂",北京理工大学的红色基因,绝对不是几个奖牌、几个奖状、几篇论文构成的,那种精神(体现)是什么?其实就是立德树人吧。

【解说】

"培养人"是教育的根本问题。牢牢把握立德树人根本任务,为党育人、为国育才,既是北理工延安创校的初心,也是80年来学校始终不渝坚守的光荣使命。

【解说】

1978年,党中央作出了实施改革开放的伟大决策。如何在改革开放的新时期,适应以经济建设为中心的新形势,培养党和国家事业急需的现代化建设人才?中国高等教育面临全新的机遇与挑战。北京理工大学也迎来了又一个蓄势腾飞的春天。

【解说】

1978年,国务院27号文件转发教育部《关于恢复和办好全国重点高等学校的报告》,报告中提道:"各全国重点高等学校要深刻理解所肩负的重要责任……为在本世纪内把我国建设成为具有四个现代化的社会主义强国,做出更大的贡献。"

【解说】

这一年,龚克考入北京工业学院,那段学校上下抓紧时间培养人才的时光,让他记忆犹新。

【龚克　南开大学原校长、天津大学原校长、世界工程组织联合会主席、北京

理工大学校友（北京工业学院时期）】

我觉得 77 级、78 级，经过了"文革"十年，尽管我们个人的差异特别大，但是我们这里面有一个强烈的共同点。就是我们到北理工来，为了一个共同的目的，是学习知识，充实自己，提升自己全面素质，我们（学校）所有的活动，都是围绕着我们发展。

【解说】

20 世纪 80 年代，在改革开放的大潮下，学校弘扬办学传统、保持办学定力，同时面向新的形势任务需要，主动实施了包括"由单一工科向以工为主，工、理、管、文多学科发展转变"等"五个历史性转变"。

【解说】

1984 年 10 月，学校开展教育思想大讨论，学校党委提出，学校业务发展的目标要落实到培养德智体全面发展的不同层次的高水平专门人才上。

【解说】

1988 年，北京工业学院更名为北京理工大学。

【解说】

人才培养，先塑思想。无论哪个时代，北理工始终注重首先把好学生理想信念"总开关"，以理想远大、信念坚定激发青年人的内生动力。

【吴一戎　中国科学院院士、中国科学院电子学研究所所长、北京理工大学校友（北京工业学院时期）】

学校组织我们去社会实践调查。我记得我去了一次大别山。下到颍上县，可以说当时我也是第一次接触了淮河流域的中国的现状。对于如何用科技去改变中国人的当时的这些面貌，增加了我们的自信心、责任感。所以，学校在我们这一代人（的）自信心和社会责任感上，我觉得给了我们很多的教育。

【陈宇红　中软国际有限公司董事局主席兼 CEO、北京理工大学校友（北京工业学院时期）】

那时候我们做电工实验，老烧坏片子（芯片）。但是老师就讲，反正是烧了，不管理由。我觉得这是一个很深的印象。不自以为是，不给自己的失误找理由，以一个这种做老实人、办老实事儿的这种态度去做事儿。

【解说】

自 1995 年中共中央首次提出实施科教兴国战略之后，北京理工大学相继成为国家"211 工程""985 工程"首批重点建设高校。面向新世纪，北理工牢记使命担当，吹响了建设世界一流大学的号角。

【解说】

1995 年，"211 工程"正式启动。自那一年起，王越院士在北理工的讲台上一站就是 25 年。每周一次课，近两个小时的站立时间，是这位年已 88 岁的"大先生"对立德树人的最好诠释。从重点项目的总设计师到传道授业的高校教师，王越谈的最多的依然是为国家培养需要的人才。

【王越　北京理工大学教授、中国科学院院士、中国工程院院士】

高科技发展，就是人才的竞争，人才竞争的关键就是基础打得怎么样，要培养学生这思维方式和思维方法。教学改革要不断地、持续地发展，包括教学的内容、讲课的内容，还有重要的教学和实际的联合，因为我们是理工科，不是理科，所以得结合起来。

【解说】

对王越来说，贯彻科教兴国战略，要从培养具有扎实的理论基础和强烈事业心与责任感的人才开始做起。于是他从自己的课堂做起，这一讲就是 25 年。讲台上耄耋之年的大先生，也为莘莘学子在心中树立起光辉榜样，点亮思想成长的灯塔。

【解说】

又是一年开学季，来自内蒙古的 2019 级新生王溢珩走进了北理工良乡校区。和众多心向北理工的学子一样，王溢珩将在这里度过自己的大学生涯。美丽的校园、先进的实验室、舒适的生活环境，新时代的青春故事，将由这些新一代北理工人书写。

【王溢珩　北京理工大学精工书院 2019 级本科生】

北理工的红色背景其实非常深厚，中国的第一代、第二代、第三代的主战坦克之父都出自北理工，当时我就寻思着有没有可能我是第四代或者第五代坦克之父。

【解说】

王溢珩入读的精工书院，是北理工九大书院之一。大类培养、书院制管理是近年来学校人才培养改革的重要探索和实践。新时代，如何培养社会主义的建设者和接班人？北理工高度重视，精心作答。

近年来，学校实施以大类招生、大类培养、大类管理为核心的人才培养改革，推进"寰宇+"计划，完善"价值塑造、知识养成、实践能力"三位一体人才培养模式，建设了精工、睿信、求是、明德等九大书院。

【张军　北京理工大学校长、中国工程院院士】

我们把 38 个本科专业变成了九大书院，我们采取的一个非常有利的措施，就是要采取大类培养，大类招生。我们人才培养（目标）就是胸怀壮志、明德精工、创新包容、时代担当。

【解说】

从延安走来的北理工，80年来始终把学生的思想教育放在首位，一堂堂精彩的思政课成为"立德树人"关键所在。

【解说】

在北理工，党委书记给新生上第一堂思政课、校长给毕业生上最后一堂思政课是一种传统。在这样的课堂上，学校的红色基因、办学传统潜移默化地影响着同学们的成长。

【解说】

新的技术手段也走进了北理工的思政课堂，这段动画同步北理工思政课VR的视野。近年来，北理工聚焦立德树人关键课程，大力加强思政课改革创新，将VR等先进技术应用于思政课教学，不断提升思政课亲和力、吸引力、感染力。

【解说】

2019年10月，北京理工大学第五期新入职教师"觅寻延安根，熔铸军工魂"培训班，在革命圣地延安如期举行。

【同期】

我志愿加入中国共产党……

我志愿加入中国共产党……

【解说】

回到延安，追寻先辈的足迹，从学校的红色源点汲取精神力量，坚定理想信念，也成为每一位北理工新入职教师的"必修课"。

【解说】

零下40摄氏度的海拉尔，62岁的孙逢春已经和团队在室外工作了4个小时。像这样的车辆试验，凌晨四点起床，连续测试一个月，10项关于电动车在极寒条件下的数据，本来是不需要62岁的院士亲自出马的，但执着的他却依旧站在团队的最前面。

【孙逢春　北京理工大学教授、中国工程院院士、新能源汽车专家】

我们要让新能源汽车电动车在中国行驶无禁区。我们的电动车在零下30多度、40度冻72小时，在没有外援的情况下能成功起动，全世界现在没有一辆纯电动车能够放到零下40摄氏度或者30摄氏度72小时后，能够自己起动的，只有我们现在能做到了。

【解说】

孙逢春在北理工学习、工作了 38 年，求学时导师言传身教，课题组优良传统的代代传承，都让孙逢春把自己的爱国之情，化为让"新能源汽车电动车在中国行驶无禁区"的报国之志，带领团队创造了很多中国新能源汽车的"第一"。

【解说】

在"汽车报国"的征途中，孙逢春像老一辈北理工人一样，将爱国奋斗的精神财富传授给更多的青年学子。

【孙逢春　北京理工大学教授、中国工程院院士、新能源汽车专家】

让我们国家在一个行业里面，在汽车这么一个第一支柱产业里面，不受人家的控制，不受人家的欺负，我们自己有底气，所以想能够有所作为，有所奉献。

【解说】

2019 年 3 月，世界著名的科学杂志《自然》上，报道了北京理工大学"材料科学与工程学科群"的建设，这其中就有吴锋院士团队的"二次电池研究"。站在北理工的讲台上，吴峰最愿意和学生分享前沿科研成果，作为启发学生创新思维的内容。

【吴锋　北京理工大学教授、中国工程院院士、新能源材料专家】

我在讲课的时候，很关注国际最新科研动态，（把）我们的研究成果也都讲给学生听，就是要启发他们的这种创新思维，所以我觉得我们所讲的东西不是作为一种空洞的理论，而是让它和实际能够有所结合，关键是我们现在要培养学生能够具有这种颠覆性创新的思维，这样才能对国家有贡献，我也很高兴，我的相当一批学生现在都是我们这个领域的骨干了。

【解说】

同样突破世界公认关键技术的还有王海福，从本科到博士，再到实现教书育人的梦想，北京理工大学一直是他不曾离开的母校，母校多年的培养，让这位北理工人不畏挑战、坚韧忘我。

【解说】

努力打通核心技术通道，破解重大技术难题，这背后是王海福几十年如一日的默默付出。

【王海福　北京理工大学教授、兵器学科专家】

从开始研究这件东西，从概念的提出到对这个概念提出验证，是不是正确，以及进行的关键就是公关和突破到实现真正应用，实际上我差不多走过了二十年的历程。

【解说】

无论是服务国家发展,还是引领社会进步,在一个个攻坚克难的科研团队中,奋斗着一批批传承北理工精神的时代先锋。一项项服务国家重大战略需求尖端成果的背后,是北理工为党和国家培养拔尖创新人才的执着坚守。

【解说】

2012 年 12 月,中国探月工程"嫦娥二号"完成全部既定任务,准备利用剩余燃料,从月球前往日地拉格朗日 L2 点,并前往距地球约 700 万公里远的深空,探访国际编号 4179 的图塔蒂斯小行星。

【解说】

195 个日夜兼程之后,中国人首次清晰地看到了这颗绰号为"战神"的小行星,开创了我国首次小行星探测任务的先河。

【解说】

2017 年,一颗编号 11812 号小行星被国际天文学会联合会国际小行星中心命名为"乔栋星",以表彰北理工乔栋教授在国际上首次成功实现超近距离飞越探测图塔蒂斯小行星中的贡献。

【解说】

然而,闪耀的星光背后,却是崔平远、乔栋等一批深空探测专家为了"嫦娥工程"默默无闻的三年奉献,也是北理工对一位青年人才包容支持的三年守望。

【乔栋　北京理工大学教授、深空探测技术专家】

因为北理工能够忍受我,能够忍受一个年轻人的成长,能够给一个年轻人成长的这段时间,他能够看着年轻人这么平静地去成长。

【解说】

探索深空,瞄准世界科技前沿,北理工科技探索的步伐不断加速,这也为学生们价值塑造、知识养成和实践能力培养,带来更加广阔的平台。

【解说】

2017 年 5 月,美国 NASA 肯尼迪宇航中心迎来了一批中国人,他们正是北京理工大学邓玉林教授带领的团队,他们将把自主研发的"微流控芯片载荷"送入国际空间站。

【邓玉林　北京理工大学教授、空间生命科学专家】

我们的载荷所有测试都是一次过关,这个连美国人都特别惊讶。实事求是,不自以为是,这是我们徐特立老校(院)长的一句话,我经常给我的学生讲,实验数据到哪结论下到哪,必须是以数据来说话。

【解说】

2019年7月25日13:00，一颗名为"北理工1号"的卫星发射成功，并在太空展开了独特的帆球，这是中国第一次在太空发射任务中使用和验证空间帆球技术。

【解说】

在发射前的八个月里，像这样的"手工课"在北理工中关村校区每周都要进行三次。这个实验团队由本科生、研究生组成，指导老师是张晓敏。

【张晓敏　北京理工大学宇航学院教授、航天器技术专家】

怎么样在太空中成为一个球？我们当然可以有很多想象。那么我们会把这个球按照一定方法折起来，折的过程是非常考验我们手工的过程。既有设计也有手工。我们的研究生，当时还有本科生，也在不断地体验这个过程。

【解说】

一次又一次的科学突破，一项又一项的创新成果，在与世界科技前沿问题的交手中，拔尖创新人才淬炼渐成。

【解说】

2017年，北京理工大学入选一流大学A类建设高校名单。建设一流大学，必须要培养出一流的人才，在新时代，学校为党育人、为国育才又有了新的宏伟目标。

【张军　北京理工大学校长、中国工程院院士】

党中央提出来要建设世界一流大学和世界一流学科，我理解世界一流大学的建设，实际上就是要培养到2050年，我们建成社会主义强国时，真正能够担当中华民族复兴大任的时代新人。

【解说】

建设一流大学，培养一流人才，高水平的教学科研平台是重要基础。在多年发展建设基础上，北京理工大学已拥有包括2个国家级协同创新中心、9个国家级重点实验室及工程研究中心、6个国家级试验教学中心在内的72个省部级以上的实验室和科技创新平台。这些先进的试验平台，既是前沿高精尖技术的优势汇聚之处，更是持续加强学生创新能力培养之所，在这里一批批优秀学子茁壮成长，一项项尖端成果不断涌现。

【解说】

从2011年"神舟八号"与"天宫一号"空间交会对接任务圆满成功起，到2017年的"天舟一号"与"天宫二号"的成功对接，北理工空间交会对接微波雷达信号处理装置，已成功用于我国载人航天工程17次空间交会对接任务，成为中国航天器空间交会对接的标配。未来，面向月面取样返回、空间站建设等重大任务，北理工相关技术还将持续作出贡献。在这辉煌成绩的背后，是北理工吴嗣亮教授、崔嵬教授团队瞄准太空、钻研突破的耐心与奉献。

【吴嗣亮　北京理工大学教授、信息雷达专家】

北理工多年来形成的科研优势，就是要服务国家的重大战略需求，我们要将从老先生那里学到的，传承下去，带领年轻人一起往前走，我希望我们能够通过团队的健康发展，帮助年轻人在解决国家需求、引领技术发展、推动相关行业技术进步的时候，来获得满足感和成就感，实现自我的人生价值。

【解说】

当前，北京理工大学坚持瞄准国家重大战略需求，持续为传统优势学科注入新动能，在包括特种装备、智能制造、卫星通信、信息载荷、5G通信等一大批关键科技难题上取得新突破，科技创新水平全面提升。

【解说】

"把论文写在祖国大地上"，北理工的师生们用成绩回答着人民的期许。这是一台肝癌微波消融手术，医生正密切关注着屏幕上的引导图像，精准消除肿瘤病灶。依托在增强现实与虚拟现实领域的研究优势，北京理工大学王涌天教授团队突破了肝癌消融手术中虚实融合的技术难题，不仅通过增强现实技术对手术进行可视化直观显示，还引入了机器人辅助操作，在国际上首次成功完成多模态图像引导肝癌微波消融手术导航，全面提高了手术的精度和安全性。

【王涌天　北京理工大学教授，虚拟现实、增强现实技术专家】

需求是从实践来的，那么我们帮助一线医生的需求解决实践中出现的问题，得到医院了解他们具体的需求，不能光在这一天到晚地闭门造车，这样肯定做不出什么好的成果来。能够满足国家的需求，这就是我们根据国家的需求来做我们的科研。我们培养的学生，一定要为我们自己的社会主义建设服务。要有这种爱国心，这是最基本的。要敢于创新，要敢于失败。

【解说】

正是代代传承的家国情怀，让北理工在人才培养和科学研究等领域不断取得新突破、新成绩。近年来，北理工在深空探测技术、智能机器人、车辆工程、虚拟现实、现代通信、大数据、数字媒体、新材料、绿色能源、生物医学工程、工业设计等尖端技术方面形成了自己独特的优势。

【解说】

当今世界，在构建人类命运共同体的视野下，北理工敞开胸怀，拥抱世界。

【解说】

2013年，"全世界纳米操作机器人领域最具代表性的研究者""微纳机器人之父"福田敏男执教北理工。

【福田敏男　北京理工大学教授、中国科学院外籍院士】

我非常高兴来到北京理工大学，因为我喜欢在这里工作，我曾经在美国等一些国家工作过，但是为什么我喜欢来中国，来这个实验室，因为我感觉回家了。

【解说】

北京理工大学搭建国际合作平台，积极引进活跃在国际学术前沿的人才，努力培育不仅有中国情怀，更具有世界眼光和国际视野的栋梁人才。

【解说】

2017年8月，深圳北理莫斯科大学首批新生入学，这是新时代北京理工大学积极服务国家"一带一路"建设，为国家重大战略需求培养人才的又一重大举措。

【解说】

为党和国家事业培养人才，服务国家重大需求，服务经济社会发展，始终是北理工不变的追求。学校把优质教育资源和区域经济社会发展的产业结构布局紧密地结合在一起，培养高端人才，打造一流的科技创新平台基地。近年来，围绕着京津冀协同发展、"一带一路"建设、长江经济带发展、粤港澳大湾区建设，在这些国家重大布局之中，都有北理工的身影。

【赵长禄　北京理工大学党委书记】

我们深深感受到当今的北京理工大学肩负着十分重要的历史使命。在80年的办学实践当中，北理工不断诠释，并且在实践中践行着这样一种精神，在北理工人身上所展现出来的是政治坚定、矢志强国的爱国精神，是这种实事求是、敢为人先的科学精神，是这种艰苦奋斗、开拓进取的创业精神，是这种淡泊名利、坚韧无我的牺牲精神，也是不辱使命、为国铸剑的担当精神。这样一种精神文化的脉络始终是北京理工大学在把握办学方向、凝聚发展共识、激发内生动力、汇聚蓬勃力量的宝贵财富，一直到今天，激励着全体北理工人扎根中国大地，建设世界一流大学。

【解说】

从幕天席地的延安杜甫川畔，到汇集尖端实验室的现代化的美丽校园，80载岁月更迭，既体现在这样有形之间的沧海桑田，更在无形中铸就着这所中国共产党创建的第一所理工科大学独有的气质与风骨。

【同期声】

担复兴大任，做时代新人，我们准备好了。

【解说】

不负时代，不负韶华。新时代，北京理工大学将继续坚定地走在这条党创办和领导中国特色高等教育的"红色育人路"上，以红色基因塑造灵魂、指引梦想、报效国家、铸就辉煌，恪守大学的使命与责任，传承人类文明与文化，向着中国特色世界一流大学的目标奋力前行，书写更加壮阔激荡的新篇章。

原创纪录片《红色育人路》(精编版)

扫码观看《红色育人路》
(精编版)

为庆祝建党 100 周年,深入开展党史学习教育,北京理工大学组织拍摄制作了电视纪录片《红色育人路》,该片立足北京理工大学 80 年办学实践,通过生动故事和精辟论述,展现了党领导下的社会主义大学从延安启程、砥砺奋进、薪火相传,与党和国家同呼吸、共命运,在民族复兴伟业中走出一条中国特色高等教育的"红色育人路"。

专题片《精工》

【陈玉昌　北京理工大学原校工厂副厂长】

正式到工厂是 1951 年。

【薛民生　北京理工大学原校工厂党总支书记】

我是 1960 年 1 月份。

【周燕英　北京理工大学原校工厂副厂长】

1979 年，对咱们学校来讲

【陈玉昌　北京理工大学原校工厂副厂长】

现在我是见证校工厂建立历史存在的最后一个人。

【薛民生　北京理工大学原校工厂党总支书记】

当时我分到院生产组，一共在这工作了 39 年。

【周燕英　北京理工大学原校工厂副厂长】

我是从基层干起来的，干了两届的副厂长。

【马树齐　1989 级本科生、北京理工大学工程训练中心副主任】

我加入北理工要从上大学算起，1989 年 9 月份入学，1993 年毕业，进了金工教研室，一直到现在。

【马晓宁　1997 级本科生、北京理工大学学生事务中心副主任】

20 年前，上大二的时候，是在这个车间里面来做金工实习的，所以看到这些车床铣床很亲切。确实有 20 年没来过了，但是当时在这实习时候的记忆还是挺清晰的。

【周燕英　北京理工大学原校工厂副厂长】

学生都要进行金工实习，像工厂这些车、铣、刨、钳、磨，热加工的铸、锻、焊，包括强电和弱电这些项目，凡是来北京理工大学上学的，都要到工厂走一个过程。

【马树齐　1989 级本科生、北京理工大学工程训练中心副主任】

我们都始终贯穿着让学生尽早地参与产品的研发、论证、设计、制造全流程的学习过程（的思想）。

【周燕英　北京理工大学原校工厂副厂长】

早年间，动物园对面天文馆，它的天象仪是校工厂生产的。

【陈玉昌　北京理工大学原校工厂副厂长】

为了那个仪器，工厂的采购人员要跑遍全国。

【周燕英　北京理工大学原校工厂副厂长】

另外一个我印象比较深的是火车提速，就是现在的动车，火车一开始提速的时候，其中有两个项目，是和校工厂合作的。

【马树齐　1989级本科生、北京理工大学工程训练中心副主任】

我们校工厂和中国铁路科学研究院，联合研制第一代的提速列车中很多重要的部件，也是当年校工厂很重要的生产任务，这个任务一直持续到2006年左右。

【薛民生　北京理工大学原校工厂党总支书记】

每年都将近2000名学生来实习。1989年做了一个验收，我们工厂被评为先进单位，当时比较突出的地方是我们的设备比较齐全。

【马树齐　1989级本科生、北京理工大学工程训练中心副主任】

我们新的工程训练中心拥有了更好的厂房条件，更新的设备，更重要的是切合当前时代的最新的教育思想和理念。

【马晓宁　1997级本科生、北京理工大学学生事务中心副主任】

首先还是要仰望星空，脚踏实地有余。

【马树齐　1989级本科生、北京理工大学工程训练中心副主任】

以务实为最突出的特色，这是与我们的国防精神、军工精神一脉相承的。

【周立伟　1953级本科生、中国工程院院士、北京理工大学教授】

北理工，我在大学教我坚毅，我觉得我这一生，我的父亲教我善良，我的母亲教我正直，我的大学教我坚毅，我就是靠着这6个字走过来的。

【马云　1999级本科生、上海通敏车辆检测技术有限公司总经理】

我觉得就是精益求精的精神和实事求是，这也极大地影响了我现在创业的理念，那就是干实事，用实业传承母校文化，用实业报国，用实业实现我们的中国梦。

【崔涛　1999级本科生、北京理工大学机械与车辆学院教师】

在之后的工作中兢兢业业、专心细致的工作态度，就是在当时有所萌芽的，所以我认为金工实习对我后续的品质的发展是很有意义的。

【什铁　1993级本科生、北京理工大学工程训练中心主任】

1999年，在教育部世行贷款项目的支持下，由原机械工程学院、原车辆学院和原校办附属工厂共同组建工程训练中心。

【字幕】

北京理工大学工程训练中心组建于1999年，前身是1941年创建于延安自然科学院的机械实习厂，先后获批国家级实验教学示范中心和国家级教学团队。

2018年，学校面向"双一流"建设，在良乡校区落成全新的工程实践训练中心大楼，总投资1.5亿元，总建筑面积33254平方米，全部用于学校人才培养工作。

2019年，工程训练中心整体搬迁至良乡校区工训中心大楼，并全面更新了机械加工设备，以崭新的面貌迎接新的时代。

【付铁　1993级本科生、北京理工大学工程训练中心主任】

历经8年的规划与建设，建成了今天的良乡校区工程训练中心，中心现面向全校学生开展工程素质教育、工程实践教学、综合能力训练和创新创业实践活动，已成为我校工程实践教育的重要基地和优质资源。

【字幕】

2020年北京理工大学迎来建校80周年。

【周立伟　1953级本科生、中国工程院院士、北京理工大学教授】

在学校80周年校庆之际

【毛二可　1951级本科生、中国工程院院士、北京理工大学教授】

在学校80周年校庆之际

【朵英贤　1951级本科生、中国工程院院士、北京理工大学教授】

北京理工大学校庆80周年

【王越　中国科学院院士、中国工程院院士、北京理工大学教授】

北京理工大学80周年校庆之际，由衷地欢迎各位校友常回母校看看，做一些交流。

【毛二可　1951级本科生、中国工程院院士、北京理工大学教授】

祝全体同学老师和校友们：

【周立伟　1953级本科生、中国工程院院士、北京理工大学教授】

在工作和学习当中，取得更大的进步！

【朵英贤　1951级本科生、中国工程院院士、北京理工大学教授】

我祝贺大家工作进步，学业有成！

【王越　中国科学院院士、中国工程院院士、北京理工大学教授】

互相支持，共同发展！

扫码观看专题片《精工》

专题片《盛典》

第一段：盛典，我在现场

【画面】

2019年国庆盛典

【同期采访】

马晓龙　北京理工大学法学院党委副书记、副院长

马晓龙书记：当那个歌唱响起的时候，终于等到这一刻了，我们终于要开始完成自己这个重大的历史使命了。

【画面】

北京理工大学学生参加阅兵预备役部队方队、"与时俱进"群众游行方阵、群众游行第32方阵、庆祝活动现场音乐区表演、"同心筑梦"主题表演等的照片和视频。

【同期解说】

2019年10月1日，中华儿女共同见证中华人民共和国成立70周年国庆盛典时刻。从体现中华民族浩然正气的国庆大阅兵，到昂扬奋进的群众游行，从白天庆祝活动现场的深情歌咏，到夜晚伴随着礼花与灯火的欢歌热舞，北京理工大学的师生们融入这一幅幅点赞共和国、讴歌新时代的恢宏图景中。

【采访】

李芙萌　北京理工大学求是书院2018级本科生

李芙萌：就是一种前所未有的经历，在场的所有人就开始特别大声地唱歌，可能有的人歌都已经走调了，眼前就是我们那个大的芙蓉花，但是却感觉有一种身在其中的一种自豪感。

【同期画面】

国庆现场学生欢呼

【画面】

现场方阵视频

【同期解说】

李芙萌参与的是群众游行中的与时俱进方阵，参与这个方阵的3499人庞大团队全部由北京理工大学师生组成。

【采访】

马晓龙　北京理工大学法学院党委副书记、副院长

马晓龙书记：每到国家有这种重大的盛典时，北理工总能和国家和民族同频共振，而我自己作为一名北理工人能够亲身参与到其中是非常激动的。

【画面】

三维相册

【同期解说】

被珍藏在国家记忆中的这些国庆盛典瞬间，也闪现着北理工人的一份骄傲与自豪。

第二段：青春，与祖国同行

【画面】

历次国庆盛典上有北理工人参与的方阵画面

【同期采访】

甘振坤　北京理工大学学生创新创业实践中心副主任

甘振坤主任：我们踏着正步挥舞着手中的鲜花，向天安门行注目礼的时候，我的内心深处产生了一个特别大的震撼。

周连景　北京理工大学生命学院党委书记

周连景书记：当时的喜悦心情无以言表，尤其对于北理工学子来说，大家身上共同拥有着延安根、军工魂的内在基因，更应该激情进取、矢志国防。

刘川　北京理工大学校医院直属党支部书记

刘川书记：国家刚刚进行改革开放发展经济，心中就充满了那种自豪和激动，一定要把青年学子那种朝气蓬勃昂扬向上的精神面貌表达出来。

【画面】

开国大典历史画面

【同期采访】

匡吉老师：刚来北京那年，当时很兴奋，而且是对建立一个新中国，从苦难的中国解脱出来，对于今后的国家富强的发展是充满了信心。

那时候的情绪呀，是非常的欢欣鼓舞的。现在看起来实际上也有很多的自豪感，这自豪不是我个人自豪，是为人民自豪，所以心里面高兴。

【画面】

华北大学工学院参加开国大典照片

【同期解说】

70 年前的盛典时刻，1949 年 10 月 1 日，匡吉作为北京理工大学前身华北大学工学院的一名青年教师，与 300 多名师生一起列队于天安门前、金水桥旁的长安街北侧，光荣地参加了开国大典。

【画面】

北京理工大学学子参加盛典

【同期解说】

今天，和当年匡吉老师一样正值青春年华的北理工学子们又站在天安门广场，感受着与祖国共同跃动的澎湃与激情。

【画面】

理工大学学生在天安门现场拍摄采访

【画面】

学生制作礼物

【同期解说】

国庆前夕，参加国庆盛典的几位同学特别用心赶制了一份特别的礼物。这份礼物，他们要献给 70 年前与他们一样见证国家盛典的匡吉老师。

【画面】

把礼物送给匡吉老师

【画面】

1984、1999、2009、2019 国庆盛典画面

【同期解说】

往昔峥嵘岁月，今朝百舸争流。70 载光阴荏苒，青春，在与祖国同行的步履中，豪迈铿锵。

第三段：科技，为盛典助力

【画面】

2019 年国庆盛典现场

【画面】

国旗升起

【同期解说】

2019 年 10 月 1 日的夜晚，总面积 5400 平方米的巨幅五星红旗在天安门广场冉冉升起，这一幕令国人无法忘怀的视觉记忆。

【画面】

仿真团队模拟国旗升起

【同期解说】

北京理工大学丁刚毅教授带领的团队已经用数据演练了无数次。

【画面】

三维还原画面

【同期解说】

他们是盛典幕后一支身怀绝技的队伍，为阅兵、群众游行联欢活动的国庆盛典全流程打造"科技大脑"。

【采访】

丁刚毅　北京理工大学计算机学院教授

丁刚毅教授：我们校训有一句话，延安根，军工魂，延安根是红色的，军工魂当然要服务国家重大活动，国家重大任务。

【画面】

奥运会烟火与 LED 表演

【同期解说】

丁刚毅带领的北京理工大学数字表演与仿真技术团队，曾参与奥运会、国庆 60 周年庆典等多项国家重大活动。

【采访】

张艺谋　国庆 70 周年联欢活动总导演

张艺谋导演：我和北京理工大学的合作已经有很多年了，从北京 2008 年奥运会到国庆 70 周年，北京理工大学仿真团队都作出了杰出的贡献，为世界和全国人民呈现了一场又一场精彩的盛典。

【画面】

国庆盛典画面

【同期解说】

一幕幕巨幅的盛典画卷能够完美呈现，离不开北京理工大学这支年轻的技术团队设计的数字仿真系统，好比盛典活动的"指挥棒"，每一帧画面的创意和排演都要在实际演练之前随时调整完善，而国庆 70 周年盛典这一面巨型五星红旗的升起，在十一国庆之前，经过数字仿真还原演练了无数次。

【采访】

丁刚毅　北京理工大学计算机学院教授

丁刚毅教授：第一次合练出效果的时候，音乐一起，红旗一起，那一瞬间，不是一个人两个人，是所有人都在掉泪。

【画面】

国庆红旗升起现场

【同期采访】

孔令名　北京理工大学计算机学院 2019 级硕士研究生

孔令名：五星红旗冉冉升起，我的目光始终都是追着那面五星红旗。那是我第一次真切地体会到我们走上的是长安街，但是我们踏上的是新征程。

【画面】

国庆期间的北京理工大学校园与参加国庆盛典视频和照片

【同期解说】

从延安传承至今，红色基因点燃源源不竭的澎湃动力，助力盛典，祝福祖国，北理工人在与祖国同频共振的每一段记忆中，抒写下赤诚报国的初心和奋斗不缀的担当。

【画面】

结尾画面

【结尾祝福】

张艺谋　国庆 70 周年联欢活动总导演

张艺谋导演：北理工建校 80 周年，我祝愿北理工继续兴旺发展，为国家培养出更多更优秀的人才。

【结束】

扫码观看专题片《盛典》

专题片《回家》

第一段：开篇

【画面】

张忠廉老师在走廊里行走

【同期解说】

每天，风雨无阻，北京理工大学的 4002 教室，85 岁的张忠廉老师都会在这儿等候学生们来上自习。

【画面】

一道光照进教室，教室全景带课桌

【画面】

张忠廉老师特写，标题出现

【画面】

老师拿笔写字特写，书页翻动特效

【同期解说】

一册册书籍托付着师长薪火相传的期盼。

【画面】

从当今学子闪回延安时期的学生上课，通过现代的学生与老照片交叉剪辑实现，以及学校校园道路学生们走路、延安时期学生学习的老照片。

【同期解说】

也承载着一代又一代学子求知与求真的年华。

【采访】

贺光辉　北京理工大学校友、国家体改委原副主任

贺光辉：生活再苦，精神上一点不苦。

第二段：校园

【画面】

延安自然科学院、华北大学工学院、北京工业学院、北京理工大学各个校园照片和字幕，以及各个时期学生学习的老照片

【同期解说】

80 载时光流转或许会以这样翻天覆地的变化显现，然而总有一种精神永恒不变地引领着一代又一代学子踏上报效祖国的逐梦征程。

第三段：奠基
【画面】
李瀚荪老师看书空镜
【同期采访】
李瀚荪　北京理工大学信息学院教授
李瀚荪教授：迫切的使命感，国家需要这个，先搞起来。
【画面】
周立伟老师看书空镜
【同期采访】
周立伟　北京理工大学光电学院教授、中国工程院院士
周立伟院士：坚持很重要，相信自己走的路是对的。
【画面】
陈熙荣老师看书空镜
【同期采访】
陈熙荣　北京理工大学车辆工程学院教授
陈熙荣教授：我们要创新，要研究。
【画面】
学校内景，徐特立塑像
【同期解说】
先辈们质朴的教诲言犹在耳，于无形中塑造品格、铸就风骨。
【画面】
"北京理工大学 1940"与飞鸟转场
【画面】
发现南泥湾、马兰草造纸、设计"中共七大"礼堂照片与字幕
【同期解说】
于是我们在没有路的地方发现路。
【画面】
我校赴延安学习团宣誓画面
【同期】

我志愿加入中国共产党。

【画面】

"八一献礼"向中央领导汇报国防科技成果视频和字幕

【同期解说】

在需要光的地方点亮火种。

第四段：求索

【画面】

火箭发射，字幕：第一枚固体高空探测火箭

【同期解说】

笃思明辨，精细有恒。

【画面】

文仲辉老师画面

【同期采访】

文仲辉　北京理工大学教授、中国第一代对空导弹设计专家

文仲辉教授：哪怕是一个骨头，我们也得要啃它几口。

【画面】

伍少昊老师画面

【同期采访】

伍少昊　北京理工大学教授、1958年新中国第一台大型天象仪主要参与者

伍少昊教授：我们当时就有这一个理念，一定要在一些科学技术问题上有所超越。

【画面】

二月兰与天象仪画面

【同期】

中国第一台天象仪

【画面】

毛二可与雷达画面

【同期采访】

毛二可　中国工程院院士、雷达专家

毛二可院士：我们呢就比较务实，就是说要解决具体的问题。

【画面】

新中国第一部低空探测雷达照片

【同期字幕】

新中国第一部低空探测雷达

【同期解说】

有巨浪我们才有激荡，有逆风我们才能飞翔。

【画面】

危险实验画面

【同期字幕】

新中国第一代反坦克导弹

【同期采访】

马宝华　北京理工大学教授、中国第一代引信设计专家

马宝华教授：有生命危险照样去上，该干的事还得干。

第五段：担当

【画面】

"延安精神 薪火相传"雕塑石和"我爱你中国"花艺雕塑。

【同期解说】

今天的我们同样在以赤诚穷尽其理，以担当致敬未来。

【画面】

计算机仿真模拟实验室空镜和国庆联欢晚会空镜

【同期采访】

丁刚毅　北京理工大学计算机学院教授、计算机仿真技术专家

丁刚毅教授：277天我们是1150人次的熬夜、连轴转，这就是延安根、军工魂。

【画面】

火箭发射画面和宇宙和星空空镜

【同期解说】

在浩瀚宇宙，定义我们的位置。

【画面】

乔栋老师空镜和星空空镜

【同期采访】

乔栋　北京理工大学宇航学院教授

乔栋教授：我们一直在奔跑，为什么奔跑，因为我们还没有变成航天强国，我

们还在追赶。

【画面】

生物基因载荷登上空间站开展太空实验

【同期采访】

邓玉林　北京理工大学教授、空间生命科学专家

邓玉林教授：我们第一次在美国肯尼迪发射中心，建了一个我们北理工自己的实验室。

【画面】

北京理工大学新时代各项科技前沿代表项目

【同期解说】

在这里，我们以壮志开阔眼界，以无畏开拓前路。

第六段：同行

【画面】

迎新会、开学典礼，新生挥舞校旗

【同期采访】

王溢珩　北京理工大学精工书院大一新生

王溢珩：我们要继承师长前辈的精神，让自己一腔报国热血，荣耀祖国的明天。

【画面】

新生挥舞国旗

【同期】

新生宣誓：传承延安精神、塑造军工品质。

【画面】

无人机、无人车实验画面，飞鹰车队画面以及北理工赛车队比赛画面

【同期采访】

倪俊　北京理工大学青年教师

倪俊：祖国的需要，民族的复兴，是我们年轻人矢志追求的明天。

【画面】

长跑画面、老师讲课画面

【画面】

王越老师讲课空镜

【同期采访】

王越　北京理工大学教授、中国科学院院士

王越院士：北理工特色非常鲜明——为国家，把一些短板的领域再给发展起来。

【画面】

学校全景、学生挥舞国旗画面

【同期】

学生宣誓：担复兴大任，做时代新人，我们准备好了。

第七段：结尾

【画面】

建国 70 周年阅兵全景画面

【同期解说】

不负韶华对于我们来说，是矢志报国不忘来路的奉献。

【画面】

新能源实验室、微纳实验室、爆炸实验室、工程训练中心以及微波暗室等实验室的画面

【同期解说】

也是锐意鼎新、行稳致远的气魄和担当。

【画面】

各个年代毕业照特技包装

【同期解说】

一代人有一代人的青春、一代人有一代人的追求、一代人有一代人的使命、一代人有一代人的成就。

【画面】

北京理工大学校园各处逐格与学生自习画面

【同期解说】

薪传有自、求真如初，当实事求是、不自以为是的学风已经被融入进血液。

【画面】

校训石逐格、学生实验画面、无人车掀起黑布"北京理工大学"Logo 露出

【同期解说】

当德以明理、学以精工的校训已经被铭刻在心灵，回首处总有母校的身影闪现。

【画面】

学生学习成果快剪

【同期解说】

是她塑造着我们，我们也同样用理想、真知与创造，塑造着我们的母校——北京理工大学。

【画面】

学校标志性建筑空镜、学校秋景与冬天景色叠化

【同期解说】

无论我们的目光所及多么高远，无论我们走上的征程多么壮阔，不会忘记菁菁校园的每一个春夏与秋冬。

【画面】

足球队、学生老师等代表的祝福，节奏越来越快，变成小画框填满整个屏幕

【同期】

北理工，加油！祝母校生日快乐

【画面】

节奏变慢，老师在黑板上写等你回家

【同期解说】

今天，北京理工大学，等你回家。

扫码观看专题片《回家》

专题片《进京》

穿越砥砺奋进的时空长廊,回溯尘封久远的赶考时光,五百里地理位移,两年多蓄势创新,中国共产党创建的第一所理工大学,进京奠基,蓄势拓新。

【同期】

在北京理工大学,"担复兴大任 做时代新人"主题教育活动第四期全面启动之际,我们在冬奥场馆首钢滑雪大跳台举办"永远跟党走 奋进新征程"主题教育活动启动仪式。

【旁白】

这里是2022年北京冬奥会的主要比赛场馆之一,在距离建党百年七一倒计时100天之际,一场"永远跟党走 奋进新征程"的主题教育活动在这里举行。来自北京理工大学的志愿者团队将在冬奥会期间为这所场馆提供全面服务和技术支持。

似乎是历史的机缘巧合,72年前,同样的地点,同一所大学的学生,为这座百年钢厂打开新的一页。

平津战役胜利后,1949年6月,来自北理工前身——华北大学工学院的青年学生,代表党领导的华北人民政府接收了石景山钢铁厂。1949年1月31日,北平和平解放,中共中央决定把北平作为新中国的首都,党的七届二中全会确定了党的工作重心由乡村转移到城市,党的总任务是迅速恢复和发展生产,使中国稳步地由农业国变为工业国。

3月23日,党中央和人民解放军总部离开西柏坡前往北平。紧随着中共中央的脚步,一批又一批治国精英和各行各业的骨干人才,汇聚到这支被毛泽东主席称作"进京赶考"的队伍中来,直接隶属于华北人民政府公营企业部的华北大学工学院也在其中。

1940年在抗日烽火中党在延安创办了自己的第一所理工科大学——自然科学院,此后学校在战火中辗转办学,发展成为华北大学工学院。坚定跟党走,从延安到华北,学校成为专门为党领导的革命事业培养高级理工科人才的红色摇篮。

伴随着解放战争胜利的隆隆炮声,1949年7月,华北大学工学院奉命从河北井陉迁入北平。

南锣鼓巷，北京旅游人气最高的胡同之一，72 年前，初入北平的华北大学工学院，就是在这些京城胡同的深处购置校舍，办学发展。与繁华闹市一墙之隔，这些仍然属于学校的房舍，虽然已经不再用于师生居住，却是学校进京赶考、艰难岁月的见证者。这一时期，由于进京后校舍严重不足，学校不断购入房舍，办学地点又扩大到钱粮胡同 13 号等 11 处。

1949 年 10 月 1 日，新中国举行开国大典，在天安门城楼下、金水桥边，300 名华北大学工学院师生组成方队，整齐地站在中央机关工作人员的队列中。

华北大学工学院预备班学员鲍克明曾在自己的回忆文章中这样记录下自己激动的心情：

我们亲眼看到毛主席，把第一面五星红旗升起，清楚地观看了朱总司令和聂荣臻总参谋长的阅兵和三军阅兵分列式，全校师生光荣地成为开国大典的参加者和这一伟大历史时刻的见证人。

《俄文津梁》自上世纪 20 年代出版后，在此后几十年里，都是中国人学习俄文最权威的教科书。1949 年编写《俄文津梁》的苏联著名汉学家吴索福，根据重工业部的安排，来到华北大学工学院担任俄文研修班主任。

俄文研修班是华北大学工学院进京后开设的第一个正规研修班。1949 年 11 月 1 日，中央人民政府重工业部正式成立后，华北大学工学院直接划归重工业部管理。此时，百废待兴的新中国迫切需要培养各种工业建设人才，华北大学工学院迅速开办了俄文研修班、物理探矿班、厂长专修班等党和国家亟需的专业，也拉开了建设新中国第一所重工业大学的序幕。

中法大学于 1920 年由中法两国教育界共同创办，是中国高等教育史上第一个跨国办学的大学。她以文理见长，办学力量雄厚，曾在国内首先开展与放射性相关的物理学研究。严济慈、钱三强、陈毅等都曾经在中法大学工作学习。

1949 年初，华北大学工学院派出以副院长曾毅为组长的工作组，代表华北人民政府，先后接管了中法大学和北平国立高级工业职业学校。

【采访匡吉】92 岁，原华北大学工学院、北京理工大学退休教师

"接管的话，实际上人心向党，原来这个财产，等于清点财产上报，然后重新配备干部。"

【旁白】

1950 年 9 月 16 日，华北大学工学院进京后的第一次开学典礼在中法大学大礼

堂举行。1950年8月，根据教育部的要求，中法大学停办。10月，中法大学校本部，及数学、物理、化学三个系并入华北大学工学院，182名中法大学师生员工自愿选择到华北大学工学院工作。中法大学数理化三系等办学力量的并入，奠定了学校理工并重的办学基础。

在这张照片中，最右侧被高高举起的青年学生叫陈荩民，他不仅是火烧赵家楼的五四先锋，更是之后中国著名的数学教育家。1949年底，陈荩民受邀来到华北大学工学院工作，为新中国高等数学教育作出卓越贡献。

在进京办学初期，华北大学工学院在重工业部的支持下，由副院长曾毅亲自组织，广纳贤才，快速充实师资力量，一大批像陈荩民一样声名卓著、才华横溢的国内知名教授学者纷纷来校任教。

【采访 吴大昌】102岁，北京理工大学教授、车辆技术专家

"我在美国也参加了留美科协的，留美科协里面有一个积极分子叫丁敬，丁敬已经到这个学校了，已经到华北大学工学院了，他也告诉我这个学校很好。"

【旁白】

与丁敬、吴大昌一样，在这一时期，许多毕业于英美等海外一流大学的青年进步学者也纷纷加入华大工学院的队伍中，很快就成为学校的骨干力量。

1949年刚进京时，全校教师不过22人，到1951年10月，全校教师已增至213人，其中教授就有83人。两年多的时间，在学校主动工作下，教师队伍的高质量快速扩充，为学校此后半个多世纪的发展留下最浓墨重彩的一笔。

1950年6月，新中国召开了第一次全国高等教育会议，会议指出，高等教育应该责无旁贷地密切适应国家建设的需要，担负起培养高级建设人才的任务。按照中央要求，华北大学工学院开足马力，做好了为国家培养亟需人才的各项准备，并于7月开始面向全国招收五年制本科生。一年之后，华北大学工学院迎来了一次检验办学水平的全国大考。1951年6月，教育部首次组织全国统一高考，华大工学院成绩斐然，不仅入学率高达90%以上，报考学生数量更是占全国工科考生总数的40%，考生平均成绩居全国高校首位。

【采访 毛二可】86岁，北京理工大学教授、中国工程院院士、雷达技术专家

"我是1951年考到我们学校来的，我中学是北京师大附中，毕业以后当时选择志愿五花八门，我就是选择华北大学工学院做第一志愿，考进来了。"

"我们学校那个时候叫华北大学工学院,我们学校到重庆招生,他一说我们学校是老区来的,人民供给制,这些对大家吸引力很大,就觉得这很好。到北京就住在东皇城根 39 号,就是中法大学,在那儿等着考试,(我们)就是我们学校对社会招生第一班。"

【旁白】

从解放新中国到建设新中国,传承红色基因,历经战火洗礼的华北大学工学院,始终在党创办和领导的"红色育人路"上探索前行,为党育人、为国育才的信念,在服务新中国建设中愈发坚定。

不为教育而教育,不为学术而学术,而是始终坚持一个新中国的工程技术干部必须具有正确的人生观、全心全意为人民服务的思想和良好的道德品质的教育观。

坚持既要教书又要育人,坚持创新,教书不能脱离实践,要教能够指导实践的理论,办好新型社会主义大学,华北大学工学院旗帜鲜明。

学校还采用了一系列新型教学方法,建立了口试、课堂讨论、答疑制度等,无论是教育理念还是教学方法,在建国之初,华北大学工学院都为兄弟院校提供了示范。

在这个实习车间的一角,13 台 70 岁高龄的老家伙,默默注视着一代代莘莘学子,似乎在静静诉说着一段岁月的过往。

1951 年 3 月,重工业部为加强华北大学工学院建设,将北京机器总厂第一分厂调拨给学校作为实习工厂,还从苏联等国订购了大批精密机床和实验室设备,提供给学校用于教学实践。

建国之初虽然百废待兴,但党和国家始终对学校高度重视,寄予厚望,而华北大学工学院也奋力发展,不辱使命。截至 1951 年年底,师生人数已达 1898 人,建成 8 个系、7 个专科、9 个实验室、两个实习工厂和一个图书馆,短短的两年时间,学校就初步成为专业设置较为齐全的社会主义重工业大学,开始为新中国重工业建设培养高级人才。

1952 年 1 月 1 日,按照教育部和重工业部颁布的命令,华北大学工学院正式更名为北京工业学院。3 月 8 日,学校又按照党和国家要求全面调整办学方向,踏上默默奉献、矢志强国的新征程。

此后,伴随办学规模的不断扩大,学校在城内的校舍资源日渐紧张。1951 年 6 月,学校在西郊车道沟开始了新校区建设,建成延安大楼等一批新校舍。1954 年,学校又在京西巴沟征地2000亩，开始更大规模的基础建设。

上世纪50年代，学校师生曾同时在东皇城根、车道沟和巴沟三个校区工作学习，直至1956年后，办学才逐渐汇聚到巴沟校区也就是今天的中关村校区。

1949年至1951年，华北大学工学院迁京办学的时间虽然短暂，但在学校的发展历史上，却是一个承上启下的重要时期。学校不仅发展成为一所具有光荣革命传统的工科大学，更是具备了今天北京理工大学这所"双一流"高等学府的重要基础。

半个多世纪前，跟随党中央迈开进京赶考的步伐，新时代赶考仍未结束，击破艰难险阻，奋斗一往无前。

书写最精彩的时代答卷，北京理工大学永远在路上！

扫码观看专题片《进京》

专题片《第一》

"第一"是一个序列的开始,"第一"是一场比赛的目标,"第一"是一部著作的开篇,"第一"是一段征程的起点。

【采访】

"第一是几十年如一日的钻研。"

"第一就是冠军,就是不断突破自我的勇气,第一就是珠峰上面那面鲜艳的五星红旗。"

"人民教师的第一,首要的职责是教书育人。"

"第一意味着创新性强。"

"第一指的是前进的路,没有经验可以借鉴,没有人可以追寻。"

"第一就是要不断进取。"

"第一就是追求卓越。"

"第一就是更灵活、更精准。"

"第一是协同攻坚后,山高我为峰的酣畅淋漓。"

"第一是一种激励,给我们驰骋千里的力量。"

"第一就是奋斗的结果。"

"第就是通力合作、踏实奋进。"

"第一就是一种态度、一种认同、更是一种力量。"

【旁白】北理工的"第一"到底是什么?是时间刻度上,一次次闪耀突破?是奋进征程中,一枚枚坚实足迹?还是强国使命中,一遍遍永藏心中的自豪?

万千答案,皆为初心,不负信仰,忠于使命。

"第一"是突破,是从无到有的创造

【旁白】1958 年 9 月 9 日下午两点,在距北京一百四十多公里的黄洋滩,这枚代号为 505 的"东方 -1 号"二级探空火箭呼啸间刺破长空。这枚全重仅 61 公斤的火箭,成为中国人第一次向浩瀚天际投出的"问路石",是中国第一枚航天探索的励志之箭。

【采访 万春熙】北京理工大学教授、火箭专家,505 探空火箭核心参与者

"505 七次伟大的飞行实验,可以说是相当伟大的,从整个的时代来看,它呼应了人民大众一个心愿,就是希望中国快速地发展起来。"

【旁白】63 年后,2021 年 5 月 15 日 7 时 18 分,穿越 5500 万公里的"天问一号"

探测器第一次在遥远的火星表面上留下了中国的印迹，在那道穿越火星大气的"中国轨迹"中，北理工人的智慧与魄力直抵异星的苍茫大陆。

【采访 崔平远】北京理工大学教授、深空探测技术专家

"如何在未知条件下实现成功着陆火星，是我们北理工'天问'深空探测团队的任务。为此，我们研发了近十年，前期资料国外机构拒绝数据共享，我们完全要靠自己。"

【旁白】"我们要在宇宙空间占一个位置"！1958年，北理工人发出这样的雄音伟志，破苍穹，抵望舒，探寰宇，载梦压星河，奔向星辰大海的征途，见证着北理工人永不停歇的突破、再突破！

"第一"是担当，是不辱使命的坚定

【旁白】如果说"第一"的答案千千万万，但北理工人心中的"第一"，却只有一个坚定的方向。

回首"京工岁月"，为建设新中国、保卫新中国，北理工人筚路蓝缕，不畏艰难，用一个个"第一"服务国家急需，填补技术空白，踏上为国铸剑的漫漫征途。

【采访 毛二可】北京理工大学教授、中国工程院院士、雷达技术专家

"1956年，我们四位同学的毕业设计成为中国第一套电视发射接收设备，我们干劲十足，心里就是一个特别朴素的愿望：为国家做事。"

【旁白】当春风吹拂祖国大地，北理工人科技报国的脚步更加铿锵，为党为国，书写出"第一"的精彩答卷。

1990年，北京亚运会是中国第一次举办综合性国际体育大赛，更是中国在改革开放后向全世界展示崭新精神面貌的重要机会。在此次盛会中，中国第一次成功地使用计算机信息系统服务赛会组织，该系统达到了当时的世界先进水平。"第一"背后，是北理工人的报国使命，攻坚克难让"不可能"变为了举世惊叹的首屈一指。

【采访 彭一苇】北京理工大学教授、北京亚运会电子信息系统研发团队成员

"说实在的，相当困难，最难啃的是几个主要任务，因为我们当时的设备实在是赶不上，我们当时大型计算机基本没有，洛杉矶奥运会面向公众查询系统响应时间的性能指标是5秒钟，我们最后达到的成绩是0.7秒。"

【采访 李小平】北京理工大学教授、北京亚运会电子信息系统研发团队成员

"也不知道什么叫苦，也不知道什么叫累，我们北理工在这当中敢打硬仗，敢于向国家负责，敢于承担历史使命！"

【旁白】2008年，北京奥运会开幕式的精彩震撼、惊艳全球，2018年，创意

绝佳的平昌冬奥会"北京8分钟"吸引了世界的目光，2019年，国庆70周年的天安门广场的庆祝联欢举国振奋。北理工人研创的计算机智能仿真编排系统成为国家盛典的"科技大脑"。

【采访 丁刚毅】北京理工大学研究员、计算机仿真技术专家

"你能不能做出不可替代的东西来，这都是我们平常鼓励学生的话，'延安根、军工魂'，北京理工大学的这种精神红色基因，绝对不是几个讲台、几个奖状、几篇论文构成的，那种精神体现是什么？其实就是立德树人嘛。"

【旁白】在今天，卫星互联网将成为重要的太空基础设施，测量成为卫星体检至关重要的一环，面对国外在高端技术领域的严格封锁，是北理工人的"星网测通"第一次建立起中国自己的卫星高端测量技术，打破封锁，使得测量效率提升100倍。

【采访 赵钦源】北京理工大学学生、全国"互联网+"大学生创新创业大赛冠军

"我们要做中国人自己的卫星通信网络，科学研究是没有捷径的，通往真相的道路，我们自己寻找。"

【旁白】把"第一"书写在为国争光的世界舞台上，把"第一"书写在祖国美丽辽阔的天地上，把"第一"书写在人民大众的生生不息中，北理工人用"第一"书写担当，穿透数十载时光岁月，坚定的方向从未改变。

【采访 王海福】北京理工大学特聘教授、全国五一劳动奖章获得者

"我们所从事的工作都是为了国家，在所热爱的研究领域里，再多的艰辛与努力都是值得的，这是一种价值的追求，更是一份责任和使命。"

"第一"是奉献，是默默辛耕中的甘愿

【旁白】为党育人、为国育才，一代代北理工教师燃己为烛，照亮学子们"明德精工""矢志报国"的求索奋进之路，而今，你中有我，我也成了你。

【采访 薛庆】北京理工大学教授、全国模范教师

"在我心中，给学生上课、上好课，是最开心的事情，因为每一堂课都很重要。"

【旁白】她是全国模范教师薛庆，被北理工学子亲切地称作"薛妈妈"，她用真诚的爱温暖鼓励着学子们攀援知识的顶峰，她不断探索先进的教学方法，穷己所能，将"最好"奉献给学生。一代代北理工人立德树人的师心，如金美善。

【采访 林德福】北京理工大学教授、飞行器设计专家

"培养领军领导人才是我们的核心使命，作为我个人来讲呢，我们是以国际的高水平竞赛为抓手，实现教研创、学研产双螺旋互为支撑的培养人和服务社会一个这样的模式。"

【旁白】他是首都劳动奖章获得者林德福，我国智能飞行领域专家，"教学+科研+科技创新"与"学术+技术+产业"交叉融合，他探索出一条双螺旋高水平人才培养模式。他创建的"飞鹰队"，学科背景多元，创新能力突出，成果转化高效。

【采访 吴锋】北京理工大学教授、中国工程院院士、新能源材料专家

"在讲课的时候呢，我注意要把国际最新的科研动态和这些领域的历史都讲给学生们听，启发他们创新的思维，鼓励他们进行颠覆性的创新，这样呢，我想才能对国家的科技进步有所贡献。"

【旁白】他是中国工程院院士吴峰，也是北理工"求是书院"院长，中国能源与环境材料领域专家。"超越自己，为祖国、为科学作出贡献"是吴峰作为老师对学生最大的期许。

教书须育人，真情实意，力创新奇添绿色，甘呈心血润桃李，俯下身，默默耕耘，培育桃李万千，成就祖国栋梁之材。

北理工人的"第一"，淡泊名利，坚韧无我。

"第一"是执着，是面向未来的专注

【旁白】当前，科技正深刻改变世界，未来，科技将决定世界格局。在时代挺进的前沿，追逐科技跃动的脉搏，北理工人特立潮头、开创"第一"的脚步永不停歇！

这是创新智慧的比拼，这是人机融合的较量，北理工人带着对卓越执着的追求，问鼎国内外赛场，尽展青春风采。

【采访 北京理工大学 Dream Chaser 团队】

我们 Dream Chaser 战队用 6 个月时间，研制出面向动态环境复杂任务的多机器人全自主协同对抗系统。

【采访 陶宏】北京理工大学学生、"飞鹰"无人机队成员

"我们获得了全场唯一满分 100 分，我们是代表中国的参赛队伍。"

【采访 北京理工大学 ACM 团队】

"写代码虽然枯燥，要想取得好成绩，就要经历逾千道题、数万行代码的磨炼，可大家都不觉得苦，都不觉得累，因为我们心怀梦想，因为我们是中国人。"

【采访 徐康】北京理工大学学生、六轮足先驱者机器人团队成员

"47 个执行机构、103 个传感器，我们为了六轮足机器人整整奋斗了 2375 天。"

【旁白】这是中国第一支，也是唯一一支出征世界太阳能车挑战赛的太阳能车队，他们有个响亮的名字"光梭"。自 2013 年起，他们如光如梭，用三千公里的征程，书写对未来科技的执着追求。

【采访 赵心琦】北京理工大学学生、"光梭"太阳能车队成员

"3022公里,穿越酷暑严寒,穿越沙尘横风,我们还会穿越得更快、更稳、更远!"

【旁白】无论前路多么险峻,心中的"第一"始终是那不竭动力,激励着北理工人追逐梦想,角逐未来,超越驰行。

"第一"是源点,是基因中永不褪色的鲜红

【旁白】100年前,伟大的事业从一艘红船出发,中国共产党引领改变中国命运的滚滚洪流。

80年前,一个红色源点,由党着笔,北京理工大学的前身自然科学院诞生在抗战烽火中的圣地延安,成为党的历史上第一个开展自然科学教学与研究的专门机构,北京理工大学也成为中国共产党创建的第一所理工科大学。

从此,这无上荣光的"第一",将"延安根"的红色基因注入一代代北理工人的血脉,激励着我们在党开创和领导的"红色育人路"上阔步向前。

百年征程,波澜壮阔,百年初心,历久弥坚。北理工红色的血脉,涌动着拳拳的赤子之情。

【采访】

"党的事业是我的奋斗方向,中国共产党百岁华诞,祝党永葆青春!"

"百年伟业,灿烂辉煌!"

"历经百年,我们见证了属于中国人的荣光。"

"愿我们的党青春常驻,愿我们的祖国繁荣昌盛!"

"百年征程波澜壮阔,百年初心历久弥坚。"

"祝福祖国祝福党,繁荣昌盛永辉煌!"

"祝福我们伟大的党生日快乐,再创百年辉煌!"

"祝我们伟大的党,百岁华诞生日快乐!"

"我们祝伟大的党生日快乐!"

"我们祝愿伟大的党永葆活力,取得更卓越的成就!"

"愿伟大的党再创辉煌,愿祖国国富民强!"

"祝党青春永驻,明天更辉煌!"

"祝愿伟大的党明天更辉煌,祝愿伟大的祖国荣昌盛!"

扫码观看专题片《第一》

【字幕】

在全面开启建设中国特色世界一流大学新征程上,在中华民族伟大复兴的道路上,更多的"第一"在等待北理工人去创造!

专题片《徐特立：人民之光，我党之荣》

【讲解：北京理工大学人文与社会科学学院教师 余凤霞】

第一场景：图书馆徐特立展区

"你是我二十年前的先生，你现在仍然是我的先生，你将来必定还是我的先生"。信中这位被毛主席尊称为"先生"的，就是他感念一生的老师，著名的革命家和杰出的无产阶级教育家，北京理工大学延安创校时期的老院长，徐特立同志。

第二场景：北理工中关村校区中心花园徐特立塑像前

这座矗立在北京理工大学中心花园中的徐特立铜像，是上世纪80年代经党中央批准建立的。1986年9月21日，徐特立铜像落成。30多年来，徐特立老院长铜像目光如炬，笃定远望，凝视着校园里的莘莘学子，成为全体北理工人心中的一座丰碑。

第三场景：徐特立图书馆前

徐特立在漫长的革命生涯中，总能在关键时刻作出正确抉择，并随着时代的步伐不断前进，从一位民主主义者跃进为坚定的共产主义革命家。

1927年，大革命失败，面对白色恐怖，年过半百的徐特立却毅然加入中国共产党，并参加了南昌起义。1934年10月，57岁高龄的徐特立，又以普通一兵的身份，走完了艰苦卓绝的两万五千里长征，不仅成为著名的"长征四老"之一，更被誉为"让人振奋与感动的楷模"。周恩来同志称赞他为"人民之光，吾党之荣"。

第四场景：校史馆第一馆

翻开这本2021全新出版的《中国共产党简史》，有这样一句话："1940年9月创办的延安自然科学院，是党的历史上第一个开展自然科学教学与研究的专门机构。"

这张党中央批准建立自然科学院的文件，印证的就是这段光荣的党史，也成为北理工校史馆的镇馆之宝。

在延安时期，徐特立的教育思想也逐渐形成，教学、生产、科研"三位一体"，"德育为首"，"实践创新"，"学术互动"，"民主治校"，这些在今天仍然对中国高等教育发展具有指导意义。

第五场景：延安石 / 学风石 / 校徽雕塑

弘扬延安精神，传承"延安根、军工魂"的红色基因，已成为我们这所红色大学的光荣传统。徐特立老院长提出的"实事求是，不自以为是"学风，已融入一代代北理工人的精神气质中，坚定走好由中国共产党创办和领导的"红色育人路"，已经成为全体北理工人的自觉行动。

第六场景：北京理工大学中关村校区正门

80 载砥砺奋进，"坚定跟党走"始终是北理工奋进的方向。

建党百年，站在新的历史起点上，北京理工大学将继续坚守初心使命，在全面开启建设中国特色世界一流大学的新征程上，为全面建设社会主义现代化国家、实现中华民族伟大复兴的中国梦作出新的更大贡献。

扫码观看专题片《徐特立：
人民之光，我党之荣》

专题节目《春风化雨　不负韶华》

北京广播电视台综合频道《北京您早》栏目

2021年1月3日—6日播出

第一集　从延安到北京 红色基因的传承路

【导语】在北京有这么一所学校，她是中国共产党创办的第一所理工科大学，今天的《春风化雨 不负韶华》特别节目，我们一起走进北京理工大学，了解这所从延安一路走来的学校有着什么样的故事。

【同期】北京理工大学党委书记　赵长禄

【正文】这是北京理工大学良乡校区理科教学楼401教室，2020级精工书院、明德书院和睿信书院的236名新生的第一节思政课。讲台上的老师是北京理工大学党委书记赵长禄。课堂上，赵长禄深情地回顾了北京理工大学自延安创校一路走来奋斗不辍的办学历程，生动的讲述，令学生们仿佛回到了80年前那段战火纷飞的岁月。

【同期】《红色育人路》历史资料。

【正文】1939年，抗日战争进入相持阶段。在最困难的时期，党中央意识到需要有更多的科技人员参与边区建设，来提高生产力，服务抗战。1939年5月30日，在大生产运动中，延安自然科学研究院成立了。1940年，自然科学研究院又改为自然科学院。"两字之差，意义深远"，自然科学院的诞生开创了中国共产党领导和组织高等理工科教育的先河。

【同期】北京理工大学校友（自然科学院时期）原国家体改委副主任、党组书记　贺光辉91岁：

"因为周围的环境，我们一直都受党的教育，所以生活再苦，精神上一点不苦。"

【正文】1945年起，按照党中央部署，自然科学院向东北迁移，之后又在战火中辗转华北办学，并于1949年跟随党中央迁入北京。1952年1月1日，学校正式更名为北京工业学院。1988年，北京工业学院更名为北京理工大学。

【正文】如今，在这所学校，无论是新生还是新入职的教师，入校之初，都要到校史馆上一堂"校史教育课"。一件件承载着从延安到北京创校办学红色记忆的"老物件"，一张张记录着不同时期北理工人奋斗风采的老照片，红色基因就这样镌刻在新北理工人的思想深处。

【同期】北京理工大学睿信书院2020级本科生　凌晨

看到历史的实物呈现在眼前，而非屏幕里的照片，这种感觉还是很不一样的。

北京理工大学睿信书院2020级本科生　郭权锋

校史馆中的高数笔记给我留下来深刻的印象，艰难时期缺少纸张，北理工人的蝇头小楷令我感动。

【同期】校庆晚会。

【正文】2020年9月19日晚，一场"光荣与梦想"——北京理工大学建校80周年纪念晚会在良乡校区北湖畔举行。伴随着柔和的灯光、动情的旋律，大型情景演出《梦回延安》将观众带到了80年前的延安，学生演员通过讲述、歌唱和舞蹈，再现了学校创校发展的奋斗历程。晚会分"延安根""军工魂""铸利剑""立潮头""创未来"五大篇章，演出人员有学生，还有部分教师和校友。

【同期】北京理工大学校庆晚会参演学生、材料学院2019级本科生　赵坤

我扮演的是从法国学成后归国报国的马士修教授。他是新中国军用工程光学和电子光学专业的奠基人。我非常敬佩他，为了演好这个角色，我查阅了很多资料。

【同期】北京理工大学校庆晚会参演学生 数学与统计学院2019级本科生 李芙萌

前辈的故事就是一句句嘱托，现在红色基因的接力棒已经传到了我们新时代青年的手中，我们会把它发扬光大。

【正文】从1940年9月1日，自然科学院在延安开学至今，北京理工大学走过了风雨兼程的80年。作为中国共产党创办的第一所理工科大学，学校走出了一条立足中国国情、扎根中国大地的"红色育人路"。

【同期】北京理工大学党委书记　赵长禄

多年以来北京理工大学就把"延安根 军工魂"作为我们身边的活生生的素材，融入思想政治工作、融入人才培养，同时也融入北京理工大学办学治校全过程。

（完）

第二集　发扬"延安根　军工魂"时代新人的奋进路

【导语】今年，是北京理工大学建校80周年。我们的《春风化雨　不负韶华》特别节目,将用四天时间带您走进这所学校。新时代的北京理工大学是如何将"延安根、军工魂"的红色基因发扬光大的？今天我们接着来了解这所学校。

【同期】第六届中国大学生创新创业大赛的冠军团队，来自北京理工大学星网测通项目团队！

【正文】2020年11月17日至20日，第六届中国国际"互联网+"大学生创新创业大赛总决赛在广州华南理工大学举行，北京理工大学15个高教主赛道项目从全球147万个项目中脱颖而出，进入总决赛。经过两天的激烈角逐，北理工工科女博士宋哲带领的参赛项目"星网测通"以1310分摘得总冠军。卫星互联网是重要的太空基础设施，测量是卫星的"体检"，是卫星互联网产业链不可或缺的关键环节。星网测通项目打破了国外对我国航天领域测量技术的严格封锁，解决了制约我国通信卫星发展的"卡脖子"问题。

【同期】北京理工大学 星网测通项目负责人　宋哲

我特别荣幸，能够把我们整个团队包括北京理工大学的底蕴，还有北京理工大学学生这么一个风采，展现在全国人民的面前。

【正文】与宋哲一样，拥有家国情怀奋斗精神的北理工人不在少数。视频中的这位小伙子，叫次旦扎西，是北京理工大学2013届安全工程专业毕业生，毕业后他毅然回到了西藏山南市加查县，在祖国西部边陲担任驻村第一书记，并在那里成长为一名出色的基层干部。

【同期】次旦扎西　故事切入

【正文】如今，越来越多的北理工青年学子不负韶华、矢志前行，"爱国、奋斗、求真、力行"成为北理工时代新人的标签。（演讲的视频）

【同期】北京理工大学物理学院团委书记　徐枫翔

2018年以来，我们学校坚持每年在全校组织开展"担复兴大任、做时代新人"主题教育活动，锚定五个一的目标——"举一面旗帜、树一种信仰、走一条道路、叫一个名字、圆一个梦想"。

【正文】2019年暑期，在陕西省吕梁市方山县巍峨的北武当山上，一场别开生面的教育活动如火如荼地进行。百名北理工青年学子高唱《我和我的祖国》,齐颂《少年中国说》,抒发时代青年的高昂斗志和"与祖国共奋进"的时代担当。

这是北理工暑期学生骨干培训的一场情景式教育活动。这个在北理工已有40年历史的学生教育项目，首次将培训地点放在国家脱贫攻坚一线。

【同期】北京理工大学计算机学院2019级研究生　孔令名

在方山学习实践的日子里，我受到了很大的触动，我们这代人将来要直接参与社会主义现代化强国建设，实现大家共同富裕，是我们的职责。

【正文】这辆停放在北京理工大学校北门的无人车，正在为往来人员进行体温检测，即使被测人员佩戴口罩，它也可以识别其面部信息，极大地提高了防疫安全。不仅如此，通过"云控"技术，无人车还可以独立配送物资，实现无接触配送。"5G云控防疫检测无人配送车"的背后，凝聚着一批北理工学子的心血。

【同期】"小酷"5G云控防疫检测无人配送车研发团队成员、北京理工大学机械与车辆学院2019级研究生　郄天琪

我觉得北理工首先给我们提供了一个创新创业的氛围，时刻教育我们要紧跟国家重大战略需求，我们也希望能够服务社会，促进国家的发展。

【同期】北京理工大学校长　张军

北京理工大学建立健全"价值塑造、知识养成、实践能力"三位一体的人才培养模式，致力于培养"胸怀壮志、明德精工、创新包容、时代担当"的领军领导人才，坚持教育教学改革，培养担当民族复兴大任的时代新人。

【正文】"担复兴大任，做时代新人"是人民的重托、民族的期待，是历史的使命、时代的召唤。北京理工大学越来越多的"时代新人"们，正在挥洒着青春的汗水，闪耀着青春的光彩。

（完）

第三集　立德树人、同向同行，推陈出新的育人路

【导语】"三全育人"是近年来高等教育领域一个备受关注的话题。高校如何落实好立德树人根本任务，如何把思想政治教育贯穿人才培养始终，实现全员全过程全方位育人？今天的《春风化雨　不负韶华》，我们接着走进北京理工大学，看一看北理工的"三全育人"路。

虚拟现实VR技术被更多的人熟知，那么VR和思政课的结合，会碰撞出什么样的火花呢？

【正文】"小鬼，快跟上，别掉队。"北京理工大学马克思主义学院的学生们正在小心翼翼地和"红军战友"攀爬雪山的悬崖峭壁，"老班长"的声音时不时地从耳边传来。衣衫褴褛的"红军战士"陆续从身边走过，回头看，除了漫天飞雪，还有万丈悬崖。学生们一一戴上VR眼镜，和"红军战士"一起走在了二万五千里长征的漫漫征途中。这并不是科技馆的VR体验活动，而是北京理工大学智慧教室中的一节日常思政课。

【同期】北京理工大学马克思主义学院2019级研究生　杨文倩

我觉得这堂思政课非常生动有趣。在虚拟现实技术中，我的感官都被调动起

来去吸收、去体验、去接纳这里边的知识，我觉得自己仿佛就是穿越回到了过雪山过草地的那一刻。

【正文】近年来，北理工不断加强思政课改革创新，让立德树人关键课程"活起来""强起来"。同时，学校紧紧聚焦课堂主渠道主阵地建设，推进课程思政与思政课程同向同行。淘汰"水课"、打造"金课"，课程思政改革更加契合师生思想特点和发展需求。

这堂让同学们听得津津有味的课程是北京理工大学自动化学院彭熙伟教授讲授的《流体传动与控制基础》，是北京理工大学获评"北京市高等学校精品课程"的"金课"之一。

【同期】北京理工大学自动化学院 2017 级本科生　黄雨培

彭老师上的这门课是一门很重要的专业课，在上课过程中，彭老师经常把抽象的课本知识跟生动的现实应用结合起来。比如讲到液压传动的应用时，彭老师会介绍这门技术如何运用于大国重器的制造中，启发我们思考如何创新技术、怎样提高应用的效能、怎样实现节能环保。这样的讲法让我们能认识到我们所学知识在国家经济社会发展中起到的重要作用，学起来特别有动力，丝毫不觉得枯燥了。

【正文】如黄雨培一样，在北理工的大学校园中收获知识、收获感动的学生还有很多。

在"三全育人"改革实践中，北理工以书院制为依托，建立了一支特殊的育人队伍——由学术导师、学育导师、德育导师、朋辈导师、通识导师、校外导师六类导师 3000 余人次构成的"三全导师"队伍，直接参与到同学们的成长发展中，履行育人职责。

【正文】这棵"未来树"，伫立在北京理工大学良乡校区音乐厅内，透明的五角形信箱里，装着的是每名大一学生写给未来自己的一封信。从 2003 年开始，每位北理工本科生在大学四年阶段都要参加"德育答辩"活动。从大一的德育开题给未来的自己写信，到大三的德育中期检查，最后到大四的德育答辩，穿起四年砥砺成长的大学生活。

【同期】学生工作部部长　王泰鹏

北京理工大学"德育答辩"是我们多年来从事学生思想政治工作的一次大胆尝试，多年来，我们将我们的各类导师，包括一些教师、干部，还有我们的班主任、辅导员引入学生的成长成才当中，将学生的思想引领、思想教育，和学生的成长成才相结合，然后以一种学生比较乐于接受的方式来开展学生的引导。那么这么多年来呢，这也是搭建了一个全员全过程全方位育人的有效载体。

【正文】2018年以来，北理工大力推进"三全育人"综合改革，牢牢把握全面提高人才培养能力这一核心点，协同思政课程和课程思政，协同第一课堂和第二课堂，协同思政课教师、专任教师和其他教职工群体，通过选树一批体现"三全育人"理念的思想政治工作品牌和创新项目，带动把各项工作的重点落到育人上，努力构建贯通高水平人才培养体系的思想政治工作体系，促进立德树人、同向同行！

（完）

第四集　立师德铸师魂　优秀教师的锻造路

【导语】教师是人类灵魂的工程师，他们的积极性、创造性和敬业精神在很大程度上决定了一所大学的人才培养质量。北京理工大学老校长徐特立曾提出著名的"经师人师"思想，他认为"经师"是教学问的，"人师"是教行为的，倡导"经师""人师"二者合一。这一思想实质就是教书育人思想。80年时光走过，徐老的思想至今熠熠生辉。今天的《春风化雨　不负韶华》特别节目，让我们共同看一看北京理工大学这所有光荣传统的学校，在打造高素质教师队伍方面都有哪些独到之处。

【正文】北京理工大学是中国共产党创办的第一所理工科大学，1940年在抗战烽火中诞生于延安。2020年10月19号，76位北理工新入职教师来到革命圣地延安，在学校诞生的"红色源点"，砥砺思想，学习学校创校发展的奋斗历程，"延安根、军工魂"的红色基因在革命圣地入脑入心。入校前，全面开展师生思想教育，已经成为北京理工大学的工作传统和特色。

【同期】新入职教师培训

【正文】教育者先受教育。传道者自己首先要明道、信道。

【正文】这里是北京理工大学教师发展中心，从一开始的教师教育技术培训中心，到教学促进与教师发展中心，再到教师发展中心，14年，北理工这个聚焦教师发展的机构三易其名，学校教师队伍建设由单纯关注教育教学技能培养，逐渐升华为教师队伍的全方位成长发展。

【采访】教师发展中心主任　罗佳

现在实行的是全员、全职业生涯教师职业能力成长体系，让教师来到我们北理工，从思想素养、专业技能、身心成长和职业规划方面，得到全方面的成长。

【正文】近年来，紧密围绕一流大学建设目标，北京理工大学面向专任教师、管理人员、辅导员、实验人员四支队伍，通过教师发展中心设计定制化能力提升课程，采用研修班、工作坊、现场观摩能多种形式为教职工队伍提供能力素养提升支持，助力老师们从新手到胜任、从胜任到优秀、从优秀到卓越。

【正文】"信息系统与信息安全对抗"是北京理工大学一门专业基础课，已经88岁高龄的两院院士王越正是这门课的任课老师。站在自己热爱的讲台上，王越院士为同学们深入浅出地讲述知识，并将自己关于哲学的思考融入课程中，令学生们收获满满。

【同期】信息与电子学院2015级博士生　唐堂

"同学们都非常喜欢王先生的课，因为王先生的课都非常的深入浅出，从一个例子讲一个原理，让我们深入地明白这个事情。"

【同期】中国科学院院士、中国工程院院士　王越

现在我的课是排在一天的最后三节，快到9点了，所以我的课中间为节省时间，我就中间不休息，我一口气讲三节课。为什么要这么认真去讲？因为我的课是一门专业基础课，就是为学生在专业知识方面打基础的，是为了他今后出去工作，也就是作为一个中国特色社会主义建设者所需要的最基本的知识。

【正文】以德立身、以德立学、以德施教，北理工的'大先生'们以身示范，为年轻教师队伍树立了楷模、打下了样板。

她，是黄天羽，博士毕业后选择留在学校，选择成为一名教师，如今，她带领着学生们完成了包括奥运、国庆等很多国家重大任务。

【同期】黄天羽

我认为教育是一个潜移默化的漫长过程、是人心工程，要全身心、全过程地投入。

【同期】北京理工大学党委书记　赵长禄

教师队伍建设是培养高素质创新人才的根本，北京理工大学始终把高素质教师队伍建设作为一项基础性、战略性的工程来抓，首先是全方位建立健全师德师风体制机制，同时，我们坚决破除"五唯"，全方位支持助力青年教师成长成才。

【结语】击鼓催征，奋楫扬帆。这所在抗战烽火中诞生的大学，已经走过了砥砺奋进的80年。步入新时代，北京理工大学初心依旧，向建设中国特色的世界一流大学的新征程上奋力前行。

扫码观看专题节目
《春风化雨　不负韶华》

专题节目《校史中的红色记忆》

北京广播电视台科教频道《记忆》栏目

2021年7月5日播出

【导语】

他怎样发现了陕北的好江南南泥湾？

【李金羽　北京理工大学生命学院本科生饰乐天宇】

如果说我们能在这块地上搞一些种植开发，它不就是一块粮仓了？

【导语】

他为何在延安被毛主席委以重任？他的心中充满了感激之情，把如何助力新中国第一枚探空火箭成功升空……由党创建，为党育人，《校史中的红色记忆——北京理工大学》正在播出。

【同期声】

花篮的花儿香，听我来唱一唱，唱一呀唱，来到了南泥湾，南泥湾好地方，好地呀方。

【李金羽　北京理工大学生命学院本科生】

作为北京理工大学生命学院的学生，户外生态科考是我们专业社会实践的重要内容。最近我和同学们正在做一项北京地区土壤植被方面的研究，在这期间，我偶然读到一本名叫《陕甘宁盆地植物志》的书，它的主要作者乐天宇是我们学校的前身——延安自然科学院的生物系主任。上个世纪三四十年代，乐天宇在陕甘宁边区考察期间，采集了近万份的植物标本，80多年前的陕甘宁边区，没有现代化的校园，也没有设备齐全的教室，更没有先进的采集工具，他们是如何进行户外考察，如何完成样本采集的呢？当时这些工作的开展，大部分是在尚未被人熟知的南泥湾中进行的。

【实景演绎】

【李金羽　北京理工大学生命学院本科生饰乐天宇】

大家都跟上，往这边来，你们跟我来这边，你们去看一下那边的地表植物，分析取样。

【主持人】

独家记忆，百变人生，您现在收看的是《记忆》建党100周年特别节目《校史中的红色记忆》。歌曲南泥湾数十年来传唱大江南北，让中国人都知道在陕北有个"好江南"。然而南泥湾这个地方，最初是谁先发现的？后来又是如何开发的呢？

我们今天的故事要回到 1940 年的 6 月 14 日，那一天，延安自然科学院生物系主任乐天宇组织了一个边区森林考察团，从延安出发，顺着桥山山脉和恒山山脉前进，对边区进行了地理生物环境的考察。历经 47 天，他们行程几百公里，考察了陕甘宁边区的森林自然状况和植被分布的情况，共搜集了上百种植物标本 2000 余件。7 月 30 日，乐天宇率团返回延安，并根据考察资料，撰写了一份《陕甘宁边区森林考察报告》，这份考察报告很快就摆在了毛泽东主席的办公桌上。

【旁白】

乐天宇是延安自然科学院的农学专家，他不仅是毛泽东的老乡，而且两人在学生时代就已经结识。16 岁在长沙求学期间，乐天宇就参加了毛泽东领导的爱国学生运动，成为毛泽东的挚友。

1939 年，中国的抗日战争处于相持阶段，由于国民党政府经济封锁，陕甘宁边区处于最困难时期，1939 年冬天，满怀爱国热情的乐天宇在老师徐特立的推荐下，来到了延安，被分配到陕甘宁边区政府建设厅工作，后任延安自然科学院生物系主任兼陕甘宁边区林务局局长，潜心科学考察和研究。就在毛泽东看了乐天宇写的《陕甘宁边区森林考察报告》之后，立即命人将他叫到自己的窑洞，乐天宇向毛主席汇报，在这次考察中，路过延安县南部时，发现了一个烂泥洼，方圆几十里，似乎可供开垦。

听了乐天宇的这一番报告，毛泽东舒展了双眉，立即让他和党中央办公厅的几位同志再去仔细考察。等乐天宇他们回来以后，毛泽东召开了一个座谈会，听乐天宇详细汇报了这次考察的结果。

【主持人】

1940 年 8 月，在陕甘宁边区农校的一间教室内，延安农业界人士与专家汇聚在这儿，畅谈发展边区农业生产的感想。在这次会议上，乐天宇向大家介绍了烂泥洼的情况。

【实景演绎】

【李金羽　北京理工大学生命学院本科生饰乐天宇】

这块烂泥洼有很厚的风积黄土层，它很肥沃，有非常多的矿物质，而且它旁边的森林里又给它增添了有机物。如果说，我们能在这块地上搞一些种植开发，那它不就是一块不可多得的"上上土"，是我们的理想宝藏了吗？是一块粮仓啊！

【主持人】

听了乐天宇关于烂泥洼的介绍之后,大家都非常地兴奋,没想到在延安附近,能有这么一块产粮的宝地,朱德当即决定,要亲自去这个烂泥洼看一看。

【旁白】

1940年9月的一天,在乐天宇的带领下,朱德来到烂泥洼考察,之后得出结论,烂泥洼湿润的气候和大片肥沃的土壤非常适合大面积开垦,是解决陕甘宁边区粮食问题不可多得的一块宝地。于是,朱德欣然将这块地命名为南泥湾。

1941年春天,王震率领359旅的战士们高唱着"一把镢头一支枪,生产建设保卫党中央"的战歌,浩浩荡荡开进了南泥湾,开始了"一手拿枪一手握锄"的大生产运动。为了尽快解决住宿的问题,一部分战士每天起早贪黑地挖窑洞,即使挖到手上都是血泡,甚至虎口也被震裂、鲜血直流,也没有一个人休息。

经过10多天的奋战,一排排崭新的窑洞终于建成。359旅按照计划每人每天开垦5分地,可是战士们平时长期握枪,拿锄头的机会很少,所以开荒生产头几天,大家的双手磨出了很多大血泡。

【胡正清《王震与南泥湾》作者】

战士回去以后都比泡谁的多?有的说你是"单泡",有的说你是"三泡",有的说你是"连珠泡",没有几个不打泡的,结果王震跟毛主席汇报:"我们全旅都是'泡兵旅'了。"毛主席很幽默地说:"你王震怎么这么大的胆子?把359旅都改成了'泡兵旅'了,怎么不跟我汇报啊?"

【旁白】

随着南泥湾深处大片土地被开垦,战士们来时带的粮食都吃完了,没有粮食,战士们就到几十公里甚至数百公里以外去借粮,没有菜吃,战士们到山里挖野菜,就找榆树皮、收野鸡蛋、打野猪、下河摸鱼。

看到这种情况,乐天宇非常着急,他带头成立农学会,对开垦南泥湾、发放农具贷款、提倡植棉等问题组织多次讨论,并通过农场示范,在改良品种、发展种桑养蚕等方面做了大量的工作,卓有成效地推动了边区农牧业生产和军民的大生产运动。

【李金羽 北京理工大学生命学院本科生】

这里是我们学校的绿色生物制造实验室,借助现代的高科技仪器,我们可以观察到植物最微小的细节并进行分析。

回想上个世纪40年代,乐天宇和自然科学院生物系的师生们并没有这些先进的仪器设备,他们又是如何进行科研的呢?我来到北京理工大学校史馆,希望能在这里找到答案。

【王民　北京理工大学校史馆馆长】

乐天宇老前辈在咱们馆中的资料还不是很多，主要在两个方面有所体现，跟我来看一看。1940年的上半年，乐天宇当时是自然科学院的农学系主任，当时带领咱们的师生和农校的一些同志发现了固临镇，也就是后来的南泥湾，这是发现南泥湾的一段经历。

另外还有一些他就在植物志研究以及农田改良方面的贡献，这张照片，是同学们在用显微镜来分析植物的叶子，这个显微镜当时也非常的高级。另外，乐天宇当时带领学生以及当地的农民，还曾经引进过苹果。

【李金羽　北京理工大学生命学院本科生】

一样的青春热血，一样的朝气蓬勃。作为农学方面的专家，乐天宇协助指导南泥湾的战士们种出了哪些农作物？他又发挥了怎么样的作用？

【主持人】

在乐天宇和众多农学专家的协助指导之下，南泥湾的平川里长出了玉米、小麦和油菜，山坡上种出了谷子和土豆，而且还种植出了南方才有的水稻。

1943年9月的一天，南泥湾迎来了一位非常重要的客人，这位客人就是毛泽东。

【旁白】

毛主席在南泥湾边走边看，不时地和地里劳动的战士亲切交谈。吃饭时毛泽东主席问起部队的伙食情况，王震马上汇报说，刚来那年每天只吃两顿饭，吃用瓜菜拌小米或玉米面的杂和饭，1942年以后每人每天能吃三顿饭，可吃一斤半粮、一斤半菜，每月还能吃到两斤肉，不仅吃饭的问题解决了，其他的问题也都解决了。战士们不仅住上了新窑洞，穿上了新衣新鞋，还办起了工厂、公司、饭店和商店。

王震一番生动详细的汇报，听得毛泽东十分地高兴，他激动地跟王震说："感谢你们359旅为党创造出了建军养兵的新方法。"

【同期声】

解放军呀嘛，吼——嘿！大生产呀嘛，吼——嘿！

【旁白】

这段视频是延安电影团1942年拍摄的纪录片《南泥湾》，片中记录了当年在南泥湾屯田垦荒的真实情形。而就在影片即将拍摄完成时，时任摄影队长的吴印咸请毛泽东为电影题字，毛泽东大笔一挥，题写了"自己动手　丰衣足食"八个大字。

【同期声】

花篮的花儿香，听我来唱一唱，唱一呀唱。来到了南泥湾，南泥湾好地方，好地呀方。好地方来好风光，好地方来好风光……

【旁白】

　　1943年2月5日大年初一，延安鲁迅艺术学校的秧歌队来到了南泥湾，向在南泥湾垦荒的英雄们献上了他们新编排的秧歌舞《挑花篮》，赞扬了他们披荆斩棘，把荒凉的南泥湾改造成美丽"陕北江南"的伟大事迹。

　　从1941年到1943年，在短短三年的时间里，在359旅的战士和乐天宇等众多专家的共同努力下，南泥湾挖出了1000多窟窑洞，盖起了600多间房屋，用1万多件农具，在32万亩粮田里，生产出了9000多万斤的粮食，真正把毛泽东"自己动手 丰衣足食"的口号演绎成了漫山遍野的丰收场景。

【李金羽　北京理工大学生命学院本科生】

　　轰轰烈烈的南泥湾大生产运动已经过去了80年，由它孕育出的自力更生、艰苦奋斗精神，仍然是我们的宝贵财富。

　　八十载风雨沧桑砥砺前行，在与共和国同向同行的斑斓岁月里，乐天宇等先辈的红色基因在北京理工大学代代传续。现在，我马上就要大学毕业了，准备前往美国留学，深入学习最先进的生物医学工程技术，做健康数据科学相关的研究。未来学成回国后，也将像乐天宇等先辈一样，用自己的所学报效国家，为我国的医疗健康事业做出自己的贡献。

【廖勤韬　北京理工大学化学与化工学院本科生】

　　开发南泥湾大生产运动，这听起来都是很久远的事情了。作为北京理工大学化学与化工学院的学生，为了完成我的毕业论文，最近这几月，我大部分时间都泡在实验室里做实验、做研究。

　　其实很多人并不知道，在当年延安的大生产运动中做出贡献的可不仅仅只有农业专家，一位曾经领导筹建我们学校的化学家同样功不可没。在当时物资缺乏，没有先进仪器设备的情况下，他们是如何进行科学实验，又做出了哪些发明创造呢？

【主持人】

　　1937年冬天的一个下午，整个延安都在传递着一条近乎轰动的新闻：一个大科学家来到了延安，是留德的博士、化学家。张闻天带着这个人去见毛主席，毛主席详细地询问了他的情况，也简单向他介绍了延安的情况。

　　毛主席说："陕北落后，一切条件都没有，八路军很穷，一块五毛钱一个月的津贴，在前方，就可以维持一个战士。我可以给你两万元，请你看看是不是有什么事可以干。还有一个小小兵工厂和一个破烂油厂，请你去看看是不是可以利用？"

这个人听到毛主席的话语之后，感动万分，他没想到毛主席竟然这样平易近人，而且这样重视自己，他的心中充满了感激之情，发誓要在这片土地上贡献自己的一切。

【廖勤韬　北京理工大学化学与化工学院本科生】

毛主席亲自接见的这位归国化学家名叫陈康白，我查阅资料后得知，陈康白同样来自湖南长沙，也是徐特立的学生。1937年底，从德国归来的陈康白，为了实现科技报国的愿望，几经辗转来到延安，成为当时延安学历最高的海归科学家。在一个战士一月津贴一块五的时代，毛主席竟然一下子要给他两万元，这充分说明了毛主席对科学家的重视。那接下来，陈康白用这批巨款做了哪些工作？

【旁白】

来到延安之后，陈康白真正看到了中国共产党的伟大，于是他郑重向党组织递交了入党申请，并于1939年初成为一名光荣的中共预备党员。

【陈晓阳　陈康白之子】

当时毛主席、朱总司令都非常重视，因为他是科学家参加革命，那是以前没有过的。

【旁白】

之后，组织上交给陈康白一个重要的任务：筹备陕甘宁边区第一届工业展览会。

【孙丽萍　中共中央党史和文献研究院巡视员】

从手工业转化到工业生产，进入一定规模的生产，它是需要很多的专业技术人员的。

【旁白】

1939年五一劳动节，在筹委会主任陈康白的努力下，一场别开生面的边区工业展览会，在陕甘宁边区首府延安的桥儿沟大礼堂开幕了。陈康白带领着毛主席饶有兴致地参观了展示中近千种工业展品。在展览的十几天里，参观者达到数万之众，为边区的工业建设打开了一扇窗，而陈康白就是这次展览会的第一功臣。

【孙丽萍　中共中央党史和文献研究院巡视员】

当时的科技或者工业，实际上就是我们传统意义上的手工业，就是能满足人们的基本生活需求。那么几口油井，就生产一些汽油、煤油、蜡烛这一类的东西。

【旁白】

在受命筹办陕甘宁边区工业展览会的同时，陈康白积极筹建自然科学研究院。1939年5月30日，在这座当年延安少有的两层砖楼里，自然科学研究院正式成立，为边区生产提供了有效的科技支持，解决了中央的燃眉之急，也使得边区上下迫切期望能从根本上解决科技力量薄弱的问题。

【宋荐戈　中国教育科学研究院副研究员】

要搞一个自然科学研究院，把这些研究人员集中起来，集中起来干什么？搞研究，搞发明创造。这样的话，过去的东西，我们根据地不会造，现在我们可以自己造。

【主持人】

1939年12月，党中央责成中央财经部召开自然科学研讨会。正是在这次讨论会上，大家建议将自然科学研究院改为自然科学院，目的是在原有从事科学研究与实验的基础上，增加培养自己科学技术人才的任务，这一建议得到了党中央的大力支持。

李富春在会议总结时宣布，党中央同意大家的建议，决定把自然科学研究院改为自然科学院，同时成立自然科学研究会。两字之差，意义深远，开创了中国共产党领导和组织高等理工科教育的先河。

陈康白被任命为自然科学院筹建组的组长，他的内心无比激动和欣慰，这正是发挥自己的才干和特长，实现自己的抱负，为国效力的大好机会。所以他又一次拿出百倍的热情，投入了自然科学院的筹建中去。

【旁白】

1940年9月1日，北京理工大学的前身自然科学院举行开学典礼，首任院长李富春向师生传达中共中央服务抗战建国的办学要求，明确学校的任务是培养"革命通人、业务专家"。

自然科学院是党的历史上第一个开展自然科学教学与研究的专门机构，从这里起步，北京理工大学作为中国共产党亲手创办的第一所理工科大学，从此走上了中国高等教育的历史舞台。

【王民　北京理工大学校史馆馆长】

当时党中央决定成立自然科学院以后，派边区政府主席林伯渠、副主席高自立，亲自为咱们选的校址，最后定址是延安杜甫川东口。这是当时的自然科学院全貌，靠山的有一些窑洞，前面还有一些平房、一些救亡室，包括校医院以及学生活动室、食堂全在这里面展现出来。

当时自然科学院教材非常匮乏，很多教材都是八路军在国统区的办事处收集来的，像《谈明普通化学》《达夫物理学》，都是当时国统区大学所用的正规教材。在咱们馆里还珍藏着一本英文的当时光学方面的珍贵藏书，这些都是历史的见证。

【廖勤韬　北京理工大学化学与化工学院本科生 饰陈康白】

从一件件文物、一张张展板中，我似乎回到了那段难忘的激情岁月。校舍建好了，书籍运来了，但是在科学人才特别缺乏的年代，当年学校需要的老师又得从哪里找呢？

【旁白】

作为研究院的组织者和领导者之一，陈康白每天一睁眼就有忙不完的事情，尤其是解决师资来源问题。当时学校集合了一批延安的高级知识分子，这里面不乏海外归来的专家和各科技领域的佼佼者。

【谢绍明　国家科技部原副部长、北京理工大学（自然科学院时期）校友】

那时候我们的老师都是很有知识的，有的是外面的知识青年，有的外面来的知识分子老师。

【旁白】

延安自然科学院的成立融入了陈康白科技救国的理想与抱负，也让陈康白付出了巨大的辛苦和劳累。那段时间他几乎每天都要赴基层进行调研，为解决边区的科技困难紧张忙碌。

为筹措办学经费和改善办学条件，党中央在财政经济十分困难的情况下，将国际友人路易·艾黎送到延安的捐款，大部给了自然科学院，还专门为学校修建了当时延安唯一的科学馆。1941年年初以后，延安自然科学院相继成立了地质系、化学系、物理系、生物系，逐步走向正规化建设。

1943年，陈康白接替徐特立出任自然科学院第三任院长，为了培养党需要的科技人才，陈康白在教学中增加了不少实践环节，在学院先后办起了机械实习工厂、化学实习工厂、玻璃厂等，为边区解决生产实际问题教学相长。

【吴大兰　原国家科委预测局局长、北京理工大学（自然科学院时期）校友】

延安的气氛还是革命的气氛，就是要劳动，劳动创造世界。

【主持人】

现在我为大家展示几件收藏在北京理工大学校史馆当中的珍贵藏品。这是一块当年在延安自然科学院的实习工厂当中制造出来的肥皂，这个是两粒当时自然科学院学员制作出的铜质纽扣。我们现在看起来很平常的这些东西，对于当时的延安来说，都是弥足珍贵的，就连现在我们最常见的纸，当时在陕北民众眼中，也是非常稀罕的东西。

当年，在纸张最困难的时候，有些单位用桦树皮记笔记，甚至连医生开处方也用桦树皮。为了解决这个难题，延安自然科学院的华寿俊、王士珍夫妇对造纸进行了攻关，最终发明出一种生产效率高，成本又低的纸，被广泛用于报纸、办公用纸和印刷钞票等等,解决了边区的一大难题。

大家看我手中的这个本子,就是用华寿俊、王士珍夫妇发明的纸做成的,而它的原材料是陕北高原随处可见的一种草。

【王民　北京理工大学校史馆馆长】

展柜中的这种东西,就叫马兰草,华寿俊、王士珍夫妇在开荒的过程当中,发现这种草漫天遍野都有,盘根错节,非常难以清理。王士珍就想,能不能用这种草来造纸。后来她有了想法以后,就弄了几大筐草,拉回了当时的自然科学研究院,他们再通过粉碎做浆,然后成功地制成了马兰草纸。后来马兰草纸的制成工艺,在边区各个造纸厂推广,各个造纸厂都用这种工艺来生产马兰草纸,解决了延安的用纸难题。

在这展柜当中,有一些当时的招生广告,有的是当时的教材,还有后来的《解放日报》,这些所有的纸张都是用马兰草纸来制成的。为什么说朱总司令后来夸赞"草原牛羊肥,马兰草纸俏"？是因为咱们在造纸方面为边区做的巨大贡献。

【旁白】

马兰草纸的成功生产,在延安引起了极大的轰动,这是延安自然科学研究院直接参与生产活动,解决边区实际困难的重大胜利。同志们深受鼓舞。陈康白带领大家一起深入基层,深入实际,利用自己掌握的科学知识,参与各手工业工厂的技术改造,为生产部门提供全面的技术支持。当时的纺织厂、皮革厂、农具厂、茶坊、机械厂都可见到研究院科技人员在参与技术改造的身影。

【主持人】

陈康白来延安之后的两年时间里,工作上是充实忙碌的,白天很少有时间想自己的家事,但每到夜深人静的时候,对家人的思念常常让他夜不能寐。自从1937年年底和夫人杨慎宜以及两个幼子别离之后,整整两年的时间,天各一方,难以相见。由于陈康白在延安为共产党做事,所以妻子在湖南被国民党监控,后来双方甚至失联了,家人是死是活、生计如何,陈康白一无所知。他内疚自己无法照顾家人,没有尽到做丈夫和父亲的责任,眼望着繁星,亲人的面容总是在眼前挥之不去,但是为了边区的建设,他只能将这份思念放在心底的最深处,用百倍的精力投入工作当中。

【旁白】

1940年8月,中央又给陈康白安排了一个紧急而又特殊的任务——兼任三边盐业处的处长,解决提高食盐生产产量的问题。陈康白带领自然科学院教师改进了制盐方法,使盐产量提高了5到6倍。此外,陈康白还带领师生们生产出玻璃、肥皂、酒精等生活必需品，制造黄色炸药，为手榴弹研制灰生铁，探明并开掘油井、气井等，为边区提供能源供给。

【黄毅诚　原国家能源部部长、北京理工大学（自然科学院时期）校友】

生活上困难，但是精神状态挺好。

【贺光辉　原国家体改委党委书记、北京理工大学（自然科学院时期）校友】

我们都受党的教育，虽然生活再苦，精神上一点不苦。

【旁白】

从1940年到1945年，在中国抗日战争最艰苦，也是最后取得伟大胜利的时期，自然科学院为抗战建国而诞生。在延安5年多的办学过程中，以它独特的勇气和风格，自力更生，艰苦奋斗，为抗日战争和边区建设做出了重要贡献，成为伟大的延安精神形成的亲历者和参与者。

【主持人】

1945年抗战胜利之后，党中央为了夺取全国胜利做准备，决定将自然科学院等院校向东北转移，创办新型的东北大学。在出发前一个寂静的夜晚，带队领导和老师们来到了陕甘宁边区交际处，毛主席在这儿接见了大家，他叮嘱道："军队要建设一个团或师，比较容易，要建设一个大学，从领导到队伍很不容易。在行军过程中，各地可能找你们要干部，不能把班子人员轻易搞散，要千方百计地把建校班子建设好。"

1945年的11月15日，自然科学院师生120多人从延安出发，沿黄河行进，他们历经坎坷，转战千里，终于在1949年的7月至9月间，跟随着党中央的脚步进入北平。1949年10月1日，学校300多名师生列队在天安门城楼前的金水桥边，见证了开国大典的光辉时刻。

【同期声】

中华人民共和国中央人民政府今天成立了！

【廖勤韬　北京理工大学化学与化工学院本科生】

通过学习和探访陈康白的故事，我感受到了他身上那种严谨的科学态度和为人民服务的热情，用自己所学的知识为社会做出贡献，是一件特别幸福的事情。

如今，我已经提交了入党申请书，希望像陈康白、华寿俊等先辈们学习，用自己的所学报效国家和人民。

【李睿　北京理工大学机械与车辆学院本科生】

从高中时起，北京理工大学就已经是我心之所向。现在，我正在实践一门特别重要的课程，将一块铁坯按照规范流程加工成一把精工锤，这是我们学校理工科专业的必修课。从下料到成型，制作一把锤子，看似简单，却包含了十几道工艺的手工雕琢，在我们设备如此先进的车间，制作这样一把小锤子，难度也还是很大的。

【李睿　北京理工大学机械与车辆学院本科生　饰万春熙】
回想上个世纪50年代没有现代化的设备和仪器，我们学校的师生们，是如何在简陋的条件下进行科学研究和实践的呢？

【旁白】
1952年，这所一路从延安走来的学校更名为北京工业学院，开始全力投入建设新中国的伟大事业中，并授命研究国家重大领域急需的尖端技术。

1958年8月初，学校全面启动"505"探空火箭的研制工作，此时，即将毕业的万春熙也奉命参与到这项研制工作当中。

【主持人】
一天早上万春熙刚加完班，看到几位做复合火药实验的同学正在紧张地商量着什么。原来在实验当中，复合火药推进剂点燃引线之后，没有产生应有的燃烧，大家正在研究去排除故障是否有危险。万春熙经过判断分析之后，认为很大的可能是出现了哑火，于是，就和另外一位同学李兆民一起，冒着随时爆炸的危险，进入了实验区域，最终，把复合火药药柱从发动机上取了下来，排除了隐患。

【旁白】
"505"探空火箭，是二级固体燃料探空火箭，这种探空火箭当时在国内没有研制过，不管是火箭发动机的设计，还是推进剂的研制，都是一片空白，而最困难的是研究材料极度缺乏。学习火炮专业的万春熙主要负责火箭尾翼的动力设计，他带着满腔的报国志向和严谨的科学精神，克服了缺乏技术资料，实验设备和实践经验等各种困难。

【同期声】
一分钟准备。

【旁白】
1958年9月9日，"505"探空火箭在师生们的注视下，成功发射。两级火箭升空后成功分离，飞机高度达到将近10公里。这是中国自主研制的太空火箭第一次升上天空，"505"探空火箭发射初战告捷。这块中国问天的小石子，带着北京工业学院师生们矢志报国的精神冲向天际。此后两年多的时间里，"505"项目先后组织了大小1万多次试验，7次发射飞行试验，共发射试验固体燃料二级火箭14枚。

【李睿　北京理工大学机械与车辆学院本科生】

每次成功的背后都凝结着无数的汗水，就像我现在要将一块铁坯按照规范流程加工成一把精工锤，每一步都要精益求精。在制作精工锤的过程中，我不禁产生了一个疑问，学校这项传统从何而来？制作它又有着什么样的意义呢？我来到校史馆寻求答案。

【王民　北京理工大学校史馆馆长】

记得我们上学的时候就锉来锉这些小锤子的平面，看着工人师傅锉得非常平、非常简单，但是当我们拿起锉、一上手的时候，很容易就把平面就做成了弧面。所以这个小锤子的意义，应该是工科学生体验金属加工亲自动手的实习过程，基本上每个工科学生都要做一个小锤子出来，往往都当作自己在上学过程中一个具有纪念意义的物件。

【李睿　北京理工大学机械与车辆学院本科生】

馆长的讲解让我认识到，每把小锤子从无到有，都磨砺着学生们的精工品质，也见证着难忘的大学时光。

有一天，我在校史馆参观时，非常荣幸地见到了火箭技术专家、"505"探空火箭核心参与者万春熙教授，他回起了当年研制火箭时的峥嵘岁月。

【万春熙　北京理工大学教授】

我那会儿参加过这个，还是很年轻的时候，这里面凝结了好几百师生员工的心血，还有牺牲的。艰苦奋斗的传统，我们那会儿就是这样。总结了八个科学技术攻关的问题，整理了80本科学技术档案，怀着要努力把我们的国家科学技术干上去的精神和愿望。可是光有这个愿望还不行，还必须有踏踏实实的科学精神，而且必须要锲而不舍，不能遇到失败就完了，也不能遇到一点胜利就好了。有的时候失败的后面才有胜利，才有成功；有的时候表面上成功了，其实后面隐藏着更多的问题。所以我们反反复复搞了7次飞行实验，就是这个原因。

希望你们以后继续发扬，学到了科学本事，要运用，要求实、创新，要踏踏实实，要追求到最后的成功。

【李睿　北京理工大学机械与车辆学院本科生】

听了万教授的讲述，我更深刻地体会到，做科研时必须要团结、勤奋、求实、创新，也领悟到了科学知识对国家发展的重要意义。

一次又一次的科学突破，一项又一项的创新成果，在与世界科技前沿问题的交手中，我们北京理工大学的拔尖创新人才淬炼建成。80多年来，春华秋实，时代更替，北理工始终在"红色育人路"上行稳致远，一代代优秀的北理工学子从这里出发,成长为国之栋梁。我希望自己可以和万春熙教授等众多前辈一样,做党的革命通人、业务专家,书写新一代北理工人的青春故事。

【主持人】

从幕天席地的延安杜甫川畔,到汇集尖端实验室的现代化美丽校园,80载岁月更迭,既体现在这样有形之间的沧海桑田中,更在无形中铸就着这所中国共产党创建的第一所理工科大学独有的气质与风骨。

2019年3月16日,为了传承红色基因,继承和发扬党在延安时期立德树人和创办新型高等教育的理念,共同提升人才培养的能力和水平,在北京理工大学的发起和倡议之下,北京理工大学、中国人民大学、中国农业大学、北京外国语大学、中央音乐学院、中央美术学院、中央戏剧学院、中央民族大学、延安大学等9所诞生于宝塔山下、延河之滨的高校,自愿组成了联合组织,发起成立"延河高校人才培养联盟",旨在共同推动我国高等教育坚持中国特色社会主义教育发展道路,培养德智体美劳全面发展的社会主义建设者和接班人。

【同期声】

担复兴大任,做时代新人,我们准备好了!

扫码观看专题节目《校史中的红色记忆》

附录二：
校史专题"北理故事"系列报道

策划：王 征 姜 曼 赵安琪

北理故事 1
赵晓晨：延安，我在自然科学院读书

2018 年，为抢救、挖掘宝贵的校史资料，在学校党委领导下，党委宣传部牵头组织力量，启动校史"口述史"采集工程，并由图书馆具体实施。两年多来，采集工程共记录保存 80 位离退休教职工口述史资料 7350 分钟，形成文字资料 160 万字。为迎接建校 80 周年，党委宣传部、图书馆结合"口述史"采集成果，精心策划制作，推出"北理故事"系列报道。希望广大师生校友能从精彩的故事中汲取力量，传承红色基因，为建设中国特色世界一流大学而努力奋斗！

2020 年 9 月，北京理工大学将迎来 80 华诞。八十春秋过往，华章岁月流淌。让我们倾听难忘的"北理故事"，回首那奋进的足迹。

"北理故事"讲述者：赵晓晨（自然科学院校友、中国建筑学会工程师）

1939 年年初，抗日战争开始进入相持阶段。同年 5 月，"中共中央为促进边区工业生产的进步和保证国防经济建设的成功，决定在延安创办自然科学研究院。"

1940 年，在抗日战争极为困难的时期，党中央高瞻远瞩，为了"培养抗战建国的技术干部和专门技术人才",决定在延安自然科学研究院的基础上,创建自然科学院,由毛泽东主席亲笔题写校名,并于同年5月发布招生启事,9月正式开学。老一辈无产阶级革命家李富春、徐特立、李强等先后担任校长。

作为中国共产党创办的第一所理工科大学,自然科学院的成立,开创了我党领导和组织高等理工科教育的先河。在这一时期,学校共培养了李鹏、叶选平、彭士禄等500余名学员,为建设新中国输送了一大批业务专家和领导骨干。不仅如此,自然科学院师生在极其艰苦的条件下,取得了一批科技成果,例如发明马兰草造纸技术、发现南泥湾、大幅提高盐产量等,直接服务于兵工和工业生产,解决了当时抗战和边区建设的急需。

13岁,成为自然科学院的学生

1940年,正在延安纺织厂做工的赵晓晨,听说了自然科学院预备班招生的消息,立刻决定去参加考试。经过考试,赵晓晨顺利成为自然科学院预备班的一员。

13岁的赵晓晨并不知道,参加了一次考试,成为自然科学院预科班的学生。这个举动,改变了他的一生。

杜甫川边的"窑洞大学"

赵晓晨进入预备班时,自然科学院在延安刚刚成立不久,这所由中国共产党创办的第一所理工科大学,后来为党领导的革命事业培育了一大批"革命通人、业务专家",为"抗战建国"作出了杰出贡献,历经80年风雨历程,发展成为今天的北京理工大学。

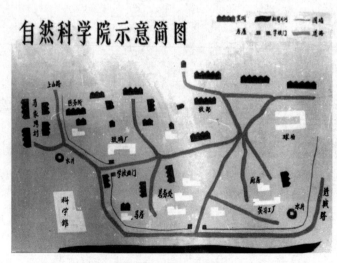

自然科学院示意简图

赵晓晨至今还记得当年校园的样子:"我们校园在杜甫川的沟口,一出门就是一条小河,小河四季有水。顺着杜甫川一直往里走就是光华农场。"

那时,赵晓晨和同学们都住在窑洞里,睡大通铺,一个人就有48厘米的宽度,用赵晓晨的话来说,"睡这样的铺绝对不会驼背"。自然科学院的大学生活,每天作息都非常规律,一大早就在起床号中醒来,晚上在熄灯号中睡去,号声嘹亮,振奋人心。

自然科学院的学生们吃的是延安特有的小米饭,由于教室、宿舍都在半山腰,每天三顿饭,都要下山去吃。赵晓晨在同学中年纪比较小,遇上下雨天,年纪大的同学会帮他打饭上来。区别于赵晓晨在国统区时候的学习,他对自然科学院的"互助组"制度特别有感触,同学们在学习和生活上互帮互助蔚然成风。

值得一提的是,虽然条件艰苦,但是自然科学院在教学上却严谨扎实,培养人才一点也不含糊。学院的基础课主要选用当时国内著名大学的教材,例如开明的《英文》、谈明的《化学》、达夫的《物理学》和克兰威尔的《微积分》等。从最初的预备班到后来的中学部,赵晓晨的学习一直不错,他至今还清晰地记得当年学过的课程用的是什么课本、什么样的讲义,课堂上大家怎样一起讨论问题。

延安时期,自然科学院师生露天上课

赵晓晨回忆,当时的学习条件很艰苦,每人一个小凳子、一块小木板,小木板放在膝盖上,学习的时候,就用蘸水笔在草纸上写字。

80年后的今天,赵晓晨依然记得当时自己用豆浆、米汤改进草纸,制作"土墨水"的过程。在他看来,自己艰苦朴素、吃苦耐劳、勤俭节约的作风,就是在自然科学院时养成的,并且获益终生。

在这所延安城外,杜甫川边的"窑洞大学"里,赵晓晨度过了自己的少年时光。

从延安到北京,做党的"内行"干部

1945年,抗日战争结束,伴随着国内革命形势的变化,赵晓晨随着自然科学院师生,按照党中央的部署,离开延安开始向东北转移。后因为解放战争爆发,师生们只好滞留华北,先在河北张家口坚持办学,此后又冒着战火,辗转到了平山、井陉。在此期间,赵晓晨见证了自然科学院到晋察冀工专,再到华北大学工学院的发展过程,亲历了学校发展历程中最艰难的时期。赵晓晨也从一名学生成长为学校的一名助教。

迁京办学后,学校在东皇城根校址的校舍(原中法大学教学楼)

1949年,赵晓晨又跟随着这所从延安走出的学校,跟随着党中央,向北京进发,向新中国前进。在跟随学校迁入北京的过程中,赵晓晨还参与了接收中法大学和国立高等工业专科学校的工作。此后不久,因组织安排,赵晓晨离开了即将在北京扩大发展的华北大学工学院,调任到企业部,也就是建国后的重工业部去工作。

1988年，学校正式更名为"北京理工大学"

1952年，这所从延安走出的自然科学院，伴随着建设新中国的火热事业，更名为北京工业学院。1988年，学校又在改革开放的春风中更名为北京理工大学。

"实事求是，不自以为是"，在赵晓晨看来是自然科学院最重要的传统。

"我培养你们，都是博，不是专！"老院长徐特立的远见卓识，让赵晓晨至今仍钦佩不已。徐老那时候就曾对他们说："已经预计到将来咱们一定掌握政权，将来你们出去肯定是在工业技术部门干活，我怎么培养你们？我不是让你们当专家，专家是以后的事，我培养你们都是内行"。"你看结果正中下怀！"赵晓晨眼神和语气坚定，仿佛徐老言犹在耳。

1986年9月，时任中共中央书记处书记习仲勋（中）和北京工业学院院长朱鹤孙（右），共同为在学校中心花园落成的徐特立铜像揭幕，该铜像由自然科学院校友和广大师生共同发起倡议，经中央批准后建立

我们的生活艰苦而又紧张,
我们的革命热情却日益高涨。
谁说我们没有课堂?
我们有世界上最大的课堂。
蓝天是我们的屋顶,
高山是我们的围墙。
我们的信心比泰山还稳固,
我们的意志比钢铁还坚强。
为了祖国的新生,
为了民族的解放,
任何困难也不能把我们阻挡。

——延安时期,自然科学院师生创作的诗歌

回望 80 载春秋,一代代北理工人传承红色基因,砥砺前行,矢志强国。

面向未来,在实现中华民族伟大复兴的征途上,建设中国特色世界一流大学,北理工人永远奋斗!

扫码观看《北理故事》
第一集

北理故事 2
匡吉：进北京，为新中国建设新型重工业大学

1948年华北大学工学院部分师生合影

自1945年离开延安后，北京理工大学在解放战争的炮火中迎来历史上"辗转华北"的办学阶段。

1948年8月，在与北方大学工学院合并后，学校重要办学前身华北大学工学院在井陉矿区成立。

短短不到四年中，华北大学工学院迁入北京、完善学科；建强师资、扩大校园；广录英才、规范建设，奠定理工并重的发展条件，完成为新中国建设第一所重工业大学的各项准备，也具备了今天"北京理工大学"这一高等学府的重要基础。

1945年10月，抗战胜利后，党中央为了夺取全国胜利，加速人才培养，决定将自然科学院向东北转移，配合开辟新解放区，创办新型的东北大学。11月13日，毛主席接见了全体师生并发表了重要讲话，和每个人都握了手。毛主席特别叮嘱学校领导："要建设一个团或师比较容易，要建设一个大学从领导班子到队伍很不容易。在行军过程中，各地可能找你们要干部，你们不能把班子人员轻易搞散，要千方百计的把学校搞好。"11月15日，自然科学院师生员工离开延安，向东北解放区转移。

"北理故事"讲述者：匡吉（图书馆原副馆长，曾任教务处副处长）

这支"不带枪的八路军"经过 46 天的长途行军，于年底到达张家口。此时解放战争已经打响，考虑到时局变化和边区需要，中央决定将自然科学院留在华北继续办学，定名为晋察冀边区工业专门学校，为边区提供技术干部和专业人才。此后，虽时局紧张，但学校始终紧跟党的脚步，辗转多地办学，为党和国家保留住了这一诞生于延安的根脉。1948 年，中国革命的形势发生了巨大变化，人民解放军已经进入战略反攻阶段。6 月，华北人民政府成立。8 月，华北大学工学院在井陉正式成立，直属华北人民政府公营企业部领导。成立伊始，就面临着加速人才培养、迎接全国解放的繁重而光荣的任务。

为党育人，为国育才

1948 年 7 月，21 岁的匡吉完成了在晋冀鲁豫边区北方大学文学院的政治学习，即将毕业。一年前，匡吉还是清华大学三年级的学生，曾参加过北平进步学生运动，后经地下党组织介绍，匡吉来到解放区继续学习。时任北方大学工学院副院长的曾毅即将调任华北大学工学院副院长，提出要带匡吉一同参加华北大学工学院的建设工作，匡吉表示服从组织安排。

华北大学工学院的师生，都是由经历过革命战争的革命干部组成的，从成立起，就是要为解放战争和新中国培养工业技术人才。华北大学工学院首任院长为原晋察冀军区工业部部长刘再生，副院长是恽子强和曾毅。

华北大学工学院是一所具有独立办学资格的新型工科大学。据匡吉回忆，曾毅副院长曾多次提到，华北大学工学院不是一般的干部学校和培训班，"我们将来要做工程技术的管理和改进"。

师生在华北大学工学院校门前的合影

为满足人才培养需要,华北大学工学院的教师们日夜改编、修订教学大纲、教案和讲义,不断加强学生基础课程教学。

在华北大学工学院教师们的努力下,学院教学改革逐步推进,教学内容的系统性、严密性和基本理论教育不断加强,很好地把革命胜利的形势与学习工作需求有机结合起来。

一声令下,接管平津

1948年12月,平津解放在即,中央急需大批干部参加北平、天津的接管工作。在华北人民政府的统一安排下,学校抽调了150名师生参与接管平津任务。师生们接到命令后,马上放下手中的工作,打起背包,当晚就出发到石家庄等待具体任务。第二天,两批师生分别赴天津和北平的军事管制委员会学习相关政策,马上投入平津接管工作中。

除此之外,曾毅副院长带领院办秘书史尔公,青年教师项扬、严沛然、匡吉,奉命到北京市军事管理委员会报到,准备接管中法大学。

北京中法大学由李石曾、蔡元培、吴稚晖等倡导、创办,成立于1920年,是一所具有一定规模实力和国际化办学特色的大学,为国家培养了一批优秀人才。

解放战争期间,中法大学的学生大量奔向解放区,在校学生人数锐减,学校经费也出现困难,时任校长李麟玉曾两次致函军管会申请接管中法大学。

由华北大学工学院接管的中法大学校舍（北京东皇城根）

听说要接管中法大学，匡吉想到了一个老熟人——中法大学教务长吴文潞。原来，匡吉的父亲曾经在中法大学任教，抗战时期中法大学南迁，父亲曾委托吴文潞把匡吉从北京带到昆明。

匡吉问曾毅："能不能先去看望一下吴文潞，别等到明天接管了才见面，反倒不好了。"曾毅立即说："当然要去，那是你的长辈。"实际上，匡吉还有另外一个考虑，他希望对方不要对党派来的干部心生芥蒂，以免影响接管工作，"去一下实际上也是给他个定心丸。"

接管工作虽然千头万绪，但匡吉和接管小组的成员们信心十足，因为经过多年的动荡，早已"人心向党"。得知接管队伍来了，中法大学的教职员工都十分高兴。按照分工，严沛然负责清点图书馆和工厂，史尔公负责做组织工作，项扬做群众工作，匡吉负责清点化工系和生物系的办学资产。

"当时人心向党，接管根本就只是个手续。"匡吉说。当时接管工作主要工作是清点财产并上报，然后重新配备干部，中法大学原有干部基本留任。

后来，有的教授夸赞匡吉他们真不简单，几个人就能办这么大事。匡吉却认为，这实际上全是依靠共产党的力量，"大家信任共产党，欢迎解放。"

年青的匡吉，也是在这次经历中第一次体会到了"我们是代表共产党、人民解放军来工作的"，真正体会到了为人民服务的意义，为自己树立人生观、世界观打下了良好的基础。

迁址北京，蓄势拓新

1949年8月，华北大学工学院奉命迁入北平。初入北平，校舍、师资、设备等各方面都极为紧张和困难。史尔公代表学院到处联系买房，最终在钱粮胡同、南锣鼓巷、前门等地购入一批房产，但依然难以满足教学和住宿需要。不过，条件虽然艰苦，但师生们仍然刻苦学习、踏实工作。

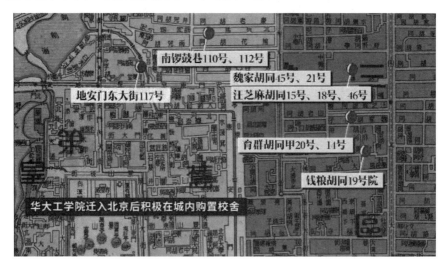

华北大学工学院迁入北京后在城内购置的校舍分布图

10月1日，300名华北大学工学院师生组成的方队作为华北人民政府企业部的干部，列队在金水桥边、天安门前，见证了"开国大典"的光辉时刻。

1949年11月1日，中央重工业部成立，原本就隶属于华北人民政府公营企业部的华北大学工学院，也直接划归重工业部管理。学校采用五年制，开始全面准备，为国家重工业建设培养专门人才。

华北大学工学院大礼堂

1950年9月，中央人民政府教育部决定停办中法大学，并将其校本部及数理化三个系并入华北大学工学院，文史系、法文系并入北京大学，经济系、生物系并入南开大学。9月16日，在中法大学礼堂，华北大学工学院举行了新中国成立后的第一次开学典礼。

中法大学共转入华北大学工学院学生111人，专任教师21人，校长李麟玉、秘书长范莲青、教育长吴文潞、总务长杨梦游等校本部职员25人。这些大师名家的加入，有力地加强了学校的办学力量，特别是加强了基础理论教学，使理、工更好地融合发展。

中法大学办学力量的并入，也让学校在物理和化学方面的实验室得到很大充实。普通物理实验室重点扩建了电磁学、光学和近代物理部分。在化学方面，建立起普通化学、无机化学、有机化学、物理化学、工业化学分析等实验室，另建有从事燃料生产的试验化工厂，有效地缓解了学校迁入北平后缺乏校舍和实验室的困难。

中法大学严谨、求实、科学、民主的校风及良好的办学传统，也增强了华北大学工学院的办学实力，为学校的大规模、正规化建设做好了准备。

这一时期，为适应新的形式与任务，华北大学工学院与重工业部一同组织各方力量，在全国范围内诚聘优秀师资，其规模之大、速度之快和效果之好，在学校发展历程史上无前例。截至1951年年底，全校专任教师从20余人迅速发展到305人，其中教授65人，副教授24人，讲师83人，教员3人，助教130人。其中包括一大批国内知名专家：

张翼军：数学、力学教授，早年留学法国，曾任中法大学、北京师范大学、东北大学教授、长春大学校长；

陈荩民：数学教授，留法数学博士，曾任英士大学工学院院长、北洋大学教授兼理学院院长；

赵进义：数学、力学教授，留法理学博士，曾任北京师范大学教授兼数学系主任、西北大学理学院院长兼数学系主任；

胡庶华：冶金工程教授，早年留学德国，曾任重庆大学校长、西北大学校长、湖南大学校长、上海同济大学校长；

杨尚灼：冶金工程教授，留美理工博士，曾任上海交通大学教授；

王俊奎：机械工程教授，留美航空工程博士，曾任北京大学教授；

李寿同：航空工程教授，早年留学法国，曾任四川大学教授兼四川大学工学院院长；

周发岐：化学教授，留法国家物理科学博士，曾任北平研究院研究员兼化学所所长、中国化学会理事、中法大学教授兼化学系主任；

张汉良：化工教授，留法理化科学博士，曾任成都大学教授、中法大学教授、北平研究院研究员、四川大学教授兼化学系主任；

马士修：物理学教授，留法理论物理学国家博士，曾任中法大学教授兼物理系主任；

闻诗：物理学教授，早年留学法国，曾任英士大学教授兼教务长、北洋大学教授兼教务主任、英士大学文理学院院长兼校务委员会主任、河南大学教授兼数理系主任；

田渠：物理学教授，留法物理学博士，曾任云南大学教授、贵州大学教授兼物理系主任、湖南大学教授兼物理系主任；

林汉藩：机械工程教授，留学美国，曾任武汉大学教授、湖南大学教授兼机械工程系主任。

不仅如此，还有一批刚从美国、英国归来的学有所长的进步青年学者加入华北大学工学院的教师队伍中，如丁敬、吴大昌等，他们中的大多数很快成为各专业的骨干力量。

1951年，华北大学工学院提出"逐步把工作正规化，以完成新型高等工业教育的任务，运用理论联系实际的方法，迅速培养具有全面基础的高度专业化的重工业建设干部的目的"的工作任务。

系、科名称	计划招生数	实际录取数
机器制造工程学系	160名	122人
电机制造工程学系	40名	44人
航空工程学系	80名	80人
汽车工程学系	80名	78人
化学工程学系	80名	80人
冶金工程学系	80名	74人
采矿工程学系	80名	34人
以上为本科生	共600名	共512人
机器专修科	30名	38人
采矿专修科	30名	13人
有色金属冶炼专修科	30名	29人
化工专修科	30名	34人
俄文专修科	80名	61人
航空专修科		23人
以上为专修科	共200名	共198人

1951年度华北大学工学院计划招生名额及实际录取人数一览表

华北大学工学院的飞速发展,让兄弟高校惊讶,甚至是羡慕。当时,在京高校中,只有华北大学工学院和人民大学实行了供给制,不仅是教师,连学生都是供给制。(所谓供给制,是建国初期国家对部分工作人员实行的免费供给生活必需品的一种分配制度。当时,华北大学工学院能为学生提供食宿费、包干费、服装费、医药费、学习费、保健费、技贴费、过节费等。建国初期,在国家经济困难的情况下,华北大学工学院的学生能够享受供给制,体现了党和国家对学校特别的重视和支持。)

1951年6月,教育部决定全国高校统一招生。华北大学工学院计划招收本科生600名,专科生200名。在考生可从多所录取高校择一报到的背景下,截止到9月开学,报到学生651人,报到率高达91.74%。报考华北大学工学院的学生数量占全国报考工科大学考生总数的40%,全校录取平均成绩位列全国高校之首。

由于当时工作繁忙,却交通不便,匡吉就从北京的亲戚家借了辆自行车,每天往返于各地办事。学校搬到车道沟和巴沟后,他还是骑着车,从东皇城根校区往返。匡吉见证了学校在新中国成立前后的巨大变化,每每提起那段经历,他都觉得,虽然忙碌,但干劲十足,"当时刚解放,就是一股热情,大伙儿想把工作推开。"

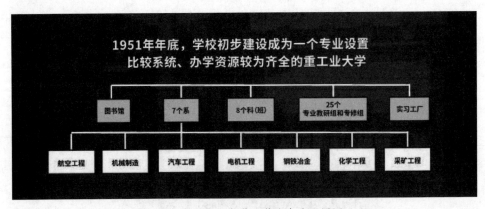

1951年底,华北大学工学院专业设置图

至1951年年底,学校已建立了航空工程、机械制造、汽车工程、电机工程、钢铁冶金、化学工程、采矿工程等7个系、8个科(班)和1个研究所,设立25个专业教研组和专修组,建立了实习工厂和图书馆。学校初步建设成为一个专业设置比较系统、办学资源较为齐全的重工业大学。

华北大学工学院阶段虽然办学时间短暂,但在学校发展史上却是承上启下的重要时期,对学校产生了深远影响。

回望 80 载峥嵘岁月,点点滴滴均是勤奋不辍。面向未来,建设中国特色世界一流大学,北理工人永远奋斗!

扫码观看《北理故事》
第二集

北理故事 3
吴大昌　秦有方：建设新中国第一批兵工专业

1951年年底，教育部、重工业部颁布命令，将华北大学工学院（北京理工大学前身）正式更名为北京工业学院。此后北京工业学院便负担起了建设新中国第一所重工业大学的历史使命，开启了辉煌的"京工岁月"。

此后，在苏联专家的帮助下，学校建成了新中国第一批兵工专业，形成了正规化的兵工专业体系，奠定了我国兵工院校专业设置的基本结构。至今，一代代优秀人才从北理工扬帆起航，为建设强大祖国作出重要贡献。

"北理故事"讲述者：吴大昌（北京理工大学教授、机械与车辆学院退休教师）

"北理故事"讲述者：秦有方（北京理工大学教授，曾任车辆工程学院院长）

1951年10月，华北大学工学院根据教育部指示，经过多方酝酿，拟更名为北京重工业学院，后经中央财经委副主任李富春审定，定名北京工业学院。1951年年底，教育部、重工业部颁布命令："华北大学工学院正式更名为北京工业学院，于1952年1月1日起实行。"在更名之际，学校定位建设新中国第一所重工业大学。

然而，仅仅三个月后，一纸命令下达，不仅改变了学校发展的轨迹，也让师生们肩头的强国使命愈发沉甸甸。

20世纪50年代初，朝鲜战争爆发，为了反对帝国主义的侵略，保卫新生的人民共和国和世界和平，毛主席和党中央号召建设强大的人民军队，并决策兵工提早部署。

在这一背景下，1952年3月8日，重工业部下发了《关于北京工业学院今后发展的方向及目前的方针任务》的文件，决定将刚刚更名的北京工业学院"逐步发展为国防工业学院或国防工业大学，并使之成为我国国防工业建设中新的高级技术骨干之重要来源"。自此，新中国第一所国防工业院校诞生。

这所在抗战烽火中诞生，从解放区高等学校发展而来的正规化新型大学，开启了由为重工业服务转变为国防建设服务的历史新篇章。

"国家的需要就是我的选择"

1949年，当新中国成立的消息传到美国时，正在旧金山堪萨斯大学留学的吴大昌振奋不已，觉得自己报效祖国的机会来了。于是，吴大昌在1950年9月取得农业工程硕士后，便踏上了回国之路，希望用自己的专长为新中国的农业建设奉献一份力量。

但当吴大昌得知，诞生于延安的华北大学工学院亟需大批教师，正准备建设新中国第一所重工业大学，他便毫不犹豫地改变了抉择，把国家的需要放在人生选择的第一位。"这个学校是当时来讲很有威信的，第一是老区来的，是延安自然科学院转化过来的，还有更大的吸引力，它是为重工业部培养人才。这个事情是很光荣很好，就来了。"102岁的吴大昌回忆道。

当时，像吴大昌这样被吸引到华北大学工学院的留学归国教师有30多人，他们后来也成为学校的骨干力量。入校后，吴大昌积极投身教学，从讲授课程到编写教材，从热工教研室到汽车教研室，"学校里缺什么，我就教什么。制图需要人教，我教制图。力学没有人教，我就教力学。"

1951年年底，教育部、重工业部颁布命令："华北大学工学院正式更名为北京工业学院，于1952年1月1日起实行。"同年3月8日，重工业部下发文件，决定北京工业学院"逐步发展为国防工业学院或国防工业大学,并使之成为我国国防工业建设中新的高级技术骨干之重要来源"。北京工业学院也成为新中国第一所国防工业院校。

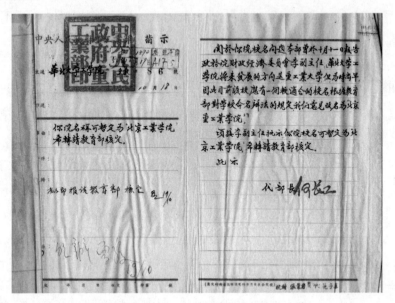

中央人民政府重工业部批准修改校名的文件

此时,即将从大连工学院汽车专业毕业的秦有方,正准备前往兴建中的长春一汽工作,却收到了去北京工业学院报到的通知。虽然,去北京意味着要从头掌握全新的专业,但是秦有方的答案是"国家的需要就是我的选择"。

于是,年轻的吴大昌和秦有方们,虽然互不相识,来自天南地北,却带着相同的答案,走在了一起,担起建设新中国第一批兵工专业的光荣使命。

强国使命,建设首批兵工专业

1952年8月,根据中央政府和重工业部的要求,北京工业学院军用车辆工程系设立坦克制造专业和坦克发动机专业,这也是新中国最早的坦克类专业。留德学者蒋潮任系主任,留美学者彭兆元和原北洋大学教师薛寿章任系副主任,吴大昌任坦克发动机教研室主任,秦有方任系秘书和助教。

也就在这一时期,为了完成从重工业向国防工业学院的调整,学校自1952年至1954年,先后调出航空系支援建设北京航空学院(今北京航空航天大学),调出冶金系支援建设北京钢铁学院(今北京科技大学),调出采矿工程系支援建设中南矿业学院(今中南大学),为新中国高等教育作出贡献,支援了兄弟高校的建设。

为了建好新中国第一所国防工业院校,按照中央兵工委员会的决定,先后有 37 位高水平苏联专家入校指导，以便借鉴苏联经验规范化建设我国自己的兵工专业。

在入校的苏联专家中，就包括苏联哈尔科夫工学院坦克专家诺维科夫副教授、莫斯科鲍曼工业学校坦克发动机专家尼格马图林博士、坦克制造工艺专家柯西金、液力传动专家普洛科菲也夫，他们来到后为坦克系师生详细讲授了诸多先进技术和工艺。

在指导发动机专业建设中，苏联专家不仅仔细讲授发动机构造、原理、设计等核心课程，还要求师生们"把发动机的零件都拆开来，每个零件都熟悉熟悉"。对于用油选择、调速零件、燃料供给也都要进行详细的讲解。苏联专家还帮助制定教学计划、课程设置和教学大纲，培训教师，与师生们建立了深厚的友谊。"他讲这些东西，我们过去都没有听说过，当时在世界上也都是新东西。"秦有方说。

"有一个暑假里面，突击俄文，一天记 100 个字，200 个字，突击以后就是翻译俄文教材。"为了更好地学习苏联经验，吴大昌等师生们在苏联专家入校前就开始集体学习俄语，对于零基础的吴大昌来说，早日为新中国建成第一个坦克专业的使命成为他前进的不竭动力。整整 3 年时间，坦克系的教师们根据苏联专家设计的教学计划和教学大纲翻译教材、编写教材，为专业建设提供了重要保障。

20世纪50年代，学生们在开展坦克驾驶实习

按照苏联本科生的培养计划，专业采取五年制培养模式，学生的基础课非常扎实，专业课也比较系统。不仅如此，按照高级工程师的培养标准，学校还非常重视对学生进行理论与实践相结合的培养，学生必须完成认识实习、拆装实习、驾驶实习这"三大实习""学生坦克实习，就到部队里面去开坦克，然后回来，还有构造实习，毕业设计的时候，也要在设计前要到工厂里去。重视实践，就是跟实践结合的。"吴大昌回忆。

建设于20世纪50年代的学校坦克陈列室

"如果你们按照图纸建设完成后，比苏联鲍曼工业学校的实验室都要好。"秦有方记得，发动机实验室的简图是尼格马图林亲自设计并画出来的。为了满足学生培养的需要，1954年起，在苏联专家的指导下，学校开始筹建坦克陈列室和实验室。至1956年，学校建起了1634平方米的坦克陈列室，并向国防部申请调来苏联T-34坦克，ИC-2（IS-2）坦克，苏式自行火炮，CY-76坦克，ИCY-122坦克；美制M5A1坦克，LV水陆两用坦克，还有缴获来的珍贵的M-46坦克，一部分车辆解剖开来作为教学模型，另一部分车辆作为试验用车。为了使用和维修坦克，学校还专门配备了一个班的转业坦克兵。北京工业学院时期的学校坦克陈列室也成为学校极具特色的教学平台。

在苏联专家的帮助下，经过一大批教职员工的不懈努力，到1957年，北京工业学院的坦克专业基本建成。

1956年，北京工业学院培养出新中国第一批五年制兵工高等工程技术本科生，并开始源源不断地为我国兵工建设发展输送人才，学校在专业建设上和教学内容上，也形成了自己的体系和做法。

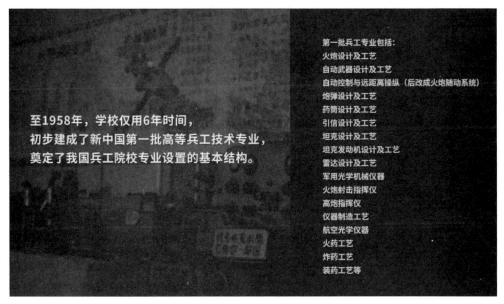

1958年北京工业学院初步建成了新中国第一批高等兵工技术专业

至1958年，学校仅用6年时间，迅速建成了正规化的兵工专业体系，这批专业成为新中国第一批高等兵工技术专业，奠定了我国兵工院校专业设置的基本结构。1959年，国家发布《关于在高等学校中指定一批重点学校的决定》，北京工业学院被确定为全国16所重点高等院校之一。

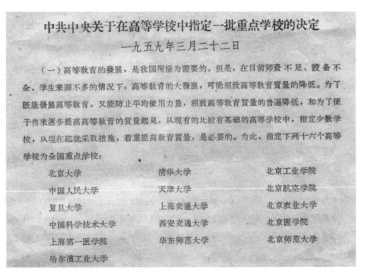

1959年，中共中央关于在高等学校中指定一批重点学校的决定

1958年8月1日，学校在国防部大楼参加了向党中央、中央军委的献礼活动，共有27项产品参加展览，刘少奇、朱德、周恩来、邓小平、彭德怀、叶剑英等中央领导同志详细参观学校展品，充分肯定学校的科技成果。9月23日至10月6日，学校增加展品104项。本次献礼活动中，坦克系的师生展出了轻型坦克模型。

在与国同行的近70年里，新中国第一批兵工专业为祖国培养了一代又一代尖端人才，为强大国家作出了重要贡献。如今，在北京理工大学，这些底蕴深厚的专业已经发展壮大成为以"5+3学科群"为代表的一流学科群，成为学校建设中国特色世界一流大学的重要力量，将继续为培养国家重大领域、重点行业的领军领导人才而不断努力，为培养担当民族复兴大任的时代新人而接续奋斗！

"1950年到现在，快70年了，看到这个学校怎么发展起来，心里很高兴的。到这个学校的时候，学生很好，学风很好，前途很好。所以这个学校后来发展是有潜力的，我们的估计没有错。"期颐之年的吴大昌满怀欣慰。

砥砺奋进八十载，矢志强国育英才。面向未来，建设中国特色世界一流大学，北理工人永远奋斗！

扫码观看《北理故事》
第三集

北理故事 4
1958，投向宇宙的中国"问路石"

1958年的秋天，一枚由中国人自己研制的火箭，第一次在中华大地上腾飞而起。刺破长空的利箭，是中国人第一次向宇宙投出的"问路石"。

1958年9月9日，由学校师生研制的"505"探空火箭成功发射

这枚由北京工业学院（现北京理工大学）师生自主研制的火箭代号"505"，名为"东方-1"号，是新中国第一枚二级固体探空火箭。在此后的两年多时间里，"505"探空火箭项目先后完成七次发射，在探索实践中完成了中国航天事业的"初记忆"，形成了一批宝贵的研究成果。62年后的今天，让我们再次打开那段记忆，倾听那段催人奋进的"北理故事"。

"北理故事"讲述者：万春熙（北京理工大学教授、"505探空火箭"核心参与者）

1958年,北京工业学院已初步建成了新中国第一批兵工专业体系。为进一步适应国防和科技事业的发展,从1958年到1960年,学校进入了建设国防尖端专业的战略转型新时期,在"自力更生,高速度攀尖端"的豪言壮志中,师生们积极开展科研实践活动,获得的许多科研成果填补了国家的空白,创造了一批"新中国第一"系列科学成果。

正是在这一时期,有这样一枚"励志之箭",先后七次在中国大地上腾空而起,为新中国的航天事业投出一颗顽强的"问路石",这就是由北京工业学院自主研制的新中国第一枚二级固体探空火箭——"505探空火箭"。

在七次发射的背后,数百位参与研制和发射的师生,却无人见识过真正的火箭发射,但他们带着满腔的报国志向和严谨的科学精神,克服了缺乏技术资料、实验设备和实践经验等各种困难,终于成功完成了这一壮举,为新中国的航天事业作出了属于时代的探索与贡献。

62年后,作为505项目核心参与者的万春熙教授,再次打开那段火热的北理工记忆,讲述起505探空火箭七次飞腾的北理故事。

首战告捷

1958年8月初,在国防科委的关怀和时任院长魏思文的直接领导下,北京工业学院全面启动505探空火箭的研制工作,学院组成了以孙志管、马庆云、王守范等老师为主,一批1953级毕业生和1954级同学参与的研制工作组。此时,即将毕业的万春熙,在指导老师王守范的带领下,刚刚完成了"火箭增程弹"的研制,也奉命参与到505探空火箭的研制中。

505探空火箭是两级固体探空火箭,这种探空火箭当时在国内没有研制过,不管是火箭发动机的设计还是推进剂的研制都是一片空白,而最困难的是研究资料极度缺乏,师生们手头仅有少量的苏联资料。在这样的"零"基础上,师生们从火箭材料、壳体设计再到推进剂,不断地计算、摸索和实验,硬是在艰苦的条件下最终完成了505探空火箭的设计和制造。

学习火炮专业的万春熙参与的是火箭总体设计工作,在其中主要负责火箭尾翼的动力设计。在他的回忆里,研制505探空火箭的过程中,发动机设计难度最大。当时,研究资料极其匮乏,师生们能看到的只是一本美国人根据火箭筒原理编写的《火箭发动机设计》。虽然没有足够的参考资料,但王守范老师带领他们,从原理出发,一点一点科学地完成了火箭发动机设计。

师生们正在挖掘用于火箭发动机地面试验的土坑

除此之外,火箭发动机的研制,必须要进行大量实验,但是在当时的时代背景下,实验条件很差,甚至没有专门的实验室,火箭发动机的推力实验是在学校里的一片荒地上完成的。"我们的实验就是挖个坑,底下弄平,垫层铁板,上面有三个铜柱垫着,再放上一块铁板,发动机再放上去,我们当时就是这么做实验的。"万春熙老师这样回忆当时的实验场景。

即使在物质发达的今天,火箭发动机实验仍然充满了高风险,而在当时简陋的条件下,师生们在研制工作中,不仅要克服困难,更要面对危险。一天早上,万春熙刚加完班,看到几位做复合火药实验的同学正在紧张地商量着什么。原来是在实验中,复合火药推进剂点燃引线后没有产生应有的燃烧,大家正在研究去排除故障是否有危险。万春熙经过判断分析后,认为很大可能是出现了哑火,于是就和另一位同学李兆民一起冒着随时爆炸的危险,进入试验区域,最终把复合火药药柱从发动机上取了下来,排除了隐患。

正是在这种团结协作、攻坚克难的努力下,经过一个多月紧张的准备,1958年9月8日,两枚505探空火箭完成了总装,运至河北省宣化炮校,进入现场发射准备阶段。实施首次发射的火箭,第一级采用了苏联喀秋莎火箭炮弹的发动机和双基药,而第二级则完全使用了北京工业学院自行设计的发动机,该发动机使用的推进剂，也是由师生们自己研制的复合火药，也属于国内首创。

"东方1号"探空火箭

参与研制"东方1号"师生合影

1958年9月9日，505探空火箭在师生们的注视下成功发射，两级火箭升空后成功分离，飞行高度达到将近10公里，这是中国自主研制的探空火箭第一次升上天空，505探空火箭发射初战告捷。这块中国"问天"的"小石子"，带着北京工业学院的师生们矢志报国的精神，冲向天际。

科学探索

505探空火箭初战告捷，对于师生们来说，既不是"成功的叹号"，更不是"作秀的句号"，而是一次鼓舞人心的"逗号"，激励着大家以更加科学严谨的态度去实现更高的目标。之后，师生们马不停蹄地投入下一步的开发和研制过程中，并将"飞行高度100公里"作为火箭研制的更高目标。

此后，王守范老师带领发动机设计小组，设计了直径达到460毫米、长度接近2米的新发动机，里面可填装17根90毫米粗的药柱。如此大尺寸的发动机，已经超过了学校的加工制造能力，于是在时任北京市委第二书记刘仁的要求下，北京锅炉厂协助学校加工制造发动机壳体。万春熙被派到工厂，与工人师傅一起一锤一锤地把铁板敲成圆筒，再用电焊把接缝焊上。粗加工完成后，圆筒又被马上运到位于北新桥附近的547厂加工成为火箭发动机壳体。

然而科学的道路上，从来都不是一帆风顺。1958年10月1日，在第一次发射成功仅仅22天后，更加巨大的505探空火箭再次矗立在了吉林白城子发射场上。但结果却是令人遗憾的，这两次发射均以火箭发动机爆炸而告失败。

回到学校，经过分析，大家认为壳体材料和焊接技术不过关应该是主要原因，这让负责此项工作的万春熙感到很内疚。今天看来，发射失败的原因虽然是多方面的，但最主要的教训是，科研工作仅有热情是不够的，特别是在短时间内，面对探空火箭这样大型的科研项目，更加需要按照科学规律来办。虽然遭遇了挫折，但思想上的收获，也成为万春熙科研生涯中的宝贵财富。

火箭发射的失败，并没有让师生们气馁，而是换来了冷静的思考，大家在仔细分析了失败原因后，合理调整了设计飞行高度，并从改进发动机材料入手，再次踏上了505探空火箭的问天之旅。

1959年年初，505探空火箭在河北昌黎进行第三次发射时，万春熙已从学生成为学院的一名青年教师。在他的回忆中，第三次发射中的第四发火箭特别成功。"5吨推力，240的口径！5吨推力的发动机当时在国内绝对是第一家，这么大的推力，这么大的口径，发射上去，两级火箭完整无损地达到60公里，还测下了信号，再也没有别家了。"虽然没有亲临现场，但是记录在案的客观数据，60年后，让万春熙仍难掩兴奋之情。

勇闯新高

505探空火箭的研制和发射，其重要意义不仅仅在于为中国航天事业做出了有益探索，更有力地奠定了学校在相关学科（专业）领域的坚实基础。1959年，通过前三次发射，师生们深刻认识到开展火箭研究，简陋薄弱的实验条件是不行的，于是1959年的四五月间，学校开始在戊区（现国防科技园区域）重点投入修建火箭发动机实验室。并在此基础上，自1959年9月到1960年年初，505探空火箭又先后进行了三次发射，着重解决火药推进剂、测高天线等问题。虽然发射工作中又历经多次失败，但在这一阶段的发射活动中，学校在火箭研究方面获得了大量的宝贵数据，锻炼了队伍，在火箭设计、加工工艺等方面为中国航天事业积累了宝贵而丰富的经验。

这期间，学校还专门成立了以朱千标、吕育新两位老师为首的第22研究所，专门作为505探空火箭的工作机构，总结前面若干次发射的经验教训，着重解决火箭总体的系统问题，并筹备第七次发射。万春熙也再次进入505探空火箭的研制团队，担任总设计师黄一鸣老师的副手。

1960年9月，全新的505探空火箭再次运输到朱日和靶场，第七次发射在即。但此时却还有一个技术问题没有得到解决，那就是为了测量火箭发射高度，在金属的火箭头部内螺旋式缠绕的天线，由于金属壳体材料的遮挡，无法发射出信号。一筹莫展之际，万春熙灵机一动，大胆地提出用塑料加工弹头代替火箭金属弹头的思路，得到了化工专业老师的肯定，经过一番紧张加工，塑料材质的火箭弹头，成功解决了天线信号发射穿透的难题。

探空火箭发射前的状态

师生们在朱日和靶场开展发射试验时的营地

最终，1960年8月28日，505探空火箭在内蒙古朱日和靶场成功发射，火箭升空后10秒，第二级火箭与第一级成功分离，第二级火箭发动机点火成功，顺利工作。火箭在天空中的飞行高度达到78公里，横向飞行40公里，发射整体取得成功。

结束此次发射后，因为国家处于三年困难时期，发展规划调整，北京工业学院将整理好的资料提交国家相关研究机构，结束了505探空火箭的研制项目。

矢志不渝

505探空火箭的研制和七次发射，是中国人第一次完全独立自主地研制和发射成功两级固体燃料火箭，并且实现了中国探空的全新高度，这是北京工业学院在20世纪50年代在永攀科技高峰、实施产学研相结合的一次伟大实践。一大批师生在研制工作中增长了学识、接受了锻炼、积累了经验，为国家培养了一大批航天人才的同时，奠定了学校在火箭研究领域的坚实发展基础，在此后的岁月中，成果不断，探索不止，形成了学校今天在相关学科等领域的研究优势，为国家不断作出卓越贡献。

在505探空火箭研制和发射过程中，广大师生体现出了远大理想、矢志不渝的爱国奉献精神，敢为人先、勇攀高峰的科学探索精神，分工协同、艰苦奋斗的团结奋斗精神，不畏艰难、勇担重任的时代担当精神，成为北理工人代代相传的宝贵财富，不断激励着我们矢志强国，向着中国特色世界一流大学的奋斗目标不断迈进。

回望80载春秋，一代代国家栋梁在这里孕育。回首甲子岁月，一批批航天人才在这里成长。"我们要在宇宙空间占一个位置"，62年前的誓言，已经成为肩头的担当责任。

从1958年建立新中国第一批火箭导弹专业，到1960年初步建成18个以火箭为主的新专业和若干研究所，北京工业学院形成了完整的火箭系统教学科研体系

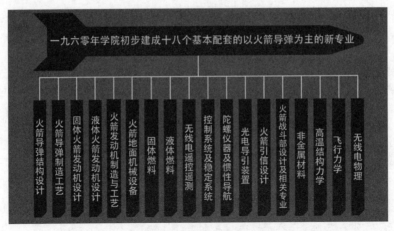

1960年北京工业学院初步建成以火箭导弹为主的专业体系

  传承红色基因，矢志报国强国。在建设中国特色世界一流大学的道路上，北理工人永远在奋斗！

扫码观看《北理故事》
第四集

北理故事 5
伍少昊：用"璀璨之光"呈现"人间天穹"
——忆研制新中国第一代大型天象仪

从 1958 年，新中国第一台大型天象仪原理样机研制成功，到 1976 年，国产大型天象仪取代德国蔡司天象仪在北京天文馆正式投入使用，日月星辰，斗转星移，北理工的"璀璨之光"将"人间天穹"刻画在几代中国人的记忆中，生动演绎了中国科研工作者独立自主、自力更生的创新之路，展示了北理工人创校以来胸怀壮志、创新包容的开拓精神。

"北理故事"讲述者：伍少昊（北京理工大学教授、光电学院退休教师）

北京天文馆，坐落在北京西直门外，1957 年建成，是我国第一座大型天文馆，也是亚洲大陆第一座大型天文馆。

在天文馆新馆的地下二层，静静安放着一台淡蓝色的大型设备，这就是由北京工业学院（今北京理工大学）牵头设计制造的中国第一台大型天象仪。从 1976 年到 2007 年的 31 年里，这道北理工的"璀璨之光"为两千多万观众展示了宇宙万象，成为几代中国人的集体记忆。

鲜有人知，大型天象仪的研制工作，从提出到登上核心舞台，经历了整整 20 年的艰难探索，凝结了一大批矢志强国的北理工人的梦想与情怀。

北京工业学院（今北京理工大学）牵头设计制造的中国第一台正式投入使用的大型天象仪

为国献礼，百天铸就"新中国第一"

1958年7月1日，北京工业学院仪器系党支部书记马志清，带领青年教师、8531班全体应届毕业生以及低年级学生一百多人，在党旗下庄严宣誓：大干三个月，做一台天象仪，向建国9周年献礼！

这次宣誓，对刚刚参加工作两年的伍少昊来说，可谓"刻骨铭心"，因为它是北京工业学院师生爱国情怀的真实写照。1958年，中国社会的全新面貌，感动着全体中国人民，于是，"向国庆献礼"成为师生们爱国情怀的最强烈表达。与此同时，"自力更生，高速度攀尖端"成为学校工作的主旋律，在这样的背景下，仪器系的师生们把目光投向了当时世界上最复杂的光学仪器之一——大型天象仪。

北京天文馆于1957年落成，其最初使用的天象仪为蔡司Ⅲ型

大型天象仪集光学系统、机械结构和电气控制于一体，堪称世界上最复杂的大型光学仪器之一，在上世纪50年代，全世界只有德国具备设计制造能力。1957年，北京天文馆建成，这是我国第一座大型天文馆，也是亚洲大陆第一座大型天文馆，天文馆中使用的天象仪就来自德国。对于当时的中国来说，在短短三个月时间里，就想造出一台天象仪几乎是一件无法完成的任务。然而，北京工业学院的师生却"欲与天公试比高"，"我们四系就想找一个我们系里专业里最世界尖端的（科技成果）"，硬是"白手起家"，从天文基本知识和天象仪的基本原理入手，展开了一场轰轰烈烈的大科研和大学习。

北京工业学院研制的天象仪成果参加展览

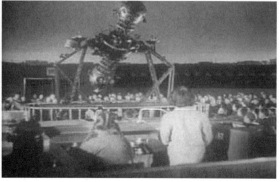

左：学校师生研制的中国首台大型天象仪（1958年首台原理样机）；右：中国首台大型天象仪原理样机在北京天文馆进行演示

年青的伍少昊们做的第一件事就是扫"天文盲",他们到北京天文馆去近距离地观察和研究天象仪,了解它的结构、工作原理,回到学校后再仔细分析研究。为了争分夺秒完成献礼,他们经常熬夜攻克技术难关,"大家不睡觉是经常事,我们当时研究问题开会,四五个人站着开会,站着站着就睡着了。"伍少昊这样回忆道。后来,他们索性把行李搬到造天象仪的车间里,"有事叫起来干一会儿,没事就在那睡了"。

功夫不负有心人,在北京天文馆支持下,仪器系师生夜以继日地工作,从1958年7月到1958年10月,仅用三个月时间,就成功研制出了新中国第一台大型天象仪原理样机,并在北京天文馆进行了演示,引发社会各界的广泛关注。北京电影制片厂特意到学校将天象仪的制作和安装过程拍摄制作成纪录片,广泛播放。

大型天象仪的成功演示引起了天象仪的原产地民主德国的注意,他们无论如何也想不到,在这么短的时间内,科技水平十分有限的中国竟然能独立做出一个天象仪。民主德国驻华使馆特意派人来观看演示,并对北京工业学院师生的壮举赞叹不已。"看了

1959年1月,中国第一台"大型天象仪"登上了《人民画报》新年首期封面

以后在那转来转去的,围着就不走,提好多问题。"伍少昊回忆起来满是自豪。

1958年的首台大型天象仪原理样机虽然在研制水平上还尚显稚嫩,性能也未能达到实际使用要求,但这是中国人独立自主完成的对大型天象仪整套技术体系的探索与实践,成功填补了该领域空白,实现了从无到有的历史突破。

科学探索,创建复杂系统研究体系

虽然,北京工业学院以惊人的干劲创造了又一个"新中国第一"的历史成就,但是,对伍少昊等人来说,探索的征程才刚刚开始,追赶世界水平的脚步远没到停歇的时候,要制造真正满足应用需求的高水平天象仪,还有太多的技术难题等待他们解决。

1959年，在学校的支持下，天象仪项目改由院工厂和仪器系共同承担。并制定了第二阶段三台大型天象仪的研制计划，随即拉开了60年代天象仪"三兄弟"的研制大幕。

在对民主德国进口的天象仪的技术资料和实物仔细分析研究的基础上，项目组发现其精度、效果均有可改进之处，于是从原理入手，大胆探索，创造性地提出了天象仪运行的"太阳系地心模拟方案"，使太阳系运动更符合演示观看，从而得到更高的精度。这一创新，使国产天象仪根本区别于世界上一切采用"日心"模拟方案的天象仪而独树一帜，并最终走出了一条属于中国人的独立自主、自力更生的"天象仪之路"。

小知识：天象仪的"日心"模拟方案，指天象仪观测时，以太阳为核心，所有星球都围绕它运动，观众也"站在"太阳上观看星球运动。"太阳系地心模拟方案"，指观众观看演示时以地球为原点，看到包括太阳在内的所有星球做相对运动。

在研发的过程中，项目组一直秉承学校"追求卓越、求实创新"的科学精神，力求在每一个细节上精益求精。由于伍少昊等师生对原理进行了重新设计，研制过程中遇到了无数的困难，"但是这些问题都解决了。中间确实花了很大的力量，但是觉得很值得。我们没有完全照抄，提的方案也不是为了新而新，方案在精度上、结构上都比它（民主德国天象仪）有优势，我们也走通了。"伍少昊这样说道。

从1959年到1965年，项目组经过六年的努力，在对天象仪的"太阳系机构"进行第三次全面改进后，1965年春，北京工业学院研制出性能相当出色的天象仪样机，实现了预期的研究目标。

对大型天象仪的艰苦攻关，直接推动了学校在光电、控制和机械等诸多领域的教学和科研水平，同时也推动学校相关领域的科研水平处于全国领先。

为国铸器，成就跨世纪辉煌

虽然，1965年的天象仪达到了实际使用水平，但是仍然是停留在实验室中的实验设备，始终无缘真正投入实践。1973年，国家决定要开发能反映中国古代天文学成就的国产大型天象仪。环顾全国，这个任务当仁不让地落在了在该领域拥有傲人实力的北京工业学院。这一次，北京工业学院牵头组织北京光学仪器厂、北京电源设备厂和北京天文馆，调集全国资源开展大协作，又开启了新一轮的研制工作。

1976年，北京工业学院设计制造出了具有国际领先水平的大型天象仪，并正式在北京天文馆进行实际演示。这台天象仪也是新中国第一台正式实际投入使用的大型天象仪。

北京科技教育电影制片厂1976年摄制的纪录片《大型天象仪》

进驻天文馆后,天象仪仍面临着随时被取代的情况,于是,时任中国光学协会名誉理事长王大珩牵头组织了一场高水平的天象仪鉴定会。可是,评审的第一个工作就是要在会议之前,测出并提供100年的天文数据。"100年的天文数据根本就没有",面对这一难题,项目组只得向行业求助,紫金山天文台历算组专门为师生们计算了前后一百年的金木水火土、太阳、月亮的位置。师生们根据得到的数据,用自己研制的天象仪连续测试了一百年。测试的结果让大家非常振奋:"这一百年的数据还真是很争气,误差全部都在很小的范围内,这个范围小到什么程度?小到比蔡司的仪器的原理误差还小,实打实的,绝对超越它的!"

表 学校牵头研制的天象仪与德国蔡司天象仪参数对比

	北京工业学院 天象仪	德国蔡司 天象仪
模拟方案	"地心"模拟方案	"日心"模拟方案
运行动力	光学机械式	纯机械式
最大误差	18分	>6度

注:1度=60分,指角的大小。

"我们经过再三的推敲,认为我们这个设备,有自己创造性的方面,有的部分指标比国外好。"王大珩在鉴定会上讲道。会议认为:国产大型天象仪的研制成功,填补了国内这方面的空白,进入了世界少数几个能够制造大型天象仪的国家行列。此后,北京工业学院研制的大型天象仪取代了民主德国的天象仪,正式入驻北京天文馆。

> 演出内容和效果。
> 会议认为:国产大型天象仪的研制成功,填补了国内这方面的空白,进入了世界少数几个能够制造大型天象仪的国家行列。国产大型天象仪在放映二十四节气、中国星宿名称和联线、活动坐标等方面,具有明显的中国特色;在太阳系各天体的机构上采用了与国外天象仪不同的独特设计,消除了某些原理误差,缩小了行星轨道位置的长期累积误差,是成功的,是有创造性的;恒星亮度级差精度也有较大提高。

北京市科学技术委员会《国产大型天象仪鉴定书》

这台饱含着北京工业学院师生心血,集全国之力制造的大型天象仪,不仅填补了我国在这一领域的空白,其在光学、机械、控制和天文等领域体现的综合技术水平,成为我国光学仪器科研领域的标志性成就,也成为北京理工大学历史上耀眼的"新中国第一"系列科技成果之一。

1976年正式在北京天文馆应用的大型天象仪

主机结构：高5米，重3吨
光学系统：包含20多类、200多套
传动系统：200多个齿轮差动器交互耦合
驱动电机：7台
零件总数：2000多种、近4万个
附属仪器：9部
天文运动：周日、周年、岁差、极高、
地平、地经、赤经7项运动
数据精度：8位以上有效数字

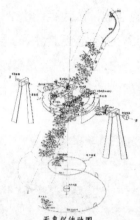

天象仪传动图及技术参数

20世纪70年代，由北京工业学院牵头研制的大型天象仪在北京天文馆正式亮相

从1976年到2007年，这台大型天象仪在北京天文馆连续服役31年，接待了2000多万观众，成为几代人的集体记忆。

1958年7月1日仪器系百余名师生宣誓，三个月研制一台天象仪，向国庆献礼；

1958年10月新中国第一台大型天象仪原理样机研制成功，并在北京天文馆进行演示；

1959年开启第二阶段三台大型天象仪的研制计划；

1965 年天象仪第三轮原理样机研制成功；

1973 年开启新一轮大型天象仪研制工作；

1976 年新中国第一台大型天象仪在北京天文馆正式投入使用；

2007 年大型天象仪正式退役。

"我们所以能够有一定的成长，就是因为党和国家，包括学校给我们创造了这样的实践机会。我们抓住了机会，在完成国家任务的过程中也提高了自己，使得自己有更大的能力为国家各项工作服务。"在回首大型天象仪的成功研制，伍少昊深感党和国家以及学校对他的精神影响根深蒂固，历久弥新。

在二十年的研制岁月里，师生们始终牢记学校的期待与教诲，虚心学习、勇于创新，走前人没有走过的路；团结互助、鼎力合作，发挥共产主义大协作的巨大优势；不断改进、不断进步，二十多年如一日锲而不舍。正是这样的品质与信念，牵引着一代代北理工人在科学探索的道路上始终瞄准世界科技前沿，为国家需要无私奉献，书写了与国同行的精彩篇章。

二十年探索不止，成就北理工自主创新的"天象仪之路"；三十年为国服役，书写北理工忘我奉献的爱国情怀；八十年弦歌不辍，铸就北理工矢志强国的使命担当！面向未来，建设中国特色世界一流大学，北理工永远奋斗！

扫码观看《北理故事》
第五集

北理故事 6
毛二可：49.75 兆赫，毕设拿下中国电视"第一频道"
——忆新中国第一套电视发射接收装置研制

在科技腾飞的今天，电视机似乎早已隐入互联网的背后，而上世纪五十年代的中国，用无线电传输图像实现电视的发射接收还是一片空白。直到 1956 年，北京工业学院（北京理工大学前身）四个年轻学子的毕业答辩不经意间创造了中国电视的历史。

"北理故事"讲述者：毛二可（信息与通信工程学科教授、中国工程院院士、博士生导师）

1949 年，华北大学工学院（北京理工大学前身）迎着新中国的曙光，跟随党中央迁至北平，并直接由中央人民政府重工业部领导，学校汇聚优秀师资、整合力量，筹备建设新中国第一所重工业大学。

1951 年 6 月，中央教育部决定全国高校统一招生。华北大学工学院计划招收本科生 600 名、专科生 200 名。经过近两年的着力筹建，学校办学实力得到了极大提升，当年报考学生达 4321 人，占全国报考工科大学考生总数的 40%，录取平均成绩位列全国高校之首。

在这批新中国第一届全国统考入学的大学生中，年仅 17 岁的毛二可满怀壮志，来到华北大学工学院，开启了他一生挚爱的科研事业。

从小就喜欢摆弄无线电的毛二可入读了电机制造专业，这个专业让他感到如鱼得水，每天都沉浸在对专业知识的无限渴求当中。同时，学校高年级同学大多来自革命老区，无微不至地关心，很快就消除了新生们远离家乡的孤独感和陌生感。充实的学习、严格的管理、温馨的校园都让毛二可如沐春风，一个声音在他的心里愈发强烈起来："过去自己是老百姓，现在终于参加革命队伍了，成了国家的人。国家培养自己，自己也当然要为国家做事。"

1952年1月1日，华北大学工学院更名为北京工业学院。1952年3月8日，学校授命调整办学方向，开启建设新中国第一所国防工业院校的历史新征程，服务国家重大战略急需，全力建设新中国第一批正规兵工专业，培养新中国第一代"红色国防工程师"。

1953年，学校建立了雷达设计与制造专业，成为我国首批从事雷达、遥控遥测专业教学与科研工作的单位之一，开始为新中国的雷达事业培育红色人才。毛二可所在的专业也在这一年调整到雷达专业，他也由此成为北京工业学院雷达专业的第一批学生中的一员。

在苏联专家的帮助下，学校建立了专业教研室，制定了课程设置、教学计划、教学大纲，雷达系的专业建设开始走上正轨。年青的毛二可和同学们，对这个国家寄予厚望的新兴专业充满了热情。

兴趣小组——开启科研航程

上世纪50年代，北京工业学院在建设新中国第一批兵工专业的同时，瞄准国家对高水平国防工业工程人才的需求，大力度做好人才培养，特别是积极鼓励学生参与课外创新实践。在这样的背景下，雷达专业的毛二可和同学们也经常利用系里接收的一大批美军无线电器材，在业余时间修修改改，做成实验器材。日积月累的"小打小闹"，也为他们日后"干大事"奠定了基础。

有一次，苏联专家库里可夫斯基用两个示波器演示了电视信号收发的原理，这引起了毛二可的极大兴趣。虽然，当时电视已在欧美国家研制成功，但在我国尚属空白，大多数中国人连电视的模样都没见过。当库里可夫斯基询问他们是否愿意加入这样的兴趣小组，做一个电视原理设备时，一心想着"为国家做事"的毛二可毫不犹豫地报了名。

在当时，像这样的兴趣小组在学校里有很多，为更好地建设兵工专业，响应党中央"向现代化科学大进军"的号召，北京工业学院积极开展教学改革，高度重视学生创新能力培养，先后成立了100余个学生课外研究小组，并于1956年4月21日成立了"京工学生科学技术学会"。

北京工业学院的学生开展课外科学研究

毛二可参加的仪器系课外研究小组关于"我国第一台电视发射中心"的研制备受瞩目,项目一成立就有20多个同学参加,项目分成了"扫描及视频放大器""机械""光学"三个小组。此时,虽然电视技术并不是学校培养计划中的课程,但是学校对同学们的创新研究,投入大量经费,给予了充分支持。

科研兴趣小组成立后,毛二可和同学们干劲十足,首先制定了第一步研究目标:做一个较大的示波管用于扫描图像显示。他们不仅自学俄文教材《电视的技术基础》,还到图书馆借阅相关书籍,从头学起。虽然理论知识并不难懂,但是真正动手做起来才发现困难重重。由于国内尚没有电视机显像管,同学们就利用雷达显示管做了一个扫描电路。为了解决没有摄像管的问题,他们就采用光电管,用单个亮点逐点扫描,把每个亮点在不同时间不同行度的状态传输到显像管进行测试,实现了飞点扫描。就这样,他们在苏联专家的指导下,自己动手,因地制宜,成功地做出了一个初级的电视发射和显示系统。

这个成果让大家非常兴奋,下一步他们要进一步改进技术,真正解决图像动起来的问题。于是,同学们到处搜集实验器材,最后利用在中法大学校舍里找到的一个旧电影放映机,用手摇方式控制信号输入,信号经过放映机放大,让传输图像动了起来!由北京工业学院的同学们自主研制出的电视发射及接收装置的雏形诞生了。

49.75兆赫——毕设拿下新中国"第一频道"

兴趣小组的研究成果极大地激励了毛二可等人。1955年年底,毛二可、邓次宁、黄辉宁和王浩四位同学在征得学校、老师同意后,将自己的毕业设计题目确定为"电视发射及显示系统"(当时学制为五年制)。这一次,他们要在兴趣小组取得的成果基础上,做出一个相对完整的电视收发系统。

为了更好地完成毕业设计任务,四位同学做了具体分工,邓次宁负责天线,黄辉宁负责接收机,王浩负责发射机,而毛二可则负责定时器,完成系统的统一运作。很快,他们便争分夺秒地干了起来。苏联专家库里可夫斯基对这个项目也很重视,每天上班以前,他都会到实验室看看每个人的工作进度。有一次,他看到设备接线杂乱无章,很不正规,就找出一个接线盒,让毛二可把线整理好。毛二可没有多想,加夜班把接线一根一根整理好。第二天库里可夫斯基看到后非常高兴,说"终于有点设备的样子了"。原来,整理接线这个工作看似简单,实则是专家在教学生们养成严谨的工程思维和规范的操作习惯,这种科研品质的言传身教,让毛二可和同学们受益终身。

在毛二可的印象里,为了完成系统研制,这样加班加点的事情还有很多,甚至有一段时间,他几乎是天天睡在实验室里。尽管科学研究道路并不是一帆风顺,但那句"为国家做事"的朴素心愿,始终是照亮前路的光,指引着他们朝胜利不断前行。

在研制过程中,他们得到了学校的大力支持,除了在财力物力支持,学校还为项目解决了一个关键问题。

电视系统要通过无线发射信号,这必须要向国家申请正式的频道,为了支持学生们的科学技术创新,学校特别为一个本科生的毕业设计向国家邮电部提交了申请。1956年4月6日,中华人民共和国邮电部在《关于同意你院教学实验电台登记的公函》((56)无管字第30号)中作出批复,同意北京工业学院仪器系制造设立教学上研究的实验专用无线电台,电视发射机频率49.75兆赫。自此,"中国电视第一频道"永久落户北京理工大学。

1956年夏天,这项"远近闻名"的毕业设计答辩吸引了校内外许多人的关注,除了苏联专家、本校教师,甚至还包括了清华大学等外校教

在学校主楼顶端矗立的电视发射天线

授,阵势都超过了今天的博士生毕业答辩。毕业答辩进行得很顺利,毛二可和同学们研制的系统运转正常,完全做到了信号的无线传输。这是一个光荣的历史时刻,中国第一套电视发射、接收装置就在这间普通的教室里诞生了。

此后,北京工业学院主楼顶上的电视发射接收装置一度成为学校横跨一个时代的重要标志,为学校留下一座人才培养的丰碑。

中国第一台相控阵雷达

从知识学习到实践创新,青年毛二可们在真刀真枪的研究中体验到科研的乐趣,并为自己在北京工业学院的学习生涯交上了一份完美的答卷。学校对学生的精心培养和付出,也深深感染并激励着这些年轻人勇攀高峰,结出了丰硕成果,这种创新包容的精神也融入北理工的精神文化中,代代传承。

1956年,毛二可大学毕业留校工作。有了课堂上打下的扎实的专业基础知识和课外科技活动的实践训练,毛二可迅速成长为学校优秀的青年教师,更重要的是,在学校的学习成长,让他树立起毕生从事雷达事业的远大志向,投身雷达专业建设工作。

1964年,为服务国家战略需要,毛二可与同事们一起组建了学校雷达研究所,并参与研制了中国第一台相控阵雷达,使中国成为世界上少数能够研制大型先进雷达的国家之一。

1995年,毛二可当选为中国工程院院士。2020年,已是耄耋之年的毛二可,仍然战斗在我国雷达领域教学科研的第一线。

从立德树人的"体验者"到"实践者",毛二可亲历了北京理工大学半个多世纪来，始终坚持为党育人、为国育才的"红色育人路"，践行着自己"为国家做事"的诺言。

"几十年一直安安心心搞雷达事业没离开，是我这辈子最大的收获。"毛二可欣慰地说。

如今，尽管传统电视已不再是前沿技术，但老一辈北理工人勇于创新、矢志强国的精神却永载史册，49.75兆赫的频率穿越时空，始终指引着一代代北理工人奋斗向前，为建设中国特色世界一流大学作出新的贡献！

扫码观看《北理故事》
第六集

北理故事 7
春风起,"管奏华章"

1978年12月,党的十一届三中全会胜利召开。在改革开放的春风中,北京工业学院(北京理工大学前身)主动实施了"五个历史性转变"。

20世纪八九十年代学校主楼

"由单一的工科向以工为主,工、理、管、文多学科发展转变",是"五个历史性转变"之一。正是这样的转变,推动学校相继成立管理工程系、计算机系和工业设计系,为北理工今天多学科发展奠定了坚实的基础。

"北理故事"讲述者:姜文炳(北京理工大学教授、原管理工程系主任)

"北理故事"讲述者：洪宝华（北京理工大学教授、原管理工程系主任）

"北理故事"讲述者：甘仞初（北京理工大学教授、原管理学院院长）

"北理故事"讲述者：郎志正（北京理工大学教授、国务院原参事）

"北理故事"讲述者:方嘉洲(北京理工大学教授、原管理学院分党委书记)

管起春风,从无到有

1978年8月的一天,北京工业学院企业管理教研室的洪宝华,得了一个让他十分激动的消息:"学校要成立管理系了!"虽然,洪宝华已经从事了18年"企业管理"课程的教学,但在改革开放前,整个中国社会对管理学科的认知程度并不高,因此一直以来高校中管理学科的力量也比较薄弱。

1978年5月,一场关于真理标准的大讨论,让"实践是检验真理的唯一标准"成为共识,不仅为党的十一届三中全会做了理论准备,也拉开了"以经济建设为中心"改革序幕。

随着经济建设的火热展开,企业对管理人才的需求日益旺盛,但国内企业管理知识普遍缺乏,管理水平粗放落后,管理人才极度缺乏,这为国内高校管理学科的发展创造了契机,管理学科、管理教育迎来了发展的春天。

无论哪个时代,服务党和国家

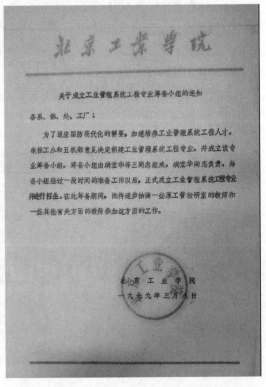

成立工业管理系统工程专业筹备小组的通知

的需要始终是北京理工大学的使命追求。针对管理经济建设需求，学校决定在隶属教务处的企业管理教研室基础上，开始筹建工业管理系统工程专业，也由此开启了"把学院办成工、理、管、文相结合的多学科大学"的历史性转变。50岁的洪宝华迎来崭新的人生舞台。

在学校的决策下，洪宝华、任隆育、金胜谟、谷宝贵和顾炜五位教师受命开始了管理系的筹建工作。"凡事预则立，不预则废"，在洪宝华看来，"首先要拿个计划，培养人才的计划要有；第二个根据计划要人。"

几位老师工作热情高涨，他们先后走访了哈尔滨工业大学和上海交通大学等高校，还邀请到哈佛大学商学院的10位教授来校讲授战略管理课程和案例教学方法，并就专业教学计划、课程设置及教学内容等与这些国际专家进行研讨。经过一番精心筹划，洪宝华等五位老师终于研究制订出了工业管理专业的本科教学计划。

与此同时，引进人才的工作也在校内外迅速展开。筹备阶段，学校面向全国招收教师，成功从武汉大学工学院引进了四位老师。除了对外引入，管理系的成立，也引发了校内教师的兴趣，当时，在一系工作的郎志正就是其中之一。

"改革开放以后，不仅要重视技术，也要重视管理，管理是在发展，我想去开拓一个新的领域。"在一番思想斗争之后，管理科学的吸引力让43岁的郎志正作出了"改行"的决定，他决定加入管理系。经过一批"创系元老"的努力，1979年年底，管理系成立的条件基本成熟了。1980年1月，经第五工业机械部批准，学校正式下发文件，决定成立企业管理系统工程系（即管理工程系），姜文炳同志为行政负责人。

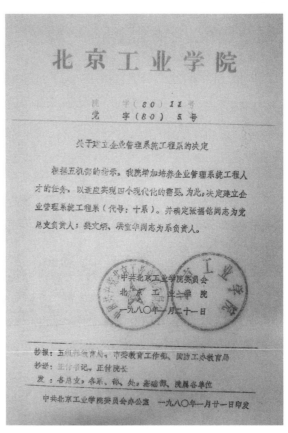

建立企业管理系统工程系的决定

4月18日，经学校党委会研究，同意成立管理工程系教工党支部，支委会由张福铭、顾祎、胡子云三位同志组成，张福铭同志任书记。9月3日，管理工程系工业管理工程专业开始面向全国招生，首批31名本科生入学，当时的系党委总支书记张福铭、系主任姜文炳、系副主任洪宝华带领十余位教师，开启了管理工程系的奋斗之路。

管育英才，发展壮大

"12平方米的几间屋子，就是管理系最早的一个基地。"曾任管理系总支书记的方嘉洲这样回忆建系之初的艰苦条件。直到1984年，系里的办学条件才得到了初步改善，那年他们搬到了2号楼，有了两层楼，还有了自己的计算机房。"看来学校是越来越重视我们学院的发展了。"姜文炳欣慰地说。

同时，管理系走出国门，走向世界，与日本、美国等许多大学建立了良好的关系，积极开展国际学术交流，邀请国外专家学者来校访学，召开国际会议。"向先进的发达国家取经，这非常有助于老师和学生们开阔视野，与国际接轨，这对我们管理性质的专业尤为重要！"姜文炳讲道。

尽管创业阶段挑战不小，但管理系发展建设的步伐自此就不再停歇。1983年，从美国做访问学者归来的甘仞初加入了管理系，也带来了很多国外先进的办学理念。1983年年底，在甘仞初的推动下，管理信息系统专业在管理系成立了。当时围绕这个专业的建设，也存在着讨论：是搞成计算机专业的样子，还是搞成管理专业的样子？

"当时要解决信息系统问题，就是要解决信息在管理中间的作用，怎样通过信息来改善管理、支持决策，这是信息系统专业要解决的主要问题。做计算机编程只是一种手段。"甘仞初的思路很清晰，专业必须以管理为中心才站得住脚。1985年，管理信息系统专业正式招生。

与此同时，甘仞初还肩负着建立管理系第一个实验室的任务。早在1982年，管理系就开始筹建国内最早的"管理信息系统实验室"，经过两年的建设，于1984年正式建成。甘仞初等老师坚持高标准建设，实验室不仅通过了鉴定，还被认为是当时国内管理信息系统最好的实验室之一。

建系之初，管理系就特别重视教学工作，除了在课程设置和师资队伍上突出理工特色，还积极发扬学校理论联系实际的办学传统，着力加强学生的实践培养，充分与生产实际相结合，引导学生深入企业生产一线。

管理工程系计算机房

甘仞初就曾经带着学生专门到沈阳296厂这样的国营大厂去了解各个管理环节、信息需求，也曾在接手北京化工三厂的项目时，让学生熟悉业务流程，体会管理中间的信息需求，从而做出了真正符合工厂管理需要的信息管理系统。

"第一期学员就有50人，包括了工厂里的厂长、书记、总工程师。"洪宝华这样回忆"厂长班"。管理系成立不久，为满足企业提高管理水平的需要，开办了"厂长班"，由于课程设置、教学计划紧贴实际需要，还包括了大量的实践环节，很受欢迎，对企业切实提高管理水平起到了很好作用。

"为管理人才烙印上'成色十足'的理工特色"，管理系教师们带着这样的理念，不仅授课认真，还自己编写教材，制订培养计划，为管理专业的学生打下扎实的理工科基础。

早在上世纪70年代末，郎志正就筹划写作《质量控制方法》一书，随着在管理系的教学科研实践经验的不断丰富，在大量阅

管理工程系"厂长班"编写的教材《厂长必备》

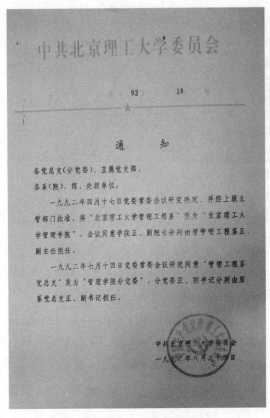

管理工程系更名为管理学院通知

读国内外资料的基础上，他终于完成了这部著作。这也是中国质量管理方面最早的专著之一，成为北理工和清华等多所高校的教材，为20世纪80年代的中国管理科学教学作出了重要贡献。

到1988年，管理信息系统专业、工业管理工程专业财务会计方向、工业外贸专业在管理系相继成立，这也标志着管理系初步完成了"从无到有"的第一阶段建设任务，为学科的后续发展奠定了良好的基础。

1992年，为适应我国经济社会及高等教育发展的需要，经学校党委常委会讨论，决定将管理工程系更名为管理学院。甘仞初成为管理学院的首任院长。

管奏华章，矢志一流

管理学院成立后，学校的管理学科拥有了更大的发展空间，办MBA、申请博士点，这些工作成了甘仞初上任之后的工作重点。"成立管理学院后，我就思考管理学院以后怎么办。首先MBA得搞起来，这个专业社会影响会很大。另外就是建博士点，博士点对一个学院的学术水平影响很大，必须把住。"那时甘仞初整天泡在研究生院，跟有关领导一起研究怎么向上级部门打报告，如何把专业范围、社会影响、和国际交流合作，都体现在报告里，写清楚，然后去申请通过。

功夫不负有心人，1994年3月，北京理工大学首批工商管理硕士（MBA）入学。1996年，管理学院招收首名博士生，研究方向是自动控制在管理学上的应用。此后，伴随着学校的发展，管理学院的办学规模不断扩大，拥有管理科学与工程、工商管理、应用经济学3个一级学科博士点，学术水平也不断提高。

北京理工大学首届工商管理硕士班合影

北京理工大学管理学院通过AMBA国际认证

1998年,根据学校发展战略的需要,管理学院正式更名为管理与经济学院,管理学科的发展进入了一个崭新的历史阶段。如今,北京理工大学管理与经济学院不仅拥有8个系,5个本科专业,3个一级学科博士点,还拥有一支高水平的师资队伍,科研经费充足,建设了多个高水平科研中心、教学中心、实验室和创新基地,大力开展国际化办学,更通过国际AACSB认证、AMBA认证、EQUIS认证、CAMEA认证,办学能力获得国际认可。

回首过往,管理学科的发展壮大,正是学校在改革开放中,坚持服务党和国家需求,主动担当历史使命,解放思想、实事求是、艰苦奋斗的生动写照。

学校和学院今天取得的巨大成就,令当年为管理学科发展而奋斗的老一辈管理人十分欣慰。"我觉得这一辈子没有白活,我为国家的事业也作了自己的一份贡献。"这是洪宝华等老一辈管理人的心声。

面向未来,创建中国特色世界一流大学,更需要我们把握立德树人根本任务,聚焦人才培养中心工作,持续推动高质量发展,在"双一流"建设的征程上奋斗,奋斗,再奋斗!

扫码观看《北理故事》
第七集

北理故事 8
用"286"电脑,为北京亚运会上做出世界先进"信息系统"

在如今的体育赛事直播中,成绩瞬间发布、球路动态模拟、技术时实解析……已经让人们习以为常。在上世纪 80 年代末,计算机尚未在中国普及,如果要为国际性体育赛事搭建信息化系统,无疑是困难重重。

然而在 1990 年的北京亚运会上,一套由中国人自己开发的信息系统,不仅成功完成了这次盛会的保障任务,更是得到了国际社会的好评与肯定。耀眼成绩的背后,又有怎样的北理故事呢?

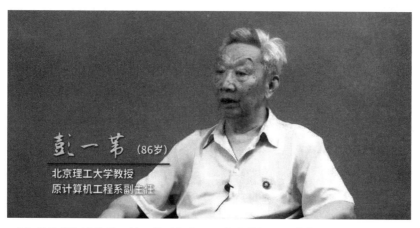

"北理故事"讲述者:彭一苇(北京理工大学教授、原计算机工程系副主任)

"北理故事"讲述者:李小平(北京理工大学教授、继续教育学院原副院长)

"北理故事"讲述者：陈朔鹰（北京理工大学副教授、网络信息技术中心原主任）

上世纪 80 年代，在改革开放的春风中，北京理工大学坚持服务党和国家需要，主动实施"五个历史性转变"，发挥科研优势主动服务社会经济建设，取得了一系列令社会瞩目的成绩。

1990 年 10 月 7 日，第十一届亚运会在北京胜利闭幕，这是中国举办的第一次综合性的国际体育大赛，得到国内外媒体的高度评价。其中，北京亚运会的赛会计算机系统也引起了国内外媒体的广泛关注，有国外媒体评价，这个系统的性能超乎想象，超越了 1984 洛杉矶奥运会和 1988 汉城奥运会。同年，该系统获得了"计算机世界史密斯索尼亚大奖"提名，是当年亚洲地区唯一入围的项目。

为国家盛典提供关键支持，在世界舞台展示中国水平，成绩的背后，他们是来自北京理工大学的攻坚团队。

誓要啃下"硬骨头"

1990 年，第十一届亚运会将在北京举行，这也是刚开启改革开放的中国向世界展示民族文化、精神气质和大国形象的重要舞台。

当时，伴随着计算机技术的发展，在如此重大的国际体育赛事中，运用大型电子信息系统来为赛事管理运行等提供支持与服务，成为"必选项"。

经过考察与遴选，这一光荣的任务落在了北京工业学院（现北京理工大学）计算机系师生们的肩头，他们承担起了建立北京亚运会计算机信息系统和网络工程的重任。师生们深知，这不仅是一项向世界展示中国的关键政治任务，更是一块开创中国技术先河的"硬骨头"。

参加了北京亚运会电子综合信息服务系统研制的学校计算机系师生

自创校以来，党和国家的需要就是北理工人行动的号角，在学校的大力支持下，计算机系的师生们誓要啃下这块"硬骨头"。在保证正常教学任务的前提下，全系集中人力物力，攻坚克难，抽调彭一苇、李小平、陈朔鹰等一批师生参与到相关工作中。

1987年10月，以北京工业学院计算机系为主体的第十一届亚运会计算机工程科研组成立，开始参加计算机工程电子信息服务系统的调研、开发、测试和运行工作。然而，项目刚一启动，就面临了巨大的挑战。

一切从"0"开始

电子信息服务系统是亚运会信息服务的中枢，系统包括比赛场馆的计时计分采集、为公众提供信息查询、通信、车辆调度和医疗服务等。在整个亚运会期间，信息系统不仅要提供多种信息咨询和电子通信服务，还必须实现快速、准确、全面。

然而，作为首次承办如此大型的国际体育赛事的国家，中国在此前完全没有建立计算机电子信息系统的经验。这个系统到底是什么样子？师生们毫无概念。大家仅能根据参加过大型运动会的中国官员和运动员的描述构建模块。"当时国家是没有互联网的，是'0'，我们不知道网络环境是啥样子，不知道硬件环境是啥样子，更不知道软件环境是啥样子。"用陈朔鹰的话说，"一开始来做这个项目的时候，整个是晕的。"

除了缺乏经验，20世纪80年代末，国内计算机设备的匮乏也是摆在科研组面前的拦路虎。彭一苇回忆，科研组先后考察过举办过洛杉矶奥运会和汉城奥运会的外国系统，但都因为设备过于昂贵，加之复杂的国际形势而最终放弃。"我们当时大型计算机基本上没有，就经贸大学算有一台中型机，再一个冶金部，他们也是一台中型机，其他的就是我们自己生产的'286'。"硬件跟不上，通信环境也很落后，"当时北京市的通信能力，只有每秒钟4800个bit。"

面对国际上的种种质疑，科研组勇于担当，知难而上，迸发出了惊人的创造力，把一个又一个不可能变为了可能。

科研组提出，要设计出一套中国人自己的计算机系统，既符合当时国内软硬件条件实际情况，又能满足赛会需要，并具有国际先进水平。在充分调研的基础上，参照洛杉矶奥运会和汉城奥运会的设计经验，结合当时国内的实际情况，科研组最终拿出了整个系统的设计方案，蒙在师生们眼前的迷雾渐渐散去，北京亚运会计算机工程电子信息服务系统的轮廓结构变得清晰起来。

创举！为国争光

在洛杉矶和汉城奥运会上，信息系统采用的是集中式的方式，但在当时中国的通信条件下，如果采用这种技术方案，肯定无法达到赛会要求的信息传输速度。

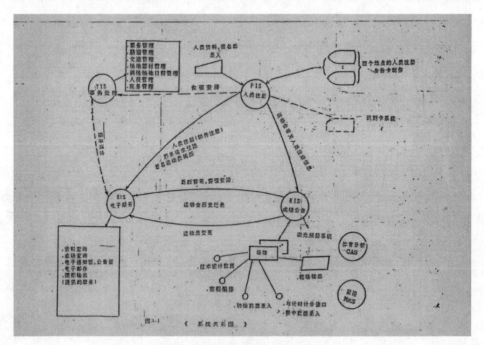

亚运会电子信息服务系统算法流程图

为解决这个问题，师生们大胆创新，采用分布式的设计，保证了通信量最小，即把数据分成静态数据和动态数据两个部分，将运动员信息、赛事背景资料等基本不变的内容定义为静态信息，存储在微型机上，不占用通信线路，用户可以随时查询；将比赛成绩、比赛动态作为动态信息上传到一个小型机组中，小型机组将信息分别发送给成绩处理中心的大型机和亚运会指挥部。这样创新的设计，确保转播控制、记者中心、指挥中心、上级单位都可以第一时间掌握赛场信息。由北理工团队创新设计的这套系统最大限度地发挥了本地计算机的优势，最终使得系统响应时间达到了非常好的效果。

直到现在，陈朔鹰回忆起当时的研究工作，仍然倍感自豪，"洛杉矶奥运会面向公众查询系统响应时间的性能指标是 5 秒钟，亚组委给我们提的性能指标是要超过他们，达到 3 秒钟。经过测试，我们最后达到的最好成绩是 0.7 秒。"这一成绩引起了国内外轰动，台湾媒体在亚运会开幕的第三天，专门就此事做了报道：中国龙起飞了。

科研组设计的电子信息服务系统不仅达到了设计水平，在许多维度超越了第十届亚运会及第 23、24 届奥运会的计算机水平。值得一提的是，在没有互联网的情况下，师生们还创造性地建设了电子邮件系统，实现了电子邮件在我国的第一次大规模实际应用。

电子邮件系统是整个计算机服务系统中的重要环节，在北京亚运会期间，电子邮件系统发挥了重要的作用。比赛成绩出来后，马上通过接口传到电子信息系统中，电子信息系统随即自动产生短消息，通过电传跟新华社接口，然后把最新的成绩传递到世界各地。

在参与这套系统设计的李小平眼里，除了满足日常赛会的常规需要，这套系统在当时还有很多创新之处，其中一个就是跟当时比较先进的通信工具的结合。"就是跟 BP 机、电子邮件结合起来，你发一个电子邮件出去以后，接收者携带着 BP 机，就可以同时把有电子邮件的信息通知到他的 BP 机上"，这可以说是最早期

计算机工程科研组团队获奖证书

的即时通信工具。

随着第十一届亚运会的胜利召开，为计算机信息系统拼搏了1000多个日夜的科研组终于向中国、向世界交出了一份令人满意的答卷。

北京亚运会计算机系统的成功也极大地激励了北京理工大学计算机系广大师生的干劲，并成为北理工计算机专业发展史上的一个里程碑。从上世纪90年代起，北京理工大学计算机专业开始进入新的历史阶段，教学、科研相互促进，逐渐形成了计算机学院、软件学院两个学院和一个网络中心的新格局。

30年后，几位亚运会计算机系统研制工作的参与者，回忆起当年的往事仍难掩激动之情。"真的感觉到自己是在担负国家使命和时代使命。"陈朔鹰说，"这些同学第一次经历这种实际设计运行的全过程，感受到国家逐步强大起来的现实，实际上也受到了一次非常好的爱国主义教育。"

"当时感觉到唯一的想法是没有辜负党和国家的期望，我们干成了一件大事。"彭一苇欣慰地说。

矢志强国，北理工人永远在路上。面向未来，建设中国特色世界一流大学，北理工人永远在奋斗！

扫码观看《北理故事》
第八集

北理故事 9
1978,迈开走向世界脚步
——北京理工大学国际化办学发展之路

1978年,党的十一届三中全会作出了把工作中心转移到经济建设上来实行改革开放的历史性决策,在这样的时代背景下,北京工业学院(现北京理工大学)认真贯彻中央精神,积极实施了"五个历史性转变",其中之一就是办学由"封闭型"向"开放型"转变,这也成为学校国际化办学的起点。在改革开放的春风中,学校迈开了走向世界的脚步。

"北理故事"讲述者:何中一(北京理工大学教授、国际交流合作处原处长)

1978年,北京工业学院基础部外语教研室教师何中一接到了一个"特殊"的任务——参与接待即将来校访问的美国工程教育代表团,这也是改革开放以来到访学校的第一个外国代表团,学校高度重视,英语专业毕业的何中一便被抽调参与接待工作,并担任了代表团的翻译。

在接待工作中,何中一发挥专业所长,圆满完成了这次任务,此后他参与到学校国际交流工作中,成为学校走向世界舞台亲历者和见证者。

"请进来"和"派出去"

"学校的国际交流合作从一开始步子就迈得很大",在何中一的记忆中,学校对于国际交流工作是下了大力气的,仅1978年到1980年,他就参与接待了好几十个外事活动,来访的有代表团也有专家学者。

1978年9月12日,改革开放后,我校接待的第一个外国代表团——美国工程教育代表团

改革开放日趋深化,学校国际交流工作也不断发展。1978年,北京工业学院设立外事办公室(副处级单位),隶属于校长办公室,潘恒生成为第一任外办主任,办公室还有两位工作人员,分别是牛志政和龚建国,而何中一成为之后的第四位成员。"派出去,请进来"是当时外办的主要工作,其中"请进来"的工作,就由何中一具体负责。

如今走在北京理工大学的校园里,随处可见来自不同国家的外籍师生,全球化的学习生活氛围早已成为校园的日常,但对于彼时刚刚开始国际化办学的北京工业学院来说,哪怕是要为新成立的英语本科专业物色外教,也让负责"请进来"的何中一为了难。1978年,为满足改革开放对外语人才的需求,学校向教育部申请设立英语本科专业,获批后正式纳入招生计划。建设高水平的外语专业,外籍教师必不可少,这也成为学校国际化办学的"必修课"。

"去哪儿找?怎么找?""外籍教师能不能适应学校本土环境?""专业建设能否满足外籍教师个人发展?"一系列问题接踵而来。通过与教务处、教研室等反复沟通研究,确定了外籍教师的聘请方向。随后,经过对政治背景、业务能力等方面的多方考察和比较,1979年,来自美国的凯瑟琳·王女士成为北京工业学院改革开放后聘请的第一位外籍教师,她作为一位美籍华人专家的夫人,对中国有了解、有感情,业务水平也很不错。一年时间里,她的教学工作得到了学校和同学的广泛认可,"请进来"工作初战告捷。很快,第二位、第三位……越来越多的外国专家来到学校,从最初的到校教授语言,到后来参与到各个专业、学科的教学科研工作中,发挥了积极作用,学校面向世界的大门逐渐敞开。

学校第一位外籍教师凯瑟琳·王(第一排右六)与部分外语教师及78级英语专业学生合影

上世纪八九十年代,面向国际,学校先后聘请了46位海外专家担任兼职教授,聘用82名外籍教师长期在校工作,邀请2000多人次到校短期讲学与交流,这为学校开启国际化办学打下了良好的基础。

学校外籍教师与部分教师在校门口合影

与此同时，学校"派出去"的步伐也越迈越大。在这一时期，为学习海外先进知识和经验，党和国家开始派遣人员出国留学，主要有"国家公派""单位公派""自费留学"三种形式，在此背景下，学校也开始积极组织教师出国学习交流。

"1978、1979、1980这三年，学校就派出了将近30个老师去国外学习。"美国、俄罗斯、日本……这一时期，学校的教师们也迎来了越来越多的出国交流和学习机会，经过出国学习的教师中，有不少后来都成长为各学科领域的科研教学骨干。从1978年到1999年，学校先后向20个国家或地区派出访问或留学教师共2000余人次，不仅有效推动了教学、科研水平的提高，也奠定了部分学科的学术领先地位，扩大了北理工的国际影响力。

加入世界大学"朋友圈"

改革开放期间，伴随着国际交流的深入开展，学校国际交流工作也更加丰富和多样，建立校际合作关系就是其中的重要一项。1981年，北京工业学院和美国加州北岭州立大学建立起第一个校际合作关系。

"具体牵线的是加州北岭州立大学物理系的周传钧教授，他的叔父周伦岐是北京工业学院一系的系主任。"为促成这次合作，1981年，加州北岭州立大学派出了由校长带队，理学院、工学院院长参加的将近20人的代表团，其中有不少对中国非常友好的华裔教授，他们为两校最终实现合作起到了积极的推动作用。在校际合作中，加州北岭州立大学向我校赠送了很多图书资料，两校间还多次互派人员进行交流。

此次成功的校际合作后，学校也开启了面向全球，积极与世界及境外高校建立校际合作的新篇章，在改革开放时期，陆续与6大洲20余个国家以及港澳台地区的45所大学签订了协议，建立起校际合作关系，开展了人员互派、学生培养以及科学研究等项目合作。

1985年6月，为满足日益增长的国际化办学需要，学校将外事办公室独立设置为正处级单位。

欢迎你，留学生

进入上世纪90年代，伴随学校办学规模的不断扩大，学科领域的不断扩展，学校国际交流合作工作开始往更深层次发展，学校领导和校内各单位对国际交流合作工作的重视不断提升。

"从1978年到1994年，基本上不能算叫留学生，只能叫短期的学习汉语的学生。那时候打报告，正式批复了，说同意北京理工大学招收外国留学生。"1995 年，北京理工大学开始正式招收外国留学生，这也标志着学校国际化办学取得重大突破。伴随着国家关于留学生管理的正规化建设，1997 年，北京理工大学又顺利通过了北京市教委、北京市外办、北京市公安局对接受外国留学生院校的复审，获得北京市教委颁发的"接受外国留学生院校资格证书"，准予招收的留学生类别为：大学本科生、大学专科生、硕士研究生、博士研究生、普通进修生、高级进修生、研究学者、语言生、短期生等九种。1998 年 5 月，学校设立留学生中心。

1991年，来学校学习的日本北海大学汉语班在主楼前合影

面向世界，留学生培养工作的启动和全面展开，不仅迅速扩大了学校的国际影响力，也有力推动了学校国际化办学水平的提升。

合作办学，新的跨越

"针对正规教育的合作办学，我们学校也还是比较早的。"1993 年 2 月，《中国教育改革和发展纲要》第一次提出"在国家有关法律法规的范围内进行国际合作办学"。北京理工大学迅速响应，从 1995 年起，先后开设了中德 MBA 班、中英电子本科班、中英国际商务硕士班等合作办学项目，这些项目为学生提供了国内国外相结合的培养模式，例如中德 MBA 班要求学生在校学习 2.5 年，在德国学习半年，中英电子本科班要求在校学习 2 年，在英国学习 1 年。这种"X+Y"的形式创新了学校人才培养模式，也为后来的国际化合作办学提供了丰富的经验。

1993年,学校与日本办公自动化学会举办的中日OA国际会议

1995年,中德MBA班举办开学典礼

"通过这些国际会议,学校老师可以发表论文,国外的人到国内来参加交流,进一步地拓展了关系,尤其是在科学研究这方面的合作。"何中一介绍道。在合作办学之外,广泛深入的国际交流合作,也为教师群体提供了高水平的国际科研学术资源。

1999年,学校外事办公室更名为国际交流合作处。2006年9月,学校成立港澳台办公室,与国际交流合作处合署办公。

进入新世纪,面向建设世界一流大学,学校把一流的国际化办学能力作为建设目标。截至2020年,北京理工大学建设有28个本科生和研究生全英文教学专业;

与德国慕尼黑工业大学、俄罗斯鲍曼国立技术大学、莫斯科国立罗蒙诺索夫大学、英国布里斯托大学、荷兰代尔夫特理工大学、澳大利亚国立大学、韩国科学技术院、香港科技大学等346所高校建立合作关系，与85所世界名校设立学生交换项目，与11所著名院校建立了本科生双学位项目，本科生每年赴境外访学、毕业设计人数占比42%以上。

身着民族服装的北理工各国留学生合影

当前，学校积极推进全球合作办学，与世界一流大学密切合作，不断拓展国际化平台，创办国际性学术期刊，稳步推进深圳北理莫斯科大学、孔子学院等建设，在校留学生超过2560名，多元共融的国际化大社区初步建成。

2019年春节，由北理工建设的拉各斯孔子学院中外院长和教师合照

"在中央正确的政策下,在学校党委的正确领导下,学校的国际交流合作工作一定会发展得比以往更快更好。"回首过去的奋斗岁月,看到学校日新月异的发展进步,作为学校老一辈国际交流合作的开拓者,何中一倍感欣慰。

立德树人,建设一流国际化办学能力,北理工人永远在路上;面向未来,建设中国特色世界一流大学,北理工人永远奋斗!

扫码观看《北理故事》
第九集

(王征:北京理工大学党委宣传部副部长、新闻中心主任;姜曼:北京理工大学党委宣传部文化建设办公室主任;赵安琪:北京理工大学党委宣传部文化建设办公室职员)